Allan Kardec

O Céu e o Inferno

Tradução: Salvador Gentile

Título do original:

LE CIEL ET LE INFER SELON LE SPRITISME

4ème Edition Française

Dados Internacionais de Catalogação na Publicação (CIP)
(Câmara Brasileira do Livro, SP, Brasil)

Kardec, Allan, 1804-1869.
 O céu e o inferno, ou, A justiça divina segundo o espiritismo / Allan Kardec ; [tradução e revisão Salvador Gentile]. -- Catanduva, SP : Boa Nova Editora, 2006.
 Título original: Le ciel et le infer selon le spritisme.
 "Contendo o exame das doutrinas sobre a passagem da vida".
 Bibliografia.

ISBN 85-99772-02-3

1. Espiritismo 2. Espiritismo - Filosofia I. Título. II. Título: A Justiça divina segundo o espiritismo.

06-1157 CDD-133.9013

Índices para catálogo sistemático:
1. Céu e inferno : Doutrina espírita 133.9013

Allan Kardec

O Céu e o Inferno

ou

A Justiça Divina Segundo o Espiritismo

contendo
o exame comparado das doutrinas sobre a passagem da vida corporal à vida espiritual, as penas e as recompensas futuras, os anjos e os demônios, as penas eternas, etc., seguido de numerosos exemplos sobre a situação real da alma durante e após a morte.

Eu juro por mim mesmo, disse o Senhor Deus, que não quero a morte do ímpio, mas que quero que o ímpio se converta, que deixe o seu mau caminho, e que viva.
(Ezequiel, cap. XXXIII, v. 11)

Instituto Beneficente Boa Nova
Entidade coligada à Sociedade Espírita Boa Nova
Av. Porto Ferreira, 1.031 | Parque Iracema
Catanduva/SP | CEP 15809-020
www.boanova.net | boanova@boanova.net
Fone: (17) 3531-4444

13ª edição
Do 74º ao 79º milheiro
5.000 exemplares
Julho/2023

© 2010 - 2023 by Boa Nova Editora

Capa
Direção de arte
Francisco do Espírito Santo Neto
Designer
Juliana Mollinari

Tradução e Revisão
Salvador Gentile

Diagramação
Cristina Fanhani Meira

Coordenação Editorial
Ronaldo A. Sperdutti

Impressão
Gráfica Rettec

Todos os direitos estão reservados. Nenhuma parte desta obra pode ser reproduzida ou transmitida por qualquer forma e/ou quaisquer meios (eletrônico ou mecânico, incluindo fotocópia e gravação) ou arquivada em qualquer sistema ou banco de dados sem permissão escrita da Editora.

O produto da venda desta obra é destinado à manutenção das atividades assistenciais da Sociedade Espírita
Boa Nova, de Catanduva, SP.

Sumário

Primeira parte – Doutrina

1. O futuro e o nada 7

2. Temor da morte 14
   Causas do temor da morte • Por que os espíritas não temem a morte

3. O céu 20

4. O inferno 31
   Intuição das penas futuras • O inferno cristão imitado do inferno pagão • Os limbos • Quadro do inferno pagão • Quadro do inferno cristão

5. O purgatório 50

6. Doutrina das penas eternas 55
   Origem da doutrina das penas eternas • Argumentos a favor das penas eternas • Impossibilidade material das penas eternas • A doutrina das penas eternas fez sua época • Ezequiel contra a eternidade das penas e o pecado original

7. As penas futuras segundo o Espiritismo 70
   A carne é fraca • Princípios da Doutrina Espírita sobre as penas futuras • Código penal da vida futura

8   Os Anjos 83
    Os anjos segundo a Igreja • Refutação • Os anjos segundo o Espiritismo

9   Os demônios 94
    Origem da crença nos demônios • Os demônios segundo a Igreja • Os demônios segundo o Espiritismo

10 Intervenção dos demônios nas modernas manifestações 110
    Intervenção dos Demônios nas Modernas Manifestações

11 Da proibição de evocar os mortos 126
    Vestuários dos Espíritos • Formação espontânea de objetos tangíveis • Modificação das propriedades da matéria • Ação magnética curativa

Segunda parte – Exemplos

1   A passagem 135

2   Espíritos felizes 142

3   Espíritos numa condição mediana 201

4   Espíritos sofredores 216

5   Suicidas 242

6   Criminosos arrependidos 269

7   Espíritos endurecidos 296

8   Expiações terrestres 309

    Índice Remissivo 351

Primeira parte

Doutrina

Capítulo 1

O futuro e o nada

1. Nós vivemos, pensamos, agimos, eis o que é positivo; nós morremos, e isso não é menos certo. Deixando a Terra, para onde vamos? Em que nos tornaremos? Seremos melhores ou piores? Seremos ou não seremos? *Ser ou não ser,* tal é a alternativa; é para sempre ou para nunca; é tudo ou nada: ou viveremos eternamente, ou tudo se acabará sem retorno. Vale bem a pena pensar nisso.

Todo homem experimenta a necessidade de viver, de gozar, de amar, de ser feliz. Dizei àquele que sabe que vai morrer que ele viverá ainda, que sua hora será retardada, dizei-lhe, sobretudo será, que mais feliz do que nunca fora, e seu coração vai palpitar de alegria. Mas, de que serviriam essas aspirações de felicidade, se um sopro pode fazê-las desvanecerem-se?

Há alguma coisa mais desesperadora do que esse pensamento da destruição absoluta? Afeições santas, inteligência, progresso, saber laboriosamente adquirido, tudo será aniquilado, tudo estará perdido! Qual a necessidade do esforço para se tornar melhor, da repressão para conter suas paixões, fatigar-se para adornar seu Espírito, se disso não se deve recolher nenhum fruto, sobretudo, com esse pensamento de que amanhã talvez isso não nos servirá para nada? Se assim fosse, a sorte do homem seria cem vezes pior do que a do animal, porque o animal vive inteiramente no presente, na satisfação dos seus apetites materiais, sem aspiração quanto ao futuro. Uma secreta intuição diz que isso não é possível.

2. Pela crença no nada, o homem concentra fortemente todos os seus pensamentos sobre a vida presente; não poderia, com efeito, logicamente se preocupar com o futuro que ele não espera. Essa preocupação exclusiva do presente conduz, naturalmente, a pensar em si antes de tudo; é, pois, o mais poderoso estímulo ao egoísmo, e o incrédulo é coerente consigo mesmo quando chega a esta conclusão: gozemos enquanto aqui estamos, gozemos o mais possível, porque depois de nós tudo estará terminado; gozemos depressa, porque não sabemos quanto isso durará; e a esse outro, também muito grave para a sociedade: gozemos, apesar de tudo; cada um por si; a felicidade, neste mundo, é do mais esperto.

Se o respeito humano retém alguns, que freio podem ter aqueles que nada temem? Eles dizem que a lei humana não alcança senão os inábeis; por isso aplicam seu gênio nos meios de a contornarem. Se há uma doutrina *malsã e anti-social*, seguramente, é a do *nihilismo* porque rompe os verdadeiros laços da solidariedade e da fraternidade, fundamentos das relações sociais.

3. Suponhamos que, por uma circunstância qualquer, todo um povo adquirisse a certeza de que, em oito dias, em um mês, em um ano ele será aniquilado, e nenhum indivíduo sobreviverá, que não restará marca nenhuma de si mesmo depois da morte; que fará durante este tempo? Trabalhará pelo seu melhoramento, pela sua instrução? Entregar-se-á ao trabalho para viver? Respeitará os direitos, os bens, a vida dos seus semelhantes? Submeter-se-á às leis, a uma autoridade, qualquer que seja, mesmo a mais legítima: a autoridade paterna? Terá para si um dever qualquer? Seguramente que não. Pois bem! O que não se alcança em massa, a doutrina do nihilismo o realiza, cada dia, isoladamente. Se as consequências disso não são tão desastrosas tanto poderiam ser, é primeiro porque, entre a maioria dos incrédulos, há mais de fanfarrice do que de verdadeira incredulidade, mais dúvida do que convicção, e porque têm mais medo do nada do que procuram aparentar: o título de espírito forte lisonjeia-lhes o amor-próprio; em segundo lugar, porque os incrédulos absolutos são uma ínfima minoria; sentem, malgrado eles, ascendência da opinião contrária e são mantidos por uma força material; mas, se a incredulidade absoluta

se tornar um dia a opinião da maioria, a sociedade estará em dissolução. É ao que tende a propagação da doutrina do nihilismo.[1]

Quaisquer que sejam as consequências, se o nihilismo fosse uma verdade, seria preciso aceitá-lo, e não seriam nem sistemas contrários, nem o pensamento do mal que dele pudesse resultar, que poderiam fazer com que não o fosse. Ora, não se pode dissimular que o cepticismo, a dúvida, a indiferença, cada dia, ganham terreno, malgrado os esforços da religião; isto é positivo. Se a religião é impotente contra a incredulidade, é que lhe falta alguma coisa para combatê-la, de tal sorte que, se permanecer na imobilidade, em um tempo dado ela estará infalivelmente ultrapassada. O que lhe falta, neste século de positivismo, quando se quer compreender antes de crer, é a sanção de suas doutrinas pelos fatos positivos; é também a concordância de certas doutrinas com os dados positivos da ciência. Se ela diz branco e os fatos dizem negro, é preciso optar entre a evidência e a fé cega.

4. É nesse estado de coisas que o Espiritismo vem opor um dique à invasão da incredulidade, não somente pelo raciocínio, não somente pela perspectiva de perigo que ela ocasiona, mas pelos fatos materiais, fazendo tocar o dedo e olhar a alma e a vida futura.

Cada um é livre, sem dúvida, em sua crença, em crer em alguma coisa ou de não crer em nada; mas aqueles que procuram fazer prevalecer, no espírito das massas, da juventude sobretudo, a negação do futuro, apoiando-se na autoridade do seu saber ou no ascendente da sua posição, semeiam na sociedade os germes da perturbação e da dissolução, e incorrem em uma grande responsabilidade.

---

[1] Um jovem de 18 anos estava atacado por uma doença do coração, declarada incurável. A ciência havia dito: ele pode morrer em oito dias, como em dois anos, mas não passará disso. O jovem o sabia; logo deixa todo o estudo e se entrega aos excessos de todos os gêneros. Quando lhe ponderaram o quanto uma vida de desordem era perigosa na sua posição, ele respondeu: Que me importa, se tenho somente dois anos para viver! De que me serviria fatigar meu espírito? Eu gozo o que me resta e quero me divertir até o fim. Eis a consequência lógica do nihilismo.

Se esse jovem fosse espírita, ele teria dito: a morte destruirá apenas o meu corpo, que deixarei como uma veste usada, mas meu Espírito viverá sempre. Serei, em minha vida futura, o que fiz de mim mesmo nesta; o que pude adquirir em qualidades morais e intelectuais não estará perdido, porque isso será igualmente aquisição para o meu adiantamento; toda imperfeição de que me despojar é um passo a mais para a felicidade; minha felicidade ou minha infelicidade futuras dependem da utilidade, ou da inutilidade, da minha existência presente. É, pois, do meu interesse aproveitar o pouco tempo que me resta, e evitar tudo o que poderia diminuir as minhas forças.

Qual dessas duas doutrinas é preferível?

5. Há uma outra doutrina que nega ser materialista, porque admite a existência de um princípio inteligente fora da matéria, e é a da *absorção no Todo Universal*. Segundo esta doutrina, cada individuo assimila, ao nascer, uma parcela desse princípio, que constitui sua alma e lhe dá a vida, a inteligência e o sentimento. Na morte, essa alma retorna ao foco comum e se perde no infinito como uma gota d'água no Oceano.

Essa doutrina, sem dúvida, é um passo adiante sobre o materialismo puro, uma vez que admite alguma coisa, ao passo que a outra não admite nada, mas suas consequências são exatamente as mesmas. Que o homem seja mergulhado no nada ou no reservatório comum, é a mesma coisa para ele; se, no primeiro caso, ele é aniquilado, no segundo perde sua individualidade; é, pois, como se ele não existisse mais; as relações sociais não estarão menos inteiramente rompidas. O essencial, para ele, é a conservação do seu *eu*; sem isso, que lhe importa ser ou não ser! O futuro, para ele, é sempre nulo, e a vida presente, a única coisa que lhe interessa e o preocupa. Do ponto de vista das suas consequências morais, essa doutrina é tão malsã, tão desesperadora, tão excitante do egoísmo quanto o materialismo propriamente dito.

6. Por outro lado pode-se aí fazer a objeção seguinte: todas as gotas d'água tiradas do Oceano se assemelham e têm propriedades idênticas, como as partes de um mesmo todo; por que as almas, se são tiradas do grande oceano da inteligência universal se assemelham tão pouco? Por que o gênio ao lado da estupidez? As mais sublimes virtudes ao lado dos vícios os mais ignóbeis? A bondade, a doçura, a mansidão ao lado da maldade, da crueldade, da barbárie? Como as partes de um todo homogêneo podem ser tão diferentes umas das outras? Dir-se-á que é a educação que as modifica? Mas, então, de onde vêm as qualidades inatas, as inteligências precoces, os instintos bons e maus independentes de qualquer educação, e, frequentemente, tão pouco em harmonia com os meios onde eles se desenvolvem?

A educação, sem nenhuma dúvida, modifica as qualidades intelectuais e morais da alma; mas aqui se apresenta uma outra dificuldade. Quem dá à alma a educação para fazê-la progredir? Outras almas que, pela sua origem comum, não devem ser mais avançadas. Por outro lado, a alma, reentrando no Todo Universal de onde havia saído, depois de ter progredido durante a vida, aí leva um elemento mais perfeito; de onde se segue que tudo deve, com o tempo, se encontrar profundamente modificado e melhorado. Como ocorre que daí saiam, incessantemente, almas ignorantes e perversas?

7. Nessa doutrina, a fonte universal de inteligência que fornece as almas humanas é independente da Divindade; não é precisamente o *panteísmo*. O *panteísmo* propriamente dito dela difere em considerando o princípio universal de vida e de inteligência como constituindo a Divindade. Deus é, ao mesmo tempo, Espírito e matéria; todos os seres, todos os corpos da Natureza compõem a Divindade, da qual são as moléculas e os elementos constitutivos; Deus é o conjunto de todas as inteligências reunidas; cada individuo, sendo uma parte do todo, ele mesmo é Deus; nenhum ser superior e independente comanda o conjunto; o Universo é uma imensa república sem chefe, ou antes, onde cada um é chefe com poder absoluto.

8. A esse sistema podem opor-se numerosas objeções, cujas principais são estas: a Divindade não podendo ser concebida sem o infinito das perfeições, pergunta-se: como um todo perfeito pode ser formado de partes tão imperfeitas e tendo necessidade de progredir? Cada parte estando sujeita à lei do progresso, disso resulta que Deus, ele mesmo, deve progredir; se progredir sem cessar deve ter sido, na origem dos tempos, muito imperfeito. Como um ser imperfeito, formado de vontades e de ideias tão divergentes, pôde conceber as leis tão harmoniosas, tão admiráveis de unidade, de sabedoria e de previdência que regem o Universo? Se todas as almas são porções da Divindade, todas concorreram para as leis da Natureza; como ocorre que elas murmurem, sem cessar, contra essas leis, se são obra sua? *Uma teoria não pode ser aceita como verdadeira senão com a condição de satisfazer a razão e de dar conta de todos os fatos que ela abarca; se um só fato vier lhe dar um desmentido, é que ela não está na verdade absoluta.*

9. Do ponto de vista moral, as consequências são também bastante ilógicas. É primeiro, para as almas, como no sistema precedente, a absorção num todo e a perda da individualidade. Se se admite, segundo a opinião de alguns panteístas, que elas conservam sua individualidade, Deus não tem mais vontade única; é um composto de miríades de vontades divergentes. Além disso, cada alma sendo parte integrante da Divindade, nenhuma é dominada por uma força superior; não incorre, por

consequência, em nenhuma responsabilidade por seus atos bons ou maus; não tem nenhum interesse em fazer o bem e pode fazer o mal impunemente, uma vez que é senhora soberana.

10. Além de que esses sistemas não satisfazem nem a razão nem a aspiração do homem, neles se tropeçam, como se vê, com dificuldades insuperáveis, porque são impotentes para resolverem todas as questões de fato que eles suscitam. *O homem tem, pois, três alternativas: o nada, a absorção, ou a individualidade da alma antes e depois da morte.* É para essa última crença que nos conduz, invencivelmente, a lógica; é aquela também que fez o fundo de todas as religiões desde que o mundo existe.

Se a lógica nos conduz à individualidade da alma, ela nos leva também a esta outra consequência: que a sorte de cada alma deve depender de suas qualidades pessoais, porque seria irracional admitir que a alma atrasada do selvagem e do homem perverso estivessem no mesmo nível que a do sábio e do homem de bem. Segundo a justiça, as almas devem ter a responsabilidade de seus atos; mas, para que sejam responsáveis, é preciso que estejam livres para escolher entre o bem e o mal; sem o livre arbítrio, há fatalidade, e com a fatalidade não poderia haver responsabilidade.

11. Todas as religiões têm igualmente admitido o princípio da sorte feliz ou infeliz das almas depois da morte, ou, dito de outro modo, das penas e dos gozos futuros que se resumem na doutrina do céu e do inferno, que se encontra em toda parte. Mas, no que elas diferem essencialmente, é sobre a natureza dessas penas e desses gozos, e *sobretudo* sobre as condições que possam merecer umas e outros. Daí os pontos de fé contraditórios que deram nascimento aos diferentes cultos, e os deveres particulares impostos, por estes, para honrar a Deus, e por esse meio ganhar o céu e evitar o inferno.

12. Todas as religiões deveram, em sua origem, estar em relação com o grau de adiantamento moral e intelectual dos homens; estes, muito materiais ainda para compreenderem o mérito das coisas puramente espirituais, fizeram consistir a maioria dos deveres religiosos no cumprimento de formas exteriores. Durante um tempo, essas formas bastaram à sua razão; mais tarde, fazendo-se luz em seu Espírito, sentem o vazio que as formas deixam atrás de si, e se a religião não os satisfaz mais, abandonam a religião e se tornam filósofos.

13. *Se a religião, apropriada a princípio aos conhecimentos limitados dos homens, houvesse sempre seguido o movimento progressivo do espírito humano, não haveria incrédulos, porque está na natureza do homem ter necessidade de crer, e ele crerá se lhe der um alimento espiritual em harmonia com as suas necessidades intelectuais.* Ele quer saber de onde veio e para onde vai; se lhe mostra um objetivo que não responde nem às suas aspirações nem à ideia que ele faz de Deus, nem aos dados positivos que lhe fornece a ciência; além disso, se lhe impõem atingir condições que sua razão não lhe demonstre a utilidade, ele repele o todo; o materialismo e o panteísmo lhe parecem ainda mais racionais, porque neles se discute e raciocina; raciocina-se falso, é verdade, mas ele gosta ainda mais de raciocinar falso do que não raciocinar de todo.

Mas, que se lhe apresente um futuro em condições lógicas, dignas, em todo ponto, da grandeza, da justiça e da infinita bondade de Deus, e ele abandonará o materialismo e o panteísmo, dos quais sente o vazio em seu foro íntimo, e que não havia aceito senão por falta de coisa melhor. O Espiritismo dá mais, porque acolhe, com solicitude, todos aqueles atormentados pela incerteza dolorosa da dúvida e que não encontram, nem nas crenças nem nas filosofias vulgares, o que procuram; têm para si a lógica do raciocínio e a razão dos fatos e é por isso que o combatem inutilmente.

14. O homem tem, instintivamente, a crença no futuro; mas, não tendo até hoje nenhuma base certa para o definir, sua imaginação produziu sistemas que conduziram à diversidade nas crenças. A Doutrina Espírita sobre o futuro, não sendo uma obra de imaginação mais ou menos engenhosamente concebida, mas o resultado da observação de fatos materiais que se desenrolam hoje sob os nossos olhos, ela unirá, como já faz agora, as opiniões divergentes ou superficiais, e conduzirá, pouco a pouco, e pela força das coisas, à unidade na crença sobre esse ponto, crença que não estará mais baseada sobre uma hipótese, mas sobre uma certeza. *A unificação, feita no que concerne à sorte futura das almas, será o primeiro ponto de aproximação entre os diferentes cultos, um passo imenso para a tolerância religiosa primeiro, e, mais tarde, a fusão.*

Capítulo 2

Temor da morte

Causas do temor da morte • Por que os espíritas não temem a morte

Causas do temor da morte

1. O homem, qualquer que seja o grau da escala a que pertença, desde o estado de selvageria, tem o sentimento inato do futuro; sua intuição lhe diz que a morte não é a última palavra da existência, e aqueles que choramos não estão perdidos para sempre. A crença no futuro é intuitiva, e infinitamente mais geral do que a do nada. Como ocorre, pois, que, entre os que creem na imortalidade da alma, se encontre ainda tanto apego às coisas da Terra, e um tão grande temor da morte?

2. O temor da morte é um efeito da sabedoria da Providência e uma consequência do instinto de conservação, comum a todos os seres vivos. Ele é necessário enquanto o homem não estiver bastante esclarecido sobre as condições da vida futura, como contrapeso ao arrebatamento que, sem esse freio, o levaria a deixar prematuramente a vida terrestre, e a negligenciar o trabalho, neste mundo, que deve servir ao seu próprio adiantamento.

É por isso que, entre os povos primitivos, o futuro era uma vaga intuição, mais tarde uma simples esperança, mais tarde, enfim, uma certeza, mas ainda contra-balançada por um secreto apego à vida corporal.

3. À medida que o homem compreende melhor a vida futura, o medo da morte diminui; mas, ao mesmo tempo, compreendendo melhor a sua

missão na Terra, ele espera seu fim com mais calma, resignação e sem medo. A certeza da vida futura imprime um outro curso às suas ideias, um outro objetivo aos seus trabalhos; antes de ter essa certeza, ele trabalha apenas para a vida atual; com essa certeza, trabalha tendo em vista o futuro sem negligenciar o presente, porque sabe que o seu futuro depende da direção, mais ou menos boa, que dê ao presente. A certeza de encontrar seus amigos depois da morte, de continuar as relações que teve sobre a Terra, *de não perder o fruto de nenhum trabalho,* de crescer, sem cessar, em inteligência e em perfeição, lhe dá a paciência de esperar e a coragem de suportar a fadigas momentâneas da vida terrestre. A solidariedade que ele vê se estabelecer entre os mortos e os vivos lhe faz compreender aquela que deve existir entre os vivos; a fraternidade, desde então, tem sua razão de ser, e a caridade um objetivo, no presente e no futuro.

4. Para se livrar dos temores da morte é preciso poder encará-la sob o seu verdadeiro ponto de vista, quer dizer, penetrar, pelo pensamento, no mundo espiritual e dele fazer uma ideia tão exata quanto possível, o que denota, no Espírito encarnado, um certo desenvolvimento e uma certa aptidão para se desligar da matéria. Entre os que não estão suficientemente avançados, a vida material domina, ainda, sobre a vida espiritual.

O homem, se apegando ao exterior, vê a vida somente no corpo, ao passo que a vida real está na alma; estando o corpo privado de vida, aos seus olhos tudo está perdido, e ele se desespera. Se, em lugar de concentrar seu pensamento sobre a veste exterior, ele o dirigisse para a própria fonte da vida: para a alma, que é um ser real sobrevivente a tudo, lamentaria menos o corpo, fonte de tantas misérias e dores; mas, para isso, é preciso uma força que o Espírito adquire apenas com a maturidade.

O temor da morte prende-se, pois, à insuficiência de noções sobre a vida futura; mas denota a necessidade de viver, e o medo de que a destruição do corpo seja o fim de tudo; ele é, assim, provocado pelo secreto desejo da sobrevivência da alma, velado ainda pela incerteza.

O temor se enfraquece à medida que a certeza se forma; ele desaparece quando a certeza se completa.

Eis o lado providencial da questão. Foi sábio em não ofuscar o homem, cuja razão não estava, ainda, bastante forte para suportar a perspectiva, muito positiva e muito sedutora, de um futuro que o faria negligenciar o presente, necessário ao seu adiantamento material e intelectual.

5. Esse estado de coisas é mantido e prolongado por causas puramente humanas que desaparecerão com o progresso. A primeira é o aspecto sob o qual é apresentada a vida futura, aspecto que poderia bastar às inteligências pouco avançadas, mas que não poderia satisfazer as exigências da razão dos homens que refletem. Então, dizem, se nos apresentam, como verdades absolutas, princípios contraditados pela lógica e pelos dados positivos da ciência, é porque não são verdades. Daí, entre alguns, a incredulidade, entre um grande número, uma crença misturada com dúvidas. A vida futura, é, para eles, uma ideia vaga, uma probabilidade antes do que uma certeza absoluta; creem nela, gostariam que assim fosse e, malgrado eles, dizem a si mesmos; se, todavia, assim não for! O presente é positivo, nos ocupemos dele primeiro; o futuro virá por acréscimo.

Aliás, dizem ainda, em definitivo, o que é a alma? É um ponto, um átomo, uma centelha, uma chama? Como se sente? Como vê? Como percebe? A alma, para eles não é uma realidade efetiva: é uma abstração. Os seres que lhes são caros, reduzidos ao estado de átomos em seu pensamento, estão, por assim dizer, perdidos para eles, e não têm, aos seus olhos, as qualidades que os fizeram amar; não compreendem nem o amor de uma centelha, nem aquele que se pode ter por ela, e, eles mesmos ficam mediocremente satisfeitos de serem transformados em mônadas. Daí o retorno ao positivismo da vida terrestre, que tem alguma coisa de substancial. O número daqueles que estão dominados por esses pensamentos é considerável.

6. Uma outra razão que prende às coisas da Terra aqueles mesmos que creem, o mais firmemente, na vida futura, liga-se à impressão que conservam do ensinamento que lhes é dado desde a infância.

O quadro que dela faz a religião, é preciso convir, não é nem muito sedutor nem muito consolador. De um lado veem-se aí as contorções dos condenados a penas eternas que expiam, nas torturas e nas chamas sem fim, seus erros de um momento; para quem os séculos sucedem aos séculos sem esperança de alívio ou de piedade; e, o que é mais implacável ainda, para quem o arrependimento não tem eficácia. De outro lado, as almas lânguidas e sofredoras do purgatório, esperando a sua libertação na boa vontade dos vivos que oram ou façam orar por elas, e não dos seus esforços para progredirem. Essas duas categorias compõem a imensa maioria da população do outro mundo. Acima desse plano, o muito restrito dos eleitos, gozando, durante a eternidade, de uma beatitude contemplativa.

Essa eterna inutilidade, preferível, sem dúvida, ao nada, não lhes é menos de uma fastidiosa monotonia. Também se veem, nas pinturas que retratam os bem-aventurados, figuras angélicas, mas que respiram antes o tédio do que a verdadeira felicidade.

Esse estado não satisfaz nem as aspirações nem a ideia instintiva do progresso que só parece compatível com a felicidade absoluta. Mal se pode conceber que o selvagem ignorante, de senso moral obtuso, pelo único fato de ter recebido o batismo, esteja no mesmo nível daquele que chegou ao mais alto grau da ciência e da moralidade prática, depois de longos anos de trabalho. É ainda menos concebível que a criança morta em tenra idade, antes de ter a consciência de si mesma e de seu atos, goze dos mesmos privilégios, pelo único fato de uma cerimônia na qual a sua vontade não tem nenhuma parte. Esses pensamentos não deixam de agitar os mais fervorosos, por pouco que reflitam.

7. O trabalho progressivo que se cumpre na Terra, não sendo nada na felicidade futura, a facilidade com a qual eles creem adquirir essa felicidade por meio de algumas práticas exteriores, a possibilidade mesma de comprá-la a preço de dinheiro, sem reforma séria do caráter e dos hábitos, deixam aos gozos do mundo todo o seu valor. Mais de um crente se diz, em seu foro íntimo, que, já que o seu futuro está assegurado pelo cumprimento de certas fórmulas, ou por dons póstumos que não o privam de nada, seria supérfluo impor-se sacrifícios ou qualquer constrangimento em proveito de outro, desde que se pode chegar à salvação trabalhando cada um por si.

Seguramente, tal não é o pensamento de todos, porque há grandes e belas exceções; mas não se pode dissimular que esta não seja a mais numerosa, sobretudo das massas pouco esclarecidas, e que a ideia que se faz das condições para ser feliz no outro mundo não mantém o apego aos bens deste, e, por consequência, o egoísmo.

8. Acrescentemos, a isso, que tudo, nos hábitos, concorre para fazer lamentar a vida terrestre e temer a passagem da Terra para o céu. A morte é cercada de cerimônias lúgubres que aterrorizam mais do que provocam a esperança. Caso se representa a morte, é sempre sob o aspecto repulsivo, e jamais como um sono de transição; todos esses emblemas

lembram a destruição do corpo, mostram-no horrendo e descarnado; nenhum simboliza a alma se livrando radiosa dos seus laços terrestres. A partida, para este mundo mais feliz, é acompanhada de lamentações dos sobreviventes, como se acontecesse a maior infelicidade àqueles que se vão; se lhes diz um eterno adeus, como se jamais devesse revê--los; o que se lamenta por eles são os gozos deste mundo, como se não os devessem encontrar maiores. Que infelicidade, diz-se, em morrer quando se está jovem, rico, feliz e que se tem, diante de si, um futuro brilhante! A ideia de uma situação mais feliz aflora com dificuldade no pensamento, porque não tem aí raízes. Tudo concorre, pois, para inspirar o frio da morte em lugar de fazer nascer a esperança. O homem terá longo tempo, sem dúvida, para se desfazer dos seus preconceitos, mas a isso chegará à medida que a sua fé se afirme, que se faça uma ideia mais sadia da vida espiritual.

9. A crença vulgar coloca, por outro lado, as almas em regiões acessíveis, com dificuldade, ao pensamento, onde elas se tornam, de alguma forma, estranhas aos sobreviventes; a própria Igreja coloca, entre elas e estes últimos, uma barreira intransponível: ela declara que toda relação está rompida, toda comunicação é impossível. Se estão no inferno, a esperança de revê-las está para sempre perdida, a menos que para lá se vá por si mesmo; se estão entre os eleitos, estão completamente absorvidas pela beatitude contemplativa. Tudo isso coloca entre os mortos e os vivos uma tal distância, que se considera a separação como eterna; por isso se prefere ainda ver junto de si, sofrendo na Terra, os seres que se ama, a vê-los partir, mesmo para o céu. Aliás, a alma que está no céu é realmente feliz em ver, por exemplo, *seu filho, seu pai, sua mãe ou seus amigos, arderem eternamente?*

Porque os espíritas não temem a morte

10. A Doutrina Espírita muda inteiramente a maneira de se encarar o futuro. A vida futura não é mais uma hipótese, mas uma realidade; o estado das almas depois da morte não é mais um sistema, mas um resultado da observação. O véu foi levantado; o mundo espiritual nos aparece em toda a sua realidade prática; não são os homens que o descobrem pelo esforço de uma concepção engenhosa, mas são os próprios habitantes desse mundo que nos vêm descrever a sua situação; nós os

vemos aí em todos os degraus da escala espiritual, em todas as fases de felicidade e de infelicidade; assistimos a todas as peripécias da vida de além-túmulo. Aí está, para os espíritas, a causa da calma com a qual encaram a morte, da serenidade dos seus últimos instantes na Terra. O que os sustenta não é somente a esperança, é a certeza; sabem que a vida futura é a continuação da vida presente em melhores condições, e a esperam com a mesma confiança que esperam o nascer do Sol depois de uma noite de tempestade. Os motivos dessa confiança estão nos fatos dos quais são testemunhas, e no acordo desses fatos com a lógica, a justiça e a bondade de Deus, e as aspirações íntimas do homem.

Para os espíritas a alma não é mais uma abstração; tem um corpo etéreo que faz dela um ser definido, que o pensamento abarca e concebe; já é muito para fixar as ideias sobre a sua individualidade, suas aptidões e suas percepções. A lembrança daqueles que nos são caros repousa sobre alguma coisa de real. Não nos são representados mais como chamas fugidias que não lembram nada ao pensamento, mas sob uma forma concreta que os mostram melhores como seres vivos. Depois, em lugar de estarem perdidos nas profundezas do espaço, eles estão ao nosso redor; o mundo corporal e o mundo espiritual estão em perpétuas relações, e se assistem mutuamente. A dúvida sobre o futuro não sendo mais permitida, o temor da morte não tem mais razão de ser; encara-se a sua chegada a sangue frio, como uma libertação, como a porta da vida e não como a porta do nada.

Capítulo 3

O céu

1. A palavra *céu* se diz, em geral, do espaço indefinido que circunda a Terra, e mais particularmente da parte que está acima do nosso horizonte; ela vem do latim *coelum,* formado do grego *coïlos*, oco, côncavo, porque o céu parece, aos olhos, como uma imensa concavidade. Os Antigos acreditavam na existência de vários céus superpostos, compostos de matéria sólida e transparente, formando esferas concêntricas das quais a Terra era o centro. Essas esferas, girando ao redor da Terra, arrastavam consigo os astros que se encontrassem em seu circuito.

Essa ideia, que se prendia à insuficiência de conhecimentos astronômicos, foi a de todas as teogonias que fizeram dos céus, assim escalonados, os diversos graus de beatitude; o último era a morada da suprema felicidade. Segundo a opinião mais comum, havia sete deles; daí a expressão: *Estar no sétimo céu,* para exprimir uma felicidade perfeita. Os Muçulmanos admitem nove deles, em cada um dos quais aumenta a felicidade dos crentes. O astrônomo Ptolomeu[1] contou onze, dos quais o último era chamado Empíreo[2], por causa da ofuscante luz que aí reina. É ainda hoje o nome poético dado ao lugar da glória eterna. A teologia cristã reconhece três céus: o primeiro é o da região do ar e das nuvens; o segundo é o espaço onde se movem os astros; o terceiro, além da região

---

[1] Ptolomeu viveu em Alexandria, no Egito, no segundo século da Era Cristã.
[2] do grego **pur** ou **pyr**, fogo.

dos astros, é a morada do Mais Alto, a região dos eleitos que contemplam a Deus face a face. É de acordo com essa crença que se diz que São Paulo foi elevado ao terceiro céu.

2. As diferentes doutrinas concernentes à morada dos bem-aventurados repousam todas sobre o duplo erro de que a Terra é o centro do Universo, e que a região dos astros é limitada. É para além desse limite imaginário que todos colocaram essa região afortunada e a morada do Todo-Poderoso. Singular anomalia que coloca o autor de todas as coisas, aquele que as governa todas, nos confins da criação, em lugar do centro de onde a irradiação do seu pensamento pudesse se estender a todos!

3. A ciência com a inexorável lógica dos fatos e da observação, levou sua luz até a profundeza do espaço, e mostrou a nulidade dessas teorias. A Terra não é mais o eixo do Universo, mas um dos menores astros rolando na imensidade; o próprio Sol não é senão o centro de um turbilhão planetário; as estrelas são inumeráveis sóis ao redor dos quais circulam mundos inumeráveis, separados por distâncias dificilmente acessíveis ao pensamento, embora nos pareça se tocarem. Nesse conjunto, regido por leis eternas, onde se revela a sabedoria e o poder do Criador, a Terra aparece como um ponto imperceptível, e um dos menos favorecidos para a habitabilidade. Desde então, pergunta-se por que Deus teria feito dela a única sede da vida e aí teria relegado suas criaturas prediletas? Tudo, ao contrário, anuncia que a vida está por toda parte, que a Humanidade é infinita como o Universo. A ciência nos revelando mundos semelhantes à Terra, Deus não poderia tê-los criado sem objetivo; deve tê-los povoado de seres capazes de governá-lo.

4. As ideias do homem estão em razão do que ele sabe; como todas as descobertas importantes, a da constituição dos mundos deveu lhes dar um outro curso. Sob o império desses novos conhecimentos, as crenças deveram se modificar: o céu foi deslocado; a região das estrelas, sendo sem limites, não pode mais servir para ele. Onde está? Diante dessa pergunta, todas as religiões permanecem mudas.

O Espiritismo veio resolvê-la demonstrando a verdadeira destinação do homem. A natureza deste último, e os atributos de Deus sendo tomados por ponto de partida, chega-se à conclusão; quer dizer, que partindo do conhecido se chega ao desconhecido por uma dedução lógica, sem falar das observações diretas que o Espiritismo faculta.

5. O homem é composto do corpo e de Espírito; o Espírito é o ser principal, o ser da razão, o ser inteligente; o corpo é o envoltório material que reveste, temporariamente, o Espírito para o cumprimento da sua missão na Terra e a execução do trabalho necessário ao seu adiantamento. O corpo, usado, se destrói, e o Espírito sobrevive à sua destruição. Sem o Espírito, o corpo é tão-somente matéria inerte, como um instrumento privado do braço que o faz agir; sem o corpo, o Espírito é tudo; a vida e a inteligência. Deixando o corpo, ele reentra no mundo espiritual de onde saiu para se encarnar.

Há, pois, o *mundo corporal*, composto de Espíritos encarnados, e o *mundo espiritual* composto de Espíritos desencarnados. Os seres do mundo corporal, pelo próprio fato do seu envoltório material, estão ligados à Terra ou a um globo qualquer; o mundo espiritual está por toda parte, ao nosso redor e no espaço; nenhum limite lhe está assinalado. Em razão da natureza fluídica do seu envoltório, os seres que o compõem, em lugar de se arrastarem penosamente sobre o solo, vencem distâncias com a rapidez do pensamento. A morte do corpo é a ruptura dos laços que os mantêm cativos.

6. Os Espíritos são criados simples e ignorantes, mas com aptidão de tudo adquirir e progredir, em virtude do seu livre arbítrio. Pelo progresso, adquirem novos conhecimentos, novas faculdades, novas percepções, e, por conseguinte, novos gozos desconhecidos aos Espíritos inferiores; eles veem, ouvem, sentem e compreendem o que os Espíritos atrasados não podem nem ver, nem ouvir, nem sentir, nem compreender. *A felicidade está em razão do progresso alcançado; de sorte que, de dois Espíritos, um pode não ser tão feliz como o outro, unicamente porque não é tão avançado intelectualmente e moralmente, sem que tenham necessidade de estarem, cada um, em lugar distinto.* Embora estando um ao lado do outro, um pode estar nas trevas, enquanto tudo é resplandecente ao redor do outro, absolutamente como para um cego e um vidente que se dão as mãos; um percebe a luz, que não faz nenhuma impressão sobre seu vizinho. *A felicidade dos Espíritos, sendo inerente às qualidades que possuem, eles a haurem por toda parte onde a encontram, na superfície da Terra, no meio dos encarnados ou no espaço.*

Uma comparação vulgar fará compreender melhor esta situação. Se, em um concerto, se encontrem dois homens, um bom músico, de ouvido experimentado, outro sem conhecimento da música e com sentido de audição pouco delicado, o primeiro experimenta uma sensação de felicidade, enquanto que o segundo permanece insensível, porque um compreende e percebe o que não causa nenhuma impressão sobre o outro. Assim ocorre com todos os gozos dos Espíritos, que estão em razão de sua aptidão em senti-los. *O mundo espiritual tem, por toda parte, esplendores, harmonias, e sensações que os Espíritos inferiores, ainda submetidos à influência da matéria, nada entreveem, e que são acessíveis apenas aos Espíritos depurados.*

7. O progresso, entre os Espíritos, é o fruto do seu próprio trabalho; mas, como são livres, trabalham para seu adiantamento com mais ou menos de atividade ou de negligência, segundo a sua vontade; eles apressam, assim, ou retardam o seu progresso, e, por consequência, a sua felicidade. Ao passo que uns avançam rapidamente, outros estacionam, longos séculos, nas faixas inferiores. São, pois, os próprios artífices de sua situação, feliz ou infeliz, segundo estas palavras do Cristo: "A cada um segundo as suas obras!" Todo Espírito que permanece em atraso não pode disso culpar senão a si mesmo, do mesmo modo que, aquele que avança, tem todo o mérito; a felicidade que conquistou não tem preço aos seus olhos.

A felicidade suprema não é o quinhão senão dos Espíritos perfeitos, de outro modo dito, dos puros Espíritos. Eles a alcançam depois de terem progredido em inteligência e em moralidade. O progresso intelectual e o progresso moral raramente marcham lado a lado; mas o que o Espírito não faz em um tempo, ele o fará em outro, de maneira que os dois progressos acabam por atingirem o mesmo nível. É a razão pela qual se veem, frequentemente, homens inteligentes e instruídos pouco avançados moralmente, e vice-versa.

8. A encarnação é necessária ao duplo progresso, moral e intelectual, do Espírito: ao progresso intelectual, pela atividade que está obrigado a desdobrar no trabalho; ao progresso moral, pela necessidade que os homens têm uns dos outros. *A vida social é a pedra de toque das boas e das más qualidades.* A bondade, a maldade, a doçura, a violência, a benevolência, a caridade, o egoísmo, a avareza, o orgulho, a humildade, a sinceridade, a franqueza, a lealdade, a má fé, a hipocrisia, em uma palavra, tudo o que constitui o homem de bem ou o homem perverso, tem por móvel, por objetivo e por estímulo as relações do homem com os seus

semelhantes. *Para o homem que vivesse sozinho, não haveria nem vícios nem virtudes; se, pelo isolamento, ele se preserva do mal, anula o bem.*

9. Uma só existência corporal é manifestamente insuficiente para que o Espírito possa adquirir tudo o que lhe falta em bem, e se desfazer de tudo o que há de mal em si. O selvagem, por exemplo, poderia, em uma só encarnação, alcançar o nível moral e intelectual do Europeu, mais avançado? Isso é materialmente impossível. Deve, pois, permanecer eternamente na ignorância e na barbárie, privado dos gozos que só o desenvolvimento das faculdades pode proporcionar? O simples bom senso repele uma tal suposição, que seria, ao mesmo tempo, a negação da justiça e da bondade de Deus e da lei progressiva da Natureza. Por isso Deus, que é soberanamente justo e bom, concede ao Espírito do homem tantas existências quantas sejam necessárias para atingir o objetivo, que é a perfeição.

Em cada nova existência, o Espírito leva o que adquiriu, nas precedentes, em aptidões, em conhecimentos intuitivos, em inteligência e moralidade. Cada existência é, assim, um passo adiante no caminho do progresso.[3]

A encarnação é inerente à inferioridade dos Espíritos; ela não é mais necessária àqueles que lhe ultrapassaram o limite e progridem no estado espiritual ou nas existências corporais de mundos superiores que não têm nada mais da materialidade terrestre. Da parte destes, ela é voluntária, tendo em vista exercer, sobre os encarnados, uma ação mais direta para o cumprimento da missão da qual estão encarregados junto deles. Aceitam as vicissitudes e os sofrimentos por devotamento.

10. No intervalo das existências corporais, o Espírito entra, por um tempo mais ou menos longo, no mundo espiritual, onde ele é feliz ou infeliz, segundo o bem ou o mal que tenha feito. O estado espiritual é o estado normal do Espírito, uma vez que esse deve ser seu estado definitivo, e o corpo espiritual não morre; o estado corporal é transitório e passageiro. É no estado espiritual, sobretudo, que recolhe os frutos do progresso realizado pelo seu trabalho na encarnação; é, então, também, que se prepara para novas lutas e toma as resoluções que procurará pôr em prática no seu retorno à humanidade.

---

[3] Ver a nota do cap. I, nº 3, nota 1.

O Espírito progride igualmente na erraticidade; ali haure conhecimentos especiais que não poderia adquirir sobre a Terra; suas ideias se modificam. O estado corporal e o estado espiritual são, para ele, a fonte de dois gêneros de progresso, solidários um com o outro; por isso, passa, alternativamente, por esses dois modos de existência.

11. A reencarnação pode ocorrer na Terra ou em outros mundos. Entre os mundos, há os mais avançados, uns do que os outros, onde a existência se cumpre em condições menos penosas do que na Terra, física e moralmente, mas onde não são admitidos senão Espíritos chegados a um grau de perfeição em relação ao estado desses mundos.

A vida, nos mundos superiores, já é uma recompensa, porque aí se está preservado dos males e das vicissitudes das quais se é alvo neste mundo. Os corpos, menos materiais, quase fluídicos, não estão sujeitos nem às doenças, nem às enfermidades, nem às mesmas necessidades. Os maus Espíritos, estando deles excluídos, os homens neles vivem em paz, sem outro cuidado que o do seu adiantamento pelo trabalho da inteligência. Neles reina a verdadeira fraternidade, porque não há egoísmo; a verdadeira igualdade, porque não há orgulho; a verdadeira liberdade, porque não há desordem a reprimir, nem ambiciosos procurando oprimir o fraco. Comparados à Terra, esses mundos são verdadeiros paraísos; são as etapas do caminho do progresso que conduz ao estado definitivo. Sendo a Terra um mundo inferior, destinado à depuração de Espíritos imperfeitos, essa é a razão pela qual o mal nela domina, até que praza a Deus dela fazer a morada de Espíritos mais avançados.

É assim que o Espírito, progredindo gradualmente à medida que se desenvolve, chega ao apogeu da felicidade; mas, antes de ter atingido o ponto culminante da perfeição, goza ele de uma felicidade relativa ao seu adiantamento. Como a criança, experimenta as alegrias da primeira idade, mais tarde as da juventude e, finalmente, as mais sólidas da idade madura.

12. A felicidade dos Espíritos bem-aventurados não consiste na ociosidade contemplativa, que seria, como frequentemente se tem dito, uma eterna e fastidiosa inutilidade. A vida espiritual, em todos os degraus, é, ao contrário, uma constante atividade, mas uma atividade isenta de fadigas. A suprema felicidade consiste no gozo de todos os esplendores da criação, que nenhuma linguagem humana saberia descrever, que a mais fecunda imaginação não poderia conceber; no conhecimento e na

penetração de todas as coisas; na ausência de toda pena física e moral; em uma satisfação íntima, uma serenidade da alma que nada altera; no amor puro que une todos os seres, por consequência da ausência de toda ofensa pelo contato dos maus, e acima de tudo, na visão de Deus e na compreensão dos seus mistérios revelados aos mais dignos. Ela está também nas funções das quais se está feliz por ser encarregado. Os puros Espíritos são os Messias ou mensageiros de Deus para a transmissão e execução de suas vontades; cumprem as grandes missões, presidem à formação dos mundos e à harmonia geral do Universo, encargo glorioso ao qual não se chega senão pela perfeição. Os de ordem mais elevada são os únicos que estão nos segredos de Deus, inspirando-se de seu pensamento, de que são os representantes diretos.

13. As atribuições dos Espíritos são proporcionais ao seu adiantamento, às luzes que possuem, às suas capacidades, à sua experiência e ao grau de confiança que inspiram ao soberano Mestre. Aí, nada de privilégio, nada de favores que não são sejam o preço do mérito: tudo é medido ao peso da estrita justiça. As missões, as mais importantes, são confiadas àqueles que Deus sabe apropriados a cumpri-las, e incapazes de nelas falirem ou de comprometê-las. Enquanto que, sob o próprio olhar de Deus, os mais dignos compõem o conselho supremo, aos chefes superiores é atribuída a direção de turbilhões planetários; a outros é conferida a dos mundos especiais. Vêm, em seguida, na ordem do adiantamento e da subordinação hierárquica, as atribuições mais restritas daqueles que são prepostos na marcha dos povos, na proteção das famílias e dos indivíduos, no impulso a cada ramo do progresso, nas diversas operações na Natureza, até nos mais ínfimos detalhes da criação. Nesse vasto e harmonioso conjunto, há ocupações para todas as capacidades, todas as aptidões, todas as boas vontades; ocupações aceitas com alegria, solicitadas com ardor, porque são um meio de adiantamento para os Espíritos que aspiram a se elevarem.

14. Ao lado das grandes missões, confiadas aos Espíritos superiores, há as de todos os graus de importância, distribuídas aos Espíritos de todas as ordens; de onde se pode dizer que cada encarnado tem a sua, quer dizer, deveres a cumprir, para o bem dos seus semelhantes, desde o pai de família, a quem incumbe o cuidado de fazer progredirem seus filhos, até o homem de gênio, que lança na sociedade novos elementos de progresso. É

Capítulo 3 O céu 27

nessas missões secundárias que, frequentemente, se encontram fraquezas, prevaricações, renúncia, mas que prejudicam apenas o indivíduo e não o conjunto.

15. Todas as inteligências concorrem, pois, à obra geral, em qualquer grau a que tenham chegado, e cada uma na medida de suas forças; umas no estado de encarnação, outras no estado de Espírito. Por toda parte a atividade, desde a base até o alto da escala, todas se instruindo, se entre-ajudando, se prestando um mútuo apoio, se estendendo as mãos para atingirem o grau supremo.

Assim se estabelece a solidariedade entre o mundo espiritual e o mundo corporal, ou seja, entre os homens e os Espíritos, entre os Espíritos livres e os Espíritos cativos. Assim se perpetuam e se consolidam, pela depuração e pela continuidade das relações, as simpatias verdadeiras, as afeições santas.

Por toda parte, pois, há vida e movimento. Não há um canto do Infinito que não esteja povoado; uma região que não seja incessantemente percorrida por inumeráveis legiões de seres radiosos, invisíveis para os sentidos grosseiros dos encarnados, mas onde a visão arrebata de admiração as almas libertas da matéria. Por toda a parte, enfim, há uma felicidade relativa para todos os progressos, para todos os deveres cumpridos; cada um carrega em si mesmo os elementos de sua felicidade, em razão da categoria onde o coloca seu grau de adiantamento.

A felicidade se prende às qualidades próprias dos indivíduos, e não ao estado material do meio onde se encontrem; assim é, pois, por toda parte onde haja Espíritos capazes de serem felizes; nenhum lugar circunscrito lhes está assinalado no Universo. Em qualquer lugar que se encontrem, os puros Espíritos podem contemplar a majestade divina, porque Deus está em toda parte.

16. Entretanto, a felicidade não é pessoal; se apenas a possuísse em si mesmo, se não a pudesse repartir com os outros, seria egoísta e triste; por isso, está na comunhão de pensamentos que une os seres simpáticos. Os Espíritos felizes, atraídos uns para os outros pela semelhança de ideias, de gostos, de sentimentos, formam vastos grupos ou famílias homogêneas, no seio das quais cada individualidade irradia suas próprias qualidades, e se penetra dos eflúvios serenos e benfazejos que emanam

do conjunto, cujos membros ora se dispersam para se ocuparem de suas missões, ora se reúnem em um ponto qualquer do espaço para se darem a conhecer o resultado dos seus trabalhos, ora se ajuntam ao redor de um Espírito, de uma ordem mais elevada, para receberem seus conselhos e suas instruções.

17. Embora os Espíritos estejam por toda parte, os mundos são as sedes onde eles se reúnem, de preferência, em razão da analogia que existe entre eles e aqueles que os habitam. Ao redor dos mundos avançados afluem os Espíritos superiores; ao redor dos mundos atrasados, pululam os Espíritos inferiores. A Terra é ainda um destes últimos. Cada globo tem, pois, de alguma forma, sua população própria em Espíritos encarnados e desencarnados, que se alimenta, em maior parte, pela encarnação e a desencarnação dos mesmos Espíritos. Essa população é mais estável nos mundos inferiores, onde os Espíritos são mais apegados à matéria, e mais flutuante nos mundos superiores. Mas, dos mundos, focos de luz e de felicidade, os Espíritos se deslocam para mundos inferiores, para semearem aí os germes do progresso, e levarem a consolação e a esperança, erguer os ânimos abatidos pelas provas da vida, e, por vezes, aí se encarnam para cumprirem a sua missão com mais eficácia.

18. Nessa imensidade sem limites, onde, pois, está o céu? Está por toda a parte; nada o cerca nem lhe serve de limites; os mundos felizes são as últimas estações que a ele conduzem; as virtudes lhe franqueiam o caminho, os vícios lhe interditam o acesso.

Ao lado deste quadro grandioso que povoa todos os cantos do Universo, que dá a todos os objetos da criação uma finalidade e uma razão de ser, quanto é pequena e mesquinha a doutrina que nos circunscreve a Humanidade num imperceptível ponto do espaço, que a mostra começando em um instante dado para acabar, igualmente, um dia, com o mundo que a carrega, não abarcando, assim, senão um minuto na eternidade! Quanto é triste, fria e glacial, quando nos mostra o resto do Universo antes, durante e depois da Humanidade terrestre, sem vida, sem movimento, como um imenso deserto mergulhado no silêncio! Quanto é desesperadora, pela pintura que faz de um pequeno número de eleitos devotados à contemplação perpétua, ao passo que a maioria das criaturas está condenada a sofrimentos sem fim! Quanto é dolorosa, para os corações que amam, pela barreira que coloca entre os mortos e os vivos!

As almas felizes, diz-se, não pensam senão em sua felicidade; as que são infelizes, em suas dores. É de admirar que o egoísmo reine sobre a Terra, quando se mostra no céu! Quanto, então, é estreita a ideia que ela dá da grandeza, do poder e da bondade de Deus!

Quanto é sublime, ao contrário, a que lhe dá o Espiritismo! Quanto a sua doutrina engrandece as ideias, alarga o pensamento! – Mas, quem disse que ela é verdadeira? A razão primeiro, a revelação em seguida, depois a sua concordância com o progresso da ciência. Entre duas doutrinas, onde uma diminui e a outra estende os atributos de Deus; onde uma está em desacordo e a outra em harmonia com o progresso; onde uma permanece na retaguarda e a outra caminha adiante, o bom senso nos diz de qual lado está a verdade. Que, na presença das duas, cada um, em seu foro interior, interrogue as suas aspirações, e uma voz íntima lhe responderá. As aspirações são a voz de Deus, que não pode enganar os homens.

19. Mas, então, por que Deus, desde o princípio não lhes revelou toda a verdade? Pela mesma razão que não se ensina à infância o que se ensina à idade madura. A revelação restrita era suficiente durante um certo período da Humanidade: Deus a proporciona às forças do Espírito. Aqueles que recebem, hoje, uma revelação mais completa, são *os mesmos Espíritos* que já receberam uma parcela em outros tempos, mas que depois cresceram em inteligência.

Antes que a ciência tivesse revelado aos homens as forças vivas da Natureza, a constituição dos astros, o verdadeiro papel e a formação da Terra, teriam compreendido a imensidade do espaço, a pluralidade dos mundos? Antes que a geologia tivesse provado a formação da Terra, poderiam desalojar o inferno do seu seio, e compreenderem o sentido alegórico dos seis dias da criação? Antes que a astronomia tivesse descoberto as leis que regem o Universo, poderiam compreender que não há nem alto nem baixo no espaço, e que o céu não está acima das nuvens, nem limitado pelas estrelas? Antes do progresso da ciência psicológica, poderiam se identificar com a vida espiritual? Conceberem, depois da morte, uma vida feliz ou infeliz, de outra maneira que em um lugar circunscrito e sob uma forma material? Não; compreendendo mais pelo sentido do que pelo pensamento, o Universo era muito vasto para o seu cérebro; seria preciso reduzi-lo a proporções menos extensas para colocá-

-lo ao seu ponto de vista, salvo para ampliá-lo mais tarde. Uma revelação parcial tinha sua utilidade; era sábia então, e é insuficiente hoje. O erro está naqueles que, não levando em conta o progresso das ideias, creem poder governar os homens maduros com as andadeiras da infância. (Ver *O Evangelho Segundo o Espiritismo*, cap. 3.)

Capítulo 4

O inferno

*Intuição das penas futuras • O inferno cristão imitado do inferno pagão •
Os limbos • Quadro do inferno pagão • Quadro do inferno cristão*

Intuição das penas futuras

1. Em todos os tempos, o homem acreditou, por intuição, que a vida futura deveria ser feliz ou infeliz, em razão do bem ou do mal que se faz neste mundo; apenas a ideia que disso faz está em relação com o desenvolvimento do seu senso moral, e as noções, mais ou menos justas, que tem do bem e do mal; as penas e as recompensas são o reflexo dos seus instintos predominantes. Assim é que os povos guerreiros colocam a sua suprema felicidade nas honras prestadas à bravura; os povos caçadores, na abundância da caça; os povos sensuais, nas delícias da volúpia. Enquanto o homem está dominado pela matéria, pode, apenas imperfeitamente, compreender a espiritualidade, e é por isso que ele faz, das penas e dos gozos futuros, um quadro mais material do que espiritual; ele imagina que se deve beber e comer no outro mundo, mas melhor do que na Terra, e de melhores coisas[1]. Mais tarde, encontra-se nas crenças acerca do futuro, uma mistura de espiritualidade e de materialidade; é assim que, ao lado da beatitude contemplativa, coloca o inferno com torturas físicas.

2. Podendo conceber tão-somente o que via, o homem primitivo,

---

[1] Um pequeno saboiano, a quem seu cura fazia um quadro sedutor da vida futura, pergunta-lhe se todo o mundo aí comia pão branco, como em Paris.

naturalmente, decalcou seu futuro sobre o presente; para compreender outros tipos além daqueles que tinha sob os olhos, lhe seria preciso um desenvolvimento intelectual que deveria chegar com o tempo. Também o quadro que se faz dos castigos da vida futura é o reflexo dos males da Humanidade, mas em mais larga proporção; reuniu todas as torturas, todos os suplícios, todas as aflições que encontra sobre a Terra; é assim que, nos climas quentes imaginou um inferno de fogo, e nas regiões boreais, um inferno de gelo. Não estando ainda desenvolvido o sentido que deveria fazê-lo compreender o mundo espiritual, podia conceber penas materiais; por isso, com algumas diferenças apenas de forma, os infernos de todas as religiões se assemelham.

O inferno cristão imitado do inferno pagão

3. O Inferno dos Pagãos, descrito e dramatizado pelos poetas, foi o modelo mais grandioso do gênero; ele está perpetuado no dos Cristãos, que, também ele, teve seus cantores poéticos. Comparando-os, neles se encontram, salvo os nomes de algumas variantes nos detalhes, numerosas analogias: em um e em outro, o fogo material é a base dos tormentos, porque é o símbolo dos mais cruéis sofrimentos. Mas, coisa estranha! os Cristãos têm, sobre muitos pontos, exagerado o inferno dos Pagãos. Se estes últimos tinham, nos seus, o tonel das Danaides, a roda de Íxion, o rochedo de Sísifo, esses eram suplícios individuais; o inferno cristão tem para todos as suas caldeiras ferventes, das quais os anjos erguem a tampa para ver as contorções dos condenados[2]; Deus ouve, sem piedade, os gemidos destes durante a eternidade. Jamais os Pagãos descreveram os habitantes dos Campos Elíseos entretendo a sua visão com os suplícios do Tártaro.[3]

4. Do mesmo modo que os Pagãos, os Cristãos têm o seu rei do inferno, que é Satã, com a diferença de que Plutão se limitava a governar o império sombrio que lhe foi dado em partilha, mas não era mau; retinha

---
[2] Sermão proferido em Montepellier, em 1860.
[3] "Os bem-aventurados, sem saírem do lugar que ocupam, dele sairão, entretanto, de uma certa maneira, em razão de seu dom de inteligência e de visão distinta, a fim de considerarem as torturas dos condenados; e, vendo-os, não somente não sentirão **nenhuma dor**, mas serão **cobertos de alegria**, e renderão graças a Deus por sua própria felicidade, assistindo à inefável calamidade dos ímpios." (São Tomás de Aquino).

com ele aqueles que tinham feito mal, porque essa era a sua missão, mas não procurava induzir os homens ao mal para se dar ao prazer de fazê--los sofrer; ao passo que Satã recruta, por toda a parte, vítimas que se compraz atormentar por suas legiões de demônios armados de forcados para sacudi-los no fogo. Tem-se mesmo discutido seriamente sobre a natureza desse fogo que queima, sem cessar, os condenados, sem jamais consumi-los; perguntou-se se era um fogo de betume[4]. O inferno cristão não perde em nada para o inferno pagão.

5. As mesmas considerações que, entre os Antigos, fizeram localizar a morada da felicidade, fizeram também circunscrever o lugar dos suplícios. Tendo os homens colocado o primeiro nas regiões superiores, era natural colocar o segundo nos lugares inferiores, quer dizer, no centro da Terra, onde se acreditava que certas cavidades, sombrias e de aspecto terrível, serviam de entrada. Foi aí, também, que os cristãos, por muito tempo, localizaram a morada dos condenados. Anotemos, ainda, a esse respeito, uma outra analogia.

O inferno dos Pagãos continha, de um lado, os Campos Elíseos, e de outro o Tártaro; o Olimpo, morada dos deuses e dos homens divinizados, estava nas regiões superiores. Segundo a *letra* do Evangelho, Jesus desceu aos infernos, quer dizer, aos *lugares baixos,* para daí tirar as almas dos justos que esperavam a sua vinda. Os infernos não eram, pois, unicamente um lugar de suplício; do mesmo modo que entre os Pagãos, estavam também nos *lugares baixos*. Igual ao Olimpo, a morada dos anjos e dos santos, estava nos lugares elevados; colocaram-na para além do céu das estrelas, que se acreditava limitado.

6. Essa mistura de ideias pagãs e de ideias cristãs nada tem que deva surpreender. Jesus não podia, de repente, destruir as crenças enraizadas; faltavam aos homens os conhecimentos necessários para conceberem o infinito do espaço e o número infinito de mundos; a Terra era, para eles, o centro do Universo; não lhe conheciam nem a forma nem a estrutura interna; tudo lhes estava limitado ao seu ponto de vista: suas noções de futuro não poderiam se estender além dos seus conhecimentos. Jesus se encontrava, pois, na impossibilidade de iniciá-los no verdadeiro estado das coisas; mas, por outro lado, não querendo sancionar, com a sua

---

[4] Sermão proferido em Paris, em 1861.

autoridade, os preconceitos existentes, absteve-se, deixando ao tempo o cuidado de retificar as ideias. Limitou-se a falar, vagamente, da vida feliz e dos castigos que esperam os culpados; mas, em nenhuma parte, em seus ensinamentos, encontra-se o quadro de suplícios corporais dos quais os Cristãos fizeram um artigo de fé.

Eis como as ideias do inferno pagão se perpetuaram até os nossos dias. Foi preciso a difusão das luzes nos tempos modernos, e o desenvolvimento geral da justiça humana para lhes fazer justiça. Mas, então, como nada de positivo havia substituído as ideias existentes, ao longo período de uma crença cega sucedeu, como transição, o período de incredulidade, ao qual a nova revelação veio colocar um fim. Era preciso demolir antes de reconstruir, porque é mais fácil fazer aceitar as ideias justas àqueles que não creem em nada, porque sentem que lhes falta alguma coisa, do que àqueles que têm uma fé robusta no que é absurdo.

7. Para a localização do céu e do inferno, as seitas cristãs foram conduzidas a admitirem, para as almas, duas situações extremas: a perfeita felicidade e o sofrimento absoluto. O purgatório é apenas uma posição intermediária momentânea ao saírem da qual passam, sem transição, para a morada dos bem-aventurados. Não poderia ser de outro modo, segundo a crença na sorte definitiva da alma depois da morte. Se há duas moradas, a dos eleitos e a dos condenados, não se podem admitir vários graus em cada uma, sem a possibilidade de franqueá-los e, por consequência, o progresso; ora, se há progresso não há sorte definitiva; se há sorte definitiva, não há progresso. Jesus resolveu a questão quando disse: *"Há várias moradas na casa de meu Pai."*[5]

Os limbos

8. A Igreja admite, é verdade, uma posição especial em certos casos particulares. As crianças mortas em tenra idade, não tendo feito mal, não podem ser condenadas ao fogo eterno; por outro lado, não tendo feito o bem, não têm nenhum direito à felicidade suprema. Ficam então, diz ela, nos *limbos,* situação mista que jamais foi definida, na qual, todos não sofrem, nem gozam da perfeita felicidade. Mas, uma vez que a sua

---
[5] *O Evangelho Segundo o Espiritismo*, cap. 3.

sorte está irrevogavelmente fixada, estão privadas dessa felicidade pela eternidade. Essa privação uma vez que não dependeu delas que fosse de outro modo, equivale a *um suplício eterno imerecido*. Ocorre o mesmo com os selvagens que, não tendo recebido a graça do batismo e as luzes da religião, pecam por ignorância entregando-se aos seus instintos naturais, não podendo ter nem a culpabilidade nem os méritos daqueles que puderam agir com conhecimento de causa. A simples lógica repele semelhante doutrina em nome da justiça de Deus. A justiça de Deus está inteiramente nestas palavras do Cristo: *A cada um segundo as suas obras;* mas é preciso entendê-lo como as obras boas ou más que realizaram livremente, voluntariamente, as únicas nas quais incorreram em responsabilidades, o que não é o caso nem da criança, nem do selvagem, nem daquele de quem não dependeu o estar esclarecido.

Quadro do inferno pagão

9. Conhecemos pouco do inferno pagão e apenas pela descrição dos poetas; Homero e Virgílio deram, dele, a descrição mais completa, mas é preciso apartar as necessidades que a poesia impôs à forma. A de Fénelon, em seu *Telêmaco,* embora haurida na mesma fonte, quanto às crenças fundamentais, tem a simplicidade mais precisa da prosa. Descrevendo o aspecto lúgubre dos lugares, procura sobretudo ressaltar o gênero de sofrimentos que sofrem os culpados, e se estende muito sobre a sorte dos maus reis, tendo em vista a instrução de seu aluno real. Por popular que seja a sua obra, muitas pessoas não têm, sem dúvida, essa descrição bastante presente na memória, ou não puderam refletir bastante nela para estabelecerem uma comparação; por isso, cremos ser útil reproduzir-lhe as partes que têm uma relação mais direta com o objetivo que nos ocupa, quer dizer, as que concernem, mais especialmente, à penalidade individual.

10. "Entrando, Telêmaco ouve os gemidos de uma sombra que não podia se consolar. Qual é, pois, disse-lhe, a vossa infelicidade? Que fostes sobre a Terra? – Eu fui, respondeu-lhe essa sombra, Nabofarzan, rei da soberba Babilônia; todos os povos do Oriente tremiam ao simples sussurro de meu nome; eu me fazia adorar pelos babilônios em um templo de mármore, onde estava representado por uma estátua de ouro diante da qual se queimavam, dia e noite, os preciosos perfumes da Etiópia; jamais

alguém ousou me contradizer sem ser logo punido; inventava-se, cada dia, novos prazeres para me tornar a vida mais deliciosa. Era ainda jovem e robusto; ai de mim! Quanta prosperidade me restava, ainda, para gozar no trono! Mas uma mulher que amei, e que não me amou, fez-me sentir que não era deus: ela me envenenou; e não sou mais nada. Colocaram ontem, com pompas, as minhas cinzas numa urna de ouro; choraram, arrancaram-se os cabelos; fizeram parecer quererem atirar-se às chamas da minha fogueira para morrerem comigo; vão, ainda, gemer ao pé do soberbo túmulo onde estão as minhas cinzas, mas ninguém me lamenta; minha memória é horrorosa mesmo na minha família, e aqui embaixo já sofro horríveis tratamentos.

Telêmaco, tocado com esse espetáculo, lhe diz: Éreis verdadeiramente feliz durante o vosso reinado? Sentíeis essa doce paz sem a qual o coração permanece sempre oprimido e murcho no meio das delícias? – Não, respondeu o babilônio; não sei mesmo o que quereis dizer. Os sábios gabam essa paz como o único bem: para mim jamais a senti; meu coração estava, sem cessar, agitado por desejos novos, por medo e por esperança. Tratei de me atordoar, a mim mesmo, pela excitação de minhas paixões; tinha necessidade de manter essa embriaguez para torná-la contínua: o menor intervalo de razão tranquila ter-me-ia sido muito amargo. Eis a paz da qual gozei; tudo mais me parecia uma fábula e um sonho; eis os bens que lamento.

Falando assim, o babilônio chorava como homem frouxo, amolecido pelas prosperidades e que não estava acostumado a suportar, constantemente, uma infelicidade. Tinha perto de si alguns escravos que foram mortos para honrar os seus funerais; Mercúrio entregara-os a Caronte com seu rei, e lhes dera um poder absoluto sobre esse rei que serviram na Terra. *Essas sombras de escravos não temiam mais a sombra de Nabofarzan; elas o tinham acorrentado e lhe faziam as mais cruéis indignidades.* Uma lhe dizia: não fomos homens tão bem como tu? Como foste bastante insensato para te creres um deus, sem que lembrasses que eras da raça dos outros homens? Uma outra, para insultá-lo dizia: tinhas razão em não querer que fosses tomado por um homem, porque eras um monstro sem humanidade. Um outro lhe dizia: pois bem! onde estão agora os lisonjeadores? Não tens nada mais para dar, infeliz! Não podes mais fazer nenhum mal; te tornaste escravo de teus próprios escravos; os deuses são lentos para fazerem justiça, mas enfim a fazem.

Capítulo 4 O inferno 37

A essas duras palavras, Nabofarzan olhava para o chão, arrancando seus cabelos num excesso de raiva e de desespero. Mas Caronte dizia aos escravos: arrastai-o com a corrente; levantai-o, contra a sua vontade, *não terá nem mesmo a consolação de esconder a sua vergonha; é preciso que todas as sombras do Estige disso sejam testemunhas* para justificar os deuses, que sofreram tanto tempo quanto esse ímpio reinou sobre a Terra.

Logo percebeu, bem perto dele, o negro Tártaro; dele saía uma fumaça escura e espessa, cujo odor empestado ocasionaria a morte caso se espalhasse na morada dos vivos. Essa fumaça cobria um rio de fogo e turbilhões de chamas, cujo ruído, semelhante ao das correntes, as mais impetuosas, quando se lançam dos mais altos rochedos ao fundo dos abismos, fazia com que nada se pudesse ouvir distintamente nesses tristes lugares.

Telêmaco, secretamente animado por Minerva, entra sem medo nesse abismo. De início, percebeu era um grande número de homens que tinham vivido nas mais baixas condições, e que eram punidos por terem procurado as riquezas pelas fraudes, pelas traições e crueldades. Ele nota muitos ímpios hipócritas que, aparentando amar a religião, delas se serviriam como um bom pretexto para contentar a sua ambição e enganar os homens crédulos; esses homens que tinham abusado da própria virtude, embora seja o maior dom dos deuses, eram punidos como os maiores celerados de todos os homens. Os filhos que tinham degolado seus pais e suas mães, as esposas que tinham molhado suas mãos no sangue de seus esposos, os traidores que tinham entregado sua pátria depois de terem violado todos os juramentos, sofriam penas menos cruéis do que esses hipócritas. Os três juízes do inferno assim o quiseram, e eis as suas razões: é que esses hipócritas não se contentam com serem maus como o resto dos ímpios; querem, ainda, passar por bons e fazem, com a sua falsa virtude, com que os homens não ousem mais confiar na verdade. Os deuses dos quais zombaram, e que tornaram desprezíveis para os homens, têm prazer em empregarem todo o seu poder para se vingarem dos seus insultos.

Junto destes aparecem outros homens que o vulgo crê pouco culpados, e que a vingança divina persegue impiedosamente: são os ingratos, os mentirosos, os lisonjeadores que louvaram o vício, os críticos malignos que trataram de difamar a mais pura virtude; enfim, aqueles que julgaram, temerariamente, as coisas sem conhecê-las a fundo, e que, por isso, prejudicaram a reputação de inocentes.

Telêmaco, vendo os três juízes que estavam sentados e que condenavam um homem, ousa lhes perguntar quais eram seus crimes. Logo o condenado, tomando a palavra, grita: Eu não fiz nenhum mal; coloquei todo o meu prazer em fazer o bem; fui magnânimo, liberal, justo, compassivo; que se pode, pois, me reprovar? Então Minos lhe diz: não se te faz nenhuma recriminação com respeito aos homens; mas não devias menos aos homens do que aos deuses? Qual é, pois, essa justiça da qual te gabas? Não faltaste a nenhum dever para com os homens, que não são nada; foste virtuoso, mas colocaste toda a tua virtude para ti mesmo, e não aos deuses que te deram, porque querias gozar do fruto da tua própria virtude e te encerrar em ti mesmo: *foste a tua divindade*. Mas os deuses, que tudo fizeram, e que nada fizeram senão para eles mesmos, não podem renunciar aos seus direitos; tu os olvidaste, eles te esquecerão; entregar-te-ão a ti mesmo, uma vez que quiseste ser para ti e não para eles. *Procura, pois, agora, se o podes, a consolação no teu próprio coração*. Eis-te, para sempre, separado dos homens aos quais quiseste agradar; eis-te só contigo mesmo, que foste teu ídolo; aprende que não há verdadeira virtude sem o respeito e o amor aos deuses, aos quais tudo é devido. A tua falsa virtude que há tempos deslumbra os homens fáceis de se enganarem, vai ser confundida. Não julgando os homens, os vícios e as virtudes senão pelo que os choca ou os agrada, são cegos quanto ao bem e quanto ao mal. Aqui, uma luz divina derruba todos os seus julgamentos superficiais; ela condena, frequentemente, o que admiram e justifica o que condenam.

Diante dessas palavras, esse filósofo, como atingido pelo golpe de um raio, não podia suportar a si mesmo. A complacência que ele tivera antigamente ao contemplar a sua moderação, sua coragem e suas inclinações generosas, mudou em desespero. A visão de seu próprio coração, inimigo dos deuses, torna-se seu suplício; ele se vê e não pode deixar de se ver; vê a vaidade dos julgamentos dos homens, aos quais quis agradar em todas as suas ações. Ele se faz uma revolução universal de tudo o que está dentro de si, como se transtornasse todas as suas entranhas; não encontra mais a si mesmo; falta-lhe todo apoio no coração; sua consciência, cujo testemunho lhe fora tão doce, se ergue contra ele e o reprova amargamente o descaminho e a ilusão de todas as suas virtudes, que não tiveram o culto da Divindade por princípio e por fim; está perturbado, consternado, cheio de vergonha, de remorsos e de desespero. *As Fúrias não o atormentam, porque lhe basta estar entregue a si mesmo,* e que seu próprio coração vingue bastante os deuses desprezados. Procura os lugares, os mais sombrios, para se esconder dos outros mortos, não podendo esconder-se de si mesmo. *Ele procura as trevas e não as pode encontrar; uma luz importuna o segue por toda a parte;* por toda a parte, os raios penetrantes da verdade vão vingar a verdade que ele negligenciou em seguir. Tudo o que amou se lhe torna odioso, como sendo a fonte de seus males, que não podem nunca acabar. E diz a si mesmo: ó insensato! não conheci, pois, nem os deuses, nem os homens, nem a mim mesmo! não, não conheci nada, uma vez que jamais amei o único e verdadeiro bem; todos os meus passos foram de descaminho; minha sabedoria não foi senão loucura; minha virtude não foi senão um orgulho ímpio e cego: eu era, eu mesmo, o meu ídolo.

Enfim, Telêmaco percebeu os reis que estavam condenados por terem abusado do seu poder. De um lado, uma fúria vingativa *lhes apresentava um espelho que lhes mostrava toda a disformidade dos seus vícios;* aí, eles viam, e não podiam deixar de ver, a sua vaidade grosseira e ávida dos mais ridículos horrores; sua dureza para com os homens, aos quais deveriam proporcionar felicidade; sua insensibilidade com a virtude; seu medo de ouvir a verdade; sua inclinação para os homens frouxos e lisonjeadores; sua desatenção; sua moleza, sua indolência; sua desconfiança imprópria; seu fausto e sua excessiva magnificência fundados sobre as ruínas dos povos, sua ambição para comprar um pouco de vanglória com o sangue de seus cidadãos; enfim, a sua crueldade, que procura, cada dia, novas delícias entre as lágrimas e o desespero de tantos infelizes. Eles se veem, sem cessar, nesse espelho; acham-se mais horríveis, mais monstruosos do que não é a Quimera, vencida por Belerofonte, nem a Hidra de Lerna abatida por Hércules, nem o próprio Cérbero, embora vomite de suas três goelas escancaradas um sangue negro e venenoso que é capaz de empestar toda a raça dos mortais que vivem sobre a Terra.

Ao mesmo tempo, por outro lado, uma outra Fúria lhes repetia, com insulto, todos os louvores que seus lisonjeadores lhes deram durante sua a vida, e lhes apresentavam um outro espelho, onde se viam tais como a adulação os pintara. *A oposição dessas duas pinturas, tão contrárias, era o suplício da sua vaidade.* Notava-se que os piores, dentre esses reis, eram aqueles a quem se deram os mais magníficos louvores durante sua vida, porque os maus são mais temidos dos que os bons, e exigem, sem pudor, as desprezíveis lisonjas dos poetas e dos oradores do seu tempo.

Se os ouve gemerem nessas profundas trevas, onde podem ver os insultos e as zombarias que têm que sofrer. Não têm nada ao seu redor que não os repilam, que não os contradigam, que não os confundam, ao passo que, sobre a Terra, zombaram da vida dos homens, e pretendiam que tudo estava feito para servi-los. No Tártaro, estão entregues a todos os caprichos de certos escravos que lhes fazem sentir, a seu turno, uma cruel servidão; eles servem com dor, e não lhes resta nenhuma esperança de poderem jamais abrandar seu cativeiro; estão sob os golpes dos seus escravos tornados seus tiranos impiedosos, como uma bigorna está sob os golpes das marteladas de Cíclopes, quando Vulcano os insta a trabalharem nas fornalhas ardentes do monte Etna.

Ali, Telêmaco percebeu rostos pálidos, horrorosos e consternados. Uma tristeza negra corrói esses criminosos; eles têm horror de si mesmos, e não podem se livrar desse horror, não mais do que da sua própria natureza; *não têm necessidade de outro castigo para suas faltas, além das próprias faltas; veem-nas, sem cessar, em toda a sua enormidade; apresentam-se a eles como espectros horríveis e os perseguem.* Para delas se protegerem, procuram uma morte mais poderosa do que aquela que os separou dos seus corpos. No desespero que estão, chamam em seu socorro uma morte que possa exterminar todo sentimento e todo conhecimento de si mesmos; pedem aos abismos para tragá-los, a fim de se esquivarem aos raios vingadores da verdade que os persegue, mas estão destinados à vingança que destila sobre eles, gota a gota e que não secará nunca. *A verdade, que eles temem ver, provoca o seu suplício;* veem-na, e têm olhos para vê-la se erguer contra eles: sua visão os penetra, atormenta, os arranca deles mesmos; ela é como um raio; sem nada destruir ao redor, penetra-lhes até o fundo de suas entranhas.

Entre esses objetos que fazem eriçar os cabelos de Telêmaco sobre a sua cabeça, viu vários antigos reis da Lídia que foram punidos por preferirem as delícias de uma vida lânguida ao trabalho, para o alívio dos povos, que deve ser inseparável da realeza.

Esses reis se reprovavam, uns aos outros, pela sua cegueira. Um dizia ao outro, que tinha sido seu filho: não vos recomendei, a miúdo, durante a minha velhice e antes de minha morte, para reparar os males que fizera pela minha negligência? – Ah! infeliz pai! dizia o filho, fostes vós que me perdestes! foi o vosso exemplo que me inspirou o fausto, o orgulho, a volúpia e a dureza para com os homens! vendo-vos reinar com tanta tibieza e cercado de vis aduladores, acostumei-me a gostar da adulação e dos prazeres. Acreditei que o resto dos homens era, com relação aos reis, o que os cavalos e os outros animais de carga são na consideração dos homens, quer dizer, animais aos quais não se faz caso senão enquanto prestam serviços e proporcionam comodidades. Acreditei, e fostes vós que me fizestes acreditar, e agora sofro tantos males por vos imitar. A essas reprimendas, acrescentavam as mais horrendas maldições, e pareciam animados de raiva para se dilacerarem um ao outro.

Ao redor desses reis volteavam, ainda, quais mochos na noite, as cruéis suspeitas, os vãos alarmes, as desconfianças que vingam os povos das durezas de seus reis, a fome insaciável de riquezas, a falsa glória, sempre tirânica, e a fraqueza desprezível que redobra todos os males que se sofrem, sem poder jamais dar sólidos prazeres.

Viam-se vários desses reis, severamente punidos, não pelos males que fizeram, mas *por terem negligenciado o bem que tinham o dever de fazer.* Todos os crimes dos povos, que se originam da negligência com a qual se faz observar as leis, eram imputados aos reis, que devem reinar a fim de que as leis reinem pela sua intervenção. Imputava-se-lhes, também, todas as desordens originadas do fausto, do luxo e de todos os outros excessos que atiram os homens em um estado violento e na tentação de desprezarem as leis para adquirirem bens. Sobretudo tratava-se rigorosamente aos reis, que, em lugar de serem bons e vigilantes pastores dos povos, sonharam arruinarem o rebanho, como lobos devoradores.

Mas, o que consternou mais a Telêmaco foi ver, nesse abismo de trevas e males, um grande número de reis que, tendo passado na Terra por reis bastante bons, foram condenados às penas do Tártaro por se terem deixado governar por homens maus e astuciosos. *Estavam punidos pelos males que tinham deixado fazer com a sua autoridade.* Além disso, a maioria desses reis, não foi nem boa e nem má, tanto a sua fraqueza fora grande; não temeram jamais não conhecerem a verdade; nunca tiveram o gosto da virtude, nem colocaram o seu prazer em fazer o bem."

Quadro do inferno cristão

11. A opinião dos teólogos sobre o inferno está resumida nas citações seguintes[6]. Essa descrição, tendo sido tomada dos autores sacros e na vida dos santos, pode muito melhor ser considerada como a expressão da fé ortodoxa nessa matéria, sendo, a cada instante, reproduzida, com algumas variantes aproximadas, nos sermões do púlpito evangélico e nas instruções pastorais.

12. "Os demônios são puros Espíritos, e os condenados, presentemente no inferno, podem também ser considerados puros Espíritos, uma vez que apenas a sua alma para aí desceu, e que a sua ossada, tornada à poeira, se transforma, incessantemente em ervas, em plantas, em frutos, em minerais, em líquidos, sofrendo, sem o saber, as contínuas metamorfoses da matéria. Mas os condenados, como os santos, devem ressuscitar no último dia, e retomarem, para não mais o deixar, um corpo carnal, o mesmo corpo sob o qual foram conhecidos entre os vivos. O que os distinguirá, uns dos outros, será que os eleitos ressuscitarão em um corpo purificado e todo radioso, os condenados em um corpo enlameado e deformado pelo pecado. Não haverá, pois, no inferno, apenas Espíritos puros; haverá homens tais como nós. O inferno é, por conseguinte, um lugar físico, geográfico, material, uma vez que estará povoado de criaturas terrestres, tendo pés, mãos, uma boca, uma língua, dentes, ouvidos, olhos semelhantes aos nossos, sangue nas veias e nervos sensíveis à dor.

Onde está situado o inferno? Alguns doutores colocaram-no nas próprias entranhas da nossa Terra; outros, não sei em qual planeta; mas a questão não foi decidida por nenhum concílio. Está-se, pois, sobre esse ponto, reduzido a conjecturas; a única coisa que se afirma é que o inferno, em qualquer lugar que esteja situado, é um mundo composto de elementos materiais, mas um mundo sem Sol, sem Lua, sem estrelas, mais triste, mais inóspito, mais desprovido de todo germe e de toda aparência do bem do que o são as partes mais inabitáveis deste mundo onde nós pecamos.

Os teólogos circunspectos não se arriscam a pintarem, à maneira

---
[6] Estas citações foram tiradas da obra intitulada *O Inferno*, por Auguste Callet.

dos Egípcios, dos Hindus e dos Gregos, todos os horrores dessa morada; limitam-se a mostrar, como um modelo, o pouco que a Escritura dele revela, o lago de fogo e de enxofre do Apocalipse e os vermes de Isaías, esses vermes eternamente formigando sobre as carcaças do Tofel, e os demônios atormentando os homens aos quais perderam, e os homens chorando e rangendo os dentes, segundo a expressão dos Evangelistas.

Santo Agostinho não concorda que essas penas físicas sejam simples imagens de penas morais; ele vê, num verdadeiro lago de enxofre, os vermes e as serpentes verdadeiras se encarniçarem sobre todas as partes do corpo dos condenados e unindo suas mordeduras às do fogo. Ele pretende, segundo um versículo de São Marcos, que esse fogo estranho, embora material igual ao nosso, e agindo sobre os corpos materiais, os conservará como o sal conserva a carne das vítimas. Mas os condenados, vítimas sempre sacrificadas e sempre vivas, sentirão a dor desse fogo que queima sem destruir; *ele penetrará sob sua pele;* estarão dele embebidos e saturados em todos os seus membros, na medula de seus ossos, na pupila de seus olhos, nas fibras as mais escondidas e as mais sensíveis do seu ser. A cratera de um vulcão, se pudessem aí mergulhar, seria para eles um lugar de refrigério e de repouso.

Assim falam, com segurança, os teólogos, os mais tímidos, os mais discretos, os mais reservados; eles não negam, aliás, que haja no inferno outros suplícios corporais, dizem somente que, para falarem deles não têm um conhecimento suficiente, tão positivo, ao menos daquele que lhes foi dado do horrível suplício do fogo e do repugnante suplício dos vermes. Mas há teólogos mais ousados ou mais esclarecidos que fazem, do inferno, descrições mais detalhadas, mais variadas e mais completas; e, embora não se saiba em que sítio do espaço esse inferno está situado, há santos que o viram. Para ali não foram com a lira na mão, igual a Orfeu, ou com a espada na mão, igual a Ulisses; foram transportados em espírito. Santa Teresa está entre esse número.

Parece, segundo o relato da santa, que há cidade no inferno; ela viu, pelo menos uma espécie de rua longa e estreita, como há tantas nas cidades antigas; entrou nela, andando, com horror, sobre um terreno lodoso, fétido, onde pululavam répteis monstruosos; mas foi detida, em sua caminhada, por uma muralha que fechava a rua; nessa muralha, estava construído um nicho onde Teresa se agachou, sem saber muito como isso aconteceu. Era, disse ela, o lugar que lhe estaria destinado, se abusasse de sua vida, das graças que Deus derramou sobre a sua cela de Ávila. Embora se introduzisse, com uma facilidade maravilhosa, naquele nicho de pedra, não podia nem se sentar, nem se deitar, nem estar em pé: ainda menos podia dali sair; essas horríveis muralhas, estando abaixadas sobre ela, a envolviam, a apertavam, como se estivessem animadas. Parecia-lhe que a sufocavam, que a estrangulavam, e, ao mesmo tempo, que a esfolavam viva e que a retalhavam em farrapos; e sentia-se queimar, experimentava ao mesmo tempo, todos os gêneros de angústias. De socorro, nenhuma esperança; tudo, ao redor dela, era trevas, e, entretanto, através dessas trevas, percebia ainda, não sem estupor, a horrenda rua onde estava alojada e toda a sua imunda vizinhança, espetáculo, para ela, tão intolerável como o envolvimento da sua prisão.[7]

Isso era, sem dúvida, um pequeno canto do inferno. Outros viajores espirituais foram mais favorecidos. Viram um inferno de grandes cidades ardendo em fogo; Babilônia e Nínive, e mesmo Roma, seus palácios e seus templos abrangidos, e todos os seus habitantes acorrentados; o traficante em seu balcão, os sacerdotes reunidos com seus cortesãos nas salas de festins, ululando em suas cadeiras, das quais não poderiam mais se afastar, elevando aos seus lábios, para se saciarem, copos dos quais saíam chamas; lacaios ajoelhados nas cloacas ferventes, braços estendidos, e príncipes de cujas mãos se derramava, sobre eles, lava devoradora de ouro fundido. Outros viram, no inferno, planícies sem limites que camponeses famintos cavavam e semeavam, e, nessas planícies fumegantes, com seus suores, suas sementes estéreis, como não produzissem nada, esses camponeses se entredevoravam; depois, tão numerosos como antes, tão magros, tão famintos, eles se dispersavam, por bandos, no horizonte, indo procurar, ao longe, mas em vão, terras mais felizes, logo substituídos, nos campos que abandonavam, por outras colônias errantes de condenados. Há quem viu no inferno montanhas cheias de precipícios, florestas gementes, poços sem água, fontes alimentadas por lágrimas, rios de sangue, turbilhões de neve nos desertos de gelo, barcos de desesperados vagando sobre os mares sem margem. Revia-se ali, em uma palavra, tudo o que os Pagãos viram: um reflexo lúgubre da Terra, uma sombra desmesuradamente aumentada de suas misérias,

---
[7] Reconhecem-se, nesta visão, todos os caracteres dos pesadelos; é, pois, provável que foi um efeito deste gênero que se produziu em Santa Teresa.

seus sofrimentos naturais eternizados, e até os calabouços e instrumentos de suplício, instrumentos de tortura que nossas próprias mãos forjaram.

Há, ali embaixo, com efeito, demônios que, para melhor atormentarem os homens em seus corpos, tomam corpos. Estes têm asas de morcego, cornos, couraças de escamas, patas providas de garras, dentes afiados; nos são mostrados armados de gládios, de forcas, de pinças, de tenazes ardentes, de serras, de grades, de foles, de clavas, e fazendo, durante a eternidade, com a carne humana, o serviço de cozinheiro e de açougueiro; aqueles, transformados em leões ou víboras enormes, arrastam suas presas para cavernas solitárias; alguns se transformam em corvos para arrancarem os olhos a certos culpados, e, outros, em dragões voadores, para carregá-los sobre seus ombros e transportá-los, muito assustados, muito sangrentos, gritando através dos espaços tenebrosos, e depois deixá-los caírem em lagos de enxofre. Eis aqui nuvens de gafanhotos, escorpiões gigantescos, cuja visão dá calafrios, cujo odor dá náuseas, cujo menor contato dá convulsões; eis aqui monstros policéfalos, abrindo, por toda a parte, suas goelas vorazes, sacudindo sobre suas cabeças disformes longa cabeleira de áspides, moendo os réprobos entre suas maxilas ensanguentadas, e vomitando-os todos moídos mas vivos, porque são imortais.

Esses demônios, com forma sensível, que lembram tão visivelmente os deuses do Amentil, e do Tártaro, e os ídolos adorados pelos Fenícios, pelos Moabitas, e outros Gentios vizinhos da Judeia, esses demônios não agem ao acaso; cada um tem a sua função e a sua obra; o mal que eles fazem no inferno está em relação com o mal que inspiraram ou fizeram cometer na Terra.[8] Os condenados são punidos em todos os seus sentidos e em todos os seus órgãos, porque ofenderam a Deus através de todos os seus sentidos e de todos os seus órgãos; punidos, de um modo, como gulosos pelos demônios da gula, de outro modo, como preguiçosos, pelos demônios da preguiça, e de um outro, como fornicadores, pelos demônios da devassidão, e de tantas maneiras diversas quantas maneiras diversas há de se pecar. Terão frio, embora queimando-se, e calor, embora entregelando-se; estarão ávidos de repouso e ávidos de movimento; e sempre famintos, sempre sedentos, e mil vezes mais fatigados do

---

[8] Singular punição, em verdade, aquela que consistiria em poder continuar, em maior escala, o mal menor que fizeram, na Terra. Seria mais racional que sofressem, eles mesmos, as consequências desse mal, em lugar de se darem ao prazer de fazê-los sofrer a outrem.

que o escravo ao final do dia, mais doentes do que os moribundos, mais quebrados, mais cansados, mais cobertos de chagas do que os mártires, e isso não terminará.

Nenhum demônio rejeita, e nem jamais rejeitará, a sua horrível tarefa; eles são todos, sob esse aspecto, bem disciplinados, e fiéis em executarem *as ordens vingadoras que receberam;* sem isso, em que se tornaria o inferno? Os pacientes descansariam, se seus carrascos viessem a querelar entre si ou se cansar, mas não há repouso para uns, nem querela entre os outros; por maus que sejam, e por inumeráveis que sejam, os demônios se ouvem de um canto ao outro do abismo, e jamais se viram, na Terra, nações mais dóceis aos seus príncipes, exércitos mais obedientes aos seus chefes, comunidades monásticas mais humildemente submissas aos seus superiores[9].

Aliás, conhece-se muito pouco a populaça dos demônios, esses vis Espíritos dos quais são compostas as legiões de vampiros, vampiras, de sapos, de escorpiões, de corvos, de hidras, de salamandras e outras bestas sem nome, que constituem a fauna das regiões infernais; mas se conhecem e se nomeiam a vários dos príncipes que comandam essas regiões, entre outros Belfegor, o demônio da luxúria; Abadon ou Apolion, o demônio do homicídio; Belzebu, o demônio dos desejos impuros, ou o senhor das moscas que engendram a corrupção; e Mamon, o demônio da avareza, e Moloc, Belial, Baalgad, Astarot, e muitos outros, e acima deles seu chefe universal, o sombrio arcanjo que, no céu, tinha o nome de Lúcifer, e que leva, no inferno, o de Satã.

Eis aqui, em resumo, a ideia que nos dão do inferno, considerado do ponto de vista da sua natureza física e das penas físicas que aí se suportam. Abri os escritos dos Pais e dos antigos Doutores; interrogai as nossas piedosas lendas; olhai as esculturas e os quadros de nossas igrejas; prestai ouvido ao que se diz nos púlpitos e aprendereis bem mais."

13. O autor faz seguir esse quadro das reflexões seguintes, das quais

---

[9] Esses mesmos demônios, rebeldes a Deus por causa do bem, são de uma docilidade exemplar para fazerem o mal; nenhum deles recua e nem se abranda durante a eternidade. Que estranha metamorfose se operou neles, que foram criados puros e perfeitos como os anjos!

Não é singular vê-los dar o exemplo do perfeito acordo, da harmonia, da concórdia inalterável, quando os homens não sabem viver em paz e se atormentam na Terra? Vendo o luxo do castigo reservado aos condenados, e comparando a sua situação com a dos demônios, pergunta-se aos quais se devem mais lastimar: os verdugos ou as vítimas?

cada um compreenderá a importância:

"A ressurreição dos corpos é um milagre; mas Deus faz um segundo milagre, para dar a esses corpos mortais, já usados uma vez pelas passageiras provas da vida, já uma vez aniquilados, a virtude de subsistirem, sem se desfazerem, em uma fornalha onde se evaporam os metais. Que se diga que a alma seja seu próprio verdugo, que Deus não persegue, mas que a abandona no estado de infelicidade que ela escolher, isso se pode, a rigor, compreender, embora o abandono eterno de um ser extraviado e sofredor pareça pouco conforme com a bondade do Criador, mas o que se disse da alma e das penas espirituais não se pode, de nenhum modo, dizer-se dos corpos e das penas corporais; para perpetuar essas penas corporais não basta que Deus retire a sua mão; é preciso, ao contrário, que a mostre, que intervenha, que atue, sem o que o corpo sucumbiria.

Os teólogos supõem, pois, que Deus opera, com efeito, depois da ressurreição, esse segundo milagre do qual falamos. Tira, primeiro, do sepulcro que os devorara, os nossos corpos de argila; retira-os tais como entraram, com as suas enfermidades originais e suas degradações sucessivas de idade, da doença e do vício; no-los restitui nesse estado, decrépitos, friorentos, gotosos, cheios de necessidades, sensíveis a uma picada de abelha, cobertos de ignomínias que a vida e a morte imprimiram, e eis aí o primeiro milagre; depois, a esse corpo medíocre, pronto para retornar ao pó de onde saiu, inflige uma propriedade que jamais teve, e eis o segundo milagre; inflige-lhe a imortalidade, esse mesmo dom que, em sua cólera, melhor dito, em sua misericórdia, ele retirara de Adão ao sair do Éden. Quando Adão era imortal, era invulnerável, e quando deixa de ser invulnerável, ele se torna mortal; a morte seguia de perto a dor."

A ressurreição não nos restabelece, pois, nem nas condições físicas do homem inocente, nem nas condições físicas do homem culpado; é uma ressurreição somente das nossas misérias mas com uma sobrecarga de misérias novas, infinitamente mais horríveis; é, em parte, uma verdadeira criação, e a mais maliciosa que a imaginação tenha ousado conceber. Deus se reconsidera, e para acrescentar aos tormentos espirituais dos pecadores tormentos carnais que possam durar sempre, muda de repente, por um efeito do seu poder, as leis e as propriedades por ele mesmo estabelecidas, desde o princípio, aos compostos da matéria; ressuscita as carnes doentes e corrompidas, e, unindo num nó indestrutível esses elementos que, eles mesmos, tendem a se separar, mantém e perpetua, contra a ordem natural, essa podridão vivente; a lança no fogo, não para a purificar, mas para a conservar tal como é, sensível, sofredora, ardente, horrível, tal como a quer, imortal.

Faz-se de Deus, por esse milagre, um dos verdugos do inferno, porque se os condenados não podem imputar senão a si mesmos seus males espirituais, eles não podem, em contrapartida, atribuir os outros senão a Deus. Seria muito pouco, aparentemente, abandoná-los, depois de sua morte, à tristeza, ao arrependimento e a todas as angústias de uma alma que sente perder o bem supremo; Deus irá, segundo os teólogos, procurá-los nessa noite, no fundo desse abismo; os chamará um momento na claridade, não para consolá-los, mas para revesti-los com um corpo horrendo, flamejante, imperecível, mais empestado do que o vestido de Dejanira, e é, então, que os abandona para sempre.

"Não os abandonará mesmo, pois que o inferno não subsiste, assim como a Terra e o Céu, senão por um ato permanente de sua vontade, sempre ativa, e que tudo se esvaneceria se ele cessasse de tudo sustentar. Terá, pois, sem cessar, a mão sobre eles para impedir seu fogo de se apagar e seus corpos de se consumirem, querendo que esses infelizes imortais contribuam, pela perenidade do seu suplício, à edificação dos eleitos."

14. Dissemos, com razão, que o inferno dos Cristãos havia exagerado o dos Pagãos. No Tártaro, com efeito, veem-se os culpados torturados pelo remorso, sempre em razão dos seus crimes e de suas vítimas, oprimidos por aqueles que oprimiram em suas vidas; são vistos fugirem à luz que os penetra, e procurarem, em vão, escapar aos olhares que os perseguem; o orgulho é aí rebaixado e humilhado; todos carregam os estigmas do seu passado; todos são punidos pelas suas próprias faltas, a tal ponto que, para alguns, basta entregá-los a si mesmos, porque se julga inútil acrescentar-lhes outros castigos. Mas essas são *sombras, quer dizer, almas com seus corpos fluídicos, imagem de sua existência terrestre;* não se veem, aí, os homens retomarem seus corpos carnais para sofrerem materialmente, nem o fogo penetrar sob a sua pele e saturá-los até a medula dos ossos, nem o luxo e o refinamento dos suplícios que são a base do inferno cristão. Encontram-se aí juízes inflexíveis, mas justos, que proporcionam a pena à falta; ao passo que no império de

Satã, todos são confundidos nas mesmas torturas; tudo aí está fundado sobre a materialidade; a própria equidade dele está banida.

Há, sem dúvida, hoje, na própria Igreja, muitos homens sensatos que não admitem essas coisas ao pé da letra, e que veem aí alegorias das quais é preciso apreender o espírito; mas sua opinião é individual e não faz lei. A crença no inferno material, com todas as suas consequências, não deixa de ser um artigo de fé.

15. Pergunta-se de que modo os homens puderam ver essas coisas no êxtase, se elas não existem. Aqui não é o lugar para se explicar a fonte das imagens fantásticas que se produzem, às vezes, com as aparências da realidade. Diremos somente que é preciso ver nisso uma prova desse princípio: que o êxtase é a menos segura de todas revelações[10], porque esse estado de superexcitação não é sempre o fato de um desligamento da alma tão completo como se poderia crer, e que neles se encontra, bem frequentemente, o reflexo das preocupações da vigília. As ideias, das quais o Espírito está nutrido, e das quais o cérebro, ou melhor, o envoltório perispiritual correspondente ao cérebro, conservou a imagem, se reproduzem amplificadas como em uma miragem, sob formas vaporosas que se cruzam e se confundem, e compõem conjuntos bizarros. Os extáticos de todos os cultos viram sempre coisas em relação com a fé da qual estavam penetrados; não é surpreendente, pois, que aqueles que, semelhantes à Santa Teresa, estão fortemente imbuídos de ideias do inferno, tais como que lhes dão as descrições verbais ou escritas e os quadros, tenham visões que são, propriamente falando, a sua reprodução, e produzem o efeito de um pesadelo. Um Pagão, cheio de fé, teria visto o Tártaro e as Fúrias, como teria visto, no Olimpo, Júpiter tendo o raio na mão.

---

[10] *O Livro dos Espíritos*, nºs 443 e 444.

Capítulo 5

O purgatório

1. O Evangelho não faz nenhuma menção ao purgatório, que foi admitido pela Igreja no ano 593. É, seguramente, um dogma mais racional e mais conforme a justiça de Deus do que o do inferno, uma vez que estabelece penas menos rigorosas e resgatáveis, por faltas de uma menor gravidade.

O princípio do purgatório está, pois, fundado na equidade, porque, comparado à justiça humana, é a detenção temporária ao lado da condenação à perpetuidade. O que se pensar de um país que não tivesse senão a pena de morte para os crimes e os mais simples delitos? Sem o purgatório, não há para as almas senão duas alternativas extremas: a felicidade absoluta ou o suplício eterno. Nessa hipótese, em que se tornam as almas culpadas somente por faltas leves? Ou elas participam da felicidade dos eleitos sem serem perfeitas, ou sofrem o castigo dos maiores criminosos sem terem feito muito mal, o que não seria nem justo nem racional.

2. Mas a noção do purgatório devia, necessariamente, ser incompleta; é por isso que, conhecendo-se a pena do fogo, fez-se dele um diminutivo do inferno; as almas aí também ardem, mas num fogo menos intenso. Sendo o progresso inconciliável com o dogma das penas eternas, as almas dele não saem em consequência do seu adiantamento, mas pela virtude das preces que se dizem ou que fazem dizer em sua intenção.

Se o primeiro pensamento foi bom, não ocorreu o mesmo com as suas consequências, pelo abuso do qual foi a fonte. Através das preces pagas, o purgatório tornou-se uma mina mais produtiva do que o inferno[1].

3. O lugar do purgatório nunca foi determinado, nem a natureza das penas, que aí são suportadas, foram claramente definidas. Estava reservado à nova revelação preencher essa lacuna, explicando-nos as causas das misérias da vida terrestre, das quais só a pluralidade das existências podia nos mostrar a justiça.

Essas misérias são, necessariamente, a consequência das imperfeições da alma, porque se a alma fosse perfeita não cometeria faltas e não teria as suas consequências a suportar. O homem, que seria sóbrio e moderado em tudo, por exemplo, não seria vítima das doenças que os excessos engendram. O mais frequentemente, é infeliz, neste mundo, por sua própria falta; mas se é imperfeito, é porque o era antes de vir para a Terra; nela expia não somente as suas faltas atuais, mas as faltas anteriores que não foram reparadas; ele suporta, em uma vida de provas, o que fez os outros suportarem em uma outra existência. As vicissitudes que experimenta são, ao mesmo tempo, um castigo temporário e uma advertência das imperfeições, das quais deve se desfazer, para evitar as infelicidades futuras e progredir no bem. Essas são, para a alma, as lições da experiência, lições por vezes rudes, mas tanto mais aproveitáveis para o futuro quanto deixem a mais profunda impressão. Essas vicissitudes são a ocasião de lutas incessantes que desenvolvem suas forças e suas faculdades, morais e intelectuais, a fortificam no bem, e das quais ela sai sempre vitoriosa, se tem a coragem de as sustentar até o fim. O prêmio da vitória está na vida espiritual, onde entra radiosa e triunfante, como soldado que sai da refrega e vem receber a palma gloriosa.

4. Cada existência é, para a alma, a oportunidade de um passo adiante; de sua vontade depende que esse passo seja o maior possível, de vencer vários escalões ou permanecer no mesmo ponto; neste último caso, sofreu sem proveito; e como é preciso sempre, cedo ou tarde, pagar sua dívida, será preciso a ela recomeçar uma nova existência, em condições ainda mais penosas, porque, a uma mancha não apagada, ela acrescenta uma outra mancha.

---

[1] O purgatório deu nascimento ao comércio escandaloso das indulgências, com a ajuda das quais vendia-se a entrada no céu. Esse abuso foi a causa primeira da Reforma, e foi o que fez Lutero rejeitar o purgatório.

É, pois, nas encarnações sucessivas que a alma se despoja, pouco a pouco, de suas imperfeições, que ela se *purga* em uma palavra, até que esteja bastante pura para merecer trocar os mundos de expiação pelos mundos mais felizes, e, mais tarde, estes para gozar a felicidade suprema.

O *purgatório* não é, pois, uma ideia vaga e incerta; é uma realidade material que vemos, tocamos e experimentamos; está nos mundos de expiação, e a Terra é um desses mundos; os homens nela expiam seu passado e seu presente em proveito de seu futuro. Mas, contrariamente à ideia que deles se faz, depende de cada um abreviar ou prolongar a sua estada, segundo o grau de adiantamento e de depuração, que tenha alcançado pelo seu trabalho sobre si mesmo; deles se sai, não porque terminou seu tempo ou por méritos de outrem, mas pelo fato de seu próprio mérito, segundo estas palavras do Cristo: *"A cada um segundo as suas obras"*, palavras que resumem toda a justiça de Deus.

5. Aquele, pois, que sofre nesta vida, deve dizer-se que sofre por que não estava suficientemente depurado na sua precedente existência, e que, se não o fizer nesta, sofrerá ainda na seguinte. Isto é, ao mesmo tempo, equitativo e lógico. Sendo o sofrimento inerente à imperfeição, sofre-se tão longo tempo quanto se seja imperfeito, como se sofre de uma moléstia tão longo tempo quanto não se esteja curado. É assim que, enquanto um homem for orgulhoso, ele sofrerá as consequências do orgulho; enquanto for egoísta, sofrerá as consequências do egoísmo.

6. O Espírito culpado sofre, primeiro, na vida espiritual em razão do grau de suas imperfeições; depois, a vida corporal lhe é dada como meio de reparação; é por isso que nela se reencontra, seja com as pessoas que ofendeu, seja em meios análogos àqueles onde fez o mal, seja nas situações que são a contrapartida, como, por exemplo, estar na miséria se foi mau rico, em uma condição humilhante se foi orgulhoso.

A expiação, no mundo dos Espíritos e na Terra, não é um duplo castigo para o Espírito; é o mesmo que continuar na Terra, como complemento, tendo em vista facilitar o seu adiantamento por um trabalho efetivo; depende dele tirar-lhe proveito. Não vale mais para ele retornar à Terra com a possibilidade de ganhar o céu do que ser condenado, sem remissão, ao deixá-la? Essa liberdade que lhe é concedida é uma prova da sabedoria, da bondade e da justiça de Deus, que quer que *o homem deva tudo aos seus esforços e seja o artífice de seu futuro;* se é infeliz, e se o é por um menor ou maior tempo, disso não pode culpar senão a si mesmo: o caminho do progresso lhe está sempre aberto.

7. Se considerarmos o quanto é grande o sofrimento de certos Espíritos culpados, no mundo invisível, o quanto é terrível a situação de alguns, de quantas ansiedades são vítimas, e o quanto essa situação se torna mais penosa pela impotência em que estão de ver-lhe o fim, poder-se-ia dizer que, para eles, é o *inferno,* se essa palavra não implicasse a ideia de um castigo eterno e material. Graças à revelação dos Espíritos, e aos exemplos que nos oferecem, sabemos que *a duração da expiação está subordinada ao melhoramento do culpado.*

8. O Espiritismo não vem, pois, negar a penalidade futura; ao contrário, vem constatá-la. O que ele destrói é o inferno localizado, com as suas fornalhas e as suas penas irremissíveis. Não nega o purgatório, uma vez que prova que nele estamos; define-o e o precisa, explicando a causa das misérias terrestres, e com isso nele faz crerem os que o negam.

Rejeita as preces pelos mortos? Bem ao contrário, uma vez que os Espíritos sofredores as solicitam; que delas faz um dever de caridade e demonstra-lhes a eficácia para os *conduzir ao bem,* e, por esse meio, abreviar os seus tormentos[2]. Falando à inteligência, tem disseminado a fé entre os incrédulos, e a prece entre aqueles que dela zombavam. Mas disse que a eficácia das preces está no pensamento e não nas palavras, que as melhores são as do coração e não as dos lábios, as que se diz a si mesmo, e não aquelas que se fazem dizer pelo dinheiro. Quem, pois, ousaria censurá-lo?

9. Que o castigo tenha lugar na vida espiritual ou na Terra, e qualquer que seja a sua duração, tem sempre um fim, mais ou menos distante ou aproximado. Há, pois, para o Espírito, duas alternativas: *punição temporária graduada segundo a culpabilidade, e recompensa graduada segundo o mérito.* O Espiritismo repele a terceira alternativa, a da condenação eterna. O inferno permanece como figura simbólica dos maiores sofrimentos, cujo termo é desconhecido. O purgatório é a realidade.

A palavra *purgatório* revela a ideia de um lugar circunscrito; por isso, se aplica, mais naturalmente, à Terra, considerada como lugar de

---

[2] Ver ***O Evangelho Segundo o Espiritismo***, cap. XXVII: Ação da prece.

expiação, do que ao espaço infinito, onde erram os Espíritos sofredores, e que além da natureza da expiação terrestre é uma verdadeira expiação.

Quando os homens estiverem melhorados, fornecerão ao mundo invisível bons Espíritos, e estes, em se encarnando, fornecerão à Humanidade corporal elementos aperfeiçoados; então, cessando a Terra de ser um mundo de expiação, os homens não sofrerão mais nela as misérias que são as consequências de suas imperfeições. É essa transformação que se opera neste momento e que elevará a Terra na hierarquia dos mundos. (Ver *O Evangelho Segundo o Espiritismo*, cap. 3.)

10. Por que, pois, o Cristo não falou do purgatório? É que a ideia não existia, não havia a palavra para representá-la. Serviu-se da palavra *inferno*, a única que estava em uso, como termo genérico, para designar as penas futuras sem distinção. Se, ao lado da palavra *inferno* tivesse colocado uma palavra equivalente ao *purgatório*, não poderia precisar-lhe o sentido verdadeiro sem decidir uma questão reservada ao futuro; por outro lado, fora consagrar a existência de dois lugares especiais de castigos. O inferno, na sua acepção geral, revelando a ideia de punição, encerrava, implicitamente, a do *purgatório* que é um modo de penalidade. O futuro, devendo esclarecer os homens sobre a natureza das penas, devia, por isso mesmo, reduzir o inferno ao seu justo valor.

Uma vez que a Igreja acreditou dever, depois de seis séculos, suprir o silêncio de Jesus decretando a existência do purgatório, foi porque pensou que ele não dissera tudo. Por que não seria, para outros pontos, assim, como para este?

Capítulo 6

Doutrina das penas eternas

Origem da doutrina das penas eternas • Argumentos a favor das penas eternas • Impossibilidade material das penas eternas • A doutrina das penas eternas fez sua época • Ezequiel contra a eternidade das penas e o pecado original

Origem da doutrina das penas eternas

1. A crença na eternidade das penas perde, cada dia, tanto terreno que, sem ser profeta, cada um pode lhe prever o fim próximo. Ela foi combatida com argumentos tão poderosos e tão peremptórios, que parece quase supérfluo dela ocupar-se de hoje em diante, e que basta deixá-la morrer aos poucos. Entretanto, não se pode dissimular que, por caduca que seja, é ainda o ponto de reunião dos adversários das ideias novas, o que defendem com mais obstinação, porque é um dos lados mais vulneráveis e preveem as consequências do seu fracasso. Desse ponto de vista, esta questão merece um exame sério.

2. A doutrina das penas eternas, como a do inferno material, tiveram a sua razão de ser, quando esse temor podia ser um freio para homens pouco avançados, intelectual e moralmente. Do mesmo modo que foram, pouco ou nada, impressionados pela ideia de penas morais, não o teriam sido mais pela das penas temporárias; não compreenderiam mesmo a justiça das penas graduadas e proporcionais, porque não estavam aptos a compreender as nuanças delicadas do bem e do mal, nem o valor relativo das circunstâncias atenuantes ou agravantes.

3. Quanto mais os homens estão próximos do estado primitivo, tanto mais são materiais; o senso moral é o que se desenvolve neles o mais tardiamente. Por essa mesma razão, podem fazer uma ideia muito

imperfeita de Deus e dos seus atributos, e uma não menos vaga da vida futura. Assemelham Deus à sua própria natureza; é para eles um soberano absoluto, tanto mais temível porque é invisível, igual a um monarca despótico, oculto em seu palácio, que não se mostra nunca aos seus súditos. Ele é poderoso apenas pela força material, porque não compreendem a força moral; veem-no apenas armado do raio, no meio de relâmpagos e tempestades, semeando, na sua passagem, a ruína e a desolação, a exemplo dos guerreiros invencíveis. Um Deus de mansuetude e de misericórdia não seria um Deus, mas um ser fraco que não poderia fazer-se obedecer. A vingança implacável, os castigos terríveis, eternos, não tinham nada em contrário à ideia que faziam de Deus, nada que lhes repugnasse à razão. Implacáveis, eles mesmos, em seus ressentimentos, cruéis para com seus inimigos, sem piedade para com os vencidos, Deus, que lhes era superior, deveria ser ainda mais terrível.

Para tais homens, seriam precisas crenças religiosas assimiladas à sua natureza ainda rude. Uma religião muito espiritual, toda de amor e de caridade, não poderia se aliar com a brutalidade dos costumes e das paixões. Não censuremos, pois, a Moisés pela sua legislação draconiana, que teve dificuldade para conter o seu povo indócil, nem de ter feito de Deus um Deus vingativo. Era necessário, nessa época; a doce doutrina de Jesus poderia não encontrar eco e teria sido ineficaz.

4. À medida que o Espírito foi se desenvolvendo, o véu material, pouco a pouco, se dissipou, e os homens se tornaram mais aptos para compreenderem as coisas espirituais; mas a isso se chegou gradualmente. Quando Jesus veio, pôde anunciar um Deus clemente, falar de seu reino que não é deste mundo, e dizer aos homens: "Amai-vos uns aos outros, fazei o bem àqueles que vos odeiam"; ao passo que os Antigos diziam: "Olho por olho, dente por dente".

Ora, quais eram os homens que viveram ao tempo de Jesus? Eram almas criadas novas e encarnadas? Se assim fora, Deus teria, pois, criado ao tempo de Jesus almas mais avançadas que ao tempo de Moisés. Mas, então, em que se tornaram essas últimas? Teriam se arrastado, durante a eternidade, no embrutecimento? O simples bom senso recusa essa suposição. Não; eram as mesmas almas que, depois de viverem sob o império da lei mosaica, haviam, durante várias existências, adquirido um conhecimento suficiente para compreenderem uma doutrina mais elevada, e que hoje estão bastante avançadas para receberem conhecimento ainda mais completo.

5. Entretanto, o Cristo não pôde revelar aos seus contemporâneos, todos os mistérios do futuro; ele mesmo disse: "Teria ainda muitas coisas a vos dizer, mas não as compreenderíeis; por isso vos falo por parábolas". Sobre tudo o que diz respeito à moral, quer dizer, aos deveres de homem a homem, foi muito explícito, porque, tocando a corda sensível da vida material, sabia ser compreendido; sobre os outros pontos, limitou-se a semear, sob forma alegórica, os germes daquilo que deveria ser desenvolvido mais tarde.

A doutrina das penas e das recompensas futuras pertence a essa última ordem de ideias. A respeito das penas, sobretudo, não poderia romper, de repente, com as ideias recebidas. Veio trazer aos homens novos deveres: a caridade e o amor ao próximo, substituindo o espírito de ódio e de vingança, a abnegação substituindo o egoísmo; isso já era muito; não podia, racionalmente, abrandar o temor ao castigo reservado aos prevaricadores, sem enfraquecer, ao mesmo tempo, a ideia do dever. Prometia o reino dos céus aos bons; esse reino estava, pois, interditado aos maus; para onde iriam eles? Seria preciso uma contrapartida de natureza a impressionar inteligências ainda muito materiais para se identificarem com a vida espiritual; porque não se deve perder de vista que Jesus se dirigia ao povo, à parte menos esclarecida da sociedade, para a qual seriam necessárias imagens, de alguma sorte, palpáveis, e não ideias sutis. Por isso não entrou, a esse respeito, em detalhes supérfluos: bastou-lhe opor uma punição à recompensa; não seria preciso mais naquela época.

6. Se Jesus ameaçou os culpados com o fogo eterno, ameaçou-os também de serem atirados à Geena; ora, o que era a Geena? Um lugar nas proximidades de Jerusalém, um depósito onde se atiravam as imundícies da cidade. Seria preciso, pois, também tomar isso ao pé da letra? Era uma dessas figuras enérgicas, com ajuda das quais ele impressionava as massas. Não ocorria o mesmo com o fogo eterno. Se tal não tivera sido seu pensamento, estaria em contradição consigo mesmo exaltando a clemência e a misericórdia de Deus, porque a clemência e a inexorabilidade são contrários que se anulam. Seria, pois, equivocar-se estranhamente sobre o sentido das palavras de Jesus, vendo-se nelas a sanção do dogma das penas eternas, enquanto todo o seu ensinamento proclama a mansuetude do Criador.

Na *Oração dominical,* nos ensina a dizer: "Senhor, perdoai as nossas ofensas, como nós perdoamos àqueles que nos ofenderam". Se o culpado não tivesse nenhum perdão a esperar, seria inútil pedi-lo. Mas esse perdão não tem condições? É uma graça, uma remissão pura e simples da pena incorrida? Não; a medida desse perdão está subordinada à maneira pela qual seremos perdoados; quer dizer, que se nós não perdoamos, não seremos perdoados. Deus, fazendo, do esquecimento das ofensas, uma condição absoluta, não poderia exigir que o homem fraco fizesse o que ele, todo-poderoso, não faria. A *Oração dominical* é um protesto diário contra a eterna vingança de Deus.

7. Para os homens, que tinham unicamente uma noção confusa da espiritualidade da alma, a ideia do fogo material não tinha nada de chocante, tanto menos que ela estava na crença vulgar tirada da do inferno dos Pagãos, quase universalmente difundida. A eternidade da pena não tinha mais nada que repugnasse a essa gente submissa, há séculos, à legislação do terrível Jeová. No pensamento de Jesus, o fogo eterno poderia ser, pois, tão-somente uma figura; pouco lhe importava que essa figura fosse tomada ao pé da letra, se devia servir de freio; sabia bem que o tempo e o progresso deveriam se encarregar de fazer compreender o seu sentido alegórico, sobretudo porque, segundo a sua predição, o *Espírito de Verdade* viria esclarecer os homens sobre todas as coisas.

O caráter essencial das penas irrevogáveis é a *ineficácia do arrependimento;* ora, Jesus jamais disse que o arrependimento não encontraria graça diante de Deus. Em toda oportunidade, ao contrário, mostra Deus clemente, misericordioso, prestes a receber o filho pródigo de volta ao teto paterno. Mostra-o inflexível apenas para o pecador endurecido; mas se tem o castigo numa das mãos, na outra tem sempre o perdão prestes a se estender sobre o culpado, desde que se volte, sinceramente, a ele. Este não é, certamente, o quadro de um Deus sem piedade. Há que se notar, também, que Jesus não pronunciou contra ninguém, mesmo contra os maiores culpados, condenação irremissível.

8. Todas as religiões primitivas, de acordo com o caráter dos povos, tiveram deuses guerreiros que combatiam à frente dos exércitos. O Jeová dos Hebreus lhes fornecia mil meios de exterminarem seus inimigos; recompensava-os pela vitória ou punia-os pela derrota. Segundo a ideia que se fazia de Deus, acreditava-se honrá-lo ou apaziguá-lo com o sangue dos

animais ou dos homens: daí os sacrifícios ensanguentados que desempenharam tão grande papel em todas as religiões antigas. Os Judeus haviam abolido os sacrifícios humanos; os Cristãos, malgrado os ensinamentos do Cristo, acreditaram, por longo tempo, honrar o Criador, entregando-se, por milhares, à chama e às torturas, aqueles a quem chamavam heréticos; eram, sob uma outra forma, verdadeiros sacrifícios humanos, uma vez que o faziam *para maior glória de Deus,* e com o acompanhamento de cerimônias religiosas. Hoje mesmo, invocam ainda o *Deus dos exércitos* antes do combate e o glorificam depois da vitória, e isso, frequentemente, para as causas mais injustas e as mais anti-cristãs.

9. Quanto o homem é lento para se desfazer dos seus preconceitos, dos seus hábitos, das suas ideias primitivas! Quarenta séculos nos separam de Moisés, e nossa geração cristã vê ainda traços dos antigos usos bárbaros consagrados, ou, pelo menos, aprovados pela religião atual! Foi preciso o poder da opinião dos *não-ortodoxos,* daqueles que foram considerados heréticos, para pôr termo às fogueiras, e fazer compreender a verdadeira grandeza de Deus. Mas, à falta das fogueiras, as perseguições materiais e morais estão ainda em pleno vigor, assim como a ideia de um Deus cruel está arraigada no homem. Alimentado pelos sentimentos que lhe foram inculcados na infância, pode o homem se espantar de que o Deus que se lhe apresenta, como honrado por atos bárbaros, condene a torturas eternas, e veja, sem piedade, os sofrimentos dos condenados?

Sim, são filósofos, ímpios, segundo alguns, que se escandalizam em verem o nome de Deus profanado por atos indignos dele; são aqueles que o mostraram, aos homens, em toda a sua grandeza, o despojando das paixões e das baixezas humanas que lhe dispensava uma crença não esclarecida. A religião ganhou em dignidade o que perdeu em prestígio exterior; porque se há menos homens presos à forma, há mais deles que são, mais sinceramente, religiosos pelo coração e pelos sentimentos.

Mas, ao lado destes, quantos que, permanecendo na superfície, foram conduzidos à negação de toda providência? Por falta de ter considerado *oportunamente* as crenças religiosas em harmonia com o progresso da razão humana, fez-se nascer, entre alguns, o deísmo, entre outros, a incredulidade absoluta, entre outros o panteísmo, quer dizer que o homem fez a si mesmo Deus, na falta de ver um bastante perfeito.

Argumentos a favor das penas eternas

10. Voltemos ao dogma da eternidade das penas. O principal argumento que se invoca, em seu favor, é este:

"Está admitido, entre os homens, que a gravidade da ofensa é proporcional à qualidade do ofendido. Aquela que é cometida contra um soberano, sendo considerada como mais grave do que aquela que concerne a um simples súdito, é punida mais severamente. Ora, Deus é mais do que um soberano; uma vez que é infinito, a ofensa contra ele é infinita, e deve ter um castigo infinito, quer dizer, eterno."

Refutação – Toda refutação é um raciocínio que deve ter o seu ponto de partida numa base sobre a qual se apóie, premissas, em uma palavra. Tomemos essas premissas nos próprios atributos de Deus:

Deus é único, eterno, imutável, imaterial, todo-poderoso, soberanamente justo e bom, infinito em todas as suas perfeições.

É impossível conceber Deus de outra forma que não seja o infinito das perfeições; sem o que não seria Deus, porque se poderia conceber um ser possuidor do que lhe faltasse. Para que seja único, acima de todos os seres, é preciso que ninguém possa superá-lo nem igualá-lo no que quer que seja. Portanto, é preciso que seja infinito em tudo.

Sendo os atributos de Deus infinitos, não são suscetíveis nem de aumento nem de diminuição; sem isso, não seriam infinitos e Deus não seria perfeito. Caso se tirasse a menor parcela de um único dos seus atributos, não teríamos mais Deus, porque poderia existir um ser mais perfeito.

O infinito de uma qualidade exclui a possibilidade da existência de uma qualidade contrária que a diminua ou a anule. Um ser *infinitamente bom* não pode ter a menor parcela de maldade, nem o ser *infinitamente mau* ter a menor parcela de bondade; do mesmo modo que um objeto não poderia ser de um negro absoluto com a menor nuança de branco, nem de um branco absoluto com a menor mancha de negro.

Colocado este ponto de partida, ao argumento acima se opõem os argumentos seguintes:

11. Só um ser infinito pode fazer alguma coisa infinita. O homem, estando limitado em suas virtudes, em seus conhecimentos, em seu

poder, em suas aptidões, na sua existência terrestre, só pode produzir coisas limitadas.

Se o homem pudesse ser infinito naquilo que faz de mal, o seria igualmente naquilo que faz de bem, e então seria igual a Deus. Mas se o homem fosse infinito naquilo que faz de bem, não faria nada de mal, porque o bem absoluto é a exclusão de todo o mal.

Admitindo que uma ofensa temporária contra a Divindade pudesse ser infinita, Deus, vingando-se com um castigo *infinito,* seria *infinitamente vingativo*; se é infinitamente vingativo, não pode ser infinitamente bom e misericordioso, porque um desses atributos é a negação do outro. Se não é infinitamente bom, não é perfeito, e se não é perfeito, não é Deus.

Se Deus é inexorável para com o culpado arrependido, não é misericordioso; se não é misericordioso, não é infinitamente bom.

Por que Deus faria para o homem uma lei do perdão, se ele mesmo não devesse perdoar? Disso resultaria que o homem que perdoa aos seus inimigos e lhe faz o bem pelo mal, seria melhor do que Deus que permanece surdo ao arrependimento daquele que o ofendeu, e lhe recusa, pela *eternidade,* o mais ligeiro alívio!

Deus, que está por toda a parte e tudo vê, deve ver as torturas dos condenados. Se é insensível aos seus gemidos, durante a eternidade, é eternamente sem piedade; se não tem piedade, não é infinitamente bom.

12. A isso, responde-se que o pecador que se arrepende antes de morrer, experimenta a misericórdia de Deus, e que, então, o maior culpado pode encontrar graça diante dele.

Isso não se coloca em dúvida e concebe-se que Deus perdoe ao arrependido, e seja inflexível para com os endurecidos; mas se ele é cheio de misericórdia para a alma que se arrepende antes de ter deixado o seu corpo, por que cessaria de sê-lo para aquela que se arrepende depois da morte? Por que o arrependimento teria eficácia durante a vida, que é apenas um instante, e não o teria mais durante a eternidade, que não tem fim? Se a bondade e a misericórdia de Deus estão circunscritas *em um tempo dado,* elas não são infinitas e Deus não é infinitamente bom.

13. Deus é soberanamente justo. A soberana justiça não é a justiça mais inexorável, nem a que deixa toda falta impune; é aquela que tem a

conta, a mais rigorosa, do bem e do mal, que recompensa um e pune o outro na mais equânime proporção, e nunca se engana.

Se, para uma falta temporária, que sempre é o resultado da natureza imperfeita do homem, e, frequentemente, do meio onde se encontra, a alma pode ser punida eternamente, sem esperança de alívio e de perdão, não há nenhuma proporção entre a falta e a punição: não há, pois, justiça.

Se o culpado retorna a Deus, se arrepende e pede para reparar o mal que fez, é um retorno ao bem, aos bons sentimentos. Se o castigo é irrevogável, esse retorno ao bem não tem fruto; uma vez que não se levou em conta o bem, não há justiça. Entre os homens, o condenado que se emenda vê a sua pena comutada, às vezes mesmo suprimida; haveria, pois, na justiça humana, mais equidade do que na justiça divina!

Se a condenação é irrevogável, o arrependimento é inútil; o culpado, não tendo nada a esperar do seu retorno ao bem, persiste no mal; de modo que não somente Deus o condena a sofrer perpetuamente, mas ainda a permanecer no mal pela eternidade. Não estariam aí nem a justiça e nem a bondade.

14. Sendo infinito em todas as coisas, Deus deve tudo conhecer, o passado e o futuro, deve saber, no momento da criação de uma alma, se ela falirá, assaz gravemente, para ser condenada pela eternidade. Se não sabe, seu saber não é infinito, e, então, não é Deus. Se o sabe, cria voluntariamente um ser destinado, desde a sua formação, às torturas sem fim, e, então, não é bom.

Se Deus, tocado pelo arrependimento de um condenado, pode estender sobre ele a sua misericórdia e *retirá-lo do inferno,* não há mais penas eternas, e o julgamento pronunciado pelos homens está revogado.

15. A doutrina das penas eternas absolutas conduz, pois, forçosamente, à negação ou à diminuição de alguns dos atributos de Deus; ela é, por consequência, irreconciliável com a perfeição infinita; de onde se chega a essa conclusão:

Se Deus é perfeito, a condenação eterna não existe; se ela existe, Deus não é perfeito.

16. Invoca-se, ainda, em favor do dogma da eternidade das penas, o argumento seguinte:

"A recompensa concedida aos bons, sendo eterna, deve ter por contrapartida, uma punição eterna. É justo proporcionar a punição à recompensa."

Refutação – Deus cria a alma tendo em vista torná-la feliz ou infeliz? Evidentemente, a felicidade da criatura deve ser o objetivo da sua criação, de outro modo Deus não seria bom. Ela alcança a felicidade por seu próprio mérito; adquirido o mérito, não pode lhe perder o fruto, de outro modo degeneraria; a eternidade da felicidade é, pois, a consequência da sua imortalidade.

Mas, antes de chegar à perfeição, tem lutas a sustentar, combates para se livrar das más paixões. Deus não a tendo criado perfeita, mas *suscetível de vir a sê-lo* a fim de que tenha o mérito de suas obras, ela pode falir. Suas quedas são as consequências da sua fraqueza natural. Se, por uma queda, ela devesse ser punida eternamente, poder-se-ia perguntar por que Deus não a criou mais forte. A punição que sofre é uma advertência de que ela fez o mal, e que deve ter por resultado a conduzi-lo ao bom caminho. Se a pena fosse irremissível, seu desejo de fazer melhor seria supérfluo; desde então, objetivo providencial da criação não poderia ser alcançado porque haveria seres predestinados à felicidade e outros à infelicidade. Se uma alma culpada se arrepende, pode tornar-se boa; podendo tornar-se boa, pode aspirar à felicidade; Deus seria justo de, para isso, recusar-lhe os meios?

Sendo o bem o objetivo final da criação, a felicidade, que dele é o prêmio, deve ser eterna; o castigo, que é um meio de atingi-lo, deve ser temporário. A mais vulgar noção de justiça, mesmo entre os homens, diz que não se pode castigar perpetuamente aquele que tem o desejo e a vontade de fazer bem.

17. Um último argumento em favor da eternidade das penas é este:

"O temor de um castigo eterno é um freio; se fosse tirado, o homem, não temendo nada mais, se entregaria a todos os desregramentos."

Refutação – Esse raciocínio seria justo se a não eternidade das penas ocasionasse a supressão de toda sanção penal. O estado feliz ou infeliz, na vida futura, é uma consequência rigorosa da justiça de Deus, porque uma identidade de situação, entre o homem bom e o homem perverso, seria a negação dessa justiça. Mas, por não ser eterno, o castigo não é menos penoso; se o teme tanto mais quanto nele se crê, e nele se crê quanto mais seja racional. Uma penalidade na qual não se crê não é mais um freio, e a eternidade das penas está entre este número.

A crença nas penas eternas, como dissemos, teve a sua utilidade e a sua razão de ser em uma certa época; hoje, não somente ela não toca mais, mas faz incrédulos. Antes de colocá-la como uma necessidade, seria preciso demonstrar-lhe a realidade. Seria preciso, sobretudo, que se visse a sua eficácia sobre aqueles que a preconizam e se esforçam em demonstrá-la. Infelizmente, entre estes, muitos provam, por seus atos, que não estão nada amedrontados com elas. Se é ineficaz para reprimir o mal entre aqueles que dizem nela crer, que império pode ter sobre aqueles que não creem?

Impossibilidade material das penas eternas

18. Até aqui, o dogma da eternidade das penas foi combatido somente pelo raciocínio; vamos mostrá-lo em contradição com os fatos positivos que temos sob os olhos, e provar-lhe a impossibilidade.

Segundo esse dogma, a sorte da alma está irrevogavelmente fixada depois da morte. É, pois, uma sentença definitiva oposta ao progresso. Ora, a alma progride ou não? Aí está toda a questão. Se ela progride, a eternidade das penas é impossível.

Pode-se duvidar desse progresso, quando se vê a imensa variedade de aptidões morais e intelectuais que existem sobre a Terra, desde o selvagem até o homem civilizado? Quando se vê a diferença que apresenta um mesmo povo de um século para outro? Caso se admita que essas não são as mesmas almas, é preciso admitir, pois, que Deus criou almas em todos os graus de adiantamento, segundo os tempos e os lugares; que favorece a algumas, ao passo que destina as outras a uma inferioridade perpétua: o que é incompatível com a justiça, que deve ser a mesma para todas as criaturas.

19. É incontestável que a alma, atrasada intelectual e moralmente, como a dos povos bárbaros, não pode ter os mesmos elementos de felicidade, as mesmas aptidões para desfrutar dos esplendores do Infinito, que aquela na qual todas as faculdades estão largamente desenvolvidas. Se, pois, essas almas não progridem, não podem, nas mais favoráveis

condições, gozar perpetuamente senão de uma felicidade, por assim dizer, negativa. Chega-se, pois, forçosamente, para estar de acordo com a rigorosa justiça, a esta consequência de que as almas mais avançadas são as mesmas que eram as atrasadas e que progrediram. Mas aqui tocamos na grande questão da *pluralidade das existências*, como único meio racional de resolver a dificuldade. Entretanto, dela faremos abstração, e reconsideraremos a alma em uma só existência.

20. Eis, como se vê tanto, um jovem de vinte anos, ignorante, de instintos viciosos, negando Deus e sua alma, entregando-se à desordem e cometendo toda espécie de faltas. Entretanto, ele se encontra em um meio favorável; trabalha, se instrui, pouco a pouco se corrige e, finalmente, se torna piedoso. Não é um exemplo palpável do progresso da alma durante a vida, e não se veem, todos os dias, casos semelhantes? Esse homem morre santamente em uma idade avançada, e, naturalmente, a sua salvação está assegurada. Mas, qual teria sido a sua sorte, se um acidente o tivesse feito morrer quarenta ou cinquenta anos mais cedo? Ele estava em todas as condições necessárias para ser condenado; ora, uma vez condenado, todo o progresso estaria detido. Eis, pois, um homem salvo porque viveu longo tempo, e que, segundo a doutrina das penas eternas, teria se perdido para sempre se tivesse vivido menos, o que poderia resultar de um acidente fortuito. Desde que a sua alma pôde progredir em um tempo dado, por que não poderia progredir no mesmo tempo depois da morte, se uma causa independente da sua vontade lhe impediu de fazê-lo durante a sua vida? Por que Deus lhe teria recusado os meios? O arrependimento, embora tardio, teria ocorrido a tempo; mas, se, desde o instante de sua morte, uma condenação irremissível o atingisse, seu arrependimento teria sido infrutífero pela eternidade, e sua aptidão para progredir destruída para sempre.

21. O dogma da eternidade absoluta das penas é, pois, irreconciliável com o progresso da alma, uma vez que a ele oporia um obstáculo invencível. Esses dois princípios se anulam, forçosamente, um pelo outro; se um existe, o outro não pode existir. Qual dos dois existe? A lei do progresso é patente: não é uma teoria, é um fato constatado pela experiência; é uma lei natural, lei divina, imprescritível; uma vez, pois, que ela existe, e que não pode se conciliar com a outra, é que a outra não existe. Se o dogma da eternidade das penas fosse uma verdade, Santo Agostinho, São Paulo

e muitos outros, não teriam jamais visto o céu se tivessem morrido antes do progresso que trouxe a sua conversão.

A esta última assertiva responde-se que a conversão desses santos personagens não foi um resultado do progresso da alma, mas da graça que lhes foi concedida e pela qual foram tocados. Mas, aqui, é fazer um jogo de palavras. Se fizeram o mal, e mais tarde o bem, é que se tornaram melhores; então progrediram. Deus lhes teria, pois, por um favor especial, concedido a graça de se corrigirem? Por que a eles e não aos outros? É sempre a doutrina dos privilégios, incompatível com a justiça de Deus, e seu amor igual para com todas as suas criaturas.

Segundo a Doutrina Espírita, de acordo com as próprias palavras do Evangelho, com a lógica e a mais rigorosa justiça, o homem é o filho de suas obras, durante esta vida e depois da morte; não deve nada ao favor: Deus o recompensa pelos seus esforços, e pune-o pela sua negligência, tão longo tempo quanto seja negligente.

A *doutrina das penas eternas fez sua época*

22. A crença na eternidade das penas materiais, permaneceu como temor salutar até que os homens estivessem no estado de compreenderem a força moral. Tal como as crianças, se contêm, durante um tempo, pela ameaça de certos seres quiméricos, com a ajuda dos quais se as assusta; mas chega um momento, quando a razão da criança, por si mesma, faz justiça aos contos com os quais foi embalada, e no qual seria absurdo pretender governá-las pelos mesmos meios. Se aqueles que a dirigem persistirem em afirmar-lhe que essas fábulas são verdades que deve tomar ao pé da letra, perderão a sua confiança.

Assim ocorre hoje com a Humanidade; ela saiu da infância e sacudiu as suas andadeiras. O homem não é mais esse instrumento passivo que se curva sob a força material, nem esse ser crédulo que aceitava tudo, de olhos fechados.

23. A crença é um ato do entendimento, e, por isso, não pode ser imposta. Se, durante um certo período da Humanidade, o dogma da eternidade das penas pôde ser inofensivo, salutar mesmo, chega um momento onde se torna perigoso. Com efeito, desde o instante em que o imponhais como verdade absoluta, quando a razão o repele, disso resulta,

necessariamente, de duas coisas uma: ou o homem, que quer crer, se faz uma crença mais racional, e então se separa de vós; ou bem não crê mais em nada. É evidente, para quem estudou a questão a sangue frio, que, em nossos dias, o dogma da eternidade das penas fez mais materialistas e ateus do que todos os filósofos.

As ideias seguem um curso incessantemente progressivo; não se pode governar os homens senão seguindo esse curso; querer detê-lo ou fazê-lo retroceder, ou simplesmente permanecer atrasado, quando ele avança, é perder-se. Seguir, ou não seguir, esse movimento é uma questão de vida ou de morte, para as religiões assim como para os governantes. É um bem? é um mal? Seguramente, é um mal aos olhos daqueles, que, vivendo no passado, veem esse passado lhes escapar, para aqueles que veem o futuro, é a lei do progresso que é uma lei de Deus, e, contra as leis de Deus, toda resistência é inútil; lutar contra a sua vontade é querer se destruir.

Por que, pois, querer, a toda força, sustentar uma crença que cai em desuso, e que, em definitivo, faz mais de mal do que de bem para a religião? Ai! é triste dizer, mas uma questão material domina aqui a questão religiosa. Essa crença foi largamente explorada, com a ajuda do pensamento vigente de que, com dinheiro, poder-se-ia abrir as portas do céu, e se preservar do inferno. As somas que ela produziu, e que produz ainda, são incalculáveis; é o imposto levantado sobre o medo da eternidade. Sendo esse imposto facultativo, o produto é proporcional à crença; se a crença não existe mais, o produto se torna nulo. A criança dá, voluntariamente, seu bolo àquele que lhe promete livrá-la do lobisomem; mas quando a criança não crê mais no lobisomem, guarda o seu bolo.

24. A nova revelação, dando ideias mais sadias da vida futura, e provando que se pode chegar à salvação pelas próprias obras, deve reencontrar uma oposição tanto mais viva quanto mais seca, uma fonte mais importante de produtos. Assim ocorre cada vez que uma descoberta, ou uma invenção, vêm mudar os hábitos. Aqueles que vivem dos antigos usos custosos, os enaltecem e desacreditam os novos, mais econômicos. Crê-se, por exemplo, que a imprensa, malgrado os serviços que deveria prestar à Humanidade, deva ter sido aclamada pela numerosa classe dos copistas? Não, certamente; eles deveram maldizê-lo. Assim deve ter sido com as máquinas, as estradas de ferro e cem outras coisas.

Aos olhos dos incrédulos o dogma da eternidade das penas é uma questão fútil da qual se riem; aos olhos do filósofo tem uma gravidade social pelos abusos aos quais dá lugar; o homem verdadeiramente religioso vê a dignidade da religião interessada na destruição desses abusos e da sua causa.

Ezequiel contra a eternidade das penas e o pecado original

25. Àqueles que pretendam encontrar, na Bíblia, justificava da eternidade das penas, pode-se opor os textos contrários que não deixam nenhuma ambiguidade. As palavras seguintes, de Ezequiel, são a negação, a mais explícita, não somente das penas irremissíveis, mas da responsabilidade que a falta do pai do gênero humano teria feito pesar sobre a sua raça.

1. O Senhor me fala de novo e me diz: 2. De onde vem que vos servis, entre vós, desta parábola, e que tomastes um provérbio em Israel: Os pais, dizeis, comeram uvas verdes, e os dentes dos filhos se irritaram com elas? 3. Eu juro, por mim mesmo, disse o Senhor Deus, que esta parábola não passará mais, entre vós, como provérbio em Israel; 4. Que todas as almas estão para mim; a alma do filho está para mim assim como a alma do pai; a alma que pecou morrerá ela mesma.

(...) 5. Se um homem é justo, ele age segundo a equidade e a justiça; (...) 7. Se ele não entristece e nem oprime ninguém; se retorna, ao seu devedor, o penhor que lhe dera; se não toma nada do bem de outro por violência; se dá de seu pão àquele que tem fome; se cobre com vestidos aqueles que estão nus; 8. Se não se presta à usura e não recebe mais do que dera; se afasta sua mão da iniquidade; se dá um julgamento equitativo entre dois homens que demandam juntos; 9. Se caminha no caminho dos meus preceitos, e guarda as minhas ordenações para agir segundo a verdade: este é justo, e viverá, muito certamente, disse o Senhor Deus.

(...) 10. Se esse homem tem um filho que seja um ladrão e que derrama o sangue, ou que comete alguma dessas faltas; (...) 13. Esse filho morrerá, muito certamente, uma vez que fez todas essas ações detestáveis, e seu sangue estará sobre a sua cabeça.

(...) 14. Se esse homem tem um filho que, vendo todos os crimes que seu pai cometera, por causa deles esteja tomado de medo, e se guarde bem de imitá-lo; (...) 17. Este não morrerá por causa da iniquidade do seu pai, mas viverá, muito certamente. 18. Seu pai, que oprimira os outros por meio de calúnias, e que cometera ações criminosas no meio do seu povo, está morto por causa da sua própria iniquidade.

(...) 19. Se dizeis: Por que o filho não carrega a iniquidade do seu pai? É porque o filho tem agido segundo a equidade e a justiça; que tem guardado todos os meus preceitos, e que os tem praticado; é porque viverá, muito certamente.

(...) 20. A alma que pecou morrerá ela mesma: *O filho não carregará a iniquidade do pai, e o pai não carregará a iniquidade do filho*; a justiça do justo estará sobre ele, e a impiedade do ímpio estará sobre ele.

(...) 21. Se o ímpio fez penitência de todos os pecados que tinha cometido; se guarda todos os meus preceitos, e se age segundo a equidade e a justiça, viverá, certamente, e não morrerá. 22. *Não me lembrarei mais de todas as iniquidades que ele tinha cometido; viverá nas obras de justiça que tiver feito.*

(...) 23. É que quero a morte do ímpio? diz o Senhor Deus; não, quero antes que se converta e se retire do seu mau caminho, e que viva. (Ezequiel, cap. XXVIII.)

Dizei-lhes estas palavras: Juro, por mim mesmo, disse o Senhor Deus, que não quero a morte do ímpio, mas que quero que o ímpio se converta, que deixe seu mau caminho e que viva. (Ezequiel, cap. XXXIII, vers. 11.)

Capítulo 7

As penas futuras segundo o Espiritismo

A carne é fraca • Princípios da Doutrina Espírita sobre as penas futuras •
Código penal da vida futura

A carne é fraca

Há tendências viciosas que são, evidentemente, inerentes ao Espírito, porque dizem respeito mais ao moral do que ao físico; outras parecem antes consequentes do organismo, e, por esse motivo, delas, alguém se crê menos responsável: tais são as predisposições à cólera, à voluptuosidade, à sensualidade, etc.

É perfeitamente reconhecido, hoje, pelas filosofias espiritualistas, que os órgãos cerebrais, correspondendo a diversas aptidões, devem seu desenvolvimento à atividade do Espírito; que esse desenvolvimento é, assim, um efeito e não uma causa. Um homem não é músico porque tenha a *bossa* da música, mas ele tem a *bossa* da música porque seu Espírito é músico...

Se a atividade do Espírito reage sobre o cérebro, deve reagir, igualmente, sobre as outras partes do organismo. O Espírito é, assim, artífice do seu próprio corpo, que conforma, por assim dizer, a fim de apropriá-lo à suas necessidades e à manifestação das suas tendências. Isto posto, a perfeição do corpo, das raças avançadas, não seria o produto de criações distintas, mas o resultado do trabalho do Espírito, que aperfeiçoa o seu aparelhamento à medida que as suas faculdades aumentam.

Por uma consequência natural desse princípio, as disposições morais do Espírito devem modificar as qualidades do sangue, dar-lhe maior ou menor atividade, provocar uma secreção, mais ou menos abundante, de bílis ou outros fluidos. É assim, por exemplo, que o guloso sente chegar a saliva à boca diante de uma comida apetitosa. Não é a comida que pode superexcitar o órgão do gosto, uma vez que com ele não tem contato; é, pois, o Espírito, cuja sensualidade é despertada, que age, pelo pensamento, sobre esse órgão, ao passo que, sobre um outro, a visão dessa comida não produz nenhum efeito. É, ainda, pela mesma razão que uma pessoa sensível verte, facilmente, as lágrimas; não é a abundância das lágrimas que dá a sensibilidade ao Espírito, mas é a sensibilidade do Espírito, que provoca a secreção abundante das lágrimas. Sob o império da sensibilidade, o organismo está apropriado para essa disposição normal do Espírito, como estava apropriado à do Espírito guloso.

Seguindo essa ordem de ideias, compreende-se que um Espírito irascível deve possuir um temperamento bilioso; de onde se segue que um homem não é colérico porque seja bilioso, mas, que é bilioso porque é colérico. Ocorre o mesmo com todas as outras disposições instintivas; um Espírito mole e indolente deixará o seu organismo num estado de atonia com relação ao seu caráter, ao passo que, se é ativo e enérgico, dará ao seu sangue, aos seus nervos, qualidades muito diferentes. A ação do Espírito sobre o físico é de tal modo evidente, que se veem, frequentemente, graves desordens orgânicas se produzirem pelo efeito de violentas comoções morais. A expressão vulgar: *A emoção lhe altera o sangue* não está tão privada de sentido como se poderia crer; ora, o que pôde alterar o sangue senão as disposições morais do Espírito?

Pode-se, pois, admitir que o temperamento é, pelo menos em parte, determinado pela natureza do Espírito, que é causa e não efeito. Dizemos em parte porque há casos em que o físico, evidentemente, influi sobre o moral: é quando um estado mórbido ou anormal é determinado por uma causa externa, acidental, independente do Espírito, como a temperatura, o clima, os vícios hereditários de constituição, um mal-estar passageiro, etc. O moral do Espírito pode, então, ser afetado, em suas manifestações, pelo estado patológico, sem que a sua natureza intrínseca seja modificada.

Escusar-se, de suas faltas, em razão da fraqueza da carne, é, pois, um subterfúgio para escapar da responsabilidade. *A carne é fraca porque o*

Espírito é fraco, o que reverte a questão e deixa, ao Espírito, a responsabilidade de todos os seus atos. A carne, que não tem nem pensamento e nem vontade, não prevalece jamais sobre o Espírito, que é o ser *pensante* e *que decide;* é o Espírito que dá, à carne, as qualidades correspondentes aos seus instintos, igual um artista imprime, em sua obra material, a marca do seu gênio. O Espírito, liberto dos instintos da bestialidade, modela um corpo que não é mais um tirano para as suas aspirações em direção da espiritualidade do seu ser; é, então, que o homem come para viver, porque viver é uma necessidade, mas não vive mais para comer.

A responsabilidade moral dos atos da vida, pois, permanece inteira; mas a razão diz que as consequências dessa responsabilidade devem estar em relação com o desenvolvimento intelectual do Espírito; quanto mais este seja esclarecido, menos é escusável, porque, com a inteligência e o senso moral, nascem as noções do bem e do mal, do justo e do injusto.

Essa lei explica o insucesso da Medicina em certos casos. Desde que o temperamento é um efeito, e não uma causa, os esforços, na tentativa de modificá-lo, necessariamente, são paralisados pelas disposições morais do Espírito, que opõe uma resistência inconsciente e neutraliza a ação terapêutica. É, pois, sobre a primeira causa que é preciso agir. Dai, se for possível, coragem ao covarde, e vereis cessarem os efeitos psicológicos do medo.

Isso prova, uma vez mais, a necessidade, para a arte de curar, de se levar em conta a ação do elemento espiritual sobre o organismo. (*Revista Espírita*, março 1869, p. 65.)

Princípios da Doutrina Espírita sobre as penas futuras

A Doutrina Espírita, no que concerne às penas futuras, não está mais fundada sobre uma teoria preconcebida do que em suas outras partes; não é um sistema substituindo um outro sistema; em todas as coisas, se apóia sobre as observações, e é isso que lhe dá autoridade. Ninguém, pois, imaginou que as almas, depois da morte, deveriam se encontrar em tal ou tal situação; são os próprios seres que deixaram a Terra que vêm, hoje, nos iniciar nos mistérios da vida futura, descrever sua posição, feliz ou infeliz, as suas impressões e a sua transformação com a morte do corpo; em uma palavra, completar, sobre esse ponto, o ensinamento do Cristo.

Não se trata, aqui, da relação de um único Espírito, que poderia somente ver as coisas sob o seu ponto de vista, sob um único aspecto, ou estar, ainda, dominado pelos preconceitos terrestres, nem de uma revelação, feita a um único indivíduo, que poderia se deixar enganar pelas aparências, nem de uma *visão extática* que se presta às ilusões, e, no mais das vezes, é apenas o reflexo de uma imaginação exaltada[1]; mas trata-se de inumeráveis exemplos fornecidos por todas as categorias de Espíritos, desde o alto até o mais baixo da escala, com a ajuda de inumeráveis intermediários disseminados sobre todos os pontos do globo, de tal sorte que a revelação não é o privilégio de *ninguém*, que cada um também pode ver e observar, e que ninguém está obrigado a crer sobre a fé de outrem.

Código penal da vida futura

O Espiritismo não vem, pois, com a sua autoridade particular, formular um código de fantasia; sua lei, no que diz respeito ao futuro da alma, deduzida da observação tomada sobre os fatos, pode se resumir nos pontos seguintes:

1º A alma ou Espírito sofre, na vida espiritual, as consequências de todas as imperfeições das quais não se despojou, durante a vida corporal. Seu estado, feliz ou infeliz, é inerente ao grau de sua depuração ou de suas imperfeições.

2º A felicidade perfeita está ligada à perfeição, quer dizer, à depuração completa do Espírito. Toda imperfeição é, ao mesmo tempo, uma causa de sofrimento e de privação de prazer, do mesmo modo que, toda qualidade adquirida, é uma causa de prazer e de atenuação dos sofrimentos.

3º *Não há uma única imperfeição da alma que não carregue consigo as suas consequências deploráveis, inevitáveis, e uma única boa qualidade que não seja a fonte de um prazer.* A soma das penas assim é proporcional à soma das imperfeições, do mesmo modo que a dos gozos está em razão da soma das qualidades.

A alma que tem dez imperfeições, por exemplo, sofre mais do que aquela que tem três ou quatro; quando, dessas dez imperfeições, restar-

---
[1] Ver acima cap. 6, nº 7 e **O Livro dos Espíritos**, nº 443 e 444

-lhe a quarta parte ou a metade, sofrerá menos, e, quando não lhe restar nenhuma delas, não sofrerá mais de qualquer coisa e será perfeitamente feliz. Tal, sobre a Terra, aquele que tem várias enfermidades sofre mais do que aquele que somente tem uma, ou que não tem nenhuma. Pela mesma razão, a alma que possui dez qualidades goza mais do que aquela que as tem menos.

4º Em virtude da lei do progresso, tendo toda alma a possibilidade de adquirir o bem que lhe falta, e de se desfazer do que ela tem de mau, segundo os seus esforços e a sua vontade, disso resulta que o futuro não está fechado para nenhuma criatura. Deus não repudia nenhum dos seus filhos; recebe-os, em seu seio, à medida que atingem a perfeição, deixando, assim, a cada um, o mérito das suas obras.

5º Estando o sofrimento ligado à imperfeição, do mesmo modo que o prazer está à perfeição, a alma carrega, consigo mesma, o seu próprio castigo, por toda parte onde se encontre; para isso, não tem necessidade de um lugar circunscrito. O inferno, pois, está por toda parte onde haja almas sofredoras, do mesmo modo que o céu está por toda parte onde haja almas felizes.

6º O bem e o mal que se faz são o produto das boas e das más qualidades que se possui. Não fazer o bem que se poderia fazer é, pois, o resultado de uma imperfeição. Se toda imperfeição é uma fonte de sofrimento, o Espírito deve sofrer não apenas por todo o mal que fez, mas por todo o bem que poderia fazer, e não fez, durante a sua vida terrestre.

7º O Espírito sofre pelo próprio mal que ele fez, de maneira que, *estando a sua atenção incessantemente centrada sobre as consequências desse mal,* compreende melhor os seus inconvenientes e está estimulado a dele se corrigir.

8º Sendo a justiça de Deus infinita, tem uma conta rigorosa do bem e do mal; se não há uma única ação má, um único mau pensamento que não tenha as suas consequências fatais, não há uma única boa ação, um único bom movimento da alma, o mais leve mérito, em uma palavra, que seja perdido, *mesmo entre os mais perversos, pois é um começo de progresso.*

9º Toda falta cometida, todo mal realizado, é uma dívida contraída que deve ser paga; se não for numa existência, o será na seguinte ou nas seguintes, porque todas as existências são solidárias, umas com as outras. Aquilo que se paga na existência presente não deverá ser pago por segunda vez.

10º O Espírito sofre a pena das suas imperfeições, seja no mundo espiritual, seja no mundo corporal. Todas as misérias, todas as vicissitudes que suportamos na vida corporal, são consequências de nossas imperfeições, de expiações de faltas cometidas, seja na existência presente, seja nas precedentes.

Pela natureza dos sofrimentos e das vicissitudes que se experimentam na vida corporal, pode-se julgar da natureza das faltas cometidas, em uma precedente existência, e das imperfeições que lhes são causa.

11º A expiação varia segundo a natureza e a gravidade das faltas; a mesma falta pode, assim, dar lugar a expiações diferentes, segundo as circunstâncias, atenuantes ou agravantes, nas quais foram cometidas.

12º Não há, sob o aspecto da natureza e da duração do castigo, nenhuma regra absoluta e uniforme; a única lei geral é que toda falta recebe a sua punição, e toda boa ação a sua recompensa, *segundo o seu valor*.

13º A duração do castigo está subordinada à melhoria do Espírito culpado. Nenhuma condenação, por tempo determinado, é pronunciada contra ele. O que Deus exige para pôr termo aos seus sofrimentos, é uma melhoria séria, efetiva, e um retorno sincero ao bem.

O Espírito é, assim, sempre, o árbitro da sua própria sorte; pode prolongar os seus sofrimentos pelo seu endurecimento no mal, abrandá-los ou abreviá-los por seus esforços para fazer o bem.

Uma condenação, por um tempo determinado qualquer, teria o duplo inconveniente, ou de continuar a ferir o Espírito que teria se melhorado, ou de cessar quando este ainda estaria no mal. Deus, que é justo, pune o mal *quando ele existe;* e cessa de punir *quando o mal não existe mais*[2]; ou, caso queira, sendo o mal moral, por si mesmo, uma causa de sofrimento, o sofrimento dura tão longo tempo quanto o mal subsista; a sua intensidade diminui à medida que o mal se enfraquece.

14º Estando a duração do castigo subordinada ao melhoramento, disso resulta que o Espírito culpado que não se melhora nunca, sofrerá sempre, e que, para ele, a pena seria eterna.

---
[2] Ver acima, capítulo 6, nº 25, citação de Ezequiel.

15º Uma condição inerente à inferioridade dos Espíritos é a de não ver o termo de sua situação, e de crer que sofrerão sempre. É, para eles, um castigo que lhes parece que será eterno[3].

16º O *arrependimento* é o primeiro passo para a melhoria; mas só ele não basta, é preciso, ainda, a *expiação*, e a *reparação*.

Arrependimento, expiação e *reparação* são as três condições necessárias para apagar os traços de uma falta e suas consequências.

O arrependimento abranda as dores da expiação, no que traz a esperança e prepara os caminhos da reabilitação; mas *unicamente* a reparação pode anular o efeito, em destruindo a causa; *o perdão seria uma graça e não uma anulação*.

17º O arrependimento pode ocorrer em qualquer parte e em qualquer tempo; se é tardio, o culpado sofre por mais tempo.

A expiação consiste nos sofrimentos físicos e morais, que são a consequência da falta cometida, seja desde a vida presente, seja, depois da morte, na vida espiritual, seja em nova existência corporal, até que os traços da falta tenham se apagado.

A reparação consiste em fazer o bem àquele a quem se fez o mal. Aquele que não reparar os seus erros nesta vida, por impossibilidade ou má vontade, se reencontrará, numa existência ulterior, em contato com as mesmas pessoas que tiveram do que se lastimar dele, e em condições escolhidas por ele mesmo, de maneira a poder provar-lhes o seu devotamento, e fazer-lhes tanto bem quanto lhes haja feito de mal.

Nem todas as faltas acarretam um prejuízo direto e efetivo; nesse caso, a reparação se cumpre: fazendo o que se devia fazer e não se fez, cumprindo os deveres que foram negligenciados ou desconhecidos, as missões em que se faliu; praticando o bem em sentido contrário àquilo que se fez de mal; quer dizer, sendo humilde onde se foi orgulhoso, brando onde se foi duro, caridoso onde se foi egoísta, benevolente se foi

---

[3] **Perpétuo**, é sinônimo de **eterno**. Diz-se: o limite das neves perpétuas; os gelos eternos dos pólos; diz-se, também, o secretário perpétuo da Academia, o que não quer dizer que o será perpetuamente, mas unicamente por um tempo **ilimitado**. **Eterno** e **perpétuo** se empregam, pois, no sentido de **indeterminado**. Nessa acepção, pode-se dizer que as penas são eternas, se se entende que não têm uma duração limitada; são eternas para os Espíritos que não lhes vê o fim.

malévolo, trabalhador se foi preguiçoso, útil se foi inútil, moderado se foi dissoluto, de bom exemplo se deu maus exemplos, etc. É assim que o Espírito progride, aproveitando o seu passado[4].

18º Os Espíritos imperfeitos estão excluídos dos mundos felizes, onde perturbariam a harmonia; permanecem nos mundos inferiores, onde expiam as suas faltas pelas tribulações da vida, e se purificam das suas imperfeições, até que mereçam se encarnar nos mundos mais avançados, moral e fisicamente.

Caso se possa conceber um lugar de castigo circunscrito, é nesses mundos de expiação, porque é ao redor desses mundos que pululam os Espíritos imperfeitos desencarnados, à espera de uma nova existência que, lhes permitindo reparar o mal que fizeram, ajudará o seu adiantamento.

19º Tendo o Espírito sempre o seu livre arbítrio, seu progresso é, algumas vezes, lento, e sua obstinação no mal muito tenaz. Pode nisso persistir anos e séculos; mas, chega sempre um momento no qual a sua teimosia, em afrontar a justiça de Deus, se dobra diante do sofrimento, e no qual, malgrado a sua fanfarrice, reconhece a força superior que o domina. Desde que se manifestam nele os primeiros clarões do arrependimento, Deus lhe faz entrever a esperança.

Nenhum Espírito está nas condições de não se melhorar nunca; de outro modo, estaria fatalmente destinado a uma eterna inferioridade, e escaparia da lei do progresso que rege, providencialmente, todas as criaturas.

20º Quaisquer que sejam a inferioridade e a perversidade dos Espíritos, *Deus jamais os abandona*. Todos têm o seu anjo guardião, que vela

---

[4] A necessidade da reparação é um princípio de rigorosa justiça, que se pode considerar como sendo a verdadeira lei de reabilitação moral dos Espíritos. É uma doutrina que nenhuma religião ainda proclamou.

Entretanto, algumas pessoas a repelem, porque achariam mais cômodo poder apagar as suas faltas pelo simples arrependimento, que não custa senão palavras, e com a ajuda de algumas fórmulas; permita-lhes se crerem quites: verão, mais tarde, se isso lhes basta. Poder-se-ia perguntar se esse princípio não é consagrado pela lei humana, e se a justiça de Deus pode ser inferior à dos homens. Caso se dessem por satisfeitos com um indivíduo que, tendo-o arruinado por abuso de confiança, se limitasse a dizer-lhe que o lamenta infinitamente. Por que recuariam diante de uma obrigação que todo homem honesto fazer-se-ia um dever cumpri-la, na medida das suas forças?

Quando essa perspectiva da reparação estiver inculcada na crença das massas, será um freio bem mais poderoso do que o do inferno e das penas eternas, porque diz respeito à atualidade da vida, e o homem compreenderá a razão de ser das circunstâncias penosas em que está colocado.

sobre eles, espreita os movimentos da sua alma, e se esforça em suscitar, neles, bons pensamentos, o desejo de progredir e de reparar, numa nova existência, o mal que fizeram. Entretanto, o guia protetor age, o mais frequentemente, de maneira oculta, sem exercer nenhuma pressão. O Espírito deve se melhorar *em razão da sua própria vontade*, e não em consequência de um constrangimento qualquer. Age bem ou mal em virtude do seu livre arbítrio, mas sem estar *fatalmente* impulsionado num sentido ou no outro. Se fez mal, sofre-lhe as consequências por tão longo tempo quanto tenha permanecido no mau caminho; desde que dê um passo em direção do bem, sente-lhe imediatamente os efeitos.

Nota – Seria um erro crer que, em virtude da lei do progresso, a certeza de chegar, cedo ou tarde, à perfeição e à felicidade, é um encorajamento para que persevere no mal, sob a condição de se arrepender mais tarde: primeiro, porque o Espírito inferior não vê o fim da sua situação; em segundo lugar, porque sendo o Espírito o artífice da sua própria infelicidade, acaba por compreender que depende dele a fazer cessar, e que quanto mais tempo persistir no mal, por mais tempo será infeliz; que o seu sofrimento durará sempre se não lhe colocar um fim. Seria, pois, de sua parte, um cálculo falso, do qual seria a primeira vítima. Se, ao contrário, segundo o dogma das penas irremissíveis, toda a esperança lhe estivesse para sempre fechada, não teria nenhum interesse em se voltar para o bem, que lhe seria sem proveito.

Diante dessa lei, cai igualmente a objeção tirada da presciência divina. Deus, criando uma alma, sabe, com efeito, em virtude do seu livre arbítrio, se ela tomará o bom ou o mau caminho; sabe que será punida se fizer o mal; mas sabe, também, que esse castigo temporário é um *meio* para que compreenda seu erro e a faça entrar no bom caminho, onde chegará cedo ou tarde. Segundo a doutrina das penas eternas, sabe que falirá, e estará antecipadamente condenada a torturas sem fim.

21º Ninguém é responsável senão pelas suas faltas pessoais; ninguém sofrerá as penas das faltas dos outros, a menos que lhes haja dado lugar, seja provocando-as com o seu exemplo, seja não as impedindo quando tinha esse poder.

Assim é que, por exemplo, o suicida é sempre punido; mas aquele que, pela sua dureza, leva um indivíduo ao desespero, e daí a se destruir, sofre uma pena ainda maior.

22º Embora a diversidade das penas seja infinita, há as que são inerentes à inferioridade dos Espíritos, e cujas consequências, salvo as nuanças, são quase idênticas.

A punição mais imediata, sobretudo entre aqueles que são apegados à vida material, negligenciando o progresso espiritual, consiste na lentidão da separação da alma e do corpo, nas angústias que acompanham a morte e o despertar na outra vida, na duração da perturbação, que pode persistir por meses e anos. Entre aqueles, ao contrário, cuja consciência é pura, que, em sua vida, se identificaram com a vida espiritual e se desligaram das coisas materiais, a separação é rápida, sem abalos, o despertar pacífico e a perturbação quase nenhuma.

23º Um fenômeno, muito frequente entre os Espíritos de uma certa inferioridade moral, consiste em se crerem ainda vivos, e essa ilusão pode se prolongar durante anos, durante os quais sofrem todas as necessidades, todos os tormentos e todas as perplexidades da vida.

24º Para o criminoso, a visão incessante das suas vítimas e das circunstâncias do crime é um cruel suplício.

25º Certos Espíritos são mergulhados em espessas trevas; outros estão num isolamento absoluto, no meio do espaço, atormentados pela ignorância da sua posição e da sua sorte. Os mais culpados sofrem torturas tanto mais pungentes quanto não lhes veem o fim. Muitos estão privados de verem os seres que lhe são caros. Todos, geralmente, suportam, com relativa intensidade, os males, as dores e as necessidades que fizeram os outros experimentarem, até que o *arrependimento* e o desejo de *reparação*, vêm e trazem um abrandamento, fazendo-os entreverem a possibilidade de colocarem, *por si mesmos,* um fim a essa situação.

26º É um suplício para o orgulhoso ver, acima dele, na glória, cercado de festas, aqueles que havia desprezado na Terra, ao passo que está relegado às últimas posições; para o hipócrita, se ver traspassado pela luz que põe a nu os seus mais secretos pensamentos, que todo o mundo pode ler: nenhum meio há, para ele, de se esconder e se dissimular; para o sensual, ter todas as tentações sem poder satisfazê-las; para o avaro, ver o seu ouro dilapidado e não poder retê-lo; para o egoísta, ser abandonado por todos e sofrer tudo o que os outros sofreram por ele: terá sede, e ninguém lhe dará de beber; terá fome, e ninguém lhe dará de comer; nenhuma mão amiga vem apertar a sua, nenhuma voz complacente vem consolá-lo; *pensou unicamente em si, durante a sua vida, e ninguém pensa nele e o lamenta depois da sua morte.*

27º O meio de evitar ou atenuar as consequências dos defeitos na vida futura é deles se desfazer, o mais possível, na vida presente; é reparar o mal para não ter que repará-lo, mais tarde, de maneira mais terrível. Quanto mais se tarda, em se desfazer dos seus defeitos, mais as suas consequências são penosas, e mais rigorosa deve ser a reparação que se deve cumprir.

28º A situação do Espírito, desde a sua entrada na vida espiritual, é aquela que ele se preparou, pela vida corporal. Mais tarde, uma nova encarnação lhe é dada para a expiação e a reparação, por meio de novas provas; mas a aproveita mais ou menos, em virtude do seu livre arbítrio; se não a aproveita, é uma tarefa a recomeçar, cada vez em condições mais penosas; de sorte que *aquele que sofre muito sobre a Terra, pode-se dizer que tinha muito a expiar;* os que gozam de uma felicidade aparente, malgrado os seus vícios e a sua inutilidade, estejam certos de pagá-lo caro numa existência ulterior. Foi nesse sentido que Jesus disse: "Bem-aventurados os aflitos, porque serão consolados". (*O Evangelho Segundo o Espiritismo*, cap. 5.)

29º A misericórdia de Deus, sem dúvida, é infinita, mas não é cega. O culpado ao qual perdoa, não está exonerado, e, enquanto não tenha satisfeito à justiça, sofre as consequências das suas faltas. Por misericórdia infinita, é preciso entender que Deus não é inexorável, e que deixa sempre aberta a porta de retorno ao bem.

30º Sendo as penas temporárias, e subordinadas ao arrependimento e à reparação, que dependem da livre vontade do homem, são, ao mesmo tempo, os castigos e os *remédios* que devem curar as feridas do mal. Os Espíritos em punição estão, pois, não como forçados condenados a determinado tempo nas galés, mas, iguais a doentes no hospital, que sofrem da doença que, frequentemente, decorre das suas faltas, e os meios dolorosos de que necessita, mas, que têm a esperança de sarar, e que saram tanto mais depressa quanto sigam exatamente as prescrições do médico, que vela sobre eles com solicitude. Se prolongam os seus sofrimentos, por suas faltas, o médico nada tem com isso.

31º Às penas que o Espírito sofre na vida espiritual, vêm se juntar as da vida corporal, que são a consequência das imperfeições do homem, de suas paixões, do mau uso das suas faculdades, e a expiação das faltas presentes e passadas. É na vida corporal que o Espírito repara o mal das suas existências anteriores, que põe em prática as resoluções tomadas na vida espiritual. Assim se explicam essas misérias e essas vicissitudes que, à primeira vista, parecem não ter razão de ser, e são de toda justiça desde que são a quitação do passado e servem para o nosso adiantamento[5].

32º Deus, diz-se, não provaria maior amor pelas suas criaturas, se as tivesse criado infalíveis e, consequentemente, isentas das vicissitudes relativas à imperfeição?

Seria necessário, para isso, que criasse seres perfeitos, nada tendo a adquirir, nem em conhecimentos e nem em moralidade. Sem nenhuma dúvida, poderia fazê-lo; se não o fez, foi porque, na Sua sabedoria, quis que o progresso fosse a lei geral.

Os homens são imperfeitos, e, como tais, sujeitos às vicissitudes mais ou menos penosas; é um fato que é preciso aceitar, uma vez que existe. Disso inferir que Deus não é bom e nem justo, seria uma revolta contra Ele.

Haveria injustiça se tivesse criado seres privilegiados, uns mais favorecidos do que os outros, gozando, sem trabalho, a felicidade que os outros alcançam com dificuldade, ou não a podem jamais alcançar. Mas onde a sua justiça brilha é na igualdade absoluta, que preside à criação de todos os Espíritos; todos têm um mesmo ponto de partida; nenhum que seja, na sua formação, é melhor dotado do que os outros; nenhum cuja marcha ascensional seja facilitada por exceção; os que chegaram ao objetivo passaram, como quaisquer outros, pela fieira das provas e da inferioridade.

Isto admitido, o que de mais justo do que a liberdade de ação deixada a cada um? O caminho da felicidade está aberto a todos; o objetivo é o mesmo para todos; as condições, para alcançá-lo, são as mesmas para todos; a lei, gravada em todas as consciências, é ensinada a todos. Deus fez da felicidade *o prêmio do trabalho e não do favor,* a fim de que cada um dela tivesse o mérito; cada um está livre de trabalhar ou de nada fazer

---

[5] Ver atrás, cap. VI, **o Purgatório**, nºs. 3 e seguintes; e, adiante, cap. XX: **Exemplos de expiações terrestres**. – *O Evangelho Segundo o Espiritismo*, cap. V: **Bem-aventurados os aflitos**.

para o seu adiantamento; aquele que trabalha muito, e depressa, disso é mais cedo recompensado; aquele que se extravia do caminho ou perde o seu tempo, retarda a sua chegada, e isso pode-se atribuir somente a si mesmo. O bem e o mal são voluntários e facultativos; sendo o homem livre, não é impelido nem para um e nem para o outro.

33º Malgrado a diversidade dos gêneros e dos graus de sofrimento dos Espíritos imperfeitos, o código penal da vida futura pode se resumir nestes três princípios:

O sofrimento está ligado à imperfeição.

Toda imperfeição e toda falta que lhe é consequente carrega consigo o seu próprio castigo, por suas consequências naturais e inevitáveis, como a doença é a consequência dos excessos, o tédio a da ociosidade, sem necessidade de uma condenação especial para cada falta e cada indivíduo.

Todo homem, podendo se desfazer das suas imperfeições, por efeito da sua vontade, pode se poupar dos males que são as suas consequências, e assegurar a sua felicidade futura.

Tal é a lei da justiça divina: a cada um segundo as suas obras, no céu como sobre a Terra.

Capítulo 8

Os anjos

Os anjos segundo a Igreja • Refutação • Os anjos segundo o Espiritismo

Os anjos segundo a igreja

1. Todas as religiões tiveram, sob diversos nomes, anjos, quer dizer, seres superiores à Humanidade, intermediários entre Deus e os homens. O materialismo, negando qualquer existência espiritual fora da vida orgânica, naturalmente, classificou os anjos entre as ficções e as alegorias. A crença nos anjos, faz parte essencial dos dogmas da Igreja; eis como ela os define[1]:

2. "Cremos firmemente, diz um concílio geral e ecumênico[2], que há tão-somente um verdadeiro Deus, eterno e infinito, o qual, *no princípio dos tempos*, tirou do nada *todo o conjunto,* uma e outra criatura, a espiritual e a corporal, a angélica e a mundana, e, em seguida, formou, como intermediária entre as duas, a natureza humana, composta de corpo e espírito.

Tal é, segundo a fé, o plano divino nas obras da criação; plano majestoso e completo, como convinha à sabedoria divina. Assim concebido, oferece, aos nossos pensamentos, o ser em todos os graus e em todas

---

[1] Tiramos este resumo da pastoral de Mons. Gousset, cardeal arcebispo de Reims, pela Quaresma de 1864. Pode-se, pois, considerá-los, do mesmo modo que os dos **demônios**, tirado da mesma fonte e citado, no capítulo seguinte, como a última expressão do dogma da Igreja sobre esse ponto.
[2] Concílio de Latrão.

as condições. Na mais elevada esfera, aparecem a existência e a vida puramente espirituais; na última classe a existência e a vida puramente materiais; e, no meio que as separa, uma maravilhosa união de duas substâncias, uma vida inteiramente comum, ao mesmo tempo, ao espírito inteligente e ao corpo organizado.

Nossa alma é de uma natureza simples e indivisível; mas é limitada em suas faculdades. A ideia que temos da perfeição nos faz compreender que pode haver outros seres simples como ela, e superiores pelas suas qualidades e seus privilégios.

Ela é grande e nobre; mas está associada à matéria, servida por órgãos frágeis, limitada em sua ação e em seu poder. Por que não haveria outras naturezas, mais nobres ainda, livres dessa escravidão e desses entraves, dotadas de uma força maior e de uma atividade incomparável? Antes que Deus houvesse colocado o homem sobre a Terra, para conhecê-Lo, amá-Lo e servi-Lo, não teria já chamado outras criaturas para comporem a sua corte celestial e o adorar na morada da sua glória? Deus, enfim, recebe das mãos do homem o tributo da honra e da homenagem desse universo; é de admirar que receba, das mãos do anjo, o incenso e a oração do homem? Se, pois, os anjos não existissem, a grande obra do Criador não teria o coroamento e a perfeição da qual era suscetível; este mundo, que atesta a sua onipotência, não seria mais a obra-prima da sua sabedoria; nossa própria razão, embora fraca e débil, facilmente, poderia concebê-Lo mais completo e mais perfeito.

"A cada página dos livros sacros, do Antigo e do Novo Testamento, é feita menção dessas sublimes inteligências, nas invocações piedosas ou nos episódios da história. Sua intervenção aparece, manifestamente, na vida dos patriarcas e dos profetas. Deus se serve do seu ministério, ora para intimar suas vontades, ora para anunciar os acontecimentos futuros; deles faz, quase sempre, os órgãos da sua justiça ou da sua misericórdia. Sua presença está envolvida nas diversas circunstâncias do nascimento, da vida e da paixão do Salvador; sua lembrança é inseparável da dos grandes homens e dos fatos mais importantes da antiguidade religiosa. Encontra-se mesmo no seio do politeísmo, e sob as fábulas da mitologia; porque a crença, da qual trata, é tão antiga e tão universal quanto o mundo; o culto que os Pagãos rendiam, aos bons e aos maus gênios, era uma falsa aplicação da verdade, um resto degenerado do dogma primitivo."

Capítulo 8   *Os anjos*

As palavras do santo concílio de Latrão contêm uma distinção fundamental entre os anjos e os homens. Elas nos ensinam que os primeiros são os puros Espíritos, ao passo que estes são compostos de um corpo e uma alma; quer dizer que a natureza angélica se sustenta por si mesma, não somente sem mistura, mas, ainda, sem associação real possível com a matéria, por leve e sutil que se suponha; ao passo que a nossa alma, igualmente espiritual, está associada ao corpo de modo a não formar, com ele, senão uma única e mesma pessoa, e que *tal é, essencialmente, o seu destino.*

Enquanto dure essa união tão íntima da alma com o corpo, essas duas substâncias têm uma vida comum, e exercem, uma sobre a outra, uma influência recíproca; a alma não pode se libertar, inteiramente, da condição imperfeita que disso resulta para ela: suas ideias lhe chegam pelos sentidos, pela comparação de objetos exteriores, e sempre sob imagens mais ou menos aparentes. Daí vem que ela não possa se contemplar a si mesma, e que não possa se representar, Deus e os anjos, sem lhes supor alguma forma visível e palpável. Por isso, os anjos, a fim de se fazerem ver pelos santos e pelos profetas, deveram recorrer a figuras corporais; mas essas figuras eram corpos aéreos, que faziam mover sem se identificarem com eles, ou atributos simbólicos em relação com a missão da qual estavam encarregados.

Seu ser, e os seus movimentos, não estão localizados e circunscritos em um ponto fixo e limitado do espaço. Não estando ligados a nenhum corpo, não podem ser detidos e limitados, como o somos, por outros corpos; eles não ocupam nenhum lugar e não preenchem nenhum vazio; mas, do mesmo modo que, a nossa alma, está inteiramente em nosso corpo, e em cada uma das suas partes, assim também eles estão, inteiramente, e quase simultaneamente, sobre todos os pontos e em todas as partes do mundo; mais rápidos do que o pensamento, podem estar por toda a parte, num piscar de olhos, e aí operarem por si mesmos, sem outros obstáculos aos seus desígnios, a não ser a vontade de Deus e a resistência da liberdade humana.

Enquanto somos reduzidos a não vermos, senão pouco a pouco, em uma certa medida, as coisas que estão fora de nós, e que as verdades de ordem sobrenatural nos aparecem como em enigma e num espelho, segundo a expressão do apóstolo São Paulo, eles veem, sem esforço, o que lhes interessa saber, e estão em relação imediata com o objeto de seu pensamento. *Seus conhecimentos não são o resultado da indução e do raciocínio,* mas dessa intuição, clara e profunda, que abarca todo o conjunto, o gênero e as espécies que dele derivam, os princípios e as consequências que dele decorrem.

A distância do tempo, a diferença dos lugares, a multiplicidade dos objetos não podem produzir nenhuma confusão em seu espírito.

A essência divina, sendo infinita, é incompreensível; tem mistérios e profundezas que não se podem penetrar. Os desígnios particulares da Providência lhe são ocultos; ela, porém, lhes revela em segredo, quando os encarrega, em certas circunstâncias, de anunciá-los aos homens.

As comunicações de Deus aos anjos e dos anjos, entre si, não se fazem, como entre nós, por meio de sons articulados e de outros sinais sensíveis. As puras inteligências não têm necessidade nem dos olhos, para ver, nem das orelhas, para ouvir; não têm mais o órgão da voz para manifestarem os seus pensamentos, esse intermediário habitual das nossas conversas, nem lhes é necessário; mas comunicam os seus sentimentos do modo que lhes é próprio, e que é todo espiritual. Para serem compreendidos basta-lhes o desejo.

Só Deus conhece o número dos anjos. Esse número, sem dúvida, não poderia ser infinito, e não o é; mas, segundo os autores sacros e os santos doutores, é considerável e verdadeiramente prodigioso. Se é natural proporcionar o número de habitantes de uma cidade à sua importância e à sua extensão, a Terra, sendo apenas um átomo, em comparação com o firmamento e as imensas regiões do espaço, é preciso disso concluir que o número de habitantes, do céu e do ar, é muito maior do que o dos homens.

Uma vez que a majestade dos reis tira o seu brilho do número dos seus indivíduos, dos seus oficiais e dos seus servidores, o que há de mais próprio, para nos dar uma ideia da majestade do Rei dos reis, senão essa multidão inumerável de anjos, que povoam o céu e a terra, o mar e os abismos, e a dignidade daqueles que se mantêm, *sem cessar, prosternados ou de pé* diante de seu trono?

"Os Pais da Igreja e os teólogos ensinam, geralmente, que os anjos estão distribuídos em três grandes hierarquias ou principados, e, cada hierarquia, em três companhias ou coros."

"Os da primeira, e da mais alta hierarquia, são designados em razão das funções que exercem no céu. Uns são chamados *Serafins,* porque estão como abrasados, diante de Deus, com os ardores da caridade; estes, os *Querubins,* porque são um reflexo luminoso da sua sabedoria; aqueles, *Tronos,* porque proclamam a sua grandeza e fazem resplandecer-lhe o brilho."

"Os da segunda hierarquia recebem seus nomes das operações que lhes são atribuídas no governo geral do Universo; são: as *Dominações* que atribuem aos anjos de ordens inferiores as suas missões e os seus encargos; as *Virtudes,* que realizam os grandes prodígios reclamados pelos grandes interesses da Igreja e do gênero humano; as *Potências,* que protegem, pela sua força e sua vigilância, as leis que regem o mundo físico e moral."

"Os da terceira hierarquia têm, em partilha, a direção das sociedades e das pessoas; são: os *Principados,* prepostos do reino, das províncias e das dioceses; os *Arcanjos,* que transmitem as mensagens de alta importância; os *anjos guardiães,* os que acompanham cada um de nós para velarem, por nossa segurança e por nossa santificação."

Refutação

3. O princípio geral que ressalta dessa doutrina é que os anjos são seres puramente espirituais, anteriores e superiores à Humanidade, *criaturas privilegiadas, destinadas à felicidade suprema e eterna desde a sua formação;* dotadas, por sua própria natureza, de todas as virtudes e de todos os conhecimentos, sem nada ter feito para adquiri-los. Estão em primeiro lugar na obra da criação; no último lugar, a vida puramente material, e, entre as duas, a Humanidade formada de almas, seres espirituais inferiores aos anjos, unidos a corpos materiais.

Várias dificuldades capitais resultam desse sistema. Qual é, primeiro, essa vida puramente material? Trata-se da matéria bruta? Mas a matéria bruta é inanimada, e não tem vida por si mesma. Quer se referir às plantas e aos animais? Seria, então uma quarta ordem na criação, porque não se pode negar que haja, no animal, mais inteligência do que numa planta, e nesta mais do que numa pedra. Quanto à alma humana, que é a transição, está unida diretamente a um corpo que é da matéria bruta, porque, sem alma, não tem mais vida do que um torrão de terra.

Esta divisão, evidentemente, deixa de ter clareza, e não concorda com a observação; assemelha-se à teoria dos quatro elementos, tombada diante dos progressos da ciência. Admitamos, portanto, estes três termos: a criatura espiritual, a criatura humana e a criatura corporal; tal é, diz-se, o plano divino, plano majestoso e completo, como convinha à sabedoria eterna. Notemos, primeiro, que, entre esses três termos, não há nenhuma ligação necessária; são três criações distintas, formadas sucessivamente; ao passo que, na Natureza, tudo se encadeia, tudo nos mostra uma admirável lei de unidade, onde todos os elementos, que são transformações uns dos outros, têm seu traço de união. Essa teoria é verdadeira, no sentido em que esses três termos existem evidentemente; apenas é incompleta; faltam-lhe os pontos de contato, como é fácil de demonstrá-lo.

4. Esses três pontos culminantes da criação, diz a Igreja, são necessários à harmonia do conjunto; que haja um só de menos, a obra estará incompleta, e não estará mais segundo a sabedoria eterna. Entretanto, um dos dogmas fundamentais da religião diz que a Terra, os animais, as plantas, o Sol, as estrelas, a própria luz, foram criados e tirados do *nada,* há seis mil anos. Antes dessa época, não haveria, pois, nem criatura humana, nem criatura corporal durante a eternidade decorrida, a obra divina tinha, pois, ficado imperfeita. A criação do Universo remontando há seis mil anos, é um artigo de fé, de tal modo capital, que ainda há poucos anos, a ciência era anatematizada porque vinha destruir a cronologia bíblica, em provando a alta antiguidade da Terra e de seus habitantes.

Entretanto, o concílio de Latrão, concílio ecumênico que faz lei em matéria de ortodoxia, disse: *"Cremos firmemente,* que há um único e verdadeiro Deus, eterno e infinito o que, *no princípio dos tempos,* tirou todo *o conjunto* do nada, uma e a outra criatura, a espiritual e a corporal". Pelo *princípio dos tempos* pode-se entender a eternidade decorrida, porque o tempo é infinito, como o espaço não tem nem começo e nem fim. Essa expressão *o princípio dos tempos* implica a ideia de uma anterioridade *ilimitada.* O concílio de Latrão crê, pois, firmemente, que as criaturas espirituais e as criaturas corporais foram formadas simultaneamente, e tirado *todo o conjunto* do nada, em época indeterminada no passado. Em que se torna, pois, o texto bíblico, que fixa essa criação em seis mil anos dos nossos dias? Admitindo que esteja aí o começo do Universo visível, esse não é, seguramente, o do tempo. Em qual crer, no concílio ou na Bíblia?

5. Por outro lado, o mesmo concílio formula uma estranha proposi-

ção: "Nossa alma, disse, igualmente espiritual, está associada ao corpo de maneira a formar, com ele, uma só e mesma pessoa, e *tal é, essencialmente, a sua destinação*". Se a destinação *essencial* da alma é estar unida ao corpo, essa união constitui o seu estado normal, é seu objetivo, seu fim, uma vez que tal é a sua *destinação*. Entretanto, a alma é imortal e o corpo é mortal; sua união com o corpo ocorre uma única vez, segundo a Igreja, e, fosse ela de um século, o que é isso diante da eternidade? Mas, para um grande número, é apenas de algumas horas; que utilidade pode ter, para a alma, essa união efêmera? Quando, na eternidade, sua mais longa duração é um tempo imperceptível, é exato dizer-se que a *sua destinação é estar, essencialmente, ligada ao corpo*? Essa união é, na realidade, somente um acidente, um ponto na vida da alma, e não o seu estado essencial.

Se a destinação essencial da alma é estar unida a um corpo material; se, pela sua natureza e segundo o objetivo providencial da sua criação, essa união é necessária para a manifestação das suas faculdades, disso é preciso concluir que, *sem o corpo, a alma humana é um ser incompleto;* ora, para permanecer o que ela é, pela sua destinação, depois de deixar um corpo, é preciso que ela retome um outro, o que nos conduz à pluralidade, forçada, das existências, dita de outro modo, à reencarnação perpétua. É verdadeiramente estranho que um concílio, considerado como sendo uma das luzes da Igreja, tenha identificado a esse ponto o ser espiritual e o ser material, que não possam, de alguma sorte, existir um sem o outro, uma vez que a condição essencial da sua criação é a de estarem unidos.

6. O quadro hierárquico dos anjos nos ensina que várias ordens têm, em suas atribuições, o governo do mundo físico e da Humanidade, que foram criados para esse fim. Mas, segundo o Gênese, o mundo físico e a Humanidade existem apenas há seis mil anos; que faziam, pois, esses anjos, antes daquele tempo, durante a eternidade, uma vez que os objetos das suas ocupações não existiam? Os anjos foram criados de toda a eternidade? Assim deve ser, uma vez que servem à glorificação do Mais Alto. Se Deus os houvesse criado em uma época qualquer, teria estado, até aí, quer dizer, durante uma eternidade, sem adoradores.

7. Mais adiante diz: "Enquanto dure essa união tão íntima da alma com o corpo". Ocorre, pois, um momento no qual essa união não mais

exista? Essa proposição contradiz a que fez dessa união a destinação essencial da alma.

Diz ainda: "As ideias lhes chegam pelos sentidos, pela comparação dos objetos exteriores". Eis aqui uma doutrina filosófica verdadeira em parte, mas não no sentido absoluto. É, segundo o eminente teólogo, uma condição inerente à natureza da alma, de receber as ideias pelos sentidos; ele esquece as ideias inatas, as faculdades por vezes tão transcendentes, a intuição das coisas que a criança traz, em nascendo, e que não deve a nenhuma instrução. Por qual sentido, esses jovens pastores, calculadores naturais que espantaram os sábios, adquiriram as ideias necessárias à solução, quase instantânea, dos problemas mais complicados? Pode-se dizer outro tanto de certos músicos, pintores e linguistas precoces.

"Os conhecimentos dos anjos não são o resultado da indução e do raciocínio"; eles sabem porque são anjos, sem terem necessidade de aprender; Deus os criou assim: a alma, ao contrário, deve aprender. Se a alma recebe as ideias pelos órgãos corporais, quais são as que pode ter a alma de uma criança, morta ao cabo de alguns dias, em admitindo, com a Igreja, que não renasce mais?

8. Aqui se apresenta uma questão vital: A alma adquire ideias e conhecimentos depois da morte do corpo? Se, uma vez desligada do corpo, ela nada pode adquirir, a da criança, do selvagem, do cretino, do idiota, do ignorante, permanecerá sempre o que era quando morreu; está votada à nulidade, pela eternidade.

Se ela adquire novos conhecimentos depois da vida atual, é que pode progredir. Sem o progresso ulterior da alma, chega-se a consequências absurdas; com o progresso, chega-se à negação de todos os dogmas fundados sobre o seu estado estacionário: o destino irrevogável, as penas eternas, etc. Se ela progride, onde se detém o progresso? Não há nenhuma razão para que não atinja o grau dos anjos ou puros Espíritos. Se ela pode aí chegar, não haveria nenhuma necessidade de criar seres especiais e privilegiados, isentos de todo trabalho, e gozando de uma felicidade eterna sem nada terem feito para conquistá-la, ao passo que os outros seres, menos favorecidos, obtêm a suprema felicidade ao preço de longos e cruéis sofrimentos e das mais rudes provas. Deus o pode, sem dúvida, mas, caso se admita o infinito das suas perfeições, sem as quais não haveria Deus, é preciso admitir, também, que não faz nada de

Capítulo 8 *Os anjos*

inútil, nem nada que desminta a soberana justiça e a soberana bondade.

9. "Uma vez que a majestade dos reis recebe seu brilho pelo número dos seus súditos, de seus oficiais e de seus servidores, o que há de mais próprio para nos dar uma ideia da majestade do Rei dos reis do que essa multidão inumerável de anjos, que povoam *o céu e a terra, o mar e os abismos,* e a dignidade daqueles que se mantêm, *sem cessar, prosternados ou de pé* diante de seu trono?"

Não é rebaixar a Divindade assimilando a sua glória ao fasto dos soberanos da Terra? Essa ideia, inculcada no espírito das massas ignorantes, falseia a opinião que se faz de sua verdadeira grandeza; é sempre Deus reconduzido às mesquinhas proporções da Humanidade; supor-lhe a necessidade de ter milhões de adoradores, *sem cessar,* prosternados *ou de pé* diante dele, é emprestar-lhe as fraquezas dos monarcas despóticos e orgulhosos do Oriente. O que faz os soberanos verdadeiramente grandes? É o número e o brilho dos seus cortesãos? Não; é a sua bondade e a sua justiça, é o título merecido de pai dos seus súditos. Pergunta-se se há alguma coisa de mais própria para nos dar uma ideia da majestade de Deus do que a multidão dos anjos que compõem a sua corte? Sim, certamente, há qualquer coisa melhor do que isso: é a de representá-lo, para todas as suas criaturas, soberanamente bom, justo e misericordioso; e não igual a um Deus colérico, ciumento, vingativo, inexorável, exterminador, parcial, criando, para a sua própria glória, esses seres privilegiados, favorecidos de todos os dons, nascidos para a felicidade eterna, ao passo que, aos outros, faz comprar, penosamente, a felicidade e pune um momento de erro com uma eternidade de suplícios...

10. O Espiritismo professa, com respeito à união da alma e do corpo, uma doutrina mais espiritualista, para não dizer *menos materialista,* e que tem a mais a seu favor, por estar mais conforme com a observação e a destinação da alma. Segundo o que nos ensina, a alma é independente do corpo, que é um envoltório temporário; *sua essência é a espiritualidade; sua vida normal é a vida espiritual.* O corpo é um instrumento, para o exercício das suas faculdades, em suas relações com o mundo material; mas, separada do corpo, goza de suas faculdades com mais liberdade e extensão.

11. Sua união com o corpo, necessária aos seus primeiros desenvolvimentos, tem lugar no período que se pode chamar de sua infância e

sua adolescência; quando alcança um certo grau de perfeição e de desmaterialização, essa união não é mais necessária, e a alma progride mais pela vida do Espírito. Por numerosas que sejam, de resto, as existências corporais, são necessariamente limitadas pela vida do corpo, e a sua soma total compreende, em todos os casos, uma imperceptível parte da vida espiritual, que é indefinida.

Os anjos segundo o espiritismo

12. Que haja seres dotados de todas as qualidades atribuídas aos anjos, disso não se poderia duvidar. A revelação espírita confirma, sobre esse ponto, a crença de todos os povos; mas nos faz conhecer, ao mesmo tempo, a natureza e a origem desses seres.

As almas ou Espíritos são criados simples e ignorantes, quer dizer, sem conhecimentos e sem consciência do bem e do mal, mas aptas a adquirirem tudo o que lhes falta; adquirem-no pelo trabalho; o objetivo, que é a perfeição, é o mesmo para todas; alcançam-na mais ou menos prontamente, em virtude do seu livre arbítrio e em razão dos seus esforços; todas têm os mesmos graus a percorrer, o mesmo trabalho a cumprir; Deus não faz a parte nem mais longa nem mais fácil a umas do que às outras, porque todas são suas filhas, e, sendo justo, não tem preferência por nenhuma. Diz-lhe: "Eis a lei que deve ser a vossa regra de conduta; só ela pode vos conduzir ao objetivo; tudo o que está conforme essa lei é o bem, tudo o que lhe é contrário é o mal. Sois livres para observá-la ou infringi-la, e sereis, assim, os árbitros da vossa própria sorte". Deus, pois, não criou o mal; todas as suas leis são para o bem; é o próprio homem quem cria o mal infringindo as leis de Deus; se as observasse, escrupulosamente, jamais sairia do bom caminho.

13. Mas nas primeiras fases da sua existência, igual à criança, falta experiência à alma; por isso, ela é falível. Deus não lhe dá a experiência, mas lhe dá os meios de adquiri-la; cada falsidade, no caminho do mal, é, para ela, um atraso, sofre as suas consequências e aprende, às suas custas, o que deve evitar. É assim que, pouco a pouco, se desenvolve, se aperfeiçoa e avança na hierarquia espiritual, até que tenha alcançado o estado de *puro Espírito*, ou *anjo*. Os anjos são, pois, as almas dos homens que chegaram ao grau de perfeição que a criatura comporta, e gozando da

plenitude da felicidade prometida. Antes de atingirem esse grau supremo, gozam de uma felicidade relativa ao seu adiantamento, mas essa felicidade não é a ociosidade; é a das funções que apraz a Deus confiar-lhes e que são felizes em desempenhá-las, porque essas ocupações são um meio de progredirem. (Ver cap. 3, *O Céu*.)

14. A Humanidade não está limitada à Terra; ela ocupa inumeráveis mundos que circulam no espaço; povoou aqueles que desapareceram e povoará aqueles que se formarão. Deus tem criado de toda a eternidade e criará, sem cessar. Muito tempo antes, pois, de que a Terra existisse, por antiga que a suponhamos, teria havido, em outros mundos, Espíritos encarnados que percorreram as mesmas etapas que nós, Espíritos mais recentes, percorremos neste momento, e que alcançaram o objetivo antes mesmo que tivéssemos saído das mãos do Criador. De toda a eternidade houve, pois, anjos ou Espíritos puros; mas a sua existência humanitária, se perdendo no infinito do passado, é, para nós, como se tivessem sempre sido anjos.

15. Assim se acha realizada a grande lei da unidade da Criação; Deus jamais esteve inativo; teve sempre Espíritos, experimentados e esclarecidos, para a transmissão das suas ordens e para a direção de todas as partes do Universo, desde o governo dos mundos até os mais ínfimos detalhes. Não teve, pois, necessidade de criar seres privilegiados, isentos de obrigações; todos antigos ou novos, conquistaram seus graus na luta e pelos próprios méritos; todos, enfim, são os filhos das suas obras. Assim se cumpre, igualmente, a soberana justiça de Deus.

Capítulo 9

Os demônios

Origem da crença nos demônios • *Os demônios segundo a Igreja* •
Os demônios segundo o Espiritismo

Origem da crença nos demônios

1. Os demônios, em todas as épocas, desempenharam um grande papel em todas as teogonias; se bem que consideravelmente decaído na opinião geral, a importância que se lhe atribui, ainda em nossos dias, dá, a essa questão, uma certa gravidade, porque ela toca mesmo no fundo das crenças religiosas: por isso, é útil examiná-la com os desenvolvimentos que comporta.

A crença num poder superior é instintiva entre os homens; assim, é encontrada sob diferentes formas, em todas as idades do mundo. Mas se, no grau de adiantamento intelectual a que chegamos hoje, discutem, ainda, sobre a natureza e os atributos desse poder, quanto deveriam ser imperfeitas as suas noções, a esse respeito, na infância da Humanidade!

2. O quadro que se nos representa da inocência dos povos primitivos, em contemplação diante das belezas da Natureza, na qual admiram a bondade do Criador, sem dúvida, é muito poético, mas falta à realidade.

Quanto mais o homem se aproxima do estado natural, mais o instinto nele domina, como se pode ver, ainda, entre os povos selvagens e bárbaros dos nossos dias; o que mais o preocupa, ou melhor, do que se ocupa, exclusivamente, é da satisfação das necessidades materiais, porque não tem outras preocupações. O sentido que, unicamente, pode torná-lo acessível aos gozos puramente morais, desenvolve-se com o tempo e gradualmente; a alma tem sua infância, sua adolescência e sua virilidade, igual ao corpo humano; mas para atingir virilidade que a torne apta a compreender as coisas abstratas, quanto de evolução deve, ainda, percorrer na Humanidade! Quanto de existências não lhe falta a cumprir!

Sem remontar às primeiras idades, vemos, ao nosso redor, as pessoas dos nossos campos, e perguntamo-nos quais sentimentos de admiração despertam, nelas, o esplendor do Sol nascente, a abóbada estrelada, o gorjeio dos pássaros, o murmúrio das ondas claras, as campinas matizadas de flores! Para elas, o Sol se eleva porque tem o hábito, e, conquanto lhe dê bastante calor para amadurecer as colheitas, e não muito para secá-la, é tudo o que pedem; se olham o céu, é para saberem se fará bom ou mau tempo amanhã; que os pássaros cantem, ou não, lhe é bem igual, conquanto que não comam o seu grão; às melodias do rouxinol, preferem o cacarejar das galinhas e o grunhir dos seus porcos; o que pedem aos riachos, claros ou lamacentos, é de não secarem e nem inundá-los; às campinas, dar-lhes boas ervas, com ou sem flores: é tudo o que desejam, dizemos mais, tudo o que compreendem da Natureza, e, no entanto, já estão longe do homem primitivo!

3. Se nos reportamos a estes últimos, vemo-los, mais exclusivamente, ainda, preocupados com a satisfação das necessidades materiais; o que serve para provê-los e o que pode prejudicá-los resume, para eles, o bem e o mal neste mundo. Eles creem em uma potência extra-humana; mas como aquilo que lhes traz um prejuízo material é o que mais lhes toca, atribuem-no a essa potência, da qual fazem, de resto, uma ideia muito vaga. Não podendo, ainda, nada conceber, fora do mundo visível e tangível, imaginam que essa potência resida nos seres e nas coisas que lhes são nocivas. Os animais malfazejos dela são, pois, para eles, os representantes naturais e diretos. Pela mesma razão, viram a personificação do bem nas coisas úteis: daí o culto prestado a certos animais, a certas plantas e mesmo a objetos inanimados. Mas o homem, geralmente, é mais sensível ao mal do que ao bem; o bem lhe parece natural, ao passo que o mal lhe afeta mais; por isso, é que, em todos os cultos primitivos, as cerimônias em honra das potências malfazejas são as mais numerosas: o medo leva o melhor sobre o reconhecimento.

Durante muito tempo, o homem compreendeu apenas o bem e o mal físico; o sentimento do bem moral e do mal moral marca um progresso na inteligência humana; só então o homem entrevê a espiritualidade, e compreende que o poder sobre-humano está fora do mundo visível, e não nas coisas materiais. Isso foi a obra de certas inteligências de elite que, não obstante, não puderam transpor certos limites.

4. Como se via uma luta incessante entre o bem e o mal, e este, frequentemente venceu aquele que, de outro lado, não se podia admitir, racionalmente, que o mal fosse a obra de uma potência benfazeja, disso se concluiu a existência de duas potências rivais governando o mundo. Daí nasceu a doutrina dos dois príncipes: o do bem e do mal, doutrina lógica para certa época, porque o homem era, ainda, incapaz de conceber uma outra, e de penetrar a essência do Ser supremo. Como teria podido compreender que o mal é um estado momentâneo, do qual pode sair o bem, e que os males que o afligem devem conduzi-lo à felicidade, ajudando o seu adiantamento? As limitações do seu horizonte moral não lhe permitiam ver nada fora da vida presente, nem depois e nem antes; não poderia compreender nem que havia progredido, nem que progrediria, ainda, individualmente, e ainda menos que as vicissitudes da vida são o resultado da imperfeição do ser espiritual que está nele, que preexiste e sobrevive ao corpo, e se depura numa série de existências, até que alcance a perfeição. Para compreender o bem que pode sair do mal, não se pode ver uma única existência; é preciso abarcar o conjunto: só então aparecem as verdadeiras causas e os seus efeitos.

5. O duplo princípio do bem e do mal, durante longos séculos, e sob diferentes nomes, foi a base de todas as crenças religiosas. Foi personificado sob o nome de Oromaze e Arimane entre os Persas, de Jeová e de Satã entre os Hebreus. Mas como todo soberano deve ter ministros, todas as religiões admiram as potências secundárias, ou gênios bons ou maus. Os Pagãos os identificam sob uma multidão inumerável de individualidades, tendo, cada uma, atribuições especiais para o bem e para o mal, para os vícios e para as virtudes, aos quais deram o nome genérico de deuses. Os Cristãos e os Muçulmanos receberam, dos Hebreus, os anjos e os demônios.

6. A doutrina dos demônios tem, pois, sua origem na antiga crença nos dois princípios, do bem e do mal. Vamos examiná-la, aqui, sob o

ponto de vista cristão, e ver se está em relação com o conhecimento mais exato que temos, hoje, dos atributos da Divindade.

Esses atributos são o ponto de partida, a base de todas as doutrinas religiosas; os dogmas, o culto, as cerimônias, os usos, a moral, tudo está em relação com a ideia mais ou menos justa, mais ou menos elevada, que se faz de Deus, desde o fetichismo, até o Cristianismo. Se a essência íntima de Deus, é, ainda, um mistério para a nossa inteligência, nós o compreendemos melhor do que jamais o foi, graças aos ensinamentos do Cristo. O Cristianismo, nisso de acordo com a razão, nos ensina que:

Deus é único, eterno, imutável, imaterial, todo-poderoso, soberanamente justo e bom, infinito em todas as suas perfeições.

Assim como está dito em outra parte (cap. 6, *Penas eternas*): "Caso se tirasse a menor parcela de um único dos atributos de Deus, não se teria mais Deus, porque poderia existir um outro ser mais perfeito". Esses atributos, em sua mais absoluta plenitude, são, pois, o critério de todas as religiões, a medida da verdade de cada um dos princípios que elas ensinam. Para que um desses princípios seja verdadeiro, é preciso que não insulte a nenhuma das perfeições de Deus. Vejamos se é assim com a doutrina vulgar dos demônios.

Os demônios segundo a igreja

7. Segundo a Igreja, Satã, o chefe ou o rei dos demônios, não é uma personificação alegórica do mal, mas um *ser real*, fazendo exclusivamente o mal, ao passo que Deus faz exclusivamente o bem. Tomemo-lo, pois, tal como nos dão.

Satã, é de toda a eternidade, igual a Deus, ou posterior a Deus? Se ele é de toda a eternidade, é *incriado* e, por consequência, igual a Deus. Deus, então, não é mais único; há o Deus do bem e o Deus do mal.

É posterior? Então, é uma criatura de Deus. Uma vez que ele faz somente o mal, que é incapaz de fazer o bem e de se arrepender, Deus criou um ser votado, perpetuamente, ao mal. Se o mal não é a obra de Deus, mas a de uma das suas criaturas predestinada a fazê-lo, dele sempre Deus é o primeiro autor, e, então, não é infinitamente bom. Ocorre o mesmo com todos os seres maus chamados demônios.

8. Tal foi, durante muito tempo, a crença sobre esse ponto. Hoje, diz-se[1]:

"Deus, que é a bondade e a santidade por essência, não os teria criado maus e malfazejos. Sua mão paternal, que se compraz em derramar, sobre todas as suas obras, um reflexo das suas perfeições infinitas, os havia cumulado de seus mais magníficos dons. Às qualidades sobreeminentes de sua natureza, havia acrescentado a generosidade da sua graça; fizera-os em tudo semelhantes aos Espíritos sublimes que estão na glória e na felicidade; distribuídos em todas as ordens, e misturados em todas as classes, tinham o mesmo fim e os mesmos destinos; seu chefe foi o mais belo dos arcanjos. Teriam podido, eles também, merecer ser confirmados, para sempre, na justiça e admitidos a gozarem, eternamente, a felicidade dos céus. Esse último favor teria coroado a todos os outros favores dos quais foram objeto; mas deveria ser o prêmio da sua docilidade, e deles se tornaram indignos; perderam por uma revolta audaciosa e insensata."

"Qual foi o escolho de sua perseverança? Qual verdade desconheceram? Qual ato de fé, e de adoração, recusaram a Deus? *A Igreja e os anais da história santa não o dizem, de maneira positiva*; mas *parece certo* que não aquiesceram nem à mediação do Filho de Deus *por eles mesmos*, nem à exaltação da natureza humana em Jesus Cristo."

"O verbo divino, para o qual todas as coisas foram feitas, é também o único mediador e salvador, no céu e na Terra. A finalidade sobrenatural só foi dada aos anjos e aos homens na previsão da sua encarnação e dos seus méritos; porque não há nenhuma proporção entre as obras dos mais eminentes Espíritos e essa recompensa, que não é outra que o próprio Deus; nenhuma criatura teria podido aí chegar sem essa intervenção, maravilhosa e sublime, de caridade. Ora, para preencher a distância infinita que separa a essência divina das obras das suas mãos, seria preciso que reunisse, em sua pessoa, os dois extremos, e que associasse, à sua divindade, a natureza do anjo ou a do homem; e ele fez escolha da natureza humana."

"Esse desígnio, concebido de toda a eternidade, foi manifestado aos

---

[1] As citações seguintes foram extraídas da pastoral do Eminentíssimo Cardeal Gousset, cardeal arcebispo de Reims, pelo carisma de 1865. Em razão do mérito pessoal e da posição do autor, podemos considerá-los como sendo a última palavra da Igreja sobre a doutrina dos demônios.

anjos muito tempo antes do seu cumprimento; o Homem-Deus lhes foi mostrado, no futuro, como Aquele que deveria confirmá-los nas graças e introduzi-los na glória, com a condição de que o adorassem, na Terra, durante a sua missão, e, nos céus, pelos séculos dos séculos. Revelação inesperada, visão arrebatadora para os corações generosos e reconhecidos, mas mistério profundo, acabrunhante para os Espíritos soberbos! Esse fim sobrenatural, esse peso imenso de glória, que lhes era proposto, não seria, pois, unicamente a recompensa dos seus méritos pessoais! Jamais poderiam atribuir-se, a si mesmos, os títulos dessa posse! Um mediador, entre eles e Deus, que injúria feita à sua dignidade! A preferência gratuita concedida à natureza humana, que injustiça! Que insulto aos seus direitos! Essa Humanidade, que lhes era tão inferior, a veriam, um dia, divinizada pela sua união com o Verbo, e sentada à direita de Deus, sobre um trono resplandecente? Consentiriam oferecer-lhe, eternamente, as suas homenagens e a sua adoração?"

"Lúcifer e a terceira parte dos anjos sucumbiram a esses pensamentos de orgulho e de ciúme. São Miguel, e com ele a maioria, exclamaram: O que é semelhante a Deus? Ele é o senhor dos seus dons e o soberano Senhor de todas as coisas. Glória a Deus e ao Cordeiro, que será imolado para a salvação do mundo! Mas o chefe dos rebeldes, esquecendo-se de que era devedor, ao seu Criador, por sua nobreza e por suas prerrogativas, ouve somente a sua temeridade, e diz: 'Eu mesmo me elevarei ao céu; estabelecerei a minha morada acima dos astros; me assentarei sobre a montanha da aliança, nos flancos do Aquilon; dominarei as nuvens mais elevadas, e serei semelhante ao Mais Alto'. Aqueles que partilhavam seus sentimentos acolheram as suas palavras com um murmúrio de aprovação; e se encontravam em todas as ordens da hierarquia; mas a sua multidão não os colocou ao abrigo do castigo."

9. Essa doutrina levanta várias objeções.

1º Se Satã e os demônios eram anjos, era porque eram perfeitos; sendo perfeitos, como puderam falir e, nesse ponto, desconhecer a autoridade de Deus, em cuja presença se encontravam? Conceber-se-ia, ainda, se tivessem chegado a esse grau eminente gradualmente e após passarem pela fileira da imperfeição, que teriam podido ter um retorno deplorável; mas o que torna a coisa mais incompreensível é que são apresentados como tendo sido criados perfeitos.

A consequência dessa teoria é esta: Deus, tendo querido criar, neles, seres perfeitos, uma vez que os cumulara de todos os dons, enganou-se; portanto, segundo a Igreja, Deus não é infalível.[2]

2º Uma vez que nem a Igreja e nem os anais da história explicam a causa da revolta dos anjos contra Deus, que somente *parece* certo que estava na sua recusa de reconhecer a missão futura do Cristo, que valor pode ter o quadro, tão preciso e tão detalhado, da cena que teve lugar nessa ocasião? De qual fonte foram hauridas as palavras, tão claramente narradas como tendo sido pronunciadas até por simples murmúrios? De duas coisas uma: ou a cena é verdadeira, ou não o é. Se é verdadeira, não há nenhuma incerteza, e, então, por que a Igreja não resolve o dilema? Se a Igreja e a história se calam, se somente a causa *parece* certa, isso é apenas uma suposição, e a descrição da cena é tão-somente uma obra da imaginação.[3]

3º As palavras atribuídas a Lúcifer acusam uma ignorância que se espanta em encontrá-las num arcanjo que, pela sua própria natureza e

---

[2] Essa doutrina monstruosa foi afirmada por Moisés, quando disse (*A Gênese*, cap. VI, v. 6 e 7): "Ele **se arrependeu** de ter feito o homem sobre a Terra. E, estando tocado de dor até o fundo do coração, disse: 'Exterminarei, de sobre a Terra, o homem que criei; exterminarei tudo, desde o homem até os animais, desde tudo o que rasteja sobre a terra até os pássaros do céu; porque **eu me arrependi** de los ter feito'."

Um Deus que se arrepende do que fez não é nem perfeito e nem infalível: portanto, não é Deus. Essas são, pois, as palavras que a Igreja proclama como sendo verdades santas. Não se vê muito, o que havia de comum entre os animais e a perversidade do homem, para merecer o seu extermínio.

[3] Encontra-se em Isaías, cap. XIV, v. 11 e seguintes: "Teu orgulho foi precipitado nos infernos; teu corpo morto e tombado por terra; tua cama será a podridão, e tuas vestes serão os vermes. Como tombastes do céu, Lúcifer, tu que parecias tão brilhante ao romper do dia? Como foste derrubado sobre a terra, tu que atingias com flagelos as nações; que dizias **em teu coração**: Eu subirei ao céu, estabelecerei o meu trono acima dos astros de Deus, me assentarei sobre a montanha da aliança, nos flancos do Aquilon; colocar-me-ei acima das nuvens mais elevadas e serei semelhante ao Mais Alto? E, contudo, foste precipitado dessa glória, no inferno, até o mais profundo dos abismos. Aqueles que te verão, se aproximarão junto de ti, e, depois de encarar-te, te dirão: Está aqui **aquele homem** que apavorou a terra, que lançou o terror nos reinos, que fez do mundo um deserto, que lhe destruiu as cidades, e que reteve, nas prisões, aqueles que fizera seus prisioneiros?"

Essas palavras do profeta, não são relativas à revolta dos anjos, mas uma alusão ao orgulho e à queda do rei da Babilônia, que mantinha os Judeus em cativeiro, assim como provam os últimos versículos. O rei da Babilônia é designado, alegoricamente, sob o nome de Lúcifer, mas não fez nenhuma menção da cena descrita acima. Essas palavras são as do rei que dizia **em seu coração**, e se colocava, pelo seu orgulho, acima de Deus, cujo povo mantinha cativo. A predição da libertação dos Judeus, da ruína da Babilônia e da derrota dos Assírios é, aliás, o objeto exclusivo desse capítulo.

o grau em que está colocado não deve partilhar, sobre a organização do Universo, os erros e os preconceitos que os homens professaram, até que a ciência tivesse vindo esclarecê-los. Como pôde dizer: "Estabelecerei a minha morada acima dos astros; dominarei as mais elevadas nuvens." É sempre a antiga crença, tendo a Terra como centro do mundo, no céu de nuvens que se alongam até as estrelas, na região limitada das estrelas formando abóbada, e que a Astronomia nos mostra disseminadas ao infinito, no espaço infinito. Tendo em vista que, hoje, se sabe que as nuvens não se estendem além de duas léguas da superfície da Terra, para dizer que dominaria as nuvens mais elevadas, e falar de montanhas, seria preciso que a cena se passasse sobre a superfície da Terra, e que aí fosse a morada dos anjos; se essa morada estivesse nas regiões superiores, seria inútil dizer que se elevaria acima das nuvens. Dar aos anjos uma linguagem eivada de ignorância é confessar que os homens, hoje, sabem mais a respeito, do que os anjos. A Igreja comete sempre o erro de não levar em conta os progressos da ciência.

10. A resposta à primeira objeção se encontra na passagem seguinte:

"A Escritura e a tradição dão o nome de céu ao lugar onde os anjos estavam colocados no momento da sua criação. Mas não era o céu dos céus, o céu da visão beatífica, onde Deus se mostra, aos seus eleitos, face a face, e onde os seus eleitos o contemplam sem esforços e sem nuvens; porque ali não há mais perigo, nem possibilidade de pecar; a tentação e a fraqueza são desconhecidas; a justiça, a alegria, a paz, ali reinam em uma imutável segurança; a santidade e a glória não diminuem. Era, pois, uma outra região celeste, uma esfera luminosa e afortunada, onde essas nobres criaturas, largamente favorecidas de comunicações divinas, deveriam recebê-las e a elas aderirem pela humildade da fé, antes de serem admitidas a ver-lhes, claramente, a realidade na própria essência de Deus."

Resulta, do que precede, que os anjos, que faliram, pertenciam a uma categoria menos elevada, menos perfeita, que não tinha, ainda, chegado ao lugar supremo, onde a falta era impossível. Seja; mas, então, há, aqui, uma contradição manifesta, porque está dito, mais acima, que: "Deus os havia feito *em tudo semelhantes aos Espíritos sublimes;* que, distribuídos em todas as ordens e misturados em todas as suas classes, tinham o mesmo fim e a mesma destinação; que o seu chefe era o mais belo dos arcanjos". Se foram feitos, em tudo, semelhantes aos outros, não eram, pois, de uma natureza inferior; se estavam misturados em todas as classes, não estavam num lugar especial. A objeção subsiste, pois, inteiramente.

11. Há uma outra que é, sem contradita, a mais grave e a mais séria. Está dito: "Esse desígnio (a mediação do Cristo) concebido *de toda a eternidade*, foi manifestado aos anjos muito tempo antes do seu cumprimento". Deus sabia, pois, de toda a eternidade, que os anjos, bem assim os homens, teriam necessidade dessa mediação. Sabia ou não sabia, que certos anjos faliriam; que essa queda acarretaria, para eles, a condenação eterna, sem esperança de retorno; que estariam destinados a tentar os homens; que aqueles, destes últimos, que se deixassem seduzir, sofreriam a mesma sorte. Se o sabia, criou, pois, esses anjos, com conhecimento de causa, para a sua perda irrevogável, e para a maior parte do gênero humano. Qualquer coisa que se diga, é impossível conciliar a sua criação, em uma semelhante previsão, com a soberana bondade. Se não o sabia, não era, pois, todo-poderoso. Num e no outro caso, é a negação de dois atributos sem a plenitude dos quais não seria Deus.

12. Caso se admita a falibilidade dos anjos, igual à dos homens, a punição é uma consequência, natural e justa, da falta; mas caso se admita, ao mesmo tempo, a possibilidade do resgate, pelo retorno ao bem, a reentrada na graça, depois do arrependimento e da expiação, nada tem que desminta a bondade de Deus. Deus sabia que faliriam, que seriam punidos, mas, sabia, também, que, esse castigo temporário seria um meio de fazê-los compreender a sua falta e redundaria em seu favor. Assim se confirmariam estas palavras do profeta Ezequiel: "Deus não quer a morte do pecador, mas a sua salvação".[4] O que seria a negação dessa bondade, seria a inutilidade do arrependimento e a impossibilidade do retorno ao bem. Nessa hipótese, é, pois, rigorosamente exato dizer que: "Esses anjos, desde a sua criação, uma vez que Deus não o poderia ignorar, foram votados ao mal perpetuamente, e predestinados a se tornarem *demônios*, para arrastar os homens ao mal".

Vejamos, agora, qual é a sua sorte e o que fazem.

13. "Mal sua revolta se manifestou na linguagem dos Espíritos, quer dizer, no impulso dos seus pensamentos, foram banidos, irrevogavelmente, da cidade celeste e precipitados no abismo."

---
[4] Ver, acima, cap. 7, n° 20, citação de Ezequiel.

"Por essas palavras entendemos que foram relegados a um lugar de suplício, onde sofressem a pena do fogo, conforme este texto do Evangelho, que saiu da própria boca do Salvador: 'Ide, malditos, ao fogo eterno que foi preparado para os demônios e seus anjos.' São Pedro diz, expressamente: 'que Deus os entregou às cadeias e torturas do inferno; mas nem todos aí ficam perpetuamente; será somente no fim do mundo que serão presos, para sempre, com os condenados'. Presentemente, Deus permite que ocupem, ainda, um lugar na criação à qual pertencem; na ordem das coisas às quais se prende sua existência, nas relações, enfim, que deviam ter com os homens, e das quais fizeram o mais pernicioso abuso. Enquanto que uns estão em sua morada tenebrosa, e aí servem de instrumento para a justiça divina, *contra as almas infortunadas que seduziram,* uma infinidade de outros, formando legiões invisíveis, sob a condução de seus chefes, residem nas camadas inferiores de nossa atmosfera e percorrem todas as partes do globo. Estão enredados com tudo o que se passa aqui embaixo, onde o mais frequentemente, tomam uma parte muito ativa."

No que concerne às palavras do Cristo, sobre o suplício do fogo eterno, essa questão está tratada no capítulo 4, *O Inferno*.

14. Segundo essa doutrina, só uma parte dos demônios está no inferno; a outra erra em liberdade, se enredando com tudo o que se passa neste mundo, dando-se ao prazer de fazer o mal, e isso até o fim do mundo, cuja época, indeterminada, não ocorreria tão cedo. Por que, pois, essa diferença? São menos culpados? Não, seguramente. A menos que daí não saiam, cada um por sua vez, o que parece resultar desta passagem: "enquanto uns estão na sua morada tenebrosa, e aí servem de instrumento, à justiça divina, contra as almas desafortunadas que seduziram".

Suas funções consistem em atormentar *as almas que seduziram*. Assim, não estão encarregados de punirem as que são culpadas por faltas livre e voluntariamente cometidas, mas das que provocaram. São, ao mesmo tempo, *a causa da falta e o instrumento do castigo*; e, coisa que a justiça humana, tão imperfeita que é não admitiria, a vítima que sucumbe, por fraqueza, à ocasião que se fez nascer para tentá-lo, é punida tão severamente quanto o agente provocador que emprega a habilidade e a astúcia; mesmo mais severamente, porque vai para o inferno deixando a Terra, para dele não sair jamais, e ali sofrer, sem trégua e misericórdia, durante a eternidade, ao passo que aquele que foi a causa primeira de sua falta goza de moratória e de liberdade até o fim do mundo! A justiça de Deus não é, pois, mais perfeita do que a dos homens!

15. Isso não é tudo. "Deus permite que eles ocupem ainda um lugar nessa criação, nas relações que devem ter com os homens, e das quais fazem os mais perniciosos abusos". Deus poderia ignorar o abuso que fazem da liberdade que lhes concede? Então por que lhes as concede? É, pois, com conhecimento de causa que entrega suas criaturas à sua mercê, sabendo, em virtude de toda a sua presciência, que elas sucumbirão e terão a sorte de demônios. Não tinham bastante de sua própria fraqueza, sem permitir que fossem excitadas ao mal por um inimigo tanto mais perigoso, quando é invisível? Ainda se o castigo fosse temporário e se o culpado pudesse se redimir pela reparação! Mas não: é condenado pela eternidade. Sem arrependimento, sem retorno ao bem, seus remorsos são supérfluos.

Os demônios são, assim, os agentes provocadores predestinados a recrutarem almas para o inferno, e isso com a permissão de Deus, que sabia, criando essas almas, a sorte que lhes estava reservada. Que se diria, sobre a Terra, de um juiz que usasse esse critério para povoar as prisões? Estranha ideia que se nos dá da Divindade, de um Deus cujos atributos essenciais são a soberana justiça e a soberana bondade! E é em nome de Jesus Cristo, daquele que pregou unicamente o amor, a caridade e o perdão, que se ensina semelhantes doutrinas! Foi-se o tempo em que tais anomalias passavam despercebidas; não eram compreendidas, não eram sentidas; o homem, curvado sob o jugo do despotismo, submetia a sua razão cegamente, ou antes, abdicava a sua razão; mas hoje, a hora da emancipação soou: ele compreende a justiça, a quer durante a sua vida e depois de sua morte; por isso disse: "Isso não é, isso não se pode, ou Deus não é Deus!"

16. "O castigo segue por toda parte esses seres decaídos e malditos, por toda parte carregam seu inferno consigo: não têm mais nem paz nem repouso; as próprias doçuras da esperança se lhes mudaram em amargura: ela lhes é odiosa. A mão de Deus os atingiu no próprio ato do seu pecado, e a sua vontade se obstinou no mal. Tornados perversos, não querem cessar de sê-lo, e o são para sempre.

Eles são, depois do pecado, o que o homem é depois da morte. *A reabilitação daqueles que caíram é, pois, impossível;* a sua perda, doravante, é sem retorno, e perseveram em seu orgulho, face a face com Deus, em seu ódio contra o seu Cristo, em seu ciúme contra a Humanidade.

Não podendo se apropriar da glória do céu, pelo impulso de sua ambição, esforçam-se por estabelecerem seu império sobre a Terra, e dela banirem o reino de Deus. O Verbo, feito carne, cumpriu, apesar deles, os seus desígnios para a salvação e a glória da Humanidade; todos os seus meios de ação são consagrados para arrebatar-lhes as almas que resgatou; a habilidade e a impunidade, a mentira e a sedução, empregam tudo para levá-lo ao mal e consumar a sua ruína.

Com tais inimigos, a vida do homem, desde o berço até o túmulo, somente pode ser, ah! uma luta perpétua, porque eles são poderosos e infatigáveis.

Esses inimigos, com efeito, são aqueles mesmos que, depois de terem introduzido o mal no mundo, vieram cobrir a Terra de espessas trevas do erro e do vício; aqueles que, durante longos séculos, se fizeram adorar como deuses, e que reinaram soberamente sobre os povos da antiguidade; aqueles, enfim, que exercem ainda o seu império tirânico nas regiões idólatras, e que fomentam a desordem e o escândalo até no seio das sociedades cristãs.

Para compreender tudo o que têm de recursos a serviço de sua maldade, basta notar *que nada perderam das prodigiosas faculdades que são o apanágio da natureza angélica.* Sem dúvida, o futuro, e sobretudo a ordem sobrenatural, têm mistérios que Deus se reservou, e que eles não podem descobrir, mas sua inteligência é bem superior à nossa, porque percebem, num golpe de vista, os efeitos em suas causas, e as causas em seus efeitos. Essa penetração lhes permite anunciarem, antecipadamente, acontecimentos que escapam às nossas conjecturas. A distância e a diversidade dos lugares se apagam diante de sua agilidade. Mais prontos que o raio, mais rápidos que o pensamento, se acham, quase ao mesmo tempo, em diversos pontos do globo, e podem descrever, à distância, as coisas que testemunham na própria hora em que se cumprem.

As leis gerais com as quais Deus rege e governa este Universo, não são do seu domínio; não podem derrogá-los, nem, por consequência, predizer ou operar verdadeiros milagres; mas eles possuem a arte de imitarem e arremedarem, em certos limites, as obras divinas; sabem quais fenômenos resultam da combinação dos elementos, e presidem com certeza aqueles que chegam naturalmente, como aqueles que eles mesmos têm o poder de produzirem. Daí esses oráculos numerosos, esses encantos extraordinários dos quais os livros sagrados e profanos nos guardaram a lembrança, e que servem de base e de alimento a todas as superstições.

Sua substância simples e imaterial os subtrai aos nossos olhares; estão ao nosso lado sem serem percebidos; atingem nossa alma sem atingirem nossos ouvidos; cremos obedecer ao nosso próprio pensamento, enquanto sofremos as suas tentações e a sua funesta influência. Nossas disposições, ao contrário, lhes são conhecidas pelas impressões que delas mostramos, e eles nos atacam, comumente, pelo nosso lado fraco. Para nos seduzirem mais seguramente, têm o costume de nos apresentar engodos e sugestões conforme as nossas tendências. Modificam a sua ação segundo as circunstâncias e segundo os traços característicos de cada temperamento. Mas as suas armas favoritas são a mentira e a hipocrisia."

17. O castigo, diz-se, segue-os por toda parte; eles não têm mais nem paz nem repouso. Isso não destrói em nada a observação feita sobre o pequeno descanso que gozam aqueles que não estão no inferno, descanso tanto menos justificado quanto estando fora, fazem mais mal. Sem nenhuma dúvida, não são felizes como os bons anjos; mas conta-se por nada a liberdade de que gozam? Se eles não têm a felicidade moral que a virtude proporciona, incontestavelmente, são menos infelizes que os seus cúmplices, que estão nas chamas. E de resto, para o mau, há uma espécie de gozo em fazer o mal com toda a liberdade. Perguntai a um criminoso se lhe é igual estar na prisão ou correr pelos campos, e cometer seus delitos à vontade. A posição é exatamente a mesma.

O remorso, diz-se, persegue-os sem trégua nem misericórdia. Mas se esquece que o remorso é precursor imediato do arrependimento, se já não é o próprio arrependimento. Ora, diz-se: "Tornados perversos, *não querem cessar de sê-lo*, e o são para sempre". Desde que não querem cessar de serem perversos, é porque não têm remorsos; se tivessem o menor remorso, cessariam de fazer o mal e pediriam perdão. Portanto, o remorso não é para eles um castigo.

18. "São depois do pecado o que o homem é depois da morte. A reabilitação daqueles que tombaram é, pois, impossível." De onde vem essa impossibilidade? Não se compreende que seja a consequência de sua semelhança com o homem depois da morte, proposição que, de resto, não é

muito clara. Essa impossibilidade vem de sua própria vontade ou vem de Deus? Se for o fato de sua vontade, isso denota uma extrema perversidade, um endurecimento absoluto no mal; desde então, não se compreende que seres tão essencialmente maus puderam ser *anjos de virtude*, e que, durante o tempo *indefinido* que passaram entre estes últimos, não tenham deixado transparecer nenhum traço de sua natureza má. Se é a vontade de Deus, compreende-se ainda menos que inflija, como castigo, a impossibilidade de retorno ao bem, depois de uma primeira falta. O Evangelho não diz nada de semelhante.

19. "Sua perda, acrescenta-se, é doravante sem retorno, e perseveram no seu orgulho diante de Deus." De que lhes serviria de não perseverarem, uma vez que todo arrependimento é inútil? Se tivessem a esperança de uma reabilitação, por qualquer preço que fosse, o bem teria uma finalidade para eles, ao passo que não a têm. Se perseveram no mal, é, pois, porque a porta da esperança lhes está fechada. E por que Deus lhes fecha? Para se vingar da ofensa que recebeu com a sua falta de submissão. Assim, para saciar o seu ressentimento, contra alguns culpados, prefere vê-los, não somente sofrer, mas fazerem o mal antes que o bem; induzir ao mal e impelir à perdição eterna todas as suas criaturas do gênero humano, quando bastaria um simples ato de clemência para se evitar um tão grande desastre, e um desastre previsto de toda a eternidade!

Tratar-se-ia, por ato de clemência, de uma graça pura e simples que, talvez, fosse um encorajamento ao mal? Não, mas de um perdão condicional, subordinado a um sincero retorno ao bem. Em lugar de uma palavra de esperança e de misericórdia, fez-se como se Deus dissera: *Pereça toda a raça humana, antes que a minha vingança*! E admira-se que, com uma tal doutrina, hajam incrédulos e ateus! É assim que Jesus nos representa seu Pai? Ele que nos fez uma lei expressa do esquecimento e do perdão das ofensas, que nos disse pagar o mal com o bem, que coloca o amor aos inimigos na primeira classe das virtudes que devem nos merecer o céu, queria, pois, que os homens fossem melhores, mais justos, mais complacentes que o próprio Deus?

Os demônios segundo o espiritismo

20. Segundo o Espiritismo, nem os anjos nem os demônios são seres à parte; a criação dos seres inteligentes é una. Unidos a corpos materiais,

eles constituem a Humanidade que povoa a Terra e as outras esferas habitadas; separados do corpo, constituem o mundo espiritual ou dos Espíritos que povoam os espaços. Deus os criou *perfectíveis*; deu-lhes por objetivo a perfeição, e a felicidade que dela é consequência, mas *não lhes deu a perfeição*; quis que a devessem ao seu trabalho pessoal, a fim de que lhe tivessem o mérito. Desde o instante de sua formação, progridem, seja no estado de encarnação, seja no estado espiritual; chegados ao apogeu, são *puros Espíritos*, ou *anjos* segundo a denominação vulgar; de sorte que, desde o embrião do ser inteligente até o anjo, há uma cadeia ininterrupta, da qual cada elo marca um grau no progresso.

Disso resulta que existem Espíritos em todos os graus de adiantamento moral e intelectual, segundo estejam no alto, em baixo, ou no meio da escala. Há Espíritos, por consequência, em todos os graus de saber e de ignorância, de bondade e de maldade. Nas classes inferiores, há os que estão ainda profundamente inclinados ao mal, e que nele se comprazem. Querendo-se, pode-se chamá-los *de demônios,* porque são capazes de todas as ações feias atribuídas a estes últimos. Se o Espiritismo não lhes dá esse nome, é porque se liga à ideia de seres distintos da Humanidade, de uma natureza essencialmente perversa, votados ao mal pela eternidade e incapazes de progredirem no bem.

21. Segundo a doutrina da Igreja, os demônios foram criados bons, e se tornaram maus pela desobediência: são os anjos decaídos; foram colocados por Deus no alto da escala, e desceram. Segundo o Espiritismo, são Espíritos imperfeitos, mas que se melhorarão; estão ainda na base da escala e subirão.

Aqueles que, pela sua indiferença, sua negligência, sua obstinação e sua má vontade permanecem tempo mais longo nas classes inferiores, disso carregam a pena, e o hábito do mal os torna mais difícil de sair dele; mas chega um tempo em que se cansam dessa existência penosa e dos sofrimentos que lhes são a consequência; é então que, comparando a sua situação com a dos bons Espíritos, compreendem que seu interesse está no bem, e procuram se melhorar, mas o *fazem* por sua própria vontade e sem serem constrangidos a isso. *Eles estão submetidos à lei do progresso por sua aptidão em progredir, mas não progridem apesar deles.* Para isso Deus lhes fornece, sem cessar, os meios, mas são livres para aproveitarem ou não. Se o progresso fosse obrigatório, eles não teriam nenhum mérito, e Deus quer que tenham o de suas obras; não coloca nenhum na primeira classe por privilégio, mas a primeira classe está aberta a todos, e a ela chegam somente por seus esforços. Os mais elevados anjos conquistaram o seu grau como os outros, passando pela rota comum.

22. Chegados a um certo grau de depuração, os Espíritos têm missões em relação com o seu adiantamento; eles cumprem todas as que são atribuídas aos anjos das diferentes ordens. Como Deus criou de toda a eternidade, de toda a eternidade se encontram Espíritos para satisfazer a todas as necessidades do governo do Universo. Uma única espécie de seres inteligentes, submetidos à lei do progresso, basta, pois, para tudo. Essa unidade na criação, com o pensamento que todos têm um mesmo ponto de partida, a mesma rota a percorrer, e que se elevam por seu próprio mérito, responde bem melhor à justiça de Deus, do que a criação de espécies diferentes, mais ou menos favorecidas de dons naturais que seriam tantos privilégios.

23. A doutrina vulgar sobre a natureza dos anjos, dos demônios e das almas humanas, não admitindo a lei do progresso, e vendo, contudo, seres em diversos graus, disso concluiu que eram o produto de tantas criações especiais. Ela chega, assim, a fazer de Deus um pai parcial, dando tudo a alguns de seus filhos, ao passo que impõe aos outros os mais rudes trabalhos. Não é de se admirar que, durante muito tempo, os homens não tenham encontrado nada de chocante nessas preferências, então que, as usavam do mesmo modo em relação aos seus filhos, pelos direitos inatos e os privilégios de nascença; *poderiam crer fazer mais mal que Deus?*

Mas hoje o círculo das ideias se alargou; eles veem mais claro; têm noções mais limpas da justiça; querem-na para eles, e se não a encontram sempre na Terra, esperam ao menos encontrá-la mais perfeita no céu; e aqui está porque toda doutrina onde a justiça divina não lhes apareça em sua maior pureza, lhes repugna à razão.

Capítulo 10

Intervenção dos demônios nas modernas manifestações

1. Os fenômenos espíritas modernos têm chamado a atenção sobre os fatos análogos que ocorreram em todas as épocas, e jamais a história foi mais compulsada, sob esse aspecto, que nestes últimos tempos. Da semelhança dos efeitos, conclui-se a unidade da causa. Como para todos os fatos extraordinários cuja razão é desconhecida, a ignorância viu uma causa sobrenatural, e a superstição as ampliou acrescentando-lhes crenças absurdas; daí uma multidão de lendas que, para a maioria, são uma mistura de um pouco de verdade e muito de falso.

2. As doutrinas sobre o demônio, que prevaleceram por tempo tão longo, tinham de tal modo exagerado o seu poder, que haviam, por assim dizer, feito esquecer Deus; foi por isso que se lhe fazia honra por tudo que parecia sobrepujar a força humana; por toda parte aparecia a mão de Satã; as melhores coisas, as descobertas mais úteis, sobretudo todas aquelas que podiam tirar o homem da ignorância e alargar o círculo de suas ideias, muitas vezes, foram olhadas como obras diabólicas. Os fenômenos espíritas, mais multiplicados em nossos dias, sobretudo melhor observados com a ajuda das luzes da razão e dos dados da ciência, confirmaram, é verdade, a intervenção de inteligências ocultas, mas agindo sempre nos limites das leis da Natureza, e revelando, pela sua ação, uma nova força e leis desconhecidas até agora. A questão se reduz, pois, em saber de qual ordem são essas inteligências.

Enquanto houve, sobre o mundo espiritual, noções incertas ou sistemáticas, pôde-se enganar; mas hoje, quando observações rigorosas e estudos experimentais lançaram luz sobre a natureza dos Espíritos, sua origem e seu destino, seu papel no Universo e seu modo de ação, a questão se resolve pelos fatos. Agora, sabe-se que são as almas daqueles que viveram sobre a Terra. Sabe-se também que as diversas categorias de Espíritos, bons e maus, não constituem seres de diferentes espécies, mas marcam *diversos graus de adiantamento*. Segundo a classe que ocupam, em razão do seu desenvolvimento intelectual e moral, aqueles que se manifestam se apresentam sob aspectos muito opostos, o que não os impede de terem saído da grande família humana, tão bem quanto o selvagem, o bárbaro e o homem civilizado.

3. Sobre este ponto, como sobre muitos outros, a Igreja mantém suas velhas crenças no que concerne aos demônios. Ela disse: "Temos princípios que não variaram em dezoito séculos e que são imutáveis." Seu erro está precisamente em não levar em conta o progresso das ideias, e crer Deus tão pouco sábio para não proporcionar a revelação ao desenvolvimento da inteligência, para ter com os homens primitivos a mesma linguagem que com os homens avançados. Se, ao passo que a Humanidade avança, a religião se aferra aos velhos hábitos, tanto em matéria espiritual quanto em matéria científica, chegará um momento em que ela será invadida pela incredulidade.

4. Eis como a Igreja explica a intervenção exclusiva do demônio nas manifestações modernas[1].

"Em sua intervenção exterior, os demônios não são menos atentos em dissimularem a sua presença para afastarem as suspeitas. Sempre astutos e pérfidos, atraem o homem para as suas ciladas, antes de impor-lhe as cadeias da opressão e da servidão. Aqui, despertam a curiosidade pelos fenômenos e os jogos pueris; ali, ferem de admiração e subjugam pelo atrativo do maravilhoso. Se o sobrenatural aparece, se sua força os desmascara, acalmam e apaziguam as apreensões, solicitam confiança, provocam a familiaridade. Ora se fazem passar por divindades e bons gênios, ora utilizam os nomes e mesmo os traços de mortos que deixaram

---

[1] As citações deste capítulo foram tiradas da mesma pastoral das do capítulo precedente, do qual são a continuação e têm a mesma autoridade.

uma memória entre os vivos. Por meio dessas fraudes dignas da antiga serpente, falam e são escutados; dogmatizam e são acreditados; misturam às suas mentiras algumas verdades, e fazem aceitar o erro sob todas as formas. É aí que desembocam as pretensas revelações de além-túmulo; é para obter esse resultado que a madeira, a pedra, as florestas e as nascentes, o santuário dos ídolos, os pés das mesas, as mãos das crianças, representam oráculos; é para isso que a pitonisa profetiza em seu delírio, e que o ignorante, num misterioso sono, torna-se, de repente, o doutor da ciência. Enganar e perverter, tal é, em toda parte e em todos os tempos, o objetivo final dessas estranhas manifestações.

Os resultados surpreendentes dessas observações ou desses atos, na maioria bizarros e ridículos, não podendo proceder de sua virtude intrínseca, nem da ordem estabelecida por Deus, pode-se esperá-los do concurso de forças ocultas. Tais são, notadamente, os fenômenos extraordinários obtidos, em nossos dias, pelos procedimentos, em aparência inofensivos, do magnetismo, e o órgão inteligente das mesas falantes. Por meio dessas operações da magia moderna, vemos se produzir, entre nós, as evocações e os oráculos, as consultas, as *curas* e os sortilégios que ilustraram os templos dos ídolos e os antros das sibilas. Como outrora, ordenas-se à madeira e a madeira obedece; interrogam-lhe, e ela responde em todas as línguas e sobre todas as questões; encontra-se em presença de seres invisíveis que usurpam o nome dos mortos, cujas pretensas revelações estão marcadas com o selo da contradição e da mentira; formas leves e sem consistência aparecem de repente, e se mostram dotadas de uma força sobre humana.

"Quais são os agentes secretos desses fenômenos e os verdadeiros atores dessas cenas inexplicáveis? Os anjos não aceitariam esses papéis indignos, e não se prestariam a todos os caprichos de uma vã curiosidade. As almas dos mortos, que Deus proíbe consultar, moram numa morada que lhes marcou a sua justiça, e não podem sem a sua permissão, se colocar-se às ordens dos vivos. Os seres misteriosos que se entregam, assim, à primeira chamada do *herético e do ímpio, como do fiel*, do crime tão bem quanto da inocência, não são nem os enviados de Deus, nem os apóstolos da verdade e da salvação, mas os cúmplices do erro e do inferno. Apesar do cuidado que tomam, escondendo-se sob os nomes mais veneráveis, eles se traem pelo nada de suas doutrinas, não menos que pela baixeza de seus atos e a incoerência de suas palavras. Esforçam-se por apagar do símbolo religioso os dogmas do pecado original, da ressurreição dos corpos, da *eternidade das penas* e toda revelação divina, a fim de tirar às leis a sua verdadeira sanção, e abrir ao vício todos as barreiras. Se suas sugestões pudessem prevalecer, formariam uma religião cômoda, para o uso do socialismo e de todos aqueles que importunam a noção do dever e da consciência. A incredulidade de nosso século preparou-lhes o caminho. Possam as sociedades cristãs, por um retorno sincero à fé católica, escapar ao perigo dessa nova e terrível invasão!"

5. Toda essa teoria repousa sobre o princípio de que os anjos e os demônios são seres distintos da alma dos homens, e que estas são o produto de uma criação especial, inferior mesmo aos demônios, em inteligência, em conhecimentos e faculdades de todas as espécies. Conclui pela intervenção exclusiva dos anjos maus nas manifestações antigas e modernas, atribuídas aos Espíritos dos mortos.

A possibilidade, para as almas, de se comunicarem com os vivos é uma questão de fato, um resultado da experiência e da observação que não discutiremos aqui. Mas admitamos, por hipótese, a doutrina acima, e vejamos se ela mesma não se destrói por seus próprios argumentos.

6. Nas três categorias de anjos, segundo a Igreja, uma se ocupa exclusivamente do céu; uma outra do governo do Universo; a terceira está encarregada da Terra, e nesta se encontram os anjos guardiães encarregados da proteção de cada indivíduo. Uma parte somente dos anjos dessa categoria tomou parte na revolta e foi transformada em demônios. Se Deus permitiu a estes últimos impelir os homens para a sua perda, pelas sugestões de todos os gêneros, e o fato das manifestações ostensivas, por que, se é soberanamente justo e bom, lhes teria concedido o imenso poder de que gozam, deixado uma liberdade da qual fazem tão pernicioso uso, sem permitir aos bons anjos fazer-lhes um contrapeso com manifestações semelhantes dirigidas para o bem? Admitamos que Deus haja dado uma parte igual de poder aos bons e aos maus, o que seria já um favor exorbitante em proveito destes últimos, o homem pelo menos estaria livre para escolher; mas dar-lhes o monopólio das tentações, com a faculdade de simular o bem, de se equivocar para seduzir mais seguramente, seria uma verdadeira armadilha estendida à sua fraqueza, à sua inexperiência, à sua boa fé; dizemos mais: seria abusar da confiança de Deus. A razão recusa

admitir uma tal parcialidade em proveito do mal. Vejamos os fatos.

7. Concedem-se ao demônio faculdades transcendentes; nada perderam de sua natureza angélica; têm o saber, a perspicácia, a previdência, a clarividência dos anjos, e além disso a astúcia, a esperteza e a manha no supremo grau. Sua finalidade é desviar os homens de bem, e sobretudo afastá-los de Deus para arrastá-los ao inferno, do qual são os provedores e os recrutadores.

Compreende-se que se dirijam àqueles que estão no bom caminho, e que são desviados por eles se nisso persistem; compreende-se a sedução e o simulacro do bem, a fim de atraí-los para as suas armadilhas; mas o que é incompreensível é que se dirijam àqueles que já lhes pertencem, corpo e alma, para conduzi-los a Deus e ao bem; ora, quem está mais em suas garras que aquele que renega e blasfema de Deus, que mergulha no vício e na desordem das paixões? Já não está no caminho do inferno? Compreende-se que, seguro de sua presa, ele a estimule a orar a Deus, a se submeter à sua vontade, a renunciar ao mal; que exalte aos seus olhos as delícias da vida dos bons Espíritos, e lhe pinte com horror a posição dos maus? Viu-se, um dia, um comerciante gabar, aos seus clientes, a mercadoria do seu vizinho, às expensas da sua, e os convidar a irem para casa dele? Um engajador depreciar a vida militar, e louvar o repouso da vida doméstica? Dizer aos conscritos que terão uma vida de cansaço e de privações; que têm dez chances em uma de serem mortos, ou pelo menos de terem os braços e as pernas destruídos?

Está aí, portanto, o papel estúpido que se faz o demônio desempenhar, porque há um fato notório, é que, em consequência das instruções emanadas do mundo invisível, veem-se todos os dias os incrédulos e os ateus reconduzidos a Deus e orarem com fervor, o que nunca fizeram; pessoas viciadas trabalharem com ardor pela sua melhora. Pretender que seja a obra das manhas do demônio, é dele fazer um verdadeiro *tolo*. Ora, como isso aqui não é uma suposição, mas um resultado da experiência, e que contra um fato não há negação possível, disso é preciso concluir ou que o demônio é um desastrado num alto grau, que nem é tão temível, nem tão maligno quanto se pretende e, por consequência, que não é muito a temer, uma vez que trabalha contra os seus interesses, ou bem que todas as manifestações não são dele.

Capítulo 10   Intervenção dos demônios nas modernas manifestações

8. "Eles fazem aceitar o erro sob todas as formas; é para obter esse resultado que a madeira, a pedra, as florestas, os mananciais, o santuário de ídolos, os pés das mesas e as *mãos das crianças* tornam-se oráculos."

Qual é, pois, depois disso, o valor destas palavras do Evangelho: "Derramarei do meu espírito sobre toda a carne; vossos filhos e vossas filhas profetizarão; as pessoas jovens terão visões, e os velhos terão sonhos. – Naqueles dias, derramarei do meu Espírito sobre meus servos e sobre minhas servas, e eles profetizarão". (Atos dos Apóstolos, cap. II, vv. 17 e 18.) Não é a predição da mediunidade dada a todo o mundo, mesmo às crianças, e que se realiza em nossos dias? Os Apóstolos lançaram anátema sobre essa faculdade? Não; anunciaram-na como um favor de Deus, e não como obra do demônio. Sabem os teólogos de nossos dias, sobre esse ponto, mais que os Apóstolos? Não deveriam ver o dedo de Deus no cumprimento dessas palavras?

9. "Por meio dessas operações da *magia moderna* vemos se reproduzirem entre nós as evocações e os oráculos, as consultas, *as curas* e os sortilégios que ilustraram os templos dos ídolos e os antros das sibilas."

Onde se veem operações de magia nas evocações espíritas? Foi-se o tempo em que se podia crer em sua eficácia, mas hoje elas são ridículas; ninguém crê nelas e o Espiritismo as condena. À época em que floresceu a magia, havia uma ideia muito imperfeita sobre a natureza dos Espíritos, que se olhava como seres dotados de um poder sobre-humano; eram chamados para deles se obterem, fosse mesmo ao preço de sua alma, os favores da sorte e da fortuna, a descoberta de tesouros, a revelação do futuro, ou filtros. A magia, com a ajuda dos seus sinais, fórmulas e operações cabalísticas, era tida para fornecer pretensos segredos para operar prodígios, obrigar os Espíritos a se colocarem às ordens dos homens e satisfazerem-lhes os desejos. Hoje se sabe que os Espíritos são as almas dos homens; são chamados para receber os conselhos dos bons, moralizar os imperfeitos, e para continuar as relações com os seres que nos são caros. Eis o que diz o Espiritismo a esse respeito.

10. Não há nenhum meio de obrigar um Espírito a vir, apesar dele, se for vosso igual ou vosso superior em moralidade, porque não tendes nenhuma autoridade sobre ele; se for vosso inferior, vós o podereis, *se for para o seu bem,* porque então outros Espíritos vos secundam. (*O Livro dos Médiuns*, cap. 25.)

– A mais essencial de todas as disposições para as evocações é o recolhimento, quando se quer ter relações com Espíritos sérios. Com a fé e o desejo do bem, se é mais poderoso para evocar os Espíritos superiores. Elevando sua alma, por alguns instantes de recolhimento, no momento da evocação, identifica-se com os bons Espíritos, e os dispõe a virem. (*O Livro dos Médiuns*, cap. 25.)

– Nenhum objeto, medalha ou talismã, tem a propriedade de atrair ou de afastar os Espíritos; a matéria não tem nenhuma ação sobre eles. Jamais um bom Espírito aconselha semelhantes absurdos. A virtude dos talismãs jamais existiu senão na imaginação de pessoas crédulas. (*O Livro dos Médiuns*, cap. 25.)

– Não há fórmula sacramental para a evocação dos Espíritos. Quem pretenda dar-lhe uma, pode ousadamente ser taxado de charlatanice, porque para os Espíritos a forma não é nada. Todavia, a evocação deve sempre ser feita em nome de Deus. (*O Livro dos Médiuns*, cap. 17.)

– Os Espíritos que marcam encontros em lugares lúgubres ou fora de hora, são Espíritos que se divertem às custas daqueles que os escutam. É sempre inútil, e frequentemente perigoso, ceder a tais sugestões; inútil porque não se ganha absolutamente nada, que ser mistificado; perigoso, não pelo mal que os Espíritos possam fazer, mas pela influência que isso pode exercer sobre os cérebros fracos. (*O Livro dos Médiuns*, cap. 25.)

– Não há nem dias nem horas especialmente propícios para as evocações; isso é completamente indiferente para os Espíritos, como tudo o que é material, e seria uma superstição crer nessa influência. Os momentos mais favoráveis são aqueles em que o evocador pode estar o menos distraído pelas suas ocupações habituais; em que seu corpo e seu Espírito estão mais calmos. (*O Livro dos Médiuns*, cap. 25.)

– A crítica malevolente está mais para representar as comunicações espíritas como cercadas de práticas ridículas e supersticiosas da magia e da necromancia. Se aqueles que falam do Espiritismo sem conhecê-lo, se tivessem dado ao trabalho de estudarem do que querem falar, teriam poupado gastos de imaginação ou alegações que servem para provarem a sua ignorância ou a sua má vontade. Para a edificação de pessoas estranhas à ciência, diremos que não há, para comunicar com os Espíritos, nem dias, nem horas, nem lugares mais propícios uns que outros; que não é preciso, para os evocar, nem fórmulas, nem palavras sacramentais ou cabalísticas; que não há necessidade de nenhuma preparação nem de nenhuma iniciação; que o emprego de todo sinal ou objeto material, seja para atraí-los, seja para afastá-lo, não tem efeito, e que o pensamento basta; enfim, que os médiuns recebem as suas comunicações, sem saírem do estado normal, tão simplesmente e tão naturalmente como se fossem ditadas por uma pessoa viva. Só o charlatanismo poderia afetar maneiras excêntricas e acrescentar acessórios ridículos. (*O que é o Espiritismo,* cap. 2, nº 49.)

– Em princípio, o futuro deve ser ocultado ao homem; é em casos raros e excepcionais que Deus permite a sua revelação. Se o homem conhecesse o futuro, negligenciaria o presente e não agiria com a mesma liberdade, porque seria dominado pelo pensamento que, se uma coisa deve chegar, não há com que dela se preocupar, ou bem procuraria entravá-lo. Deus não quis que assim fosse, a fim de que cada um concorresse para o cumprimento das coisas, mesmo daquelas às quais gostaria de se opor. Deus permite a revelação do futuro quando esse conhecimento prévio deva facilitar o cumprimento de uma coisa, em lugar de entravá-la, conduzindo a agir de outro modo ao que se teria feito sem isso. (*O Livro dos Espíritos*, livro III, cap. 10.)

– Os Espíritos não podem guiar nas pesquisas científicas e nas descobertas. A ciência é a obra do gênio; ela deve ser adquirida pelo trabalho, porque é só pelo trabalho que o homem avança em seu caminho. Que mérito haveria se tivesse apenas que interrogar os Espíritos para tudo saber? Todo imbecil poderia tornar-se sábio por esse preço. Ocorre o mesmo com as invenções e as descobertas da indústria.

Quando o tempo de uma descoberta chegou, os Espíritos encarregados de dirigir-lhe a marcha procuram o homem capaz de a conduzir a bom fim, e inspiram-lhe as ideias necessárias, de maneira a deixar-lhe todo o mérito, porque essas ideias, é preciso que as elabore e as ponha em prática. Assim ocorre com todos os grandes trabalhos da inteligência humana. Os Espíritos deixam cada homem em sua esfera; daquele que é próprio para cavar a terra, não farão depositário dos segredos de Deus; mas eles saberão tirar da obscuridade o homem capaz de secundar os seus desígnios. Não vos deixeis, pois, arrastar pela curiosidade ou ambição, para um caminho *que não é objetivo do Espiritismo*, e que resultaria para vós nas mais ridículas mistificações. (*O Livro dos Médiuns,* cap. 26.)

– Os Espíritos não podem fazer descobrir os tesouros ocultos. Os Espíritos superiores não se ocupam dessas coisas; mas Espíritos zombeteiros indicam, frequentemente, tesouros que não existem, ou podem fazer procurá-lo num lugar, ao passo que está no oposto; e isso tem a sua utilidade para mostrar que a verdadeira fortuna está no trabalho. Se a Providência destina riquezas ocultas a alguém, esse alguém as encontrará naturalmente, de outro modo não. (*O Livro dos Médiuns*, cap. 26.)

– O Espiritismo, nos esclarecendo sobre as propriedades dos fluidos que são os agentes e os meios de ação do mundo invisível, e constituem uma das forças e um dos poderes da Natureza, nos dá a chave de uma multidão de coisas inexplicadas e inexplicáveis por todo outro meio, e que puderam, nos tempos recuados, passar por prodígios. Ele revela, do mesmo modo que o magnetismo, uma lei, senão desconhecida, pelo menos mal compreendida; ou, melhor dizendo, conheciam-se os efeitos, porque se produziram em todos os tempos, mas não se conhecia a lei, e foi essa ignorância da lei que engendrou a superstição. Conhecida essa lei, o maravilhoso desapareceu, e os fenômenos entraram na ordem das coisas naturais. Eis porque os espíritas não fazem mais milagres fazendo girar uma mesa ou um defunto escrever, que o médico fazendo reviver um moribundo, ou um físico fazendo cair o raio. Aquele que pretendesse, com a ajuda desta ciência, *fazer milagres*, seria ou um ignorante da coisa, ou um enganador. (*O Livro dos Médiuns*, cap. 2.)

– Certas pessoas se fazem uma ideia muito falsa das evocações; há as que creem consistirem em fazer os mortos voltarem com o aparato lúgubre do túmulo. É somente nos romances, nos contos fantásticos de fantasmas e no teatro que se veem os mortos descarnados saírem de seus sepulcros, cobertos de lençóis, fazendo estalar seus ossos. O Espiritismo, que jamais fez milagres, não tem feito mais aquele que outros, e jamais fez reviver um corpo morto; quando um corpo está na fossa, aí está bem definitivamente; mas o ser espiritual, fluídico, inteligente, não está aí colocado com o seu envoltório grosseiro; dele se separou no momento da morte, e uma vez operada a separação, não tem mais nada de comum com ele. (*O que é o Espiritismo?*, cap. 2, nº 48.)

11. Estendemo-nos sobre essas citações para mostrar que os princípios do Espiritismo não têm nenhuma relação com a magia. Assim, nada de Espíritos às ordens dos homens, nada de meios de obrigá-los,

nada de sinais ou fórmulas cabalísticas, nada de descobertas de tesouros ou procedimentos para se enriquecer, nada de milagres ou prodígios, nada de adivinhações nem aparições fantásticas; nada, enfim, do que constitui o objetivo e os elementos essenciais da magia; o Espiritismo não somente nega todas essas coisas, mas delas demonstra a impossibilidade e a ineficácia. Não há, pois, nenhuma analogia entre o fim e os meios da magia com os do Espiritismo; querer assimilá-los pode ser o fato da ignorância ou da má fé; e como os princípios do Espiritismo não têm nada de secreto, e são formulados em termos claros e sem equívocos, o erro não poderia prevalecer.

Quanto aos fatos das curas, reconhecidos reais na pastoral supracitada, o exemplo foi mal escolhido para afastar das relações com os Espíritos. É um dos benefícios que tocam mais e que cada um pode apreciar; poucas pessoas estarão dispostas a renunciá-lo, sobretudo depois de terem esgotado todos os outros meios, na crença de ser curada pelo diabo; mais de um, ao contrário, dirá que, se o diabo o curou, ele fez uma boa ação[2].

12. "Quais são os agentes secretos desses fenômenos e os verdadeiros autores dessas cenas inexplicáveis? Os anjos não aceitariam esses papéis indignos, e não se prestariam a todos os caprichos de uma vã curiosidade."

O autor quer falar das manifestações físicas de Espíritos; entre elas, há evidentemente as que seriam pouco dignas de Espíritos superiores; e se, substituís a palavra *anjos* por *puros Espíritos* ou *Espíritos superiores*, tereis exatamente o que diz o Espiritismo. Mas não se poderiam colocar na mesma linha as comunicações inteligentes pela escrita, pela palavra, pela audição ou todo outro meio, que não são mais indignas de bons Espíritos e que não o são sobre a Terra de homens os mais eminentes, nem as aparições, as curas e uma multidão de outros que os livros sacros citam em profusão como sendo o fato de anjos ou de santos. Se, pois, os anjos e os santos produziram outrora fenômenos semelhantes, por que não os produziriam hoje? Por que os mesmos fatos seriam hoje a obra do demônio, nas mãos de certas pessoas, ao passo que são reputados

---

[2] Querendo persuadir as pessoas curadas pelos Espíritos que o foram pelo diabo, isso desligou radicalmente da Igreja um grande número que não sonhavam deixá-la.

milagres santos em outras? Sustentar uma semelhante tese é abdicar de toda lógica.

O autor da pastoral está em erro quando diz que esses fenômenos são inexplicáveis. Ao contrário, são hoje perfeitamente explicados, e é por isso que não são vistos como maravilhosos e sobrenaturais; e não o fossem ainda, não seria mais lógico atribuí-los ao diabo, como não era outrora lhe dar a honra de todos os efeitos naturais que não se compreendiam.

Por papéis indignos é preciso entender os papéis ridículos e aqueles que consistem em fazer o mal; mas não se pode assim qualificar o de Espíritos que fazem o bem, e conduzem os homens a Deus e à virtude. Ora, o Espiritismo diz *expressamente* que os papéis indignos não estão nas atribuições de Espíritos superiores, assim como provam os preceitos seguintes:

13. Reconhece-se a qualidade dos Espíritos pela sua linguagem; a dos Espíritos verdadeiramente bons e superiores é sempre digna, nobre, lógica, isenta de contradições; respira a sabedoria, a benevolência, a modéstia e a moral mais pura; é concisa e sem palavras inúteis. Nos Espíritos inferiores, ignorantes, ou orgulhosos, o vazio das ideias é quase sempre compensado pela abundância de palavras. Todo pensamento evidentemente falso, toda máxima contrária à sã moral, todo conselho ridículo, toda expressão grosseira, trivial ou simplesmente frívola, enfim, toda marca de malevolência, de presunção ou de arrogância, são sinais incontestáveis de inferioridade num Espírito.

– Os Espíritos superiores se ocupam de comunicações inteligentes, tendo em vista nossa instrução; as manifestações físicas ou puramente materiais estão mais especialmente nas atribuições de Espíritos inferiores, vulgarmente designados sob o nome de *Espíritos batedores;* como entre nós, os grandes esforços competem aos saltimbancos e não aos sábios. *Seria absurdo pensar que os Espíritos, enquanto sejam pouco elevados, divertem-se em se exibirem. (O que é o Espiritismo?* Cap. 2, nº 37, 38, 39, 40 e 60. Ver também: *O Livro dos Espíritos,* Livro II, cap. 1: Diferentes ordens de Espíritos; escala espírita. *O Livro dos Médiuns,* 2ª parte, cap. 24: Identidade dos Espíritos; Distinção dos bons e dos maus Espíritos).

Qual é o homem de boa-fé que pode ver, nesses preceitos, um papel indigno atribuído aos Espíritos elevados? Não somente o Espiritismo não confunde os Espíritos, mas, ao passo que se atribui aos demônios uma inteligência igual à dos anjos, ele constata, pela observação dos fatos, que os Espíritos inferiores são mais ou menos ignorantes, que seu horizonte moral é limitado, sua perspicácia restrita; que têm das coisas uma ideia frequentemente falsa e incompleta, e são incapazes de resolverem certas questões, o que os colocaria na impossibilidade de fazerem tudo o que se atribui aos demônios.

14. "As almas dos mortos, que Deus proíbe consultar, moram numa morada que lhes marcou a sua justiça, e elas não podem, *sem a sua permissão*, colocar-se às ordens dos vivos."

O Espiritismo diz também que elas não podem vir sem a permissão de Deus, mas é ainda bem mais rigoroso, porque diz que nenhum Espírito, bom ou mau, pode vir sem essa permissão, ao passo que a Igreja atribui aos demônios o poder de transpô-la. Vai mais longe ainda, uma vez que disse que, mesmo com essa permissão, quando vêm ao chamado dos vivos, não é para *se colocarem às suas ordens.*

O Espírito evocado vem voluntariamente ou é constrangido a isso? – *Ele obedece à vontade de Deus,* quer dizer, à lei geral que rege o Universo; julga se é útil vir, e está aí, ainda, para ele, o seu livre-arbítrio. O Espírito superior vem sempre quando é chamado para um fim *útil;* recusa-se a responder nos meios de pessoas pouco sérias e que tratam a coisa em brincadeira. (*O Livro dos Médiuns*, cap. 25.)

– Pode o Espírito evocado se recusar a vir ao chamado que lhe é feito? – Perfeitamente; onde estaria o seu livre arbítrio sem isso? Credes que todos os seres do Universo estejam às vossas ordens? E vós mesmos, estais obrigados a responder a todos aqueles que pronunciam vosso nome? Quando digo que pode se recusar a isso, entendo *quanto ao pedido do evocador, porque um Espírito inferior pode ser constrangido a vir por um Espírito superior.* (*O Livro dos Médiuns*, cap. 25.)

Os espíritas estão de tal modo convencidos de que não têm poder direto sobre os Espíritos, e nada podem obter sem a permissão de Deus, que, quando chamam a um Espírito qualquer, dizem: *Peço a Deus Todo-poderoso permitir a um bom Espírito se comunicar comigo; peço também ao meu anjo guardião consentir em me assistir e afastar os maus*

Espíritos; ou então, quando se trata de chamar um Espírito determinado: *Peço a Deus Todo-poderoso permitir ao Espírito de um tal se comunicar comigo.* (*O Livro dos Médiuns*, cap. 17, n° 203.)

15. As acusações lançadas pela Igreja contra a prática das evocações não concernem, pois, ao Espiritismo, uma vez que se dirigem principalmente sobre as operações da magia, com a qual não tem nada em comum; ele condena, nessas operações, o que ela mesma condena; não faz os bons Espíritos desempenharem um papel indigno deles, e, enfim, declara nada pedir e nada obter sem a permissão de Deus.

Sem dúvida, pode haver pessoas que abusam das evocações, que delas fazem um jogo, que desviam seu objetivo providencial para que sirvam aos seus interesses pessoais, que, por ignorância, leviandade, orgulho ou cupidez, se afastam dos verdadeiros princípios da Doutrina; mas o Espiritismo sério as reprova, como a verdadeira religião reprova os falsos devotos e os excessos do fanatismo. Não é, pois, nem lógico nem equitativo imputar ao Espiritismo em geral os abusos que ele condena, ou as faltas daqueles que não o compreendem. Antes de formular uma acusação, é preciso ver se ela assenta justo. Portanto, diremos: A censura da Igreja cai sobre os charlatães, os exploradores, as práticas da magia e da feitiçaria; nisso ela tem razão. Quando a crítica religiosa e cética filtra os abusos e estigmatiza o charlatanismo, não faz melhor com isso que ressaltar a pureza da sã doutrina, que ajuda, assim, a se desembaraçar das más escórias; nisso facilita a nossa tarefa. Seu erro está em confundir o bem e o mal, por ignorância na maioria, por má-fé em alguns; mas a distinção que ela não faz, outros a fazem. Em todos os casos, sua censura, à qual todo espírita sincero se associa no limite do que se aplica ao mal, não pode atingir a Doutrina.

16. "Os seres misteriosos que se entregam assim ao primeiro chamado do *herético e o ímpio como do fiel,* do crime tão bem quanto da inocência, não são nem os enviados de Deus, nem os apóstolos da verdade, mas os cúmplices do erro e do inferno."

Assim, ao herético, ao ímpio, ao criminoso, Deus não permite que os bons Espíritos venham tirá-los do erro para salvá-los da perdição eterna! Não lhe envia senão os subordinados do inferno para os enfiar mais no lamaçal! Bem mais, não envia à inocência senão seres perversos para pervertê-la! Não se encontra, pois, entre os anjos, essas criaturas privilegiadas de Deus, nenhum ser bastante compassivo para vir em socorro dessas almas perdidas? Por que as qualidades brilhantes de que são dotados, se servem apenas para seus gozos pessoais? São realmente bons se, mergulhados nas delícias de sua contemplação, veem essas almas no caminho do inferno, sem virem dele desviá-las? Não é a imagem do rico egoísta que, tendo tudo em profusão, sem piedade, deixa o pobre morrer de fome à sua porta? Não é o egoísmo erigido em virtude e colocado até aos pés do eterno?

Não vos admireis que os bons Espíritos vão ao herético e ao ímpio; esqueceis, pois, esta palavra do Cristo: "Não é aquele que está bem que tem necessidade de médico". Não veríeis as coisas de um ponto mais elevado que os Fariseus de seu tempo? E vós mesmos, se fosseis chamado por um descrente, recusaríeis ir a ele para o colocar no bom caminho? Os bons Espíritos fazem, pois, o que faríeis; vão ao ímpio fazê-lo ouvir boas palavras. Em lugar de lançar anátema às comunicações de além--túmulo, bendizei os caminhos do Senhor, e admirai o seu todo poder e a sua bondade infinita.

17. Há, diz-se, os anjos guardiães; mas, quando esses anjos guardiães não podem se fazer ouvir pela voz misteriosa da consciência ou da inspiração, por que não empregariam meios de ação mais diretos e mais materiais, de natureza a ferirem os sentidos, uma vez que eles existem? Deus coloca, pois, esses meios, que são obra sua, uma vez que tudo vem dele e que nada chega sem a sua permissão, à disposição dos maus Espíritos, ao passo que recusa aos bons deles se servirem? De onde é preciso concluir que Deus dá aos demônios mais facilidades para perder os homens, que as dá aos anjos guardiães para salvá-los.

Pois bem! O que os anjos guardiães não podem fazer, segundo a Igreja, os demônios o fazem por eles; com a ajuda dessas mesmas comunicações, supostamente infernais, conduzem a Deus aqueles que o renegam, e ao bem aqueles que estão mergulhados no mal; dão-nos o estranho espetáculo de milhões de homens que creem em Deus pelo poder do diabo, então que a Igreja fora impotente para convertê-los. Quantos homens que não oraram jamais, oram hoje com fervor, graças às instruções desses mesmos demônios! Quantos deles não se veem que, de orgulhosos, egoístas e debochados, se tornaram humildes, caridosos e menos sensuais! E se diz que é a obra dos demônios! Se assim for, é preciso convir que os demônios prestaram um maior serviço e os assistiu melhor que os anjos. É preciso ter uma bem pobre opinião do julgamento dos homens deste século, para crer que possam aceitar cegamente tais ideias. *Uma religião que faz a sua pedra angular de semelhante doutrina, que se declara solapada em sua base se lhes tirarmos seus demônios, seu inferno, suas penas eternas e seu Deus sem piedade, é uma religião que se suicida.*

18. Deus, diz-se, que enviou seu Cristo para salvar os homens, não provou seu amor por suas criaturas, e as deixou sem proteção? Sem nenhuma dúvida, o Cristo é o divino Messias, enviado para ensinar as verdades aos homens e lhes mostrar o bom caminho; mas, somente depois dele, contai o número daqueles que puderam ouvir a sua palavra de verdade, quantos morreram e quantos morrerão sem a conhecer, e, entre os que a conhecem, quantos há que a colocam em prática! Por que Deus, em sua solicitude para a salvação de seus filhos, não lhes enviaria outros mensageiros, vindos sobre toda a Terra, penetrando nos mais humildes redutos, entre os grandes e os pequenos, entre os sábios e os ignorantes, entre os incrédulos como entre os crentes, ensinar a verdade àqueles que não a conhecem, fazê-la compreender àqueles que não a compreendem, suprir, pelo seu ensinamento, *direto e múltiplo,* à insuficiência da propagação do Evangelho, e apressar, assim, o advento do reino de Deus? E quando esses mensageiros chegarem em massas inumeráveis, abrindo os olhos aos cegos, convertendo os ímpios, curando os doentes, consolando os aflitos, a exemplo de Jesus, vós os repelireis, repudiareis o bem que fazem, dizendo que são os demônios? Tal é também a linguagem dos Fariseus com relação a Jesus, porque, eles também diziam, que fazia o bem pelo poder do diabo. O que ele lhes respondeu? "Reconhecereis a árvore pelo seu fruto; uma árvore má não pode dar bons frutos".

Mas, para eles, os frutos produzidos por Jesus eram maus, porque vinham destruir os abusos e proclamar a liberdade que devia arruinar a sua autoridade; se viesse para lisonjear o seu orgulho, sancionar as suas prevaricações e sustentar o seu poder, aos seus olhos, seria o Messias esperado pelos Judeus. Ele era só, pobre e fraco, fizeram-no perecer e creram matar a sua palavra; mas a sua palavra era divina e lhe sobreviveu. Entretanto, ela se propagou com lentidão e, depois de dezoito séculos, apenas é conhecida da décima parte do gênero humano, e cismas numerosas explodiram no seio dos seus próprios discípulos. Foi então que Deus, em sua misericórdia, enviou os Espíritos para confirmá-la, completá-la, colocá-la ao alcance de todos, e difundi-la por toda a Terra. Mas os Espíritos não estão encarnados em um único homem, cuja voz seria limitada; são inumeráveis, vão por toda parte e não se pode prendê-los, eis por que os seus ensinamentos se difundem com a rapidez do raio; falam ao coração e à razão, eis por que são compreendidos pelos mais humildes.

19. "Não é indigno de celestes mensageiros, dizei-vos, transmitirem as suas instruções por um meio assim vulgar quanto o das mesas falantes? Não é ultrajá-lo supor que se divertem com trivialidades e deixam a sua brilhante morada para se porem à disposição de qualquer um?"

Jesus não deixou a morada de seu Pai para nascer num estábulo? Onde vistes, aliás, que o Espiritismo atribua coisas triviais aos Espíritos superiores? Ele disse, ao contrário, que as coisas vulgares são o produto de Espíritos vulgares. Mas, mesmo pela sua vulgaridade, com isso feriam mais as imaginações; serviram para provar a existência do mundo espiritual e mostrar que esse mundo é diferente do que se julgava. Era o início; era simples como tudo que começa, mas a árvore saída de um pequeno grão não estende menos, mais tarde, ao longe a sua folhagem. Quem creria que de miserável manjedoura de Belém, sairia um dia a palavra que deveria agitar o mundo?

Sim, o Cristo é o Messias divino; sim, a sua palavra é a da verdade; sim, a religião fundada sobre essa palavra será inabalável, mas com a condição de seguir e praticar os seus sublimes ensinamentos, e não fazer do Deus justo e bom que nos ensina a conhecer, um Deus parcial, vingativo e sem piedade.

Capítulo 11

Da proibição de evocar os mortos

1. A Igreja não nega, de modo algum, o fato das manifestações; ela as admite todas, ao contrário, assim como se viu nas citações precedentes, mas as atribui à intervenção exclusiva dos demônios. É sem razão que alguns invocam o Evangelho para interditá-los, porque o Evangelho disso não diz uma palavra. O supremo argumento que se faz valer é a proibição de Moisés. Eis em que termos se exprime, a esse respeito, a pastoral citada nos capítulos precedentes:

"Não é permitido pôr-se em relação com eles (os Espíritos), seja imediatamente, seja por intermédio daqueles que os invoquem e interroguem. A lei mosaica punia de morte essas práticas detestáveis, em uso entre os Gentios. Não ides procurar os mágicos, está dito no livro Levítico, e não dirijais aos adivinhos nenhuma pergunta, de medo de se expor à mancha em vos dirigindo a eles." (cap. XIX, v. 31.) – "Se um homem ou uma mulher tem um Espírito de Piton ou de adivinhação, que sejam punidos de morte; serão lapidados, e seu sangue cairá sobre as suas cabeças." (cap. XX, v. 27.) E no livro do Deuteronômio: "Que não haja entre vós ninguém que consulte os adivinhos, ou que observe os sonhos ou os augúrios, ou que use de malefícios, de sortilégios e de encantamentos, ou que consulte aqueles que têm o Espírito de Piton e que pratiquem a adivinhação, ou que interroguem os mortos para aprenderem a verdade; porque o Senhor tem em abominação todas essas coisas, e destruirá, em vossa chegada, as Nações que cometem esses crimes." (cap. XVIII, vv. 10 a 12.)

2. É útil, para a compreensão do verdadeiro sentido das palavras de Moisés, lembrar-lhe o texto completo, um pouco abreviado nessa citação:

"Não vos desvieis de vosso Deus, para ir procurar os mágicos, e não consulteis os adivinhos, de medo de vos manchar, em vos dirigindo a eles. Eu sou o Senhor vosso Deus." (*Levítico,* cap. XIX, v. 31.)

"Se um homem ou uma mulher tem um Espírito de Piton, ou um espírito de adivinhação, que sejam punidos de morte; serão lapidados, e seu sangue cairá sobre a sua cabeça." (*Levítico*, cap. XX, v. 27.)

"Quando entrardes no país que o Senhor vosso Deus vos dará, tomai muito cuidado para não querer imitar as abominações desses povos; – e que não se encontre ninguém entre vós, que pretenda *purificar seu filho ou sua filha, fazendo-os passar pelo fogo*, ou que consulte os adivinhos, ou que observe os sonhos e os augúrios, ou que use de malefícios, de sortilégios e de encantamentos, ou que consulte aqueles que têm o Espírito de Piton, e que se metem de adivinho, ou que interroguem os mortos para aprender a verdade. – Porque o Senhor tem abominação de todas essas coisas, e exterminará todos esses povos à vossa entrada, por causa dessas espécies de crimes que cometeram." (*Deuteronômio* cap. XVIII, vv. 9 a 12.)

3. Se a lei de Moisés deve ser rigorosamente observada sobre este ponto, deve sê-lo igualmente sobre todos os outros, pois, por que seria boa no que concerne às evocações, e má em outras partes? É preciso ser consequente; reconhecendo-se que a sua lei não está mais em harmonia com os nossos costumes, e a nossa época, para certas coisas, não há razão para que ela não esteja quanto à proibição de que se trata.

Aliás, é preciso se reportar aos motivos que provocaram essa proibição, motivos que tinham, então, a sua razão de ser, mas que, seguramente, hoje não existem mais. O legislador hebreu queria que seu povo rompesse com todos os costumes hauridos no Egito, onde o das evocações estava em uso e eram um motivo de abuso, como provam estas palavras de Isaías: "O Espírito do Egito se aniquilará nele, e eu arrasarei a sua prudência; eles consultarão seus ídolos, seus adivinhos, seus pitons e seus mágicos". (Cap. XIX, v. 3.)

Além disso, os Israelitas não deviam contratar nenhuma aliança com as nações estrangeiras; ora, eles iriam encontrar as mesmas práticas entre aqueles, onde iam entrar, e que deviam combater. Moisés devia, pois, por política, inspirar ao povo hebreu a aversão por todos os seus costumes que tivessem ponto de contato, se lhes fora assimilado. Para motivar essa aversão, era preciso os apresentar como reprovados pelo próprio Deus; por isso ele disse: "O Senhor tem abominação a todas essas coisas, e destruirá, à *vossa chegada*, as nações que cometem esses crimes".

4. A proibição de Moisés era tanto mais justificada quanto não se evocavam os mortos por respeito e afeição por eles, nem com um sentimento de piedade; era um meio de adivinhação, da mesma qualidade que os augúrios e os presságios, explorados pelo charlatanismo e pela superstição. Seja o que for que haja feito, não conseguiu desenraizar esse hábito que se converteu no objeto de um tráfico, assim como o atestam as passagens seguintes, do mesmo profeta:

"E quando vos disserem: Consultai os mágicos e os adivinhos, que falam em segredo em seus encantamentos, respondei-lhes: Cada povo não consulta seu Deus? E vai-se falar aos mortos daquilo que diz respeito aos vivos?" (Isaías, cap. VIII, v. 19.)

"Sou eu quem faz ver a falsidade dos prodígios da magia; que tornam insensatos aqueles que se intrometem em adivinhar; que transtorna o espírito dos sábios, e que convence de loucura a sua vã ciência." (Cap. XLIV, v. 25.)

"Que esses augúrios que estudam o céu, que contemplam os astros, e que contam os meses para deles tirarem a predição que querem vos dar do futuro, venham agora e que vos salvem. – Vieram como a palha, o fogo as devorou; não poderão livrar suas almas das chamas ardentes; não restará de seu abrasamento nem carvões nos quais se possa aquecer, nem fogo diante do qual se possa sentar. – Eis em que se tornarão todas essas coisas às quais vos aplicastes com tanto trabalho; esses *negociantes* que traficaram convosco em vossa juventude desaparecerão todos, um de um lado, outro de outro, sem que deles se encontre um único que vos tire de vossos males." (Cap. XLVII, vv. 13 a 15.)

Neste capítulo, Isaías se dirige aos Babilônios, sob a figura alegórica "da virgem filha da Babilônia, filha dos Caldeus". (Vers. 1). Diz que os encantamentos não impedirão a ruína de sua monarquia. No capítulo seguinte dirige-se diretamente aos israelitas.

"Vinde aqui, vós outros, filhos de um adivinhador, raça de um homem adúltero e de uma mulher prostituída. – De quem zombais? Contra quem abristes a boca, e lançastes vossas línguas penetrantes? Não sois filhos pérfidos e descendentes bastardos – vós que procurais a vossa consolação nos vossos deuses, sob todas as árvores carregadas de folhagem, que *sacrificais os vossos filhos pequenos* nas torrentes sob as rochas avançadas? – Tendes colocado a vossa confiança nas pedras da torrente; espalhastes licores para honrá-las; ofertastes a elas sacrifícios. Depois disso, a minha indignação não se incendiará?" (Cap. LVII, vv. 3, 4, 5, e 6.)

Estas palavras são inequívocas; provam claramente que, nesse tempo, as evocações tinham por objetivo a adivinhação, e que delas se fazia um comércio; estavam associadas às práticas da magia e da feitiçaria, e mesmo acompanhadas de sacrifícios humanos.

Moisés, pois, tinha razão em proibir essas coisas, e de dizer que Deus as tinha em abominação. Essas práticas supersticiosas se perpetuaram até a Idade Média; mas hoje a razão lhes fez justiça, e o Espiritismo veio mostrar o objetivo exclusivamente moral, consolador e religioso das relações de além-túmulo; já que os espíritas não "sacrificam as crianças pequenas, nem derramam licores para honrar os deuses", que não interrogam nem os astros, nem os mortos, nem aos augúrios para conhecerem o futuro que Deus sabiamente ocultou aos homens; que repudiam todo tráfico da faculdade que alguns receberam de se comunicarem com os Espíritos; que não estão movidos nem pela curiosidade, nem pela cupidez, mas por um sentimento piedoso e pelo único desejo de se instruírem, de se melhorarem e de aliviarem as almas sofredoras, a proibição de Moisés não lhes concerne de modo algum; é o que teriam visto aqueles que a invocam contra eles, se tivessem aprofundado melhor no sentido das palavras bíblicas; teriam reconhecido que não existe nenhuma analogia entre o que se passava com os Hebreus e os princípios do Espiritismo; bem mais: que o Espiritismo condena precisamente o que motivava a proibição de Moisés; mas, cegos pelo desejo de encontrarem um argumento contra as ideias novas, não se aperceberam que esse argumento é completamente falso.

A lei civil de nossos dias pune todos os abusos que Moisés queria reprimir. Se Moisés decretou a pena de morte contra os delinquentes, foi porque precisava de meios rigorosos para governar esse povo indisciplinado; também a pena de morte está prodigalizada em sua legislação; não havia, de resto, grande escolha em seus meios de repressão; não existiam nem prisões, nem casas de correção no deserto, e seu povo não era de natureza a temer penas puramente disciplinares; não podia graduar a sua penalidade como se faz em nossos dias. É, pois, erradamente que se apóia na severidade do castigo para provar o grau de culpabilidade da evocação dos mortos. Seria preciso, por respeito à lei de Moisés, manter a pena capital para todos os casos em que ele a aplicava? Aliás, por que reviver com tanta insistência esse artigo, quando se silencia o começo do capítulo que proíbe aos sacerdotes possuírem bens da Terra, de terem parte em alguma herança, porque é o próprio Senhor a sua herança? (*Deuteronômio*, cap. XXVIII, vv. 1 e 2.)

5. Há duas partes distintas na lei de Moisés: a lei de Deus propriamente dita, promulgada no Monte Sinai, e a lei civil ou disciplinar, apropriada aos costumes e ao caráter do povo; uma é invariável, a outra se modifica segundo os tempos, e não pode vir ao pensamento de ninguém que possamos ser governados pelos mesmos meios que os hebreus no deserto, não menos que os capitulares de Carlos Magno não poderiam se aplicar na França do décimo-nono século. Quem sonharia, por exemplo, reviver hoje este artigo da lei mosaica: "Se um boi fere com seu chifre um homem ou uma mulher, e que disso morram, o boi será lapidado, e não se comerá de sua carne; mas o dono do boi será julgado inocente". (*Êxodo*, cap. XXI v. 28 e seguintes.)

Este artigo, que nos parece tão absurdo, não tinha, todavia, por finalidade punir o boi e pagar o seu senhor, simplesmente, equivalia ao confisco do animal, por causa do acidente, para obrigar o proprietário a mais vigilância. A perda do boi era a punição ao seu dono, punição que devia ser bastante sensível, em um povo pastor, para que não fosse necessário infligir-lhe outra; entretanto, ela não devia aproveitar a ninguém, por isso era proibido comer-lhe a carne. Outros artigos estipulam o caso em que o dono é responsável.

Tudo tinha a sua razão de ser na legislação de Moisés, porque tudo nela está previsto até os mínimos detalhes; mas a forma, assim como o fundo, estavam segundo as circunstâncias onde ele se encontrava. Certamente, se Moisés retornasse hoje para dar um código a uma nação civilizada da Europa, não lhe daria o dos Hebreus.

6. A isso se objeta que todas as leis de Moisés foram editadas em

nome de Deus, tanto quanto a do Sinai. Se todas são julgadas de fonte divina, por que os mandamentos estão limitados ao Decálogo? É, pois, que se fez a diferença; se todas emanam de Deus, todas são igualmente obrigatórias, por que não são todas observadas? Por que, além disso, não se conservou a circuncisão que Jesus sofreu e que não aboliu? Esquece-se que todos os legisladores antigos, para darem mais autoridade às suas leis, disseram recebê-las de uma divindade. Moisés tinha, mais que nenhum outro, necessidade desse apoio, em razão do caráter do seu povo; se, apesar disso, teve dificuldade em se fazer obedecer, teria sido bem pior se fossem promulgadas em seu próprio nome.

Jesus não veio modificar a lei mosaica, e sua lei não é o código dos cristãos? Não disse ele: "Aprendestes que foi dito aos Antigos tal e tal coisa, e eu vos digo outra coisa?" Mas, tocou na lei do Sinai? De nenhum modo; sancionou-a, e toda a sua doutrina moral dela não é senão o desenvolvimento. Ora, em nenhuma parte ele fala da proibição de evocar os mortos. Entretanto, era uma questão bastante grave, para que não a tivesse omitido em suas instruções, quando tratou de questões mais secundárias.

7. Em resumo, trata-se de saber se a Igreja coloca a lei mosaica acima da lei evangélica, dito de outro modo, se ela é mais judia do que cristã. Há mesmo a se anotar que, de todas as religiões, a que faz menor oposição ao Espiritismo, é a judaica, e que ela não invocou, contra as relações com os mortos, a lei de Moisés sobre a qual se apóiam as seitas cristãs.

8. Outra contradição. Se Moisés proibiu evocar os Espíritos dos mortos, foi, pois, porque esses Espíritos podiam vir, de outro modo a sua proibição teria sido inútil. Se podiam vir em seu tempo, ainda o podem hoje; se são os Espíritos dos mortos, não são, pois, exclusivamente demônios. De resto, Moisés não falou de modo algum destes últimos.

É evidente, pois, que não se poderia, logicamente, se apoiar na lei de Moisés, nessa circunstância, pelo duplo motivo que não rege o Cristianismo, e não é apropriada aos costumes de nossa época. Mas, supondo-lhe toda a autoridade que alguns lhe dão, ela não pode, como vimos, aplicar-se ao Espiritismo.

Moisés, é verdade, compreende o interrogatório dos mortos na sua proibição; mas é de um modo secundário, e como acessório das práticas de feitiçaria. A própria palavra *interrogar* posta ao lado dos adivinhadores e dos augúrios, prova que, entre os Hebreus, as evocações eram um meio de adivinhação; ora, os espíritas não evocam os mortos para deles obterem revelações ilícitas, mas para deles receberem sábios conselhos e proporcionarem alívio àqueles que sofrem. Certamente, se os Hebreus não fossem se servir das comunicações de além-túmulo senão com esse objetivo, longe de proibi-las, Moisés as teria encorajado, porque teriam tornado seu povo mais tratável.

9. Se aprouve a alguns críticos chistosos ou mal intencionados, apresentar as reuniões espíritas como assembleia de feiticeiros e necromantes, e os médiuns como ledores de boa sorte; se alguns charlatães misturam esse nome a práticas ridículas que desaprova, muitas pessoas sabem se agarrar quanto ao caráter essencialmente moral e grave das reuniões do Espiritismo sério; a doutrina escrita por todo o mundo, protesta bastante contra os abusos de todos os gêneros, para que a calúnia caia sobre quem a merece.

10. A evocação, diz-se, é uma falta de respeito para com os mortos, dos quais não é preciso agitar as cinzas. Quem diz isso? Os adversários de dois campos opostos que se dão as mãos; os incrédulos, *que não creem nas almas,* e aqueles que, nelas crendo, pretendem *que elas não podem vir e que só o demônio se apresenta.*

Quando a evocação é feita religiosamente e com recolhimento; quando os Espíritos são chamados, não por curiosidade, mas por um sentimento de afeto e de simpatia, e com o desejo sincero de se instruir e se tornar melhor, não se vê o que seria mais desrespeitoso, chamar as pessoas *depois de sua morte, que em sua vida.* Mas há uma outra resposta peremptória a essa objeção, é que os Espíritos vêm livremente e não constrangidos; vêm mesmo espontaneamente, sem serem chamados; testemunham a sua satisfação em se comunicarem com os homens, e, frequentemente, se lamentam do esquecimento em que são deixados, algumas vezes. Se estavam perturbados em sua quietude ou descontentes com o nosso apelo, o diriam ou não viriam. Uma vez que são livres, quando eles vêm é que isso lhes convém.

11. Alega-se uma outra razão: "As almas, dizem, moram numa morada que lhes foi fixada pela justiça de Deus, quer dizer, no inferno ou no paraíso"; assim, as que estão no inferno não podem sair, embora, a esse respeito, toda a liberdade seja deixada aos demônios; as que estão no paraíso estão inteiramente em sua beatitude; estão muito acima dos

mortais para se ocuparem deles, e muito felizes para retornarem a esta terra de miséria, se interessarem por parentes e amigos que deixaram. São, pois, como esses ricos que afastam a visão dos pobres, com medo que isso perturbe a sua digestão? Se assim fora, seriam pouco dignas da felicidade suprema, que seria o prêmio do egoísmo. Restam aquelas que estão no purgatório; mas estas são sofredoras e têm que pensar em sua salvação antes de tudo; portanto, nem umas nem outras podem vir, é só o diabo quem vem em seu lugar. Se elas não podem vir, não há, pois, a temer que perturbem o seu repouso.

12. Mas aqui se apresenta uma outra dificuldade. Se as almas que estão na beatitude, não podem deixar a sua morada afortunada para virem em socorro dos mortais, por que a Igreja invoca a assistência dos santos que, eles, devem gozar da maior soma possível de beatitude? Por que ela diz aos fiéis para os invocar nas doenças, nas aflições, e para se preservarem dos flagelos? Por que, segundo ela, os santos e a própria Virgem, vêm se mostrar aos homens e fazerem milagres? Deixam, pois, o céu para virem à Terra. Se aqueles que estão no mais alto dos céus podem deixá-las, por que aqueles que estão menos elevados não o poderiam?

13. Que os incrédulos neguem a manifestação das almas, isso se concebe, uma vez que nelas não creem; mas o que é estranho é ver aqueles cujas crenças repousam em sua existência e em seu futuro, *se obstinarem contra os meios de provar que ela existe, e se esforçarem em demonstrar que isso é impossível.* Pareceria natural, ao contrário, que aqueles que têm o maior interesse em sua existência, devessem acolher com alegria, e como um benefício da Providência, os meios de confundir os negadores por provas irrecusáveis, uma vez que são os negadores da religião. Eles deploram, sem cessar, a invasão da incredulidade que dizima o rebanho dos fiéis, e quando o mais poderoso meio de combatê-las se apresenta, repelem-no com mais obstinação que os próprios incrédulos. Depois, quando as provas extravasam ao ponto de não deixarem nenhuma dúvida, têm como recurso, como argumento supremo, a proibição de se ocupar delas, e para a justificar vão procurar um artigo da lei de Moisés, no qual ninguém sonhava, e onde se quer, a toda força, ver uma aplicação que não existe. Estava-se tão feliz com essa descoberta, que não se percebeu que esse artigo é uma justificativa da Doutrina Espírita.

14. Todos os motivos alegados contra as relações com os Espíritos

não podem sustentar um exame sério; da obstinação que nisso se coloca, entretanto, pode-se inferir que a essa questão se liga um grande interesse, sem isso nele não se colocaria tanta insistência. Ao ver esta cruzada de todos os cultos contra as manifestações, poderíamos dizer que delas se atemorizam. O verdadeiro motivo poderia bem ser o temor que os Espíritos, muito clarividentes, não viessem esclarecer os homens sobre os pontos que se quer deixar na sombra, e fazê-los conhecer à risca o que é do outro mundo e as verdadeiras condições para nele ser feliz ou infeliz. É por isso que, do mesmo modo que se diz a uma criança: "Não vá ali que há um lobisomem"; diz-se aos homens: "Não chameis os Espíritos, são o diabo". Mas se esforçará em vão; caso se interdite aos homens chamarem os Espíritos, não se impedirá aos Espíritos virem aos homens para tirarem a lâmpada de sob o alqueire.

O culto que estiver na verdade absoluta nada terá a temer da luz, porque a luz fará ressaltar a verdade, e o demônio não poderá prevalecer contra a verdade.

15. Repelir as comunicações de além-túmulo é rejeitar o poderoso meio de instrução que resulta, por si mesmo, em iniciação à vida futura, e exemplos que elas nos fornecem. A experiência nos ensina, além disso, o bem que se pode fazer desviando do mal os Espíritos imperfeitos, ajudando aqueles que sofrem a se libertarem da matéria e se melhorarem; interditá-las é privar as almas infelizes da assistência que podemos dar-lhes. As palavras seguintes, de um Espírito, resumem admiravelmente as consequências da evocação praticada com um fim caritativo:

"Cada Espírito, sofredor e queixoso, vos contará a causa de sua queda, os arrastamentos nos quais sucumbiu; dirá suas esperanças, seus combates, seus pavores; dirá seus remorsos, suas dores, seus desesperos; mostrar-vos-á Deus, justamente irritado, punindo o culpado com toda a severidade de sua justiça. Escutando-o, estaríeis comovidos de compaixão por ele e de temor por vós mesmos; seguindo-o em suas queixas, vereis Deus não o perdendo de vista, esperando o pecador arrependido, estendendo-lhe os braços logo que ensaie avançar. Vereis os progressos do culpado, com os quais tereis a felicidade e a glória de haver contribuído; seguireis a ele com solicitude, como o cirurgião segue os progressos da ferida que pensa diariamente." (Bordéus, 1861.)

Segunda parte

Exemplos

Capítulo 1

A passagem

1. A confiança na vida futura não exclui as apreensões da passagem desta para a outra vida. Muitas pessoas não temem a morte por si mesma; o que temem é o momento da transição. Sofre-se ou não se sofre na travessia? Aí está o que as inquieta; e a coisa vale tanto ou mais inquietação, porque ninguém pode dela escapar. Pode-se dispensar de uma viagem terrestre; mas aqui, ricos como pobres devem transpor o limiar e, se for doloroso, nem a classe nem a fortuna podem abrandar-lhe a amargura.

2. Ao ver a calma de certos mortos, e as terríveis convulsões da agonia de alguns outros, já se pode julgar que as sensações não são sempre as mesmas; mas quem pode nos informar a esse respeito? Quem nos descreverá o fenômeno fisiológico da separação da alma e do corpo? Quem nos dirá das impressões desse instante supremo? Sobre esse ponto a ciência e a religião são mudas.

E por que isso? Porque falta, a uma e a outra, o conhecimento das leis que regem as relações do Espírito e da matéria; uma se detém no limiar da vida espiritual, a outra no da vida material. O Espiritismo é o traço de união entre as duas; só ele pode dizer como se opera a transição, seja pelas noções mais positivas que dá quanto à natureza da alma, seja pelo relato daqueles que deixaram a vida. O conhecimento do laço fluídico que une a alma e o corpo é a chave desse fenômeno, como de muitos outros.

3. A matéria inerte é insensível: isso é um fato positivo; só a alma experimenta as sensações do prazer e da dor. Durante a vida, toda desagregação da matéria repercute na alma, que dela recebe uma impressão mais ou menos dolorosa. É a alma quem sofre e não o corpo; este é apenas o instrumento da dor: a alma é o paciente. Depois da morte, estando o corpo separado da alma, pode ser impunemente mutilado, porque não sente nada; a alma, estando dele isolada, não recebe nenhum dano da desorganização deste último; ela tem as suas sensações próprias cuja fonte não está na matéria tangível.

O perispírito é o envoltório fluídico da alma, da qual não está separado nem antes, nem depois da morte, e com a qual faz, por assim dizer, apenas um, porque um não se pode conceber sem o outro. Durante a vida, o fluido perispiritual penetra o corpo, em todas as suas partes, e serve de veículo às sensações físicas da alma; é também por esse intermédio que a alma atua sobre o corpo e lhe dirige os movimentos.

4. A extinção da vida orgânica provoca a separação da alma e do corpo, pela ruptura do laço fluídico que os une; mas essa separação jamais é brusca; o fluido perispiritual se separa pouco a pouco de todos os órgãos, de sorte que a separação é completa e absoluta somente quando não reste mais um único átomo do perispírito unido a uma molécula do corpo. *A sensação dolorosa, que a alma sente nesse momento, está em razão da soma dos pontos de contato que existem entre o corpo e o perispírito, e da maior ou menor dificuldade e lentidão que apresente a separação.* Não é preciso, pois, se dissimular que, segundo as circunstâncias, a morte pode ser mais ou menos penosa. São estas diferentes circunstâncias que iremos examinar.

5. Coloquemos primeiro, como princípio, os quatro casos seguintes, que podem ser consideradas as situações extremas, entre as quais há uma multidão de nuanças: 1º Se no momento da extinção da vida orgânica o desligamento do perispírito estivesse completamente operado, a alma não sentiria absolutamente nada; 2º se, nesse momento, a coesão dos dois elementos está com toda sua força, produz-se uma espécie de dilaceramento que reage dolorosamente sobre a alma; 3º se a coesão é fraca, a separação é fácil e se opera sem abalo; 4º se, depois da cessação completa da vida orgânica, existem ainda numerosos pontos de contato

entre o corpo e o perispírito, a alma poderá sentir os efeitos da decomposição do corpo, até que o laço esteja inteiramente rompido.

Disso resulta que o sofrimento, que acompanha a morte, está subordinado à força de aderência que une o corpo e o perispírito; que tudo o que pode ajudar na diminuição dessa força e na rapidez do desligamento torna a passagem menos penosa; enfim, que se o desligamento se opera sem nenhuma dificuldade, a alma não sente nenhuma sensação desagradável.

6. Na passagem da vida corpórea para a vida espiritual, produz-se, ainda, um outro fenômeno de importância capital: o da perturbação. Nesse momento, a alma sente um entorpecimento que paralisa, momentaneamente, as suas faculdades e neutraliza, pelo menos em parte, as sensações; está, por assim dizer, cataleptizada, de sorte que quase nunca testemunha consciente do último suspiro. Dizemos *quase nunca* porque há um caso em que pode dele ter consciência, assim como o veremos daqui a pouco. A perturbação pode, pois, ser considerada como estado normal no instante da morte; a sua duração é indeterminada; varia de algumas horas a alguns anos. À medida que ela se dissipa, a alma está na situação do homem que sai de um sono profundo; as ideias estão confusas, vagas e incertas; se vê como através de um nevoeiro; pouco a pouco a visão se ilumina, a memória retorna e ela se reconhece. Mas esse despertar é bem diferente, segundo os indivíduos; em uns é calmo e proporciona uma sensação deliciosa; em outros, é cheio de terror e ansiedade, e produz o efeito de um horrível pesadelo.

7. O momento do último suspiro não é, pois, o mais penoso, porque, o mais comumente, a alma não tem consciência de si mesma; mas antes, ela sofre pela desagregação da matéria durante as convulsões da agonia, e depois, pelas angústias da perturbação. Apressemo-nos em dizer que esse estado não é geral. A intensidade e a duração do sofrimento, como dissemos, estão em razão da afinidade que existe entre o corpo e o perispírito; quanto mais essa afinidade é grande, mais os esforços do Espírito, para se libertar de seus laços, são longos e penosos; mas há pessoas nas quais a coesão é tão fraca que o desligamento se opera por si mesmo e naturalmente. O Espírito se separa do corpo como um fruto maduro se destaca de seu caule; é o caso das mortes calmas e de sonhos pacíficos.

8. O estado moral da alma é a causa principal que influi sobre a

maior ou menor facilidade do desligamento. A afinidade entre o corpo e o perispírito está em razão do apego do Espírito à matéria; está em seu máximo no homem cujas preocupações todas se concentram na vida e nos gozos materiais; ela é quase nula naquele cuja alma depurada está identificada por antecipação com a vida espiritual. Uma vez que a lentidão e a dificuldade da separação estão em razão do grau de depuração e de desmaterialização da alma, depende de cada um tornar essa passagem mais ou menos fácil ou penosa, agradável ou dolorosa.

Isto posto, ao mesmo tempo como teoria e como resultado da observação, resta-nos examinar a influência do gênero de morte sobre as sensações da alma no último momento.

9. Na morte natural, a que resulta da extinção das forças vitais pela idade ou pela doença, o desligamento se opera gradualmente; no homem cuja alma está desmaterializada, e cujos pensamentos se separaram das coisas terrestres, o desligamento é quase completo antes da morte real; o corpo vive ainda a vida orgânica, e a alma já entrou na vida espiritual, e se prende ao corpo somente por um laço tão fraco que se rompe, sem dificuldade, ao último batimento do coração. Nessa situação, o Espírito já pode ter recobrado a sua lucidez, e ser testemunha consciente da extinção da vida de seu corpo, do qual está feliz por ter se livrado; para ele, a perturbação é quase nula; é um momento de sono pacífico, do qual sai com inefável impressão de felicidade e de esperança.

No homem material e sensual, aquele que viveu mais para o corpo do que para o Espírito, para quem a vida espiritual nada é, nem mesmo uma realidade em seu pensamento, tudo contribuiu para *apertar mais* os laços que o ligam à matéria; nada veio relaxá-los durante a vida. À aproximação da morte, o desligamento se opera, também, gradualmente mas com esforços contínuos. As convulsões da agonia são o indício da luta que o Espírito sustenta, que por vezes quer romper os laços que o resistem, e de outras vezes se aferra ao seu corpo do qual uma força irresistível o arranca violentamente, parte por parte.

10. O Espírito se prende tanto mais à vida corporal quanto nada vê além dela; sente que lhe escapa e quer retê-la; em lugar de se abandonar ao movimento que o arrasta, resiste com todas as suas forças; pode assim prolongar a luta durante dias, semanas e meses inteiros. Sem dúvida, nesse momento, o Espírito não tem toda a sua lucidez; a perturbação

começou muito tempo antes da morte, mas com isso não sofre menos, e o vago em que se encontra, a incerteza do que lhe advirá, se juntam às suas angústias. A morte chega e tudo não está acabado; a perturbação continua; sente que vive, mas não sabe se é vida material ou vida espiritual; ele luta ainda até que os últimos laços do perispírito estejam rompidos. A morte pôs um termo à doença efetiva, mas não lhe deteve as consequências; enquanto existirem pontos de contato entre o corpo e o perispírito, deles o Espírito sente os golpes e os sofre.

11. Bem diferente é a posição do Espírito desmaterializado, mesmo nas mais cruéis doenças. Os laços fluídicos que o unem ao corpo, sendo tão fracos, se rompem sem nenhum abalo; depois, a sua confiança no futuro, que já entrevê pelo pensamento, algumas vezes mesmo em realidade, o faz encarar a morte como uma libertação, e seus males como uma prova; daí, para ele, uma calma moral e uma resignação que abrandam o sofrimento. Depois da morte, estando esses laços agora mesmo rompidos, nenhuma reação dolorosa se opera nele; sente-se, em seu despertar, livre, disposto, aliviado de um grande peso, e todo alegre por não mais sofrer.

12. Na morte violenta, as condições não são exatamente as mesmas. Nenhuma desagregação parcial pôde trazer uma separação preliminar entre o corpo e o perispírito; a vida orgânica, em toda a sua força, é subitamente detida; o desligamento do perispírito começa, pois, somente depois da morte, e, nesse caso como em outros, não pode se operar instantaneamente. O Espírito, apanhado de improviso, está como atordoado; mas, sentindo que pensa, se crê ainda vivo, e essa ilusão dura até que tenha se conscientizado de sua posição. Esse estado intermediário entre a vida corporal e a vida espiritual é um dos mais interessantes a se estudar, porque apresenta o singular espetáculo de um Espírito que toma o seu corpo fluídico por seu corpo material, e que experimenta todas as sensações da vida orgânica. Oferece uma variedade infinita de nuanças segundo o caráter, os conhecimentos e o grau de adiantamento moral do Espírito. É de curta duração para aqueles cuja alma está depurada, porque neles havia um desligamento antecipado, do qual a morte, mesmo a mais súbita, não fez mais que apressar o cumprimento; em outros, pode se prolongar durante anos. Esse estado é muito frequente, mesmo nos casos de morte comum, e não tem, para alguns, nada de penoso segundo as qualidades do Espírito; mas, para outros, é uma situação terrível. É no

suicídio, sobretudo, que essa situação é mais penosa. O corpo preso ao perispírito por todas as suas fibras, todas as convulsões do corpo repercutem na alma, que delas experimenta atrozes sofrimentos.

13. O estado do Espírito no momento da morte pode se resumir assim:

O Espírito sofre tanto mais quanto o desligamento do corpo seja mais lento; a prontidão do desligamento está em razão do grau de adiantamento moral do Espírito; para o Espírito desmaterializado, cuja consciência é pura, a morte é um sono de alguns instantes, isenta de todo sofrimento, e cujo despertar é cheio de suavidade.

14. Para trabalhar pela sua depuração, reprimir as más tendências, vencer as paixões, *é preciso ver-lhes as vantagens no futuro*; para se identificar com a vida futura, dirigir-lhe as suas aspirações e a preferir à vida terrestre, é preciso não só nela crer, mas a compreender; é preciso representa-la sob um aspecto satisfatório para a razão, em completo acordo com a lógica, o bom senso e a ideia que se faz da grandeza, da bondade e da justiça de Deus. De todas as doutrinas filosóficas, o Espiritismo é a que exerce, sob esse aspecto, a mais poderosa influência pela fé inabalável que ele dá.

O espírita *sério* não se limita a crer; *ele crê porque compreende*, e compreende porque se dirige ao seu julgamento; a vida futura é uma realidade que se desenrola sem cessar aos seus olhos; ele a vê e a toca, por assim dizer, em todos os instantes; a dúvida não pode entrar em sua alma. A vida corporal, tão limitada, se apaga para ele diante da vida espiritual, que é a verdadeira vida; daí o pouco caso que faz dos incidentes do caminho e sua resignação nas vicissitudes, das quais compreende a causa e a utilidade. Sua alma se eleva pelas relações diretas que mantém com o mundo invisível; os laços fluídicos que o ligam à matéria se enfraquecem e, assim, se opera um primeiro desligamento parcial que facilita a passagem desta vida para a outra. A perturbação, inseparável da transição, é de curta duração, porque logo o limiar transposto, ele se reconhece; nada lhe é estranho; tem consciência de sua situação.

15. O Espiritismo, seguramente, não é indispensável a esse resultado; também não tem a pretensão de só ele assegurar a salvação da alma, mas a facilita pelos conhecimentos que proporciona, os sentimentos que inspira e as disposições nas quais coloca o Espírito, a quem faz compreender

a necessidade de se melhorar. Dá, além disso, a cada um, os meios de facilitar o desligamento *de outros Espíritos* no momento em que deixam o seu envoltório terrestre, e de abreviar a duração da perturbação pela prece e pela evocação. Pela prece sincera, que é uma magnetização espiritual, provoca-se uma desagregação mais pronta do fluido perispiritual; por uma evocação conduzida com sabedoria e prudência, e com palavras benevolentes e de encorajamento, tira-se o Espírito do entorpecimento em que se encontra, o ajudando a se reconhecer mais cedo; se é sofredor, o excita ao arrependimento, que somente pode abreviar-lhe os sofrimentos[1].

---

[1] Os exemplos que iremos citar apresentam os Espíritos em diferentes fases de felicidade e de infelicidade da vida espiritual. Não os procuramos nos personagens mais ou menos ilustres da antiguidade, cuja posição pôde mudar consideravelmente depois da existência que se lhe conheceu e que, aliás, não ofereceriam provas suficientes de autenticidade. Nós os tomamos nas circunstâncias mais comuns da vida contemporânea, porque são as que cada um pode encontrar mais assimilação, e das quais podem se tirar as instruções mais proveitosas pela comparação. Quanto mais a existência terrestre dos Espíritos se aproxima de nós, pela posição social, as relações e os laços de parentesco, tanto mais nos interessam, e é mais fácil controlar-lhe a identidade.

As posições vulgares são as de maior número, por isso, cada um pode se fazer, mais facilmente, aplicação delas; as posições excepcionais tocam menos porque saem da esfera de nossos hábitos. Essas não são, pois, as ilustrações que procuramos; se, nesses exemplos, encontram-se algumas individualidades conhecidas, a maioria é completamente obscura; nomes retumbantes nada teriam acrescentado para a instrução e poderiam ferir suscetibilidades. Não nos dirigimos nem aos curiosos nem aos amantes do escândalo, mas àqueles que querem seriamente se instruir.

Esses exemplos poderiam ser multiplicados ao infinito; mas, para limitar-lhes o número, escolhemos aqueles que podem lançar mais luz sobre o estado do mundo espiritual, seja pela posição do Espírito, seja pelas explicações que no caso eram para se dar. A maioria é inédita; somente alguns já foram publicados na **Revista Espírita**; suprimimos nestes os detalhes supérfluos, conservando apenas as partes essenciais aos objetivos que aqui nos propusemos, e lhes acrescentando instruções complementares, que puderam ocorrer ulteriormente.

Capítulo 2

Espíritos felizes

Senhor Sanson

O senhor Sanson, antigo membro da Sociedade Espírita de Paris, morreu no dia 21 de abril de 1862, depois de um ano de cruéis sofrimentos. Prevendo seu fim, havia dirigido ao presidente da Sociedade uma carta contendo a passagem seguinte:

"Em caso de surpresa pela desagregação de minha alma e de meu corpo tenho a honra de vos lembrar de um pedido que já fiz há cerca de um ano; é o de evocardes o meu Espírito o mais imediatamente possível e o mais frequentemente que julgardes oportuno, a fim de que, membro bastante inútil de nossa Sociedade durante a minha presença na Terra, possa servir-lhes para alguma coisa além-túmulo, dando-lhes os meios de estudarem fase por fase, em suas evocações, as diversas circunstâncias que seguem o que o vulgo chama de morte, mas que, para nós espíritas, é apenas uma transformação, segundo os desígnios impenetráveis de Deus, mas sempre útil ao fim que se propôs.

Além dessa autorização e pedido de me darem a honra dessa espécie de autópsia espiritual, que meu pouco adiantamento como Espírito talvez torne estéril, à qual vossa sabedoria, naturalmente, vos levará a não estenderdes mais longe que um certo número de tentativas, ouso pedir-vos, pessoalmente, assim como para todos os meus colegas, de consentirdes suplicar ao Todo-poderoso permitir aos bons Espíritos para que me assistam com os seus conselhos benevolentes, São Luís, nosso presidente espiritual em particular, para me guiarem na escolha e sobre a época de uma reencarnação; porque, desde o presente, isso me preocupa muito; receio enganar-me quanto às minhas forças espirituais, e pedir a Deus, muito cedo, e muito presunçosamente, um estado corporal no qual não poderia justificar a bondade divina, o que, em lugar de servir para o meu adiantamento, prolongaria a minha estada na Terra ou alhures, no caso de ser mal sucedido."

Para nos submetermos ao seu desejo de ser evocado o mais cedo possível depois de seu decesso, seguimos para a casa mortuária com alguns membros da Sociedade, e, na presença do corpo, ocorreu a conversa seguinte, uma hora antes da inumação. Tínhamos com isso um duplo objetivo, o de cumprir uma última vontade, e o de observar, uma vez mais, a situação da alma num momento tão próximo da morte, e isso num homem eminentemente inteligente e esclarecido, e profundamente penetrado das verdades espíritas; tínhamos que constatar a influência dessas crenças sobre o estado do Espírito, a fim de compreendermos as suas primeiras impressões. Nossa previsão não se enganou; o senhor Sanson nos descreveu, com uma perfeita lucidez, o instante da transição; ele se viu morrer e se viu renascer, circunstância pouco comum, e que se deve à elevação do seu Espírito.

I

(Câmara mortuária, dia 23 de abril de 1862.)

1. *Evocação* – R. Venho ao vosso chamado para cumprir a minha promessa.

2. Meu caro senhor Sanson, cumprimos um dever e temos o prazer de evocar-vos o mais cedo possível depois de vossa morte, assim como desejastes. – R. Foi uma graça especial de Deus que permitiu, ao meu Espírito, comunicar-se; agradeço-vos pela vossa boa vontade; mas estou fraco e *tremo*.

3. Estáveis tão sofredor que podemos, penso, perguntar-vos como estais agora. Sentis ainda as vossas dores? Que sensações experimentais comparando a vossa situação presente à de dois dias? – R. Minha posição é bem feliz, porque não sinto mais nada das minhas antigas dores; estou

regenerado e restabelecido como novo, como dizeis entre vós. A transição da vida terrestre para a vida dos Espíritos me foi, de início, incompreensível, porque, algumas vezes, ficamos dias para recobrarmos a nossa lucidez; mas, antes de morrer, fiz uma prece a Deus para pedir-lhe o poder de falar àqueles que amo, e Deus me escutou.

4. Ao cabo de quanto tempo recobrastes a lucidez de vossas ideias? – R. Ao cabo de oito horas; Deus, repito-vos, deu-me uma prova de sua bondade; julgou-me bastante digno e não saberei nunca agradecer-lhe bastante.

5. Estais bem certo de não ser mais de nosso mundo, como o constatastes? – R. Oh! certamente, não sou mais do vosso mundo; mas estarei sempre perto de vós, para vos proteger e vos sustentar, a fim de pregar a caridade e a abnegação que foram os guias de minha vida; e, depois, ensinarei a fé verdadeira, a fé espírita, que deve revelar a crença do justo e do bom; estou forte e muito forte, transformado, em uma palavra; não reconhecereis mais o velho enfermo, que devia tudo esquecer, deixando longe de si todo prazer, toda alegria. Eu sou Espírito; a minha pátria é o espaço, e o meu futuro, Deus, que irradia na imensidade. Bem que gostaria de poder falar aos meus filhos, porque lhes ensinaria o que sempre tiveram a má vontade de não crerem.

6. Que efeito vos produziu a visão do corpo, aqui ao lado? – R. Meu corpo, pobre e ínfimo despojo, deve ir ao pó, e guardo a boa lembrança de todos aqueles que me estimaram. Olho essa pobre carne deformada, morada de meu Espírito, prova de tantos anos! Obrigado, meu pobre corpo! Purificastes meu Espírito, e o sofrimento, dez vezes santo, me deu um lugar bem meritório, uma vez que encontro imediatamente a faculdade de vos falar.

7. Conservastes as vossas ideias até o último momento? – R. Sim, o meu Espírito conservou as suas faculdades; eu não via mais, mas pressentia; toda a minha vida se desenrolou diante de minha lembrança, e o meu último pensamento, o meu último pedido foi de poder vos falar, o que fiz; e depois, pedi a Deus vos proteger, a fim de que o sonho de minha vida se realizasse.

8. Tivestes consciência do momento em que o vosso corpo deu o último suspiro? O que se passou nesse momento? Que sensação

experimentastes? – R. A vida se interrompe e a visão, ou antes, a visão do Espírito, se estende; encontra-se o vazio, o desconhecido, e, transportado não sei por qual encanto, acha-se em um mundo onde tudo é alegria e grandeza. Não sentia mais, não me dava conta e, todavia, uma felicidade inefável me enchia; não sentia mais a opressão da dor.

9. Tendes conhecimento... (do que me propus ler sobre a vossa tumba?)

As primeiras palavras da pergunta foram apenas pronunciadas, quando o Espírito responde antes de a deixar terminar. Responde mais, e sem questão proposta, a uma discussão que se estabeleceu entre os assistentes, sobre a oportunidade de ler essa comunicação no cemitério, em razão das pessoas que poderiam, ou não poderiam, partilhar essas opiniões.

R. Oh! meu amigo, eu o sei, porque vos vi ontem e vos vejo hoje; a minha satisfação é bem grande!... Obrigado! obrigado! Falai, a fim de que se me compreenda e eu vos estime; nada temei, porque se respeita a morte; falai, pois, a fim de que os incrédulos tenham a fé. Adeus; falai; coragem, confiança, e possam os meus filhos se converterem a uma crença reverente!

J. SANSON.

Durante a cerimônia do cemitério, ele ditou as palavras seguintes:

Que a morte não vos apavore mais, meus amigos; ela é uma etapa para vós, se soubestes viver bem; é uma felicidade, se merecestes dignamente e bem cumpristes as vossa provas. Repito-vos: Coragem e boa vontade! Ligueis apenas um preço medíocre aos bens da Terra, e sereis recompensados; *pode-se gozar muito, sem retirar o bem-estar dos outros,* e sem fazer-se, moralmente, um mal imenso. Que a terra me seja leve!

II

(Sociedade Espírita de Paris, 25 de abril de 1862.)

Evocação – R. Meus amigos, estou junto a vós.

2. Ficamos bem felizes com a conversa que tivemos convosco no dia do vosso enterro, e, uma vez que o permitais, ficaremos encantados em completá-la para a nossa instrução. – R. Estou muito preparado, feliz porque pensais em mim.

3. Tudo o que pode nos esclarecer sobre o estado do mundo invisível e nos fazer compreendê-lo é de um alto ensinamento, porque é a ideia falsa que dele se faz que conduz, o mais frequentemente, à incredulidade. Que não vos surpreendam, pois, as perguntas que poderemos vos dirigir. – R. Elas não me espantarão, e espero por vossas perguntas.

4. Descrevestes com uma luminosa claridade a passagem da vida à morte; dissestes que no momento em que o corpo dá o último suspiro, a vida se interrompe, e que a visão do Espírito se estende. Esse momento é acompanhado de uma sensação penosa, dolorosa? – R. Sem dúvida, porque a vida é uma sequência contínua de dores, e a morte é o complemento de todas as dores; daí um dilaceramento violento, como se o Espírito fizesse um esforço sobre-humano para escapar de seu envoltório, e é esse esforço que absorve todo o nosso ser e o faz perder a consciência do que se torna.

Esse caso não é geral. A experiência prova que muitos Espíritos perdem a consciência antes de expirarem, e que naqueles que chegaram a um certo grau de desmaterialização, a separação se opera sem esforço.

5. Sabeis se há Espíritos para os quais esse momento é mais doloroso? É mais penoso, por exemplo, para o materialista, para aquele que crê que tudo acaba para ele nesse momento? – R. Isso é certo, porque o Espírito preparado já esqueceu o sofrimento, ou antes, tem-lhe o hábito, e a quietude com a qual vê a morte o impede de sofrer duplamente, porque sabe o que o espera. A pena moral é mais forte, e a sua ausência no instante da morte é um alívio bem grande. Aquele que não crê se assemelha ao condenado à pena capital e da qual o pensamento vê o cutelo e o *desconhecido*. Há semelhança entre essa morte e a do ateu.

6. Há materialistas bastante endurecidos para crerem, seriamente, nesse momento supremo, que vão ser mergulhados no nada? – R. Sem dúvida, até a última hora há os que creem no nada; mas, no momento da separação, o Espírito tem um exame retrospectivo profundo; a dúvida se apodera dele e o tortura, porque se pergunta em que vai se tornar, quer compreender alguma coisa, mas não o pode. A separação não pode se fazer sem essa impressão.

Um Espírito nos deu, em uma outra circunstância, o quadro seguinte do fim da incredulidade.

"O incrédulo endurecido experimenta, nos últimos momentos, as angústias desses pesadelos terríveis em que se vê à beira de um precipício, prestes a cair no abismo; faz-se esforços inúteis para fugir, e não se pode caminhar; quer-se enganchar em alguma coisa, agarrar um ponto de apoio e se sente escorregar; quer se chamar e não se pode articular nenhum som; é então que se vê o moribundo se torcer, se crispar as mãos e soltar gritos abafados, sinais certos do pesadelo do qual é a vítima. No pesadelo comum, o despertar vos tira da inquietação, e vos sentis felizes reconhecendo que tivestes apenas um sonho; mas o pesadelo da morte, frequentemente, se prolonga por muito tempo, mesmo anos, além da morte, e o que torna a sensação ainda mais terrível para o Espírito, são as trevas em que é, algumas vezes, mergulhado."

7. Dissestes que, no momento de morrer, não víeis mais, contudo pressentíeis. Não víeis mais corporalmente, isso se compreende; mas, antes que a vida estivesse extinta, já entrevíeis a claridade do mundo dos Espíritos? – R. Foi o que eu disse precedentemente: o instante da morte dá a clarividência ao Espírito; os olhos não veem mais, mas o Espírito, que possui uma visão bem mais profunda, descobre, instantaneamente, um mundo desconhecido, e a verdade lhe aparecendo subitamente lhe dá, momentaneamente é certo, uma alegria profunda, ou uma pena inexprimível, segundo o estado de sua consciência e a lembrança de sua vida passada.

Trata-se da questão do instante que precede aquele em que o Espírito perde conhecimento, o que explica o emprego da palavra *momentaneamente,* porque as mesmas impressões, agradáveis ou penosas, se seguem ao despertar.

8. Desejaríeis nos dizer o que, no instante em que os vossos olhos se reabriram à luz, vos impressionou, o que vistes? Desejaríeis nos descrever, se for possível, o aspecto das coisas que se vos ofereceram? – R. Quando pude voltar a mim, e ver o que tinha diante dos olhos, estava como deslumbrado, e não me dava bem conta, porque a lucidez não retorna instantaneamente. Mas Deus, que me deu um sinal profundo da sua bondade, permitiu que eu recobrasse as minhas faculdades. Vi-me cercado de numerosos e fiéis amigos. Todos os Espíritos protetores que vêm nos assistir me cercavam e me sorriam; uma felicidade sem igual os animava, e eu mesmo, forte e bem, todavia, podia, sem esforços, transportar-me através do espaço. O que vi não tem nome nas línguas humanas.

Virei, de resto, falar-vos mais amplamente de todas as minhas alegrias, sem ultrapassar, todavia, o limite que Deus exige. Sabei que a felicidade, tal como a entendeis entre vós, é uma ficção. Vivei sabiamente, santamente, no espírito de caridade e de amor, e vos estareis preparando impressões que os vossos maiores poetas não saberiam descrever.

Os contos de fadas, sem dúvida, são cheios de coisas absurdas; mas não seriam, em alguns pontos, a pintura do que se passa no mundo dos Espíritos? O relato do senhor Sanson não se parece ao de um homem que, adormecido em uma pobre e obscura cabana, despertasse em um palácio esplêndido, no meio de uma corte brilhante?

III

9. Sob qual aspecto os Espíritos se vos apresentaram? Sob o da forma humana? – R. Sim, meu caro amigo, os Espíritos nos ensinaram na Terra que conservavam, no outro mundo, a forma transitória que tiveram na Terra, e é a verdade. Mas quanta diferença entre a máquina informe que se arrasta penosamente com o seu cortejo de provas, e a fluidez maravilhosa do corpo dos Espíritos! A fealdade não existe mais, porque os traços perderam a dureza de expressão que forma o caráter distintivo da raça humana. Deus beatificou todos esses corpos graciosos, que se movem com todas as elegâncias da forma; a linguagem tem entonações intraduzíveis para vós, e o olhar a profundidade de uma estrela. Tratai de ver, pelo pensamento, o que Deus pode fazer, em sua onipotência, ele o arquiteto dos arquitetos, e vos faríeis uma fraca ideia da forma dos Espíritos.

10. Por vós, como vos vedes? Reconhecei-vos uma forma limitada, circunscrita, embora fluídica? Senti-vos uma cabeça, um tronco, braços, pernas? – R. O Espírito, tendo conservado a sua forma humana, mais divinizada, idealizada, sem contradita, tem todos os membros de que falais. Sinto perfeitamente as pernas e os dedos, porque podemos, pela nossa vontade, vos aparecer ou vos apertar as mãos. Estou junto a vós e apertei a mão de todos os meus amigos, sem que tivessem consciência disso; a nossa fluidez pode estar por toda parte sem encher o espaço, sem dar nenhuma sensação, se esse for o nosso desejo. Neste momento, tendes as mãos cruzadas e tenho as minhas nas vossas. Eu vos digo: amo-vos, mas meu corpo não toma lugar, a luz o atravessa, e o que chamaríeis um milagre, se fosse visível, para os Espíritos, é a ação continuada de todos os instantes.

A visão dos Espíritos não tem relação com a visão humana, do mesmo modo que seus corpos não têm semelhança real, porque tudo está mudado no conjunto e no fundo o Espírito, eu vos repito, tem uma perspicácia divina que se estende a tudo, uma vez que pode mesmo adivinhar o vosso pensamento; também pode, oportunamente, tomar a forma que melhor recorda as suas lembranças. Mas, no fato, o Espírito superior que terminou as suas provas, ama a forma que pôde conduzi-lo junto a Deus.

11. Os Espíritos não têm sexo; entretanto, como há poucos dias ainda éreis homem, tendes em vosso novo estado antes a natureza masculina que a natureza feminina? Ele está do mesmo modo de um Espírito que tivesse deixado seu corpo há muito tempo? – R. Não temos ser de natureza masculina ou feminina: os Espíritos não se reproduzem. Deus os cria à sua vontade, e se, por seus desígnios maravilhosos, quis que os Espíritos se reencarnassem sobre a Terra, deveu acrescentar a reprodução das espécies pelo macho e a fêmea. Mas vós o sentis, sem que seja necessária nenhuma explicação, os Espíritos não podem ter sexo.

Sempre foi dito que os Espíritos não têm sexo; os sexos são necessários para a reprodução dos corpos; porque os Espíritos não se reproduzem, os sexos, para eles, seriam inúteis. Nossa pergunta não tinha por objetivo constatar o fato, mas, em razão da morte recente do senhor Sanson, quisemos saber se lhe restava uma impressão do seu estado terrestre. Os Espíritos depurados se dão conta, perfeitamente, de sua natureza, mas, entre os Espíritos inferiores, não desmaterializados, há muitos que se creem, ainda, o que eram na Terra, e conservam as mesmas paixões e os mesmos desejos; aqueles se creem, ainda, homens ou mulheres, e eis porque houve os que disseram que os Espíritos têm sexo. Assim é que, certas contradições provêm do estado mais ou menos avançado dos Espíritos que se comunicam; o erro não é dos Espíritos, mas daqueles que os interrogam e não se dão ao trabalho de aprofundarem as questões.

12. Que aspecto vos apresenta a sessão? É ela, para a vossa nova visão, o que lhe parecia quando vivo? As pessoas têm, para vós, a mesma aparência? Tudo é tão claro, tão limpo? – R. Bem mais claro, porque posso ler no pensamento de todos, e estou muito feliz, progredi! Pela benéfica impressão que me deixa a boa vontade de todos os Espíritos reunidos. Desejo que a mesma harmonia possa se fazer não apenas em Paris, pela reunião de todos os grupos, mas, também em toda a França, onde *os grupos se separam e se invejam, impelidos pelos Espíritos enre-*

dadores, que se comprazem com a desordem, ao passo que o Espiritismo deve ser o esquecimento completo, absoluto do *eu.*

13. Dissestes que ledes em nosso pensamento; poderíeis fazer com que compreendamos como se opera essa transmissão de pensamento? – R. Isso não é fácil; para vos dizer, vos explicar esse prodígio singular da visão dos Espíritos, seria preciso abrir todo um arsenal de agentes novos, e seríeis tão sábios quanto nós, o que não é possível, uma vez que as vossas faculdades são limitadas pela matéria. Paciência! Tornai-vos bons, e a isso chegareis; tendes, atualmente, o que Deus vos concede, mas com a esperança de progredir continuamente; mais tarde sereis como nós. Tratai, pois, de morrer bem para saber muito. A curiosidade, que é o estímulo do homem pensante, vos conduz tranquilamente até a morte, vos reservando a satisfação de todas as vossas curiosidades passadas, presentes e futuras. À espera disso, eu vos direi, para vos responder mal ou bem a vossa pergunta: O ar que vos cerca, impalpável como nós, carrega o caráter do vosso pensamento; o sopro que exalais, por assim dizer, é a página escrita de vossos pensamentos; elas são lidas, comentadas pelos Espíritos que vos esbarram sem cessar; são as mensagens de uma telegrafia divina à qual nada escapa.

A morte do justo

Em seguida à primeira evocação do senhor Sanson, feita na Sociedade de Paris, um Espírito deu, sob este título, a comunicação seguinte:

"A morte do homem, do qual vos ocupais neste momento, foi a do justo; quer dizer, acompanhada de calma e de esperança. Como o dia sucede, naturalmente, à aurora, a vida espírita, para ele, sucedeu à vida terrestre, sem abalo, sem dilaceramento, e seu último sopro foi exalado num hino de reconhecimento e de amor. Quão poucos atravessam assim essa rude passagem! Quão poucos, depois dos entusiasmos e os desesperos da vida concebem o ritmo harmonioso das esferas! Assim como o homem saudável, mutilado por uma bala, sofre ainda os membros dos quais se separou, assim a alma do homem que morre sem fé e sem esperança, se dilacera e palpita em se escapando do corpo, e em se lançando, inconsciente de si mesma, no espaço.

Orai por essas almas perturbadas; orai por todos os que sofrem; a caridade não está restrita à Humanidade visível: ela desperta e consola os seres que povoam o espaço. Disso tendes a prova tocante pela conversão tão rápida desse Espírito alcançado pelas preces espíritas feitas sobre o túmulo do homem de bem, que deveis interrogar, e que vos deseja fazer progredir no santo caminho[1]. O amor não tem limites; ele enche o espaço, dando e recebendo sucessivamente as suas divinas consolações. O mar se desenrola numa perspectiva infinita; o seu último limite parece se confundir com o céu, e o Espírito está deslumbrado pelo espetáculo magnífico dessas duas grandezas. Assim o amor, mais profundo que as ondas, mais infinito que o espaço, deve vos reunir a todos, vivos e Espíritos, na mesma comunicação de caridade, e operar a admirável fusão do que é finito e do que é eterno."

GEORGES.

M. Jobard

Diretor do Museu de Indústria de Bruxelas; nascido em Baissey (Haute-Marne); morto em Bruxelas, de um ataque de apoplexia fulminante, em 27 de outubro de 1861, com a idade de sessenta e nove anos.

I

O senhor Jobard era presidente honorário da Sociedade Espírita de Paris; propôs-se evocá-lo na sessão de 8 de novembro, quando preveniu seu desejo dando a comunicação seguinte:

"Eis-me, eu a quem ides evocar, e que quero me manifestar primeiro a este médium, que em vão solicitei até hoje.

Primeiro quero vos contar minhas impressões no momento da separação de minha alma: senti um abalo estranho e me lembrei, de repente, o meu nascimento, a minha juventude, a minha idade madura; toda a minha vida se retratou nitidamente em minha lembrança. Senti um piedoso desejo de me encontrar nas regiões reveladas pela nossa querida crença; depois, todo esse tumulto se apaziguou. Eu estava livre e o meu corpo jazia inerte. Ah! meus queridos amigos, que enlevo em despojar o peso

---

[1] Alusão ao Espírito de Bernard, que se manifestou espontaneamente no dia do funeral do senhor Sanson. (Ver a ***Revista*** de maio de 1862, pág. 132.)

do corpo! Que entusiasmo em abraçar o espaço! Não credes, entretanto, que me tornei, de repente, um eleito do Senhor; estou entre os Espíritos que, tendo retido um pouco, devem muito aprender ainda. Não demorei para lembrar-me de vós, *meus irmãos em exílio*, e, vos asseguro, toda a minha simpatia, todos os meus votos vos envolveram.

Quereis saber quais foram os Espíritos que me receberam? Quais foram as minhas impressões? Meus amigos, foram todos aqueles que evocamos, todos os irmãos que compartilharam dos nossos trabalhos. Vi o esplendor, mas não posso descrevê-lo. Apliquei-me em discernir o que era verdadeiro nas comunicações, pronto para retificar todas as afirmações errôneas; pronto, enfim, para ser o cavaleiro da verdade neste outro mundo, como o fui no vosso."

JOBARD.

1. Quando vivo, recomendastes que vos chamasse quando houvésseis deixado a Terra; nós o fazemos, não somente para nos conformar com o vosso desejo, mas sobretudo para vos renovar o testemunho da nossa bem viva e sincera simpatia, e também no interesse da nossa instrução, porque vós, melhor que ninguém, estais em condições de nos dar as informações precisas sobre o mundo em que vos encontrais. Portanto, ficaremos felizes se consentirdes em responder às nossas perguntas. – R. Nesta hora, o que mais importa é a vossa instrução. Quanto à vossa simpatia, eu a vejo, e não lhe ouço mais a expressão somente pelos ouvidos, o que constitui um grande progresso.

2. Para fixar as nossas ideias, e não falarmos no vago, perguntamos primeiro em que lugar estais aqui, e como vos veríamos se pudéssemos vos ver? – R. Estou junto ao médium; vós me veríeis sob a aparência do Jobard que sentava em vossa mesa, porque os vossos olhos mortais, ainda vendados, podem ver os Espíritos apenas sob a sua aparência mortal.

3. Teríeis a possibilidade de vos tornar visível para nós, e se não o podeis, o que se opõe a isso? – R. A disposição que vos é toda pessoal. Um médium vidente me veria: os outros não me veem.

4. Este lugar é aquele que ocupáveis quando vivo, quando assistíeis às nossas sessões, e que vos reservamos. Aqueles, pois, que aí vos viram, vos devem imaginar e vos ver tal como éreis então. Se aí não mais estais

com o vosso corpo material, estais com o vosso corpo fluídico que tem a mesma forma; se nós não vos vemos com os olhos do corpo, veremos com os do pensamento; se não podeis vos comunicar pela palavra, podeis fazê-lo pela escrita com a ajuda de um intérprete; as nossas relações convosco não estão, pois, de nenhum modo interrompidas pela vossa morte, e podemos nos entreter convosco tão facilmente e tão completamente como outrora. As coisas são bem assim? – R. Sim, e vós o sabeis há muito tempo. Eu ocuparei este lugar frequentemente, e mesmo com o vosso desconhecimento, porque o meu Espírito habitará entre vós.

Chamamos a atenção para essa última frase: "Meu Espírito habitará entre vós". Na circunstância presente, isso não é uma figura, mas uma realidade. Pelo conhecimento que o Espiritismo nos dá, quanto à natureza dos Espíritos, sabe-se que um Espírito pode estar entre nós, não só pelo pensamento, mas *pessoalmente,* com a ajuda de seu corpo etéreo, que dele faz uma individualidade distinta. Um Espírito pode, pois, habitar entre nós depois da morte, tão bem quanto quando o seu corpo estava vivo; e melhor ainda, uma vez que poderá ir e vir quando quiser. Temos, assim, uma multidão de comensais invisíveis, uns indiferentes e os outros que nos estão ligados pela afeição; a estes últimos, sobretudo, é que se aplicam estas palavras: "Eles habitam entre nós", que pode se traduzir assim: Eles nos assistem, nos inspiram e nos protegem.

5. Não faz muito tempo que estáveis sentado neste mesmo lugar; as condições nas quais estais aí atualmente vos parecem estranhas? Que efeito essa mudança produz em vós? – R. Estas condições não me parecem estranhas, porque o meu Espírito desencarnado goza de uma clareza que não deixa na sombra nenhuma das questões que ele encara.

6. Lembrai-vos de haver passado por esse mesmo estado antes da vossa última existência, e nele achais alguma coisa de mudada? – R. Eu me lembro de minhas existências anteriores e acho que melhorei. Vejo e assimilo o que vejo. Quando de minhas precedentes encarnações, Espírito perturbado, me apercebia somente das lacunas terrestres.

7. Lembrai-vos de vossa penúltima existência, daquela que precedeu o senhor Jobard? – R. Na minha penúltima existência eu era um mecânico, roído pela miséria e pelo desejo de aperfeiçoar o meu trabalho. *Sendo Jobard, realizei os sonhos do pobre trabalhador,* e

louvo a Deus cuja bondade infinita fez germinar a planta cuja semente havia depositado no meu cérebro.

8. Já vos comunicastes em outro lugar? – R. Me comuniquei pouco ainda; em muitos lugares, um Espírito usou o meu nome; algumas vezes estava junto dele sem poder fazê-lo diretamente; minha morte é tão recente que sofro ainda certas influências terrestres. É necessário haver uma perfeita simpatia para que eu possa expressar o meu pensamento, dentro em pouco, agirei indistintamente; não o posso ainda, eu o repito. Quando um homem, um pouco conhecido, morre, ele é chamado de todos os lados; mil Espíritos se apressam em revestir a sua individualidade; e foi o que ocorreu comigo em muitas circunstâncias. Asseguro-vos que logo depois da liberação, poucos Espíritos podem se comunicar, mesmo por um médium preferido.

9. Vedes os Espíritos que estão aqui conosco? – R. Vejo sobretudo *Lázaro e Erasto;* depois, mais afastado, o *Espírito de Verdade* planando no espaço; depois uma multidão de Espíritos amigos que vos cercam, apressados e benevolentes. Sois felizes, amigos, porque boas influências vos disputam às calamidades do erro.

10. Quando vivo, partilháveis a opinião que emitiu sobre a formação da Terra pela incrustação de quatro planetas, que teriam sido soldados em conjunto. Estais sempre nessa mesma crença? – R. É um erro. As novas descobertas geológicas, provam as convulsões da Terra e a sua formação sucessiva. A Terra, como os outros planetas, teve a sua vida própria, e Deus não teve necessidade dessa grande desordem ou dessa agregação de planetas. A água e o fogo são os únicos elementos orgânicos da Terra.

11. Pensáveis também que os homens poderiam entrar em catalepsia durante um tempo ilimitado, e que o gênero humano chegou desse modo à Terra? – R. Ilusão de minha imaginação, que ultrapassava sempre o objetivo. A catalepsia pode ser longa, mas não indeterminada. Tradições, lendas exageradas pela imaginação oriental. Meus amigos, já muito sofri repassando as ilusões com as quais nutri o meu Espírito: não vos enganeis com isso. Eu muito aprendi, e o posso dizer, minha inteligência, pronta para se apropriar desses vastos e diversos estudos, guardara de minha última encarnação o amor do maravilhoso e do composto haurido nas imaginações populares.

Estou ainda pouco ocupado com questões puramente intelectuais no sentido em que as tomais. Como o poderia, deslumbrado, arrebatado como estou pelo maravilhoso espetáculo que me cerca? Só o laço do Espiritismo, mais poderoso do que o podeis conceber, pode atrair o meu ser para essa Terra que abandono, não com alegria, isso seria uma impiedade, mas com o profundo reconhecimento da libertação.

Quando da subscrição, aberta pela Sociedade, em proveito dos trabalhadores de Lyon, em fevereiro de 1862, um membro entregou 50 francos, dos quais 25 em seu próprio nome, e 25 em nome do senhor Jobard. Este último deu, a esse respeito, a comunicação seguinte:

"Estou lisonjeado e reconhecido por não ter sido esquecido entre os meus irmãos espíritas. Obrigado ao coração generoso que vos entregou a oferenda, que vos teria dado se ainda habitasse o vosso mundo. Naquele que habito agora, não se tem necessidade de dinheiro; ele, portanto, foi-me necessário tirar da bolsa da amizade para dar provas materiais de que estava tocado pelo infortúnio dos meus irmãos de Lyon. Bravos trabalhadores, que ardentemente cultivais a vinha do Senhor, o quanto deveis crer que a caridade não é uma vã palavra, uma vez que, pequenos e grandes, vos mostraram simpatia e fraternidade. Estais no grande caminho humanitário do progresso; possa Deus nele vos manter, e possais ser mais felizes; os Espíritos amigos vos sustentarão e triunfareis!

Começo a viver espiritualmente, mais pacífico e menos perturbado pelas evocações através de campos que influíam sobre mim. A moda reina mesmo sobre os Espíritos; quando a moda Jobard der lugar a uma outra, e eu entrar no nada do esquecimento humano, chamarei então os meus amigos sérios, e entendo por aqueles cuja inteligência não esquece, convocarei-os para evocar-me; então aprofundaremos as questões tratadas muito superficialmente, e o vosso Jobard, completamente transfigurado, poderá vos ser útil, o que deseja de todo o seu coração."

JOBARD.

"Depois dos primeiros tempos, consagrados a tranquilizar seus amigos, o senhor Jobard tomou lugar entre os Espíritos que trabalham ativamente na renovação social, na espera de seu próximo retorno entre os vivos, para nela tomar uma parte mais direta. Depois dessa época, frequentemente, ele deu, na Sociedade de Paris, da qual pretende permanecer membro, comunicações de uma incontestável superioridade, sem renunciar à originalidade e aos repentes espirituosos que faziam o fundo do seu caráter, e nos permitem reconhecê-lo antes que haja dado a sua assinatura."

Samuel Philippe

Samuel Philippe era um homem de bem em toda a acepção da palavra; ninguém se lembrava de vê-lo cometer uma ação má, nem fazer mal, voluntariamente, a quem quer que seja. De um devotamento sem limites para os seus amigos, estava-se sempre certo de encontrá-lo pronto quando se tratava de prestar serviço, fosse mesmo às custas dos seus interesses. Dificuldades, fadigas, sacrifícios, nada lhe custavam para ser útil, e o fazia naturalmente, sem ostentação, admirando-se de que, por isso, se lhe pudesse atribuir um mérito. Jamais deixou de querer àqueles que lhe fizeram mal, e se punha a obsequiá-los com tanta solicitude como se lhe tivessem feito o bem. Quando tinha relações com ingratos, dizia: "Não é a mim que é necessário lamentar, mas bem a eles". Embora muito inteligente e dotado de muito espírito natural, a sua vida, toda de trabalho, foi obscura e semeada de rudes provas. Era uma dessas criaturas de elite que florescem na sombra, da qual o mundo não fala nada, e cujo clamor não repercute na Terra. Adquirira, no conhecimento do Espiritismo, uma fé ardente na vida futura e uma grande resignação para os males da vida terrestre. Morreu em dezembro de 1862, com a idade de cinquenta anos, em consequência de uma dolorosa enfermidade, sinceramente lamentada por sua família e alguns amigos. Foi evocado diversas vezes depois de sua morte.

P. Tendes uma nítida lembrança dos vossos últimos momentos na Terra? – R. Perfeitamente; essa lembrança me retornou pouco a pouco, porque naquele momento minhas ideias estavam ainda confusas.

P. Consentiríeis, para a nossa instrução e pelo interesse que nos inspira a vossa vida exemplar, descrever-nos como se efetuou, para vós, a passagem da vida corpórea para a vida espiritual, assim como a vossa situação no mundo dos Espíritos? – R. De bom grado; esse relato não será útil somente a vós, ele o será também para mim. Referindo-me aos meus pensamentos sobre a Terra, a comparação me faz compreender melhor ainda a bondade do Criador.

Sabeis de quantas tribulações a minha vida foi semeada; jamais me faltou coragem na adversidade, Deus, obrigado! E hoje me felicito por isso. Quantas coisas teria perdido se cedesse ao desencorajamento! Só a esse pensamento eu tremo, que, pelo meu desfalecimento, o que suportei teria sido sem proveito e tudo estaria por recomeçar. Ó meus amigos! que possais vos compenetrar bem desta verdade; ela vale pela vossa felicidade futura. Não, certamente, não é comprar essa felicidade muito cara, senão de pagá-la por alguns anos de sofrimento. Se soubésseis o quanto alguns anos são pouca coisa em presença do infinito!

Se a minha última existência teve algum mérito aos vossos olhos, não diríeis o mesmo daquelas que a precederam. Foi somente à força do trabalho, sobre mim mesmo, que me fiz o que sou agora. Para apagar os últimos traços das minhas faltas anteriores, era-me necessário ainda suportar essas últimas provas que voluntariamente aceitei. Hauri na firmeza das minhas resoluções a força para suportar-las sem murmúrio. A essas provas, eu as bendigo hoje; com elas rompi com o passado, que é para mim apenas uma lembrança, e posso contemplar doravante com uma legítima satisfação o caminho que percorri.

Ó vós que me fizestes sofrer sobre a Terra, que fostes duros e malevolentes para comigo, que me humilhastes e me enchestes de aflição, cuja má fé, frequentemente, reduziu-me às mais duras provações, não só vos perdoo, mas vos agradeço. Querendo me fazer o mal, não desconfiastes que me fazíeis tanto bem. É, portanto, verdade que a vós devo, em grande parte, a felicidade de que gozo, porque me fornecestes ocasião de perdoar e de pagar o mal com o bem. Deus vos colocou em meu caminho para provar a minha paciência e me exercitar na prática da caridade mais difícil: a do amor aos seus inimigos.

Não vos impacienteis com esta digressão; chego ao que me perguntais.

Embora sofrendo cruelmente em minha última enfermidade, não tive agonia; a morte veio, para mim, como o sono, sem luta, sem abalos. Não tendo apreensão quanto ao futuro, não me agarrei à vida; consequentemente, não me debati sob as últimas opressões; a separação se operou sem esforços, sem dor, e sem que disso tenha me apercebido.

Ignoro o quanto durou esse último sono, mas foi curto. O despertar foi de uma calma que contrastava com o meu estado precedente; não sentia mais dor, e com isso me regozijava; queria me levantar, caminhar, mas um entorpecimento, que nada tinha de desagradável, que tinha mesmo um certo encanto, me retinha, e me abandonei a ele com uma espécie de volúpia, sem dar-me nenhuma conta da minha situação, e sem duvidar de que havia deixado a Terra. O que me rodeava me aparecia como num sonho. Vi a minha mulher e alguns amigos ajoelhados no quarto e chorando, e me disse que, sem dúvida, eles me acreditavam morto; quis desenganá-los, mas não pude articular nenhuma palavra, de onde concluí que sonhava. O que me confirmou essa ideia, foi que me vi cercado de várias pessoas amadas, mortas há muito tempo, e outras que não reconheci à primeira vista, e que pareciam velar sobre mim e esperar o meu despertar.

Esse estado foi entremeado de instantes de lucidez e de sonolência, durante os quais recobrava e perdia, alternativamente, a consciência do meu *eu*. Pouco a pouco as minhas ideias adquiriram mais clareza; a luz que entrevia através de um nevoeiro fez-se mais brilhante; então comecei a me reconhecer e compreendi que não pertencia mais ao mundo terrestre. Se não houvera conhecido o Espiritismo, a ilusão, sem dúvida, se prolongaria por muito mais tempo.

Meus despojos mortais não estavam ainda enterrados e eu os considerava com piedade, felicitando-me por estar, enfim, desembaraçado deles. Estava tão feliz por estar livre! Respirava à vontade como alguém que sai de uma atmosfera nauseante; uma inefável sensação de felicidade penetrava todo o meu ser; a presença daqueles que amara me enchia de alegria; não estava de nenhum modo surpreso por vê-los; isso me parecia muito natural, mas parecia-me revê-los depois de uma longa viagem. Uma coisa me espantou, de início, foi que nos compreendíamos sem articular nenhuma palavra; os nossos pensamentos se transmitiam unicamente pelo olhar e como por uma penetração fluídica.

Entretanto, não estava ainda completamente liberto das ideias terrestres; a lembrança do que suportara me retornava de vez em quando à memória, como para me fazer apreciar melhor a nova situação. Eu sofrera corporalmente, mas sobretudo moralmente; fora alvo da malevolência, dessas mil perplexidades mais penosas, talvez, que as infelicidades reais, porque causam uma ansiedade perpétua. Sua impressão não estava inteiramente apagada, e, às vezes, me perguntava se dela estava realmente desembaraçado; parecia-me ainda ouvir certas vozes desagradáveis; eu conhecia os embaraços que me atormentaram tão frequentemente, e tremia apesar de mim; eu me tateava, por assim dizer, para assegurar-me de que não era o joguete de um sonho; e quando adquiri a certeza de que tudo isso estava bem acabado, pareceu-me que um peso enorme me fora retirado. Portanto, dizia-me, era bem verdade que estava enfim livre de todos esses cuidados que fazem o tormento da vida, e por isso rendia graças a Deus. Estava como um pobre que, de repente, herdou uma grande fortuna; durante algum tempo, duvidou da realidade e sentiu as apreensões da necessidade. Oh! Se os homens compreendessem a vida futura, que força, que coragem esta convicção não lhes daria na adversidade! Que não fariam, enquanto estão sobre a Terra, para se assegurarem da felicidade que Deus reserva àqueles dos seus filhos que foram dóceis às suas leis! Veriam o quanto os gozos que invejam são pouca coisa perto daqueles que eles negligenciam!

P. Nesse mundo tão novo para vós, e perto do qual o nosso é tão pouca coisa, os numerosos amigos que aí reencontrastes vos fizeram perder de vista a vossa família e os vossos amigos sobre a Terra? – R. Se os houvera esquecido, seria indigno da felicidade que desfruto; Deus não recompensa o egoísmo, ele o pune. O mundo onde estou pode me fazer desdenhar a Terra, mas não os Espíritos que nela estão encarnados. Apenas entre os homens que se vê a prosperidade fazer esquecer os companheiros de infortúnio. Frequentemente, vou rever os meus; sou feliz pela boa lembrança que guardam de mim; os seus pensamentos me atraem para eles; assisto às suas conversas, alegro-me com as suas alegrias, suas dificuldades me entristecem, mas não é essa tristeza ansiosa da vida humana, porque compreendo que são passageiras e para o seu bem. Fico feliz em pensar que, um dia, eles virão para esta morada afortunada onde a dor é desconhecida. É para torná-los dignos disso, que me aplico; esforço-me por sugerir-lhes bons pensamentos e, sobretudo, a resignação que eu mesmo tive diante da vontade de Deus. A minha maior dificuldade é quando os vejo retardarem esse momento pela sua falta de coragem, seus murmúrios, a dúvida quanto ao futuro, ou por alguma ação repreensível. Trato, então, de os desviar do mau caminho; se triunfo, é uma grande felicidade para mim, e com isso todos nos alegramos aqui; se fracasso, digo-me com pesar: ainda um atraso para eles; mas me consolo pensando que nem tudo está perdido e sem retorno.

Sr. Van Durst

Antigo funcionário, morto em Anvers, em 1863,
com a idade de oitenta anos.

Pouco tempo depois de sua morte, um médium vidente tendo pedido ao seu guia espiritual se poderia evocá-lo e, lhe foi respondido: "Esse Espírito sai lentamente de sua perturbação; já poderia vos responder, mas a comunicação lhe custaria muito mais dificuldades. Peço-vos, pois, esperar ainda quatro dias, e ele vos responderá. Daqui até lá ele já saberá das boas intenções que exprimistes a seu respeito, e virá a vós reconhecido e como bom amigo".

Quatro dias mais tarde, o Espírito ditou o que se segue:

"Meu amigo, a minha vida foi de um bem pequeno peso na balança da eternidade; todavia, estou bem longe de ser infeliz; estou na condição humilde, mas relativamente feliz, daquele que fez pouco mal sem, com isso, aspirar à perfeição. Se há pessoas felizes em uma pequena esfera, pois bem, sou daquelas! Lamento somente uma coisa, de não conhecer o que sabeis agora; a minha perturbação seria menos longa e menos penosa. Ela foi grande, com efeito: viver e não viver; ver o seu corpo, estar fortemente ligado a ele, e, no entanto, não mais poder dele servir-se; ver aqueles que se amou e sentir extinguir-se o pensamento que nos prende a eles, o que é terrível! Oh! que momento cruel! Que momento, quando o entorpecimento se apodera de vós e vos estrangula! E um instante depois, trevas. Sentir e, um momento depois, estar aniquilado. Quer-se ter consciência do seu *eu*, e não se pode recobrá-la; não se é mais e, entretanto, sente-se que se é; mas se está em uma perturbação profunda! E em seguida, depois de um tempo inapreciável, tempo de angústias contidas, porque não se tem mais a força de senti-las, depois desse tempo que parece interminável, renasce lentamente a existência; desperta-se em um novo mundo! Não mais corpo material, não mais vida terrestre: a vida imortal! Não mais homens carnais, mas formas leves, Espíritos que deslizam de todos os lados, vos rodeiam e não podeis abarcar a todos com o olhar, porque é no infinito que eles flutuam! Ter diante de si o espaço e o poder transpor apenas com a vontade; comunicar-se pelo pensamento com todos os que nos cercam! Amigo, que vida nova! Que vida brilhante! Que vida de alegrias!... Salvação, oh! salvação, eternidade que me contém em teu seio!... Adeus, Terra que me reteve tanto tempo longe do elemento natural de minha alma! Não, não te quero mais, porque tu és a terra do exílio, e a tua maior felicidade nada é!

Mas se soubesse o que sabeis, como essa iniciação na outra vida me teria sido mais fácil e mais agradável! Saberia, antes de morrer, o que tive que aprender mais tarde, no momento da separação, e a minha alma teria se libertado mais facilmente. Estais no caminho, mas nunca, nunca ireis bastante longe! Dizei ao meu filho, mas dizei-o tanto que creia e que se instrua; então, em sua chegada aqui, não nos separaremos.

Adeus a todos, amigos, adeus; eu vos espero, e durante o tempo em que estiverdes sobre a Terra, frequentemente, virei me instruir junto de vós, porque ainda não sei tanto como muitos dentre vós; mas o aprenderei depressa aqui onde não há mais entraves que me retenham, e onde não há mais idade que enfraqueça as minhas forças. Aqui se vive a traços largos e se avança, porque diante de si se veem horizontes tão belos que se fica impaciente em abraçá-los.

Adeus, eu vos deixo, adeus."

VAN DURST.

Sixdeniers

Homem de bem, morto em acidente, e conhecido do médium quando vivo. (Bordeaux, 11 de fevereiro de 1861.)

P. Podeis dar-me alguns detalhes sobre a vossa morte? – R. Uma vez afogado, sim. – P. Por que não antes? – R. Tu os conheces. (O médium, efetivamente, conhecia-os.) – P. Quereis, pois, descrever-me as vossas sensações depois de vossa morte?

R. Passei muito tempo antes de me reconhecer, mas com a graça de Deus e a ajuda daqueles que me cercavam, quando a luz se fez, fui inundado. Tu podes esperar: encontrarás sempre mais do que esperavas. Nada de material; tudo fere os sentidos ocultos; o que não podem tocar nem o olho e nem a mão; tu me compreendes? É uma admiração espiritual que ultrapassa o vosso entendimento, porque não existem palavras para explicá-la: isso se pode sentir com a alma.

O meu despertar foi muito feliz. A vida é um desses sonhos que, apesar da ideia grosseira que se liga a essa palavra, posso qualificar apenas de pesadelo horrível. Sonho de que estás encerrado em um calabouço infecto, que teu corpo roído pelos vermes que se introduzem até a medula dos ossos, está suspenso sobre uma fornalha ardente; que a boca ressecada não encontra mesmo o ar para refrescá-la; que o teu Espírito, tomado de horror, vê ao teu redor monstros prestes a te devorarem; imaginai, enfim, tudo o que o fantástico do sonho pode produzir de mais hediondo, de mais horrível, e, de repente, te encontras transportado para um Éden delicioso. Despertas cercado por todos aqueles que amaste e choraste; vês, ao redor de ti, rostos adorados te sorrirem com bondade; respiras os mais suaves perfumes, refrescas a tua garganta ressecada na fonte de água viva; sentes teu corpo elevado no espaço infinito que o carrega e balouça como faz a brisa com uma flor solta do topo de uma árvore; tu te sentes envolvido pelo amor de Deus, como a criança que nasce está envolvida pelo amor de sua mãe, e terás uma ideia imperfeita dessa transição. Tratei de explicar a felicidade da vida que espera o homem depois da morte de seu corpo, mas não pude. Explica-se o infinito àquele que tem os olhos fechados à luz e cujos membros jamais puderam sair do círculo estreito onde estão encerrados? Para explicar-te a felicidade eterna eu te direi: ama! Porque só o amor pode fazer-te pressenti-la; e quem diz amor diz ausência de egoísmo.

P. A vossa posição foi feliz desde a vossa reentrada no mundo dos Espíritos? – R. Não; tive de pagar a dívida do homem. Meu coração me fizera pressentir o futuro do Espírito, mas eu não tinha fé. Tive que expiar a minha indiferença para com o Criador, mas a sua misericórdia levou em conta o pouco bem que pude fazer, as dores que senti com resignação, apesar de meu sofrimento, e sua justiça, que tem uma balança que os homens não compreenderão jamais, pesou o bem com tanta bondade e amor, que o mal foi depressa apagado.

P. Desejas dar notícias de sua filha? (morta quatro ou cinco anos depois de seu pai.) – R. Ela está em missão na vossa Terra.

P. Ela é feliz como criatura? Não quero vos fazer pergunta indiscreta. – R. Eu bem o sei; acaso não vejo o teu pensamento como *um quadro* diante de meus olhos? Não, como criatura ela não é feliz, ao contrário; todas as misérias de vossa vida devem atingi-la; ela, porém, deve dar o exemplo dessas grandes virtudes, das quais fazeis grandes palavras; eu a ajudarei, porque deverei velar sobre ela; mas não terá muita dificuldade para vencer os obstáculos; *ela não está em expiação, mas em missão.* Tranquiliza-te, pois, por ela e obrigado pela tua lembrança.

Nesse momento o médium sentiu uma dificuldade para escrever, e disse: se for um Espírito sofredor que me detém, peço-lhe para escrever. – R. Uma infeliz.

P. Quereis dizer-me o vosso nome? – R. Valérie.

P. Quereis dizer-me o que atraiu castigo sobre vós? – R. Não.

P. Arrependeis-vos de vossas faltas? – R. Tu bem o vês.

P. Quem vos trouxe aqui? – R. Sixdeniers.

P. Com qual objetivo o fizestes? – R. Para que tu me ajudes.

P. Fostes vós quem me impediu de escrever agora mesmo? – R. Ele me colocou em seu lugar.

P. Que relação há entre vós? – R. Ele me conduziu.

P. Pedi-lhe para juntar-se a nós para a prece. (Depois da prece, Sixdeniers retoma: – Obrigado por ela; tu compreendeste, não te esquecerei; pense nela.

P. (A Sixdeniers). Como Espírito, tendes muitos Espíritos sofredores para guiar? – R. Não; mas logo que conduzimos um deles ao bem, tomamos um outro, sem por isso abandonarmos os primeiros.

P. Como podeis bastar a uma vigilância que deve se multiplicar ao infinito com os séculos? – R. Compreende que aqueles que conduzimos se depuram e progridem; portanto, nos dão menos trabalho; ao mesmo tempo, nós mesmos nos elevamos e, subindo, as nossas faculdades progridem, o nosso poder irradia em proporção à nossa pureza.

Nota – Os Espíritos inferiores, portanto, são assistidos pelos bons Espíritos que têm por missão guiá-los; esta tarefa não é exclusivamente reservada aos encarnados, mas estes devem concorrer para ela, porque é, para eles, um meio de adiantamento. Quando um Espírito inferior vem se colocar de permeio com uma boa comunicação, como no presente caso, sem dúvida, não o faz sempre com uma boa intenção, mas os bons Espíritos o permitem, seja como prova, seja a fim de que aquele ao qual se dirige trabalhe para o seu adiantamento. Sua persistência, é verdade, às vezes, degenera em obsessão, mas, quanto mais tenaz, tanto mais prova o quanto é grande a necessidade de assistência. Portanto, é um erro recusá-lo; é necessário olhá-lo como um pobre que vem pedir esmola, e dizer-se: É um Espírito infeliz que os bons Espíritos me enviam para educá-lo. Se eu triunfar, terei a alegria de ter conduzido uma alma ao bem, e ter abreviado os seus sofrimentos. Essa tarefa é frequentemente penosa; sem dúvida, seria mais agradável ter sempre belas comunicações, e conversar apenas com Espíritos escolhidos; mas não é procurando a nossa própria satisfação, e recusando as ocasiões que se nos oferecem para fazer o bem, que se merece a proteção dos bons Espíritos.

O doutor Demeure

Morto em Albi (Tarn), em 25 de janeiro de 1865.

O senhor Demeure era um médico homeopata muito conhecido em Albi. Seu caráter, tanto quanto o seu saber, lhe granjearam a estima e a veneração de seus concidadãos. Sua bondade e sua caridade eram inesgotáveis, e, apesar de sua avançada idade, nenhuma fadiga sentia quando se tratava de ir cuidar de pobres enfermos. O preço de suas visitas era a menor de suas preocupações; ele se considerava menos incomodado pelo infeliz do que por aquele que sabia poder pagar, porque, dizia, este último, em sua falta, sempre poderia conseguir um médico. Ao primeiro, não só dava os remédios gratuitamente, mas, frequentemente, deixava com que prover as necessidades materiais, o que, às vezes, é o mais útil dos medicamentos. Pode-se dizer dele que era o cura d'Ars da medicina.

O senhor Demeure abraçara com ardor a Doutrina Espírita, na qual encontrou a chave dos mais graves problemas, dos quais, em vão, pedira a solução à ciência e à todas as filosofias. Seu Espírito profundo e investigador, fez-lhe imediatamente compreender toda a sua importância e também foi um dos seus mais zelosos propagadores. Relações de viva e mútua simpatia se estabeleceram entre ele e nós por correspondência.

Soubemos de sua morte, no dia 30 de janeiro, e o nosso primeiro pensamento foi de conversar com ele. Eis a comunicação que nos deu, no mesmo dia:

"Eis-me. Prometera-me, quando vivo, que, desde que morresse, viria, se isso fosse possível, apertar a mão de meu caro mestre e amigo, senhor Allan Kardec.

A morte dera, à minha alma, este sono pesado que se chama letargia, mas o meu pensamento estava desperto. Sacudi esse torpor funesto que prolonga a perturbação que se segue à morte, despertei e, de um salto, fiz a viagem.

O quanto sou feliz! Não sou mais velho nem enfermo; o meu corpo é um disfarce imposto; sou jovem e belo, dessa eterna beleza juvenil dos Espíritos, dos quais as rugas jamais pregueiam o rosto, cujos cabelos não branqueiam pela duração do tempo. Sou leve como o pássaro que atravessa, com voo rápido, o horizonte do vosso céu nebuloso, e eu admiro, eu contemplo, eu bendigo, eu amo e me inclino, átomo, diante da grandeza, da sabedoria, da ciência de nosso Criador, diante das maravilhas que me cercam.

Estou feliz! Estou na glória! Oh! quem poderá traduzir as esplêndidas belezas da terra dos eleitos; os céus, os mundos, os sóis, o seu papel no grande concurso da harmonia universal? Pois bem! eu tentarei, ó meu senhor; vou fazer-lhe um estudo, virei depor junto a vós a homenagem de meus trabalhos de Espírito, que vos dedico antecipadamente. Até breve."

DEMEURE.

As duas comunicações seguintes, dadas nos dias 1 e 2 de fevereiro, são relativas à doença da qual estávamos atacados nesse momento. Embora sejam pessoais, nós as reproduziremos, porque elas provam que o senhor Demeure é tão bom como Espírito quanto o era como homem.

"Meu bom amigo, tende confiança em nós e grande coragem; esta crise, embora fatigante e dolorosa, não será longa, e, com as cautelas prescritas, podereis, conforme os vossos desejos, completar a obra que foi o objetivo principal de vossa existência. Sou eu, portanto, que estou sempre aqui, junto a vós, com o *Espírito de Verdade,* que me permito tomar a palavra em seu nome, como o último dos vossos amigos vindos entre os Espíritos. Eles me fazem as honras e as boas vindas. Caro mestre, o quanto sou feliz por estar morto a tempo para estar convosco neste momento! Se morresse mais cedo, talvez pudera vos evitar essa crise que eu não previa; havia muito pouco tempo que desencarnara para me ocupar de outra coisa que do espiritual; mas agora velarei sobre vós, caro mestre; é o vosso irmão e amigo que está feliz por ser Espírito, para estar junto de vós e vos cuidar em vossa doença; mas conheceis o provérbio: 'Ajuda-te, e o céu te ajudará'. Ajudai, pois, os bons Espíritos nos cuidados que vos dão, conformando-se estritamente às suas prescrições.

Faz muito calor aqui; esse carvão é fatigante. Enquanto estais doente, não o queimeis mais; ele continua a aumentar a vossa opressão; os gases que dele escapam são deletérios."

Vosso amigo, DEMEURE.

"Sou eu, Demeure, o amigo do senhor Kardec. Venho dizer-lhe que estava junto dele quando do acidente que lhe ocorreu, e que seria funesto sem uma intervenção eficaz, à qual fui feliz em ajudar. Segundo as minhas observações, e as informações que obtive em boa fonte, ficou evidente para mim que, quanto mais cedo a sua desencarnação se opere, tanto mais cedo poderá ter a reencarnação com a qual acabará a sua obra. Entretanto, é preciso dar, antes de partir, a última demão às obras que devem completar a teoria doutrinária da qual ele é o iniciador, e se torna culpável de homicídio voluntário contribuindo, por excesso de trabalho, para a imperfeição do seu organismo que o ameaça com a súbita partida para os nossos mundos. Não é necessário temer em dizer-lhe toda a verdade, para que se acautele e siga à risca as nossas prescrições."

DEMEURE.

A comunicação seguinte foi obtida em Montauban, em 26 de janeiro, dia seguinte de sua morte, no círculo de amigos espíritas que tinha nessa cidade.

"Antoine Demeure. Não estou morto para vós, meus bons amigos, mas para aqueles que não conhecem, como vós, esta santa doutrina que reúne aqueles que se amaram sobre a Terra, e que tiveram os mesmos pensamentos e os mesmos sentimentos de amor e de caridade.

Eu estou feliz; mais feliz do que o poderia esperar, porque gozo de uma lucidez rara entre os Espíritos desligados da matéria, há tão pouco tempo. Tende coragem, meus bons amigos; estarei frequentemente junto de vós, e não deixarei de vos instruir sobre muitas coisas que ignoramos quando estamos presos à nossa pobre matéria, que nos oculta tanta magnificência e tantas alegrias. Orai por aqueles que estão privados dessa felicidade, porque eles não sabem o mal que fazem a si mesmos.

Hoje não continuarei por muito tempo, mas vos direi que não me acho de todo estranho neste mundo dos invisíveis; parece-me que sempre o habitei. Estou feliz aqui, porque vejo os meus amigos, e posso comunicar-me com eles todas as vezes que o deseje.

Não choreis, meus amigos; isso me faríeis lamentar ter-vos conhecido. Deixai passar o tempo e Deus vos conduzirá a esta morada onde todos devemos nos encontrar reunidos. Boa noite, meus amigos: que Deus vos console; ali estarei junto de vós."

DEMEURE.

Uma outra carta de Montauban contém o seguinte relato:

"Havíamos ocultado à senhora G..., médium vidente e sonâmbula, muito lúcida, a morte do senhor Demeure, para pouparmos a sua extrema sensibilidade, e o bom doutor, sem dúvida, compreendendo o nosso objetivo, evitara manifestar-se a ela. No dia 10 de fevereiro último, estávamos reunidos a convite de nossos guias que, diziam, queriam aliviar a senhora G... de uma entorse da qual sofria cruelmente desde a véspera. Disso mais não sabíamos, e estávamos longe de esperar a surpresa que nos dirigiam. Apenas essa senhora entrou em sonambulismo, fez ouvir gritos pungentes mostrando o seu pé. Eis o que se passava:

A senhora G... via um Espírito curvado sobre a sua perna, e cujos traços lhe estavam ocultos; ele fazia fricções e massagens, exercendo, de tempo em outro, sobre a parte doente, uma tração longitudinal, absolutamente como faria um médico. A operação era tão dolorosa que a paciente se deixava chegar, às vezes, a vociferações e a movimentos desordenados. Mas a crise não foi de longa duração; ao cabo de dez minutos, todo traço da entorse havia desaparecido, não havia mais inchaço, o pé retomara a sua aparência normal; a senhora G... estava curada.

Entretanto, o Espírito permanecia sempre desconhecido da médium, e persistia em não mostrar os seus traços; tinha mesmo o ar de querer desvanecer-se, quando, de um pulo, a nossa enferma que, alguns minutos antes, não podia dar um passo, se lança ao meio do quarto para agarrar e apertar a mão de seu doutor espiritual. Ainda esta vez, o Espírito ocultara toda a cabeça, deixando a sua mão na dela. Nesse momento, a senhora

G... grita e cai desfalecida sobre o assoalho; acabara de reconhecer o senhor Demeure no Espírito curador. Durante a síncope, ela recebia cuidados atenciosos de vários Espíritos simpáticos. Enfim, tendo reaparecido a lucidez sonambúlica, ela conversou com os Espíritos, trocando com eles calorosos apertos de mão, notadamente com o Espírito do médico, que respondia aos seus testemunhos de afeição, em a penetrando com um fluido reparador.

Essa cena não é comovente e dramática, e não se crê ver todos esses personagens desempenharem o seu papel na vida humana? Não é uma prova, entre mil, de que os Espíritos são seres bem reais, tendo um corpo e agindo como o faziam na Terra? Estávamos felizes por reencontrarmos o nosso amigo espiritualizado, com o seu excelente coração e a sua delicada solicitude. Ele fora, durante a sua vida, o médico da médium; conhecia a sua extrema sensibilidade, e cuidara dela como sua própria filha. Essa prova de identidade dada àquela que o Espírito amava, não é impressionante e não é bem feita para fazer encarar a vida futura sob o seu aspecto mais consolador?"

Nota – A situação do senhor Demeure, como Espírito, é bem aquela que a sua vida, digna e utilmente cumprida, fazia pressentir; mas um outro fato, não menos instrutivo, ressalta dessas comunicações, que é a atividade que ele manifesta quase imediatamente após a sua morte, para ser útil. Pela sua alta inteligência e as suas qualidades morais, ele pertence à ordem dos Espíritos muito avançados; é feliz, mas a sua felicidade não é a inanição. Há alguns dias de distância, ele cuidava dos enfermos como médico, e, apenas desligado, apressa-se em cuidar deles como Espírito. Que se ganha, pois, em estar no mundo espiritual, dirão certas pessoas, se ali não se desfruta de repouso? A isso nós lhes perguntaremos primeiro se nada é não ter mais nem cuidados, nem as necessidades, nem as enfermidades da vida, de ser livre e poder, sem fadiga, percorrer o espaço com a rapidez do pensamento, ir ver seus amigos a toda hora, a qualquer distância em que eles se encontrem? Depois, acrescentaremos: Quando estiverdes no outro mundo, nada vos forçará fazer o que quer que seja; estareis perfeitamente livres para permanecerdes numa beata ociosidade tanto tempo quanto quiserdes; mas deixareis logo esse repouso egoísta, sereis os primeiros a pedir uma ocupação. Então, vos será respondido: Se vos aborreceis por nada fazer, procurai, vós mesmos, fazer alguma coisa; as ocasiões de ser útil não faltam mais no mundo dos Espíritos do que entre os homens. É assim que a atividade espiritual não é um constrangimento; ela é uma necessidade, uma satisfação para os Espíritos que procuram as ocupações em relação com os seus gostos e as suas aptidões, e escolhem de preferência aquelas que podem ajudar o seu adiantamento.

A senhora viúva Foulon, nascida Wollis

A senhora Foulon, falecida em Antibes, no dia 3 de fevereiro de 1865, morou por muito tempo no Havre, onde granjeou uma reputação como miniaturista muito hábil. Seu talento notável, no início, foi para ela uma distração de amadora, para, mais tarde, quando vieram os maus dias, soube fazer da sua arte um precioso recurso. O que, sobretudo, a fazia amar e estimar, o que torna a sua memória cara a todos aqueles que a conheceram, é a amenidade de seu caráter; são suas qualidades particulares, das quais só aqueles que conhecem a sua vida íntima podem apreciar toda a extensão; porque, como todos aqueles nos quais o sentimento do bem é inato, não fazia ostentação dele, e dele nem mesmo desconfiava.

Se há alguém sobre quem o egoísmo não tinha nenhuma presa, era ela, sem dúvida; jamais o sentimento de abnegação pessoal foi levado mais longe; sempre pronta a sacrificar o seu repouso, a sua saúde, os seus interesses para aqueles a quem podia ser útil, sua vida foi uma sequência de devotamentos, como foi ela, desde a sua juventude, uma sequência de rudes e cruéis provas diante das quais a sua coragem, a sua resignação e a sua perseverança jamais faltaram. Mas, ai! sua visão fatigada por um trabalho minucioso, se extinguia dia a dia; ainda algum tempo, e a cegueira, já muito avançada, seria completa.

Quando a senhora Foulon teve conhecimento da Doutrina Espírita, isso foi para ela como um raio de luz; pareceu-lhe que um véu se levantou sobre alguma coisa que não lhe era desconhecida, mas da qual tinha uma vaga intuição; também o estudava com ardor, mas, ao mesmo tempo, com essa lucidez de espírito, essa justeza de apreciação que era própria de sua alta inteligência. É necessário conhecer todas as perplexidades de sua vida, perplexidades que tinham sempre por móvel não ela mesma, mas os seres que lhe eram caros, para compreender todas as consolações que ela hauriu nessa sublime revelação, o que lhe dava uma fé inquebrantável no futuro, e lhe mostrava o nada das coisas terrestres.

Sua morte foi digna de sua vida. Viu-lhe as aproximações sem nenhuma apreensão penosa: era para ela a libertação dos laços terrestres, que deveria abrir-lhe essa vida espiritual benfazeja, com a qual estava identificada pelo estudo do Espiritismo. Ela morreu com calma, porque tinha a consciência de ter cumprido a missão que aceitara vindo para a Terra, de ter escrupulosamente cumprido com os seus deveres de esposa e de mãe de família, porque também havia, durante a sua vida, abjurado todo ressentimento contra aqueles dos quais tinha a se queixar, e que lhe pagaram com a ingratidão, que sempre lhes restituíra o bem pelo mal, e que deixou a sua vida lhes perdoando, remetendo, por ela mesma, à bondade e à justiça de Deus. Enfim, ela morreu com a serenidade que dá uma consciência pura, e a certeza de estar menos separada de seus filhos que durante a vida corpórea, uma vez que poderá, doravante, estar com eles em Espírito, sobre qualquer ponto do globo em que se encontrem, ajudá-los com os seus conselhos, e cobri-los com a sua proteção.

Desde que soubemos da morte da senhora Foulon, nosso primeiro desejo foi conversar com ela. As relações de amizade e simpatia que a Doutrina Espírita fizera nascer entre ela e nós, explicam algumas de suas palavras e a familiaridade de sua linguagem.

I

(Paris, 6 de fevereiro de 1865, três dias depois de sua morte.)

"Estava segura de que teríeis o pensamento de evocar-me, logo depois de minha libertação, e estava pronta para vos responder, porque não conheci a perturbação; são aqueles que têm medo que são envolvidos por essas trevas espessas.

Pois bem! Meu amigo, estou feliz agora; esses pobres olhos que estavam enfraquecidos, e que me deixavam apenas a lembrança dos prismas que tinham colorido a minha juventude com o seu cintilante fausto, abriram-se aqui e encontraram os esplêndidos horizontes que idealizam, em suas vagas reproduções, alguns de vossos artistas, mas cuja realidade majestosa, severa e todavia cheia de encantos, está marcada com a mais completa realidade.

Faz apenas três dias que morri, e sinto que sou artista; minhas aspirações rumo ao ideal de beleza nas artes, eram somente a intuição de faculdades que estudara e adquirira em outras existências, e que se desenvolveram na minha última. Mas, quanto tenho a fazer para reproduzir uma obra-prima digna da grande cena que fere o Espírito, chegado à região da luz! Pincéis! Pincéis! e eu provarei ao mundo que a arte espírita é o coroamento da arte pagã, da arte cristã que periclita, e que só ao Espiritismo está reservada a glória de fazê-la reviver, com toda a sua ostentação, no vosso mundo deserdado.

Bastante para o artista; agora, a vez da amiga.

Por que, boa amiga (senhora Allan Kardec), vos comoveis assim com a minha morte? Sobretudo vós que conheceis as decepções e as amarguras de minha vida, deveríeis regozijar-vos, ao contrário, por ver que agora nada mais tenho para beber no copo amargo das dores terrestres que esvaziei até a borra. Crede-me, os mortos são mais felizes do que os vivos, e, chorá-los é duvidar da verdade do Espiritismo. Tornareis a ver-me, estejais segura disso; parti primeiro porque a minha tarefa, nesse mundo, estava finda; cada um tem a sua a cumprir na Terra, e quando a vossa estiver finda, vireis repousar junto a mim, para recomeçar em seguida, se for necessário, tendo em vista que nada, na Natureza, permanece inativo. Cada um tem as suas tendências, e obedece a elas; é uma lei suprema que prova o poder do livre arbítrio; também, boa amiga, de indulgência e caridade todos necessitamos reciprocamente, seja no mundo visível, seja no mundo invisível; com esta divisa tudo vai bem.

Não me direis para deter-me. Sabeis todavia que converso longamente pela primeira vez! Deste modo vos deixo; agora, a vez do meu excelente amigo, senhor Kardec. Quero agradecer-lhe as afetuosas palavras que consentiu dirigir à amiga que o precedeu no túmulo; porque pouco faltou para partirmos juntos para o mundo onde me encontro, meu bom amigo! (Alusão à doença da qual fala o doutor Demeure.) Que teria dito ela, a companheira bem amada de vossos dias, se os bons Espíritos nisso não pusessem boa ordem? Então ela teria chorado e gemido, e eu o compreendo; mas também é necessário que ela vele para não vos expordes, de novo, ao perigo antes de acabar o vosso trabalho de iniciação espírita; sem isso correis o risco de chegar muito cedo entre nós, e de ver, como Moisés, a Terra prometida somente de longe. Tende-vos, pois, em guarda; é uma amiga quem disso vos previne.

Agora me vou; retorno para junto de meus caros filhos; depois vou ver, além dos mares, se a minha ovelha viajante chegou enfim ao porto, ou se ela é o joguete da tempestade. (Uma de suas filhas que morava na América.) Que os bons Espíritos a protejam; vou juntar-me a eles para isso. Voltarei a conversar convosco, porque sou uma conversadora infatigável; disso vos lembrais. Adeus, pois, bons e caros amigos; até breve."

Viúva FOULON.

II
(8 de fevereiro de 1865.)

P. Cara senhora Foulon, estou muito feliz com a comunicação que me destes outro dia, e com a vossa promessa de continuar as nossas conversas.

Eu vos reconheci perfeitamente na comunicação; nela falais de coisas ignoradas pelo médium e que somente podiam vir de vós; depois a vossa linguagem afetuosa a nosso respeito, é bem a da vossa alma amorosa; mas há nas vossas palavras uma segurança, um equilíbrio, uma firmeza que não vos conheci quando viva. Sabeis que, a esse respeito, permiti-me mais de uma admoestação em certas circunstâncias.

R. É verdade; mas desde que me vi gravemente enferma, recobrei uma firmeza de espírito, perdida pelos desgostos e as vicissitudes que, por vezes, tornaram-me receosa durante a vida. Eu disse a mim mesma: Tu és espírita; esqueça a Terra; prepara-te para a transformação de teu ser, e vê, pelo pensamento, a senda luminosa que a tua alma deve seguir deixando o teu corpo, e que a conduzirá, feliz e liberta, às esferas celestes onde deves viver doravante.

Dirás que era um pouco presunçosa, de minha parte, em contar com a felicidade perfeita deixando a Terra, mas sofrera tanto que devera expiar as minhas faltas desta existência e das existências precedentes. Esta intuição não me enganara, e foi ela que me deu a coragem, a calma e a firmeza dos últimos instantes; esta firmeza foi naturalmente acrescida quando, depois de minha libertação, vi as minhas esperanças realizadas.

P. Quereis agora nos descrever a vossa passagem, o vosso despertar e as vossas primeiras impressões?

R. Eu sofri, mas meu Espírito foi mais forte que o sofrimento material que o desligamento me fazia provar. Encontrei-me, *depois do supremo suspiro,* como em síncope, não tendo nenhuma consciência de meu estado, não sonhando com nada, e numa vaga sonolência que não era nem o sono do corpo, nem o despertar da alma. Assim permaneci por longo tempo; depois, como se saísse de um longo desfalecimento, despertei pouco a pouco no meio de irmãos que não conhecia; eles me prodigalizaram os seus cuidados e seus carinhos, mostraram-me um ponto no espaço que parecia uma estrela brilhante, e disseram-me: "Será para lá que irás conosco; não pertenceis mais à Terra". Então me lembrei; apoiei-me neles, e, como um grupo gracioso que se lança para as esferas desconhecidas, mas com a certeza de ali encontrar a felicidade, subimos, subimos, e a estrela aumentava. Era um mundo feliz, um mundo superior, onde a vossa boa amiga vai, enfim, encontrar o repouso; quero dizer o repouso em relação às fadigas corpóreas que suportei, e às vicissitudes da vida terrestre, mas não a indolência do Espírito, porque a atividade do Espírito é uma alegria.

P. Então deixastes definitivamente a Terra?

R. Nela deixo muitos seres que me são queridos para ainda deixá-la definitivamente. A ela virei, pois, em Espírito, porque tenho uma missão a cumprir junto de meus filhos. Aliás, sabeis bem que nenhum obstáculo se opõe a que os Espíritos, que estacionam nos mundos superiores à Terra, venham visitá-la.

P. A posição na qual estais parece enfraquecer as vossas relações com aqueles que deixastes neste mundo?

R. Não, meu amigo, o amor aproxima as almas. Crede-me, se pode estar, na Terra, mais perto daqueles que alcançaram a perfeição do que daqueles que a inferioridade e o egoísmo fazem turbilhonar ao redor da esfera terrestre. A caridade e o amor são dois motores de uma atração poderosa. É o laço que cimenta a união das almas ligadas uma à outra e a continua, apesar da distância e dos lugares. Há distância apenas para os corpos materiais; não há para os Espíritos.

P. Que ideia fazeis, agora, de meus trabalhos concernentes ao Espiritismo?

R. Acho que tendes tarefa de almas e que o fardo é penoso para carregar; mas vejo o objetivo e sei que o atingirás; eu vos ajudarei, podendo, com os meus conselhos de Espírito para que possais superar as dificuldades que vos serão suscitadas, em vos empenhando em tomar, oportunamente, certas medidas próprias para ativarem, em vossa vida, o movimento renovador ao qual o Espiritismo impele. Vosso amigo Demeure, unido ao *Espírito de Verdade,* vos será de um concurso ainda mais útil; ele é mais sábio e mais sério que eu; mas como sei que a assistência dos bons Espíritos vos fortifica e vos sustenta em vosso labor, crede que a minha vos será assegurada por toda parte e sempre.

P. De algumas de vossas palavras se poderia induzir que não dareis uma cooperação pessoal muito ativa à obra do Espiritismo?

R. Enganai-vos; mas vejo tantos outros Espíritos, mais capazes do que eu para tratar dessa questão importante, que um sentimento invencível de timidez me impede, no momento, de vos responder segundo os vossos desejos. Isso talvez virá; terei mais coragem e audácia; mas é necessário antes que os conheça melhor. Faz apenas quatro dias que morri; estou ainda sob o encanto do deslumbramento que me cerca; meu amigo, não o compreendeis? Não posso bastar para exprimir as novas sensações que provo. Devo violentar-me para me arrancar da fascinação que exercem sobre o meu ser as maravilhas que ele admira. Posso bendizer e adorar a Deus em suas obras. Mas isso passará; os Espíritos me asseguram que logo estarei acostumada com todas essas magnificências e que, então, poderei, com a minha lucidez de Espírito, tratar todas as questões relativas à renovação terrestre. Depois, com tudo isso, pensai que, sobretudo neste momento, tenho uma família a consolar.

Adeus e até breve; a vossa boa amiga que vos ama e vos amará sempre, meu mestre, porque é a vós que ela deve a única consolação durável e verdadeira que experimentou na Terra.

Viúva FOULON.

III

A comunicação seguinte foi dada para os seus filhos, em 9 de fevereiro:

"Meus filhos, meus bem-amados, Deus me retirou de vós, mas a recompensa que ele dignou me conceder foi bem grande em comparação ao pouco que fiz na Terra. Sede resignados, meus bons filhos, às vontades do Mais Alto; retirai em tudo o que permitiu que recebêsseis, a força para suportar as provas da vida. Tende firme, no vosso coração, esta crença que tanto facilitou a minha passagem da vida terrestre para a vida que nos espera ao sair desse baixo mundo. Deus estendeu sobre mim, depois de minha morte, a sua inesgotável bondade, como consentiu fazê-lo quando eu estava sobre a Terra. Agradecei a ele por todos os benefícios que vos concede; bendizei-o, meus filhos, bendizei-o sempre, em todos os instantes. Não percais jamais de vista o objetivo que vos foi indicado, nem o caminho que tendes a seguir; pensai no emprego que tendes a fazer do tempo que Deus vos concede sobre a Terra. Aí sereis felizes, meus bem-amados, felizes uns pelos outros, se a união reinar entre vós; felizes por vossos filhos se os educais no bom caminho, naquele que Deus permitiu que vos fosse revelado.

Oh! Se não podeis me ver, sabei bem que o laço que nos unia nesse mundo não foi rompido pela morte do corpo, porque não é o envoltório que nos liga, mas o Espírito; será por aí, meus bem-amados, que poderei, pela bondade do Todo-Poderoso, vos guiar ainda e vos encorajar na vossa caminhada, para nos reunirmos mais tarde.

Ide, meus filhos, cultivai com o mesmo amor essa sublime crença; belos dias vos estão reservados, a vós que credes. Já vos foi dito, mas eu não deveria vê-los sobre a Terra; será do alto que julgarei os tempos felizes prometidos pelo Deus bom, justo e misericordioso.

Não choreis, meus filhos; que estas conversas fortifiquem a vossa fé, o vosso amor em Deus, que tantos dons derramou sobre vós, que tantas vezes enviou socorro à vossa mãe. Pedi-lhe sempre: a prece fortifica. Conformai-vos às instruções que segui tão ardentemente, na vida que Deus vos concede.

Eu voltarei, meus filhos, mas é necessário que sustente a minha pobre filha, que ainda tem tanta necessidade de mim. Adeus, até breve. Crede na bondade do Todo-Poderoso; eu o rogo por vós. Até a vista."

Viúva FOULON.

Nota – Todo espírita sério e esclarecido tirará facilmente destas comunicações os ensinamentos que dela ressaltam; chamaremos a atenção, pois, sobre dois pontos. O primeiro é que este exemplo nos mostra a possibilidade de não mais encarnar na Terra e passar daqui para um mundo superior, sem estar, por isso, separado dos seres queridos que aqui se deixa. Aqueles, pois, que temem a reencarnação por causa das misérias da vida, podem delas se isentar fazendo o que é necessário, quer dizer, trabalhando pelo seu adiantamento. Aquele que não quer vegetar nas classes inferiores, deve se instruir e trabalhar para subir de grau.

O segundo ponto é a confirmação desta verdade de que, depois da morte, estamos menos separados dos seres que nos são caros do que durante a vida. A senhora Foulon, retida pela idade e a enfermidade numa cidade do Midi, tinha perto dela uma parte de sua família; a maioria dos seus filhos e de seus amigos, estava dispersa ao longe e obstáculos materiais se opunham a que ela pudesse vê-los tão frequentemente como uns e outros o desejassem. A grande distância tornava mesmo a correspondência rara e difícil para alguns. Apenas se desembaraçou de seu corpo terrestre, leve, ela correu para junto de cada um, transpôs as distâncias sem fadiga, com a rapidez da eletricidade, os vê, assiste às suas reuniões íntimas, cerca-os de sua proteção e pode, pela via da mediunidade, conversar com eles a todo o instante, como quando viva. E dizer que a este pensamento consolador há pessoas que preferem a ideia de uma separação indefinida!

Um médico Russo

O senhor P. era um médico de Moscou, tão distinguido por suas eminentes qualidades morais quanto pelo seu saber. A pessoa que o evocou o conhecia apenas pela reputação, e tivera com ele apenas relações indiretas. A comunicação original foi em língua russa.

P. (Depois da evocação). Estais aqui? – R. Sim. No dia da minha morte, vos persegui com a minha presença, mas resististes a todas as minhas tentativas para vos fazer escrever. Ouvira as vossas palavras sobre mim; isso me levou a vos conhecer, e então tive o desejo de conversar convosco, para vos ser útil.

P. Por que, vós que éreis tão bom, tanto sofrestes? – R. Foi uma bondade do Senhor que quis, por aí, me fazer sentir duplamente o preço da minha libertação, e fazer-me avançar o mais possível nesse mundo.

P. O pensamento da morte vos foi causa de terror? – R. Não, eu tinha muita fé para isso.

P. A separação foi dolorosa? – R. Não; o que chamais o último momento nada é; senti apenas um estalido muito curto, e logo depois me achei muito feliz por estar desembaraçado da minha miserável carcaça.

P. Que aconteceu então? – R. Tive a felicidade de ver uma quantidade de amigos virem ao meu encontro e me desejar boas vindas, notadamente aqueles que tive a satisfação de ajudar.

P. Que região habitais? Estais num planeta? – R. Tudo o que não é um planeta, é o que chamais de espaço; é ali que estou. Mas quantos degraus têm nessa imensidade, da qual o homem não pode fazer uma ideia! Quantos degraus nessa escada de Jacó, que vai da Terra ao céu, quer dizer, do aviltamento da encarnação num mundo inferior como o vosso, até a depuração completa da alma! Ali onde estou, só se chega depois de muitas provas, o que significa de muitas encarnações.

P. Nessa conta, tivestes muitas existências? – R. Como poderia ser de outro modo? Nada há de excepcional na ordem imutável estabelecida por Deus; a recompensa somente pode vir depois da vitória alcançada na luta; e quando a recompensa é grande, é preciso, necessariamente, que a luta também o fora. Mas a vida humana é tão curta que a luta é real somente por intervalos, e esses intervalos são as diferentes existências sucessivas; ora, uma vez que estou sobre um dos degraus já elevados, é certo que alcancei essa felicidade por uma continuidade de combates, onde Deus permitiu que eu obtivesse, algumas vezes, a vitória.

P. Em que consiste a vossa felicidade? – R. Isso é mais difícil de vos fazer compreender. A felicidade, da qual gozo, é um contentamento extremo de mim mesmo; não de meus méritos, isso seria do orgulho, e o orgulho é a característica dos Espíritos atrasados, mas um contentamento afogado, por assim dizer, no amor de Deus, no reconhecimento da sua bondade infinita; é a alegria profunda de ver o bom, o bem; de se dizer: talvez tenha contribuído para o adiantamento de alguns daqueles que se elevaram para o Senhor. Está-se como identificado com o bem-estar; é uma espécie de fusão do Espírito e a bondade divina. Tem-se o dom de ver os Espíritos mais depurados, de compreendê-los em suas missões, e de saber-se que se chegará lá também; entreveem-se, no infinito incomensurável, as regiões tão resplandecentes do fogo divino, que se ofusca mesmo contemplando-as através do véu que ainda as cobre. Mas que vos digo? Compreendeis as minhas palavras? Esse fogo, do qual falo, credes que seja semelhante ao Sol, por exemplo? Não, não; é alguma coisa inefável ao homem, porque as palavras exprimem os objetos, as coisas físicas ou metafísicas, das quais tem conhecimento pela memória ou intuição de sua alma, ao passo que, não podendo ter essa memória do desconhecido absoluto, não há termos que possam dar-lhes a percepção. Mas sabei-o: já é uma felicidade imensa pensar que se pode elevar-se infinitamente.

P. Tivestes a bondade de dizer-me que me querias ser útil, em quê, eu vos peço? – R. Eu posso ajudar-vos em vossos desfalecimentos, sustentar-vos em vossas fraquezas, consolar-vos em vossos desgostos. Se a vossa fé, sacudida por algum abalo que vos perturbe, venha a cambalear, chamai-me: Deus me dará as palavras para vos fazer lembrado e vos conduzir a Ele; se vos sentirdes prestes a sucumbir, sob o peso de tendências das quais vos reconheceis culpado, chamai-me: eu vos ajudarei a carregar a vossa cruz, como Jesus outrora foi ajudado a carregar a sua, aquela que tão altamente deveria nos proclamar a verdade, a caridade; se enfraquecerdes sob o peso de vossos desgostos, se o desespero se apoderar de vós, chamai-me: virei vos tirar desse abismo, falando-vos, Espírito a Espírito, lembrando-vos dos deveres que vos são impostos, não por considerações sociais e materiais, mas pelo amor que sentireis em mim, amor que Deus colocou em meu ser, para ser transmitido àqueles que ele pode salvar.

Tendes, sem dúvida, amigos na Terra; aqueles partilham talvez as vossas dores, e talvez já vos salvaram. No desgosto, ide procurá-los, ide levar-lhes as vossas queixas e as vossas lágrimas, e eles vos dão, em troca desse sinal de afeição, os seus conselhos, seu apoio, seus carinhos; pois bem! não pensais que um amigo daqui seja também uma boa coisa? Não é consolador se dizer: Quando eu morrer, meus amigos, na Terra, estarão no meu enterro, pedindo por mim, e chorando sobre mim, mas meus amigos do espaço estarão no limiar da vida, e virão, sorrindo, conduzir-me ao lugar que eu merecer pelas minhas virtudes.

P. Em que mereci a proteção que desejais me conceder? – R. Eis porque: liguei-me a vós desde o dia de minha morte. Eu vos vi espírita, bom médium e adepto sincero; entre aqueles que deixei nesse mundo, vi apenas vós no início; então resolvi vir contribuir para o vosso adiantamento, no vosso interesse, sem dúvida, mas ainda mais no interesse de todos aqueles que estais chamado a instruir na verdade. Vós o vedes, Deus vos ama bastante para vos tornar missionário; ao vosso redor, todos, pouco a pouco, partilham as vossas crenças; os mais rebeldes, pelo menos, vos escutam, e um dia vereis crerem em vós; não vos canseis; caminhai sempre, apesar das pedras do caminho: tomai-me por bastão de fraqueza.

P. Não ouso crer merecer um tão grande favor. – R. Sem dúvida, estais longe da perfeição; mas o vosso amor em difundir as santas doutrinas, em sustentar a fé naqueles que vos escutam, em pregar a caridade, a bondade, a benevolência, mesmo quando se usa de maus procedimentos contra vós, a vossa resistência ao vosso instinto de cólera, que poderíeis satisfazer tão facilmente quanto aqueles que vos afligem ou desconhecem as vossas intenções, vêm, felizmente, servir de contrapeso àquilo que tendes de mal em vós; e sabei-o, é um poderoso contrapeso como o perdão.

Deus vos cobre com as suas graças, pela faculdade que vos dá, e que tem que vos engrandecer pelos vossos esforços, a fim de trabalhardes eficazmente pela salvação do próximo. Eu vou deixar-vos, mas contai comigo. Tratai de moderar as vossas ideias terrestres e de viver, mais frequentemente, com os vossos amigos daqui.

P...

Bernardin

(Bordeaux, abril de 1862.)

Eu sou um Espírito esquecido há muitos séculos; vivi na Terra na miséria e no opróbrio; trabalhei sem descanso para dar à minha família, cada dia, um pedaço insuficiente de pão; mas amei o meu Senhor verdadeiro, e quando aquele que me carregava, na Terra, aumentava o meu fardo de dores, eu dizia: Meu Deus, dai-me a força para suportar esse peso sem me lamentar. Eu expiei, meus amigos; mas, ao sair dessa rude prova, o Senhor me recebeu na paz, e o meu mais sincero voto foi o de vos reunir todos ao meu redor, meus filhos, meus irmãos, e o de vos dizer: Qualquer preço que nisso colocardes, a felicidade que vos espera está ainda bem acima.

Eu não tinha posição; filho de uma numerosa família, servi a quem podia me ajudar a suportar a minha vida. Nascido numa época na qual a servidão era cruel, suportei todas as injustiças, todo trabalho imposto e pesado, todas as cargas que aprazava aos subalternos do Senhor me imporem. Vi a minha mulher ultrajada; vi as minhas filhas raptadas, depois rejeitadas, sem poder me lamentar; vi os meus filhos conduzidos nas guerras de pilhagem e de crimes, enforcados por faltas que não cometeram! Se soubésseis, pobres amigos, o que suportei em minha muito longa existência! Mas eu esperava, esperava a felicidade que não está sobre a Terra, e o Senhor me concedeu. A vós todos, pois, meus irmãos, coragem, paciência e resignação.

Meu filho, podes conservar o que te dei; é um ensinamento prático. Aquele que prega é muito melhor escutado quando pode dizer: Eu suportei mais que vós; suportei sem me lamentar.

P. Em que época vivestes? – R. De 1400 a 1460.

P. Tivestes uma outra existência depois? – R. Sim, ainda vivi entre vós como missionário; sim, missionário da fé; mas da verdadeira, da pura, daquela que sai da mão de Deus, e não daquela que os homens fizeram.

P. Agora, como Espírito, tendes ocupações? – R. Poderíeis crer que os Espíritos ficam inativos? A inação, a inutilidade seriam para eles um suplício. Minha missão é a de guiar os centros obreiros no Espiritismo; ali inspiro os bons pensamentos e me esforço por neutralizar aqueles que os maus Espíritos procuram ali sugerir.

BERNARDIN.

A condessa Paula

Era uma mulher jovem, bela, rica, de um ilustre nascimento segundo o mundo e, por outro lado, um modelo acabado de todas as qualidades do coração e do espírito. Ela morreu aos trinta e seis anos, em 1851. Era uma dessas pessoas cuja oração fúnebre se resume nestas palavras, em todas as bocas: "Por que Deus retira, tão cedo, tais pessoas da Terra?" Felizes aqueles que fazem assim bendizer a sua memória! Ela era boa, doce e indulgente para todo o mundo; sempre pronta a desculpar ou atenuar o mal, em lugar de agravá-lo; nunca a maledicência manchou os seus lábios. Sem arrogância, nem orgulho, tratava os seus inferiores com uma benevolência e delicada familiaridade, sem tomar diante deles ares de grandeza ou de uma proteção humilhante. Compreendendo que as pessoas que vivem de seu trabalho não são capitalistas, e que têm necessidade do dinheiro que lhes é devido, seja por seu estado, seja para viver, jamais ela fez esperar um salário; o pensamento de que alguém pudesse sofrer de uma falta de pagamento por sua culpa, era-lhe um remorso de consciência. Não era dessas pessoas que procuram sempre o dinheiro para satisfazerem as suas fantasias, e não o têm nunca para pagarem o que devem; ela não compreendia que pudesse ser de bom gosto, para um rico, ter dívidas, e ficaria humilhada podendo-se dizer que os seus fornecedores eram obrigados a fazer-lhe adiantamentos. Também, em sua morte, houve somente lamentos, e nenhuma reclamação.

A sua beneficência era inesgotável, mas não era essa beneficência oficial, que se expõe publicamente; nela era a caridade do coração e não da ostentação. Só Deus sabe as lágrimas que ela secou, e os desesperos que acalmou, porque essas boas ações tinham por testemunhas somente ela e os infelizes que assistia. Sabia, sobretudo, descobrir esses infortúnios ocultos, que são os mais pungentes, e que socorria com a delicadeza que eleva o moral, ao invés de abaixá-lo.

Sua posição e as altas funções de seu marido obrigavam-na a uma apresentação doméstica à qual não podia infringir; mas, em tudo satisfazendo às exigências de sua posição, sem mesquinhez, ali colocava uma ordem que, evitando os desperdícios ruinosos e as despesas supérfluas, permitia-lhe para isso bastar-lhe a metade do que custaria a outros sem que estes pudessem fazer melhor.

Poderia destinar, assim, de sua fortuna, uma parte maior para os necessitados. Para isso separara um capital importante cuja renda era designada exclusivamente para essa destinação, sagrada para ela, e a considerava como a tendo de menos a destinar para a sua casa. Achava assim o meio de conciliar os seus deveres para com a sociedade e para com o infeliz.[2]

Evocada, doze anos depois de sua morte, por um de seus parentes iniciados no Espiritismo, ela deu a comunicação seguinte, em resposta a diversas perguntas que lhe foram dirigidas[3]:

"Tendes razão, meu amigo, em pensar que sou feliz; eu o sou, com efeito, além de tudo o que se possa exprimir e, todavia, estou longe ainda

---
[2] Pode-se dizer que essa senhora era o retrato vivo da mulher beneficente, traçada em *O Evangelho Segundo o Espiritismo*, cap. XIII.

[3] Extraímos desta comunicação, cujo original está em língua alemã, as partes instintivas para o assunto que nos ocupa, suprimindo o que é de interesse de família.

do último grau. Entretanto, estou entre os felizes da Terra, porque não me lembro de ter provado a tristeza real. Juventude, saúde, fortuna, homenagens, eu tinha tudo o que constitui a felicidade entre vós; mas o que é essa felicidade perto daquela que se saboreia aqui? Que são as vossas mais esplêndidas festas onde se expõem os mais ricos ornamentos, perto dessas assembleias de Espíritos resplandecentes, de uma luz que a vossa vista não poderia suportar, e que é o apanágio da pureza? Que são os vossos palácios e os vossos salões dourados perto das moradias aéreas, dos vastos campos do espaço matizados de cores que fariam empalidecer o arco-íris? Que são os vossos passeios, de passos contados, em vossos parques, perto das excursões através da imensidade, mais rápidas do que o relâmpago? Que são os vossos horizontes limitados e nebulosos, perto do espetáculo grandioso dos mundos que se movem no Universo sem limites sob a poderosa mão do Mais Alto? Quanto os vossos mais melodiosos concertos são tristes e gritantes perto dessa suave melodia que faz vibrar os fluidos do éter e todas as fibras da alma? Quanto as vossas maiores alegrias são tristes e insípidas perto da inefável sensação de felicidade que penetra, incessantemente, todo o ser como um eflúvio benfazejo, sem mistura de nenhuma inquietação, de nenhuma apreensão, de nenhum sofrimento? Aqui tudo respira o amor, a confiança, a sinceridade; por toda parte corações amantes, por toda parte amigos, nenhuma parte de invejosos e ciumentos. Tal é o mundo onde estou, meu amigo, e onde chegareis infalivelmente seguindo o caminho reto.

Entretanto, seria fatigante uma alegria uniforme; não credes que a nossa seja isenta de peripécias; não é nem um concerto perpétuo, nem uma festa sem fim, nem uma beata contemplação durante a eternidade; não, é o movimento, a vida, a atividade. As ocupações, embora isentas de fadigas, dão-lhe uma incessante variedade de aspectos e de emoções pelos milhares de incidentes de que são salpicadas. Cada um tem a sua missão a cumprir, os seus protegidos a assistir, amigos da Terra para visitar, mecanismos da Natureza a dirigir, almas sofredoras para consolar; se vai, ou vem, não de uma rua a outra, mas de um mundo ao outro; reúne-se ou separa-se para se reunir em seguida; reúne-se num lugar, comunica-se o que se fez, felicita-se pelos sucessos alcançados; combina-se, assiste-se reciprocamente nos casos difíceis; enfim, asseguro-vos que ninguém tem o tempo de se aborrecer um segundo.

Neste momento a Terra é o nosso grande objeto de preocupação.

Que movimento entre os Espíritos! Que numerosas coortes afluem para concorrer em sua transformação! Dir-se-ia uma multidão de trabalhadores ocupados em desbravar uma floresta, sob a condução de chefes experimentados; uns abatem as velhas árvores com o machado, arrancam as profundas raízes; outros desentulhando, estes lavrando e semeando, aqueles edificando a nova cidade sobre as ruínas carcomidas do velho mundo. Durante esse tempo, os chefes se reúnem, formam conselhos e enviam mensageiros para darem ordens em todas as direções. A Terra deve estar regenerada num tempo dado; é necessário que os desígnios da Providência se cumpram; por isso cada um está na obra. Não credes que eu seja simples espectadora desse grande trabalho; teria vergonha de ficar inativa enquanto todo o mundo se ocupa; uma missão importante me está confiada, e esforço-me por cumpri-la com o melhor de mim.

Não foi sem lutas que cheguei à posição que ocupo na vida espiritual; crede bem que a minha última existência, por meritória que vos pareça, não bastou para isso. Durante várias existências, passei por provas de trabalho e de miséria, que escolhi, voluntariamente, para fortificar e depurar a minha alma; tive a felicidade de sair vitoriosa delas, mas restava-me uma a provar, a mais perigosa de todas: a da fortuna e do bem-estar material, *de um bem-estar sem mistura de amargor:* aí estava o perigo. Antes de tentá-la, quis me sentir bastante forte para não sucumbir. Deus levou em conta as minhas boas intenções, e deu-me a graça de sustentar-me. Muitos outros Espíritos, seduzidos pelas aparências, apressam-se em escolhê-la; muito fracos, ai! para afrontarem o perigo, as seduções triunfam de sua inexperiência.

Trabalhadores, estive em vossas fileiras; eu, a nobre senhora, como vós, já ganhei o meu pão com o suor de minha fronte; experimentei provações, sofri intempéries, e foi o que desenvolveu as forças viris de minha alma; sem isso, provavelmente, teria sido mal sucedida na minha última prova, o que me arrojaria bem longe para trás. Como eu, tereis também, ao vosso turno, a prova da fortuna, mas não vos apresseis em pedi-la muito cedo; e vós que sois ricos, tende sempre presente no pensamento que a verdadeira fortuna, a fortuna imperecível, não está na Terra, e compreendei a que preço podereis merecer os benefícios do Todo-Poderoso."

PAULA, na Terra, condessa de***.

Jean Reynaud

(Sociedade Espírita de Paris. Comunicação espontânea.)

"Meus amigos, como esta nova vida é magnífica! Semelhante a uma torrente luminosa, ela arrasta, em seu curso imenso, as almas ébrias do infinito! Depois da ruptura de meus laços carnais, meus olhos abarcaram horizontes novos, que me cercavam, e gozaram das esplêndidas maravilhas do infinito. Passei das sombras da matéria para a aurora resplandecente que anuncia o Todo-Poderoso. Eu fui salvo, não pelo mérito de minhas obras, mas pelo conhecimento do princípio eterno que me fez evitar as manchas causadas pela ignorância à pobre Humanidade. A minha morte foi abençoada; os meus biógrafos a julgaram prematura; os cegos! Lamentaram alguns escritos nascidos da poeira e não compreenderão quanto o pouco de ruído, que se fez ao redor de minha tumba silenciosa, foi útil para a santa causa do Espiritismo. Minha obra estava terminada; meus antecessores correram na liça; eu atingira esse ponto culminante onde o homem dera o que tinha de melhor, e onde não faz mais do que recomeçar. A minha morte reaviva a atenção dos letrados e a reconduz para a minha obra capital, que toca à grande questão espírita que fingem desconhecer, e que bem cedo os envolverá. Glória a Deus! Ajudado pelos Espíritos superiores que protegem a nova doutrina, vou ser um dos pioneiros que marcam o vosso caminho."

JEAN REYNAUD.

(Paris; reunião de família. Outra comunicação espontânea.)

O Espírito responde sobre uma reflexão feita quanto à sua morte inesperada, numa idade pouco avançada, e que surpreendeu muita gente.

"Quem vos disse que a minha morte não foi um benefício para o Espiritismo, para o seu futuro, para as suas consequências? Notaste, meu amigo, a marcha que segue o progresso, o caminho que toma a fé espírita? No início, Deus deu a todos as provas materiais: dança das mesas, pancadas e toda sorte de fenômenos; foi para chamar a atenção; foi um preâmbulo engraçado. Aos homens são necessárias provas palpáveis para crerem. Agora é bem outra coisa! Depois dos fatos materiais, Deus fala à inteligência, ao bom senso, à fria razão; não são mais as habilidades, mas coisas racionais que devem convencer e mesmo reunir os incrédulos, os mais obstinados. E é, ainda, o começo. Tomai bem nota do que vos digo: toda uma série de fatos inteligentes, irrefutáveis, vão se seguir, e o número dos adeptos da fé espírita, já tão grande, ainda vai aumentar. Deus vai ligar-se às inteligências de elite, às sumidades do espírito, do talento e do saber. Isso vai ser um raio luminoso que se difundirá sobre toda a Terra como um fluido magnético irresistível, e impelirá os mais recalcitrantes à procura do infinito, ao estudo dessa admirável ciência que nos ensina máximas tão sublimes. Todos irão se agrupar ao vosso redor, e, fazendo abstração do diploma de gênio que lhes foi dado, vão se tornar humildes e pequenos para aprenderem e para se convencerem. Depois, mais tarde, quando estiverem bem instruídos e bem convencidos, se servirão de sua autoridade, e da notoriedade de seu nome, para empurrarem ainda mais longe e alcançarem os últimos limites do objetivo que vos propuseste: a regeneração da espécie humana pelo conhecimento raciocinado, e aprofundado, das existências passadas e futuras. Eis a minha sincera opinião sobre o estado atual do Espiritismo."

(Bordeaux)

Evocação – Atendo com prazer ao vosso chamado, senhora. Sim, tendes razão; a perturbação espírita, por assim dizer, não existiu para mim (isso respondia a um pensamento do médium); exilado voluntariamente sobre a vossa Terra, onde tinha que lançar a primeira semente séria das grandes verdades, que envolvem o mundo neste momento, sempre tive a consciência da pátria e depressa me reconheci no meio de meus irmãos.

P. Eu vos agradeço por consentir em vir; mas não acreditei que o meu desejo de conversar convosco influísse sobre vós; necessariamente, deve haver uma diferença tão grande entre nós que nisso penso com respeito.

R. Obrigado por esse bom pensamento, minha filha; mas deves saber também que, qualquer distância que as provas acabadas mais ou menos prontamente, mais ou menos felizmente, possam estabelecer entre nós, há sempre um laço poderoso que nos une: a simpatia, e tendes estreitado esse laço com o vosso pensamento constante.

P. Se bem que muitos Espíritos hajam explicado as suas primeiras sensações ao despertar, seríeis bastante bom para nos dizer o que sentistes ao reconhecer-vos, e como se operou a separação de vosso Espírito e de vosso corpo?

R. Como para todos. Senti o momento da libertação aproximar-se; mas, mais feliz que muitos, ela não me causou angústias porque lhe conhecia os resultados, embora fossem maiores do que pensava. O corpo é um entrave às faculdades espirituais e, quaisquer que sejam as luzes que se haja conservado, são sempre mais ou menos abafadas pelo contato da matéria. Dormi esperando um despertar feliz; o sono foi curto, e a admiração imensa! Os esplendores celestes expostos aos meus olhares brilhavam com todo o seu fausto. A minha visão maravilhada mergulhava na imensidade desses mundos cuja existência e habitabilidade eu afirmara. Era uma visão que me revelava e me confirmava a verdade de meus sentimentos. O homem, por mais que se creia seguro, quando fala há, frequentemente, no fundo de seu coração, os momentos de dúvida, de incerteza; ele desconfia, se não da verdade que proclama, menos frequentemente, dos meios imperfeitos que emprega para demonstrá-la. Convencido da verdade que queria fazer admitir, a miúdo, tive que combater contra mim mesmo, contra o desalento de ver, de tocar, por assim dizer, a verdade, e não poder torná-la palpável àqueles que tinham tanta necessidade de crerem nela, para caminharem com segurança no caminho que tinham a seguir.

P. Quando vivo, professavas o Espiritismo?

R. Entre professar e praticar há uma grande diferença. Muitas pessoas professam uma doutrina que não praticam; eu praticava e não professava. Do mesmo modo que todo homem é cristão porque segue as leis do Cristo, fosse isso sem conhecê-las, do mesmo modo todo homem pode ser espírita, que crê em sua alma imortal, em suas reencarnações, em sua marcha progressiva incessante, nas provas terrestres, abluções necessárias para se purificar; eu nisso acreditava, era, pois, espírita. Compreendi a erraticidade, esse laço intermediário entre as encarnações, esse purgatório onde o Espírito culpado se despoja de seus vestidos manchados para revestir uma nova roupa, onde o Espírito em progresso *tece,* com cuidado, a roupa que vai vestir de novo e que quer conservar pura. Eu compreendi, vos disse, e sem professar continuei a praticar.

Nota – Estas três comunicações foram obtidas por três médiuns diferentes, completamente estranhos uns aos outros. Pela analogia dos pensamentos, e a forma de linguagem, pode-se admitir pelo menos a presunção de identidade. A expressão: *tece, com cuidado, a roupa que vai vestir de novo,* é uma encantadora figura que pinta a solicitude com a qual o Espírito, em progresso, prepara a nova existência, que deverá fazê-lo progredir ainda. Os Espíritos atrasados tomam menos precauções e, algumas vezes, fazem escolhas infelizes, que os forçam a recomeçar.

Antoine Costeau

Membro da Sociedade Espírita de Paris, sepultado em 12 de setembro de 1863, no cemitério de Montmartre, na vala comum. Era um homem de coração que o Espiritismo conduziu a Deus; a sua fé no futuro era completa, sincera e profunda. Simples obreiro calceteiro, praticava a caridade em pensamentos, em palavras e em ações, segundo os seus fracos recursos, porque encontrava ainda o meio de assistir aqueles que tinham menos do que ele. Se a Sociedade não fez os gastos de uma cova particular, foi porque havia um emprego mais útil a se fazer com os fundos, do que se tivessem sido empregados sem proveito para os vivos, para uma vã satisfação do amor-próprio, e os espíritas, sobretudo, sabem que a vala comum é uma porta que conduz ao céu tão bem quanto os mais suntuosos mausoléus.

O senhor Canu, secretário da Sociedade, outrora profundo materialista, pronunciou, sobre a sua tumba, a locução seguinte:

"Caro irmão Costeau, há apenas alguns anos, muitos dentre nós, e, o confesso, eu sendo o primeiro, teríamos visto, diante desta tumba aberta, apenas o fim das misérias humanas, e depois o nada, o horrível nada, quer dizer, nada de alma por merecer ou expiar e, consequentemente, nada de Deus para recompensar, castigar ou perdoar. Hoje, graças à nossa divina Doutrina, aí vemos o fim das provas e, para vós, caro irmão, de quem entregamos à terra o despojo mortal, o triunfo de vossos labores e o começo das recompensas que mereceram a vossa coragem, a vossa resignação, a vossa caridade, em uma palavra, as vossas virtudes e, acima de tudo, a glorificação de um Deus sábio, todo-poderoso, justo e bom. Levai, pois, caro irmão, as nossas ações de graça aos pés do Eterno, que quis dissipar, ao nosso redor, as trevas do erro e da incredulidade, porque, ainda há pouco tempo, teríamos dito, nesta circunstância, a fronte triste e o desalento no coração: 'Adeus, amigo, para sempre'. Hoje dizemos, a testa alta e radiante de esperança, o coração cheio de coragem e de amor: 'Caro irmão, até breve, e ore por nós'.[4]"

Um dos médiuns da Sociedade, sobre a própria sepultura, ainda não fechada, obteve a comunicação seguinte, da qual todos os assistentes, incluídos os coveiros, escutaram a leitura de *cabeça descoberta,* e com uma profunda emoção. Foi, com efeito, um espetáculo novo e surpreendente de ouvir as palavras de um morto recolhidas no seio mesmo da tumba.

"Obrigado, amigos, obrigado; a minha tumba não está ainda fechada e, todavia, um segundo mais e a terra vai recobrir os meus restos. Mas, vós o sabeis, sob essa poeira, minha alma não será enterrada; ela vai planar no espaço para subir a Deus!

Também, como é consolador poder dizer-se ainda, apesar do envoltório destruído: Oh! não, eu não estou morto, vivo a verdadeira vida, a vida eterna!

O acompanhamento do pobre não é seguido por um grande número; orgulhosas manifestações não ocorrem em sua tumba e, todavia, amigos, crede-me, *a multidão imensa não falta aqui,* e os bons Espíritos seguiram convosco e com essas mulheres piedosas, o corpo daquele que aí está, deitado! Todos, ao menos, credes e amais o bom Deus!

Oh! Certamente, não! Não morremos porque o nosso corpo se destrói, mulher bem-amada! E, doravante, estarei sempre perto de ti, para te consolar e te ajudar a suportar a prova. Ela será rude para ti, a vida; mas com a ideia da eternidade e do amor de Deus cheio teu coração, como teus sofrimentos te serão leves!

Parentes que cercais a minha bem-amada companheira, amai-a, respeitai-a; sede para ela irmãos e irmãs. Não olvideis que vos deveis toda a assistência sobre a Terra, se desejais entrar na morada do Senhor.

E vós, espíritas, irmãos, amigos, obrigado por terem vindo me dizer adeus até esta morada de pó e de lama; mas sabeis, vós, vós sabeis bem que a minha alma vive imortal, e que, algumas vezes, irá pedir preces, que não me serão recusadas, para ajudar-me a caminhar nesta via magnífica que me abristes durante a minha vida.

---

[4] Para maiores detalhes, e as outras alocuções, ver a **Revista Espírita** de outubro de 1863, página 297.

Adeus a todos, que estais aqui, poderemos nos rever alhures senão sobre esta tumba. As almas me chamam ao seu encontro. Adeus, orai por aqueles que sofrem. Até breve!"

COSTEAU.

Três dias mais tarde, o Espírito do senhor Costeau, evocado em um grupo particular, ditou o que se segue, por intermédio de um outro médium:

"A morte é a vida; faço repetir o que foi dito; mas, para vós, não há outra expressão que esta, apesar do que dizem os materialistas, aqueles que querem permanecer cegos. Oh! Meus amigos, que mais bela aparição sobre a Terra que a de ver flutuar as bandeiras do Espiritismo! Ciência imensa da qual tendes apenas as primeiras letras! Que claridades ela traz aos homens de boa vontade, àqueles que quebraram as cadeias terríveis do orgulho, para hastearem bem alto as suas crenças em Deus! Orai, humanos, agradecei-lhe por todos esses benefícios. Pobre Humanidade! Se lhe fora dado compreender!... Mas, não, ainda não chegou o tempo em que a misericórdia do Senhor deverá se estender sobre todos os homens, a fim de que eles reconheçam as suas vontades e a elas se submetam.

Será pelos teus raios luminosos, ciência bendita, que eles ali chegarão e compreenderão. Será ao teu calor benfazejo que virão reaquecer os seus corações ao fogo divino que dá a fé e as consolações. Será sob os teus raios vivificantes que *o Senhor e o obreiro* virão se confundir e serão um, porque compreenderão esta caridade fraternal pregada pelo divino Messias.

Ó meus irmãos, pensai na felicidade imensa que tendes por serdes os primeiros iniciados na obra regeneradora. Honra a vós, meus amigos! Continuai e, como eu, um dia, vindo para a pátria dos Espíritos, direis: *A morte é a vida*; ou antes, é um sonho, uma espécie de pesadelo que dura o espaço de um minuto, e de onde se sai para se ver cercado de amigos que vos felicitam e estão felizes por lhes estender os braços. Minha felicidade foi tão grande que não podia compreender como Deus me concedia tantas graças por ter feito tão pouco. Parecia-me sonhar, e como, algumas vezes, ocorreu-me sonhar que estava morto, tive medo um instante de ser obrigado a retornar a esse infeliz corpo; mas não tardei a dar-me conta da realidade, e agradeci a Deus. Eu bendisse o Senhor que tão bem soubera despertar em mim os deveres do homem que pensa na vida futura. Sim, eu o bendizia e lhe agradecia, porque *O Livro dos Espíritos* despertara, em minha alma, o impulso de amor pelo meu Criador.

Obrigado, meus bons amigos, por me atraírem para vós. Dizei aos nossos irmãos que, frequentemente, estou em companhia de nosso amigo Sanson. Até breve; coragem! A vitória vos espera. Felizes aqueles que tomaram parte no combate!"

Desde então, o senhor Costeau se manifestou frequentemente, seja na Sociedade, seja em outras reuniões, onde sempre deu provas dessa elevação de pensamentos que caracteriza os Espíritos avançados.

Srta. Emma[5]

Jovem morta em consequência de um acidente causado pelo fogo, e depois de cruéis sofrimentos. Alguém se tinha proposto pedir a sua evocação na Sociedade Espírita de Paris, quando ela, espontaneamente, se apresentou no dia 31 de julho de 1863, pouco tempo depois de sua morte.

"Eis-me, pois, ainda no teatro do mundo, eu que me acreditava mergulhada para sempre no meu véu de inocência e de juventude. O fogo da Terra me salvou do fogo do inferno: assim eu pensava em minha fé católica e, se ousasse entrever o esplendor do paraíso, minha alma tremente se refugiaria na expiação do purgatório, e pediria, sofreria, choraria. Mas quem deu à minha fraqueza a força para suportar as minhas angústias? Quem, nas longas noites de insônia e febre dolorosa, se inclinava sobre o meu leito de mártir? Quem refrescava os meus lábios áridos? Era vós, meu anjo guardião, cuja branca auréola me cercava; eram vós, também, caros Espíritos amigos, que vínheis murmurar aos meus ouvidos palavras de esperança e de amor.

O ardor que consumia o meu fraco corpo despojou-me do agarramento ao que passa; também *eu morri já vivendo a verdadeira vida*. Não conheci a perturbação, e entrei serena e recolhida no dia radioso que envolve aqueles que, depois de terem muito sofrido, esperaram um pouco. Minha mãe, minha querida mãe, foi a derradeira vibração terrestre que ressoou em minha alma. Quanto quisera que se tornasse espírita!

---

[5]Senhorita Emma Livry.

Destaquei-me da árvore terrestre como um fruto maduro antes do tempo. Não tinha ainda que roçar pelo demônio do orgulho que excita as almas com os infelizes arrastamentos pelos sucessos brilhantes da embriaguez da juventude. Bendigo o ardor; bendigo o sofrimento; bendigo a prova que era uma expiação. Semelhante a esses fios brancos do outono, flutuo arrastada na corrente luminosa; não são mais as estrelas de diamante que brilham na minha fronte, mas as estrelas de ouro do bom Deus."

EMMA.

Num outro centro, em Havre, o mesmo Espírito, também espontaneamente, deu a comunicação seguinte, em 30 de julho de 1863.

"Aqueles que sofrem sobre a Terra serão recompensados na outra vida. Deus é cheio de justiça e misericórdia para com aqueles que sofrem neste mundo. Concede uma felicidade tão pura, uma felicidade tão perfeita, que não se deveria temer nem os sofrimentos e nem a morte, se fora possível às pobres criaturas humanas sondar os misteriosos desígnios de nosso Criador. Mas a Terra é um lugar de provas frequentemente bem grandes, frequentemente semeadas de dores bem pungentes. Sede resignados a tudo, se fordes por elas alcançados; a tudo inclinai-vos diante da bondade suprema de Deus, que é todo-poderoso, se vos der um fardo pesado a suportar; se vos chama a ele depois de grandes sofrimentos, vereis na outra vida, a vida feliz, quanto pouca coisa eram essas dores e essas penas da Terra, quando julgardes a recompensa que Deus vos reserva, se nenhum lamento, nenhum murmúrio entrar em vosso coração. Bem jovem deixei a Terra; Deus quis me perdoar e me dar a vida daqueles que respeitaram as suas vontades. Adorai sempre a Deus; amai-o de todo o vosso coração; sobretudo, rogai a Ele, rogai a Ele, firmemente, aí está o vosso sustentáculo nesse mundo, a vossa esperança, a vossa salvação."

EMMA.

O doutor Vignal

Antigo membro da Sociedade de Paris, morto em 27 de março de 1865. Na véspera do sepultamento, um sonâmbulo muito lúcido e que vê muito bem os Espíritos, solicitado para se transportar junto dele, e dizer se o via, respondeu:

"Vejo um cadáver no qual se opera um trabalho extraordinário; dir-se-ia uma massa que se agita, e como alguma coisa que faz esforços para dela se liberar, mas que tem dificuldade para vencer a resistência. Eu não distingo a forma do Espírito bem determinada."

Ele foi evocado na Sociedade de Paris, em 31 de março.

P. Caro senhor Vignal, todos os vossos antigos colegas da Sociedade de Paris conservam de vós a melhor recordação, e eu em particular as excelentes relações que não cessaram entre nós. Em vos chamando em nosso meio, temos primeiro por objetivo dar-vos um testemunho de simpatia, e ficaremos muito felizes se consentirdes, ou se puderdes vir conversar conosco. – R. Caro amigo e digno mestre, a vossa boa lembrança e os vossos testemunhos de simpatia me são muito sensíveis. Se hoje posso vir a vós, e assistir livre e desligado a esta reunião de todos os nossos bons amigos e irmãos espíritas, é graças ao vosso bom pensamento e à assistência que as vossas preces me trouxeram. Como o dizia com justeza o meu jovem secretário, eu estava impaciente para me comunicar; desde o começo desta noite, empreguei todas as minhas forças espirituais para dominar esse desejo; vossas conversas e as graves questões que agitastes, em me interessando vivamente, tornaram a minha espera menos penosa. Perdoai, caro amigo, mas meu reconhecimento pedia para se manifestar.

P. Quereis nos dizer primeiro como vos encontrais no mundo dos Espíritos? Ao mesmo tempo, quereis nos descrever o trabalho da separação, as vossas sensações naquele momento, e nos dizer ao cabo de quanto tempo vos reconhecestes? – R. Estou tão feliz quanto se pode ser, quando se vê confirmarem-se plenamente todos os pensamentos secretos que se pode haver emitido sobre uma doutrina consoladora e reparadora. Sou feliz! Sim, eu o sou, porque agora vejo, sem nenhum obstáculo, se desenvolver diante de mim o futuro da ciência e da filosofia espírita.

Mas afastemos por hoje essas digressões inoportunas; virei de novo vos entreter a esse respeito, sabendo que a minha presença vos proporcionará tanto prazer quanto eu mesmo sinto em vos visitar.

O dilaceramento foi bastante rápido, mais rápido que o meu pouco mérito me fazia esperar. Fui poderosamente ajudado pelo vosso concurso, e o vosso sonâmbulo vos deu uma ideia muito límpida do fenômeno da separação, para que eu não insista nisso. Era uma espécie de oscilação descontínua, uma espécie de arrastamento em dois sentidos opostos; o Espírito triunfou, uma vez que aqui estou. Deixei completamente o corpo somente no momento em que foi depositado na terra; retornei convosco.

P. Que pensais do serviço feito para os vossos funerais? Fiz-me um dever assistir a ele. Nesse momento, estáveis bastante desligado para vê-lo, e as preces que fiz por vós (não ostensivamente, bem entendido) chegaram a vós? – R. Sim; como vos disse, a vossa assistência em tudo fez a sua parte; e regressei convosco abandonando a minha velha crisálida. As coisas materiais pouco me tocam, de resto o sabeis. Eu pensava apenas na alma e em Deus.

P. Lembrai-vos de que, a vosso pedido, há cinco anos, no mês de fevereiro de 1860, fizemos um estudo sobre vós estando ainda vivo[6]. Naquele momento, o vosso Espírito estava desligado para vir conversar conosco. Quereis nos descrever, tanto quanto possível, a diferença que existe entre o vosso desligamento atual e o de então? – R. Sim, certamente, disso me lembro; mas, que diferença entre o meu estado de então e o de hoje! Então a matéria me constrangia ainda com a sua rede inflexível; queria desligar-me de maneira mais absoluta, e não o podia. Hoje sou livre; um vasto campo, o do desconhecido, abre-se diante de mim, e eu espero, com a vossa ajuda e a dos bons Espíritos, aos quais me recomendo, avançar e me penetrar, o mais rapidamente possível, dos sentimentos que ele faz sentir, e dos atos que é necessário cumprir para transpor o caminho da prova e merecer o mundo das recompensas. Que majestade! Que amplidão! É quase um sentimento de assombro que domina, então, quando, fracos como somos, queremos fixar as sublimes claridades.

P. Numa outra vez, ficaremos felizes em continuar esta conversa, quando quiserdes reaparecer entre nós. – R. Respondi sucintamente e sem sequência às vossas perguntas. Não exijais ainda mais do vosso fiel discípulo: não estou inteiramente livre. Conversar, conversar ainda seria a minha alegria; o meu guia modera o meu entusiasmo, e

---

[6] Ver a **Revista Espírita** do mês de março de 1.860.

já pude apreciar bem a sua bondade e sua justiça para submeter-me inteiramente à sua decisão, qualquer pesar que sinta por ser interrompido. Consolo-me pensando que, frequentemente, poderei vir assistir incógnito às vossas reuniões. Algumas vezes vos falarei; eu vos amo e vos quero prova-lo. Mas outros Espíritos, mais avançados que eu, reclamam a prioridade, e devo me apagar diante daqueles que consentiram ao meu Espírito dar um livre voo à torrente de pensamentos que havia acumulado.

Deixo-vos, amigos, e devo agradecer duplamente, não somente a vós espíritas, que me chamastes, mas também a este Espírito que consentiu que eu tomasse o seu lugar, e que, quando vivo, levava o ilustre nome de Pascal.

Aquele que foi e será sempre o mais devotado dos vossos adeptos.
Dr. VIGNAL.

Victor Lebufle

Jovem piloto da barra, no porto de Havre, morto com a idade de vinte anos. Morava com sua mãe, pequena comerciante, a quem prodigalizava os mais ternos e os mais afetuosos cuidados, e que sustentava com o produto de seu rude trabalho. Jamais o viram frequentar os cabarés, nem entregar-se aos excessos, tão frequentes em sua profissão, porque não queria desviar a menor parte de seu ganho do piedoso uso ao qual o consagrava. Todo o tempo que não empregava no seu serviço, dava-o à sua mãe, para poupá-la da fadiga. Atacado há muito tempo pela doença da qual sabia que deveria morrer, escondia os seus sofrimentos com medo de causar-lhe inquietude e não quisesse, ela mesma, cuidar de sua tarefa. Eram necessários, a esse rapaz, um grande fundo de qualidades naturais, e uma poderosa força de vontade para resistir, na idade das paixões, aos perniciosos arrastamentos do meio em que vivia. Era de uma piedade sincera e a sua morte foi edificante.

Na véspera de sua morte, pediu à sua mãe que fosse descansar um pouco, dizendo que ele mesmo sentia necessidade de dormir. Esta teve então uma visão; achava-se, disse ela, numa grande *escuridão;* depois viu um ponto luminoso que crescia pouco a pouco, e o quarto se iluminou por uma brilhante claridade, da qual se destacou a figura de seu filho, radiosa e elevando-se no espaço infinito. Ela compreendeu que o seu fim estava próximo; com efeito, no dia seguinte, a sua bela alma deixara a Terra, enquanto seus lábios murmuravam uma prece.

Uma família espírita, que conhecia a sua bela conduta, e se interessava por sua mãe, que ficou só, teve a intenção de evocar pouco tempo depois de sua morte, mas ele se manifestou, espontaneamente, pela comunicação seguinte:

"Desejáveis saber o que sou agora: bem feliz, oh! bem feliz! Não conteis por nada os sofrimentos e as angústias, porque eles são a fonte de bênçãos e de felicidade além do túmulo. Da felicidade! não compreendeis o que esta palavra significa. Os felizes da Terra estão tão longe daquilo que sentimos, quando retornamos para o Senhor com uma consciência pura, com a confiança do servidor que cumpriu com o seu dever, e que espera, cheio de alegria, a aprovação daquele que é tudo!

Oh! meus amigos, a vida é penosa e difícil, se não olhardes o fim; mas eu vos digo, em verdade, quando vierdes entre nós, se a vossa vida foi segundo as leis de Deus, sereis recompensados além, bem além dos sofrimentos e dos méritos que credes haver conquistado para o céu. Sede bons, sede caridosos, dessa caridade desconhecida para muitos dentre os homens, que se chama benevolência. Sede prestativos aos vossos semelhantes; fazei para eles mais do que gostaríeis que se fizesse para vós mesmos, porque ignorais a miséria íntima, e conheceis a vossa. Ajudai minha mãe, minha pobre mãe, minha única saudade da Terra. Ela deve sofrer outras provas, e é necessário que ela chegue ao céu. Adeus, vou para ela."

VICTOR.

O guia do médium – Os sofrimentos experimentados durante uma encarnação terrestre nem sempre são uma punição. Os Espíritos que, pela vontade de Deus, vêm cumprir uma missão na Terra, como aquele que acaba de se comunicar convosco, ficam felizes por sofrerem os males que, para outros, são uma expiação. O sono os retempera junto do Mais Alto, e dá-lhe a força de tudo suportarem para a sua maior glória. A missão deste Espírito, em sua última existência, não era uma missão notável; mas embora haja sido obscura, teve com isso mais mérito, porque não podia estar estimulada pelo orgulho. Havia primeiro um dever de reconhecimento para ser cumprido diante daquela que foi sua mãe; deveria, em seguida, mostrar que, nos piores meios, podem se encontrar alma puras, com sentimentos nobres e elevados, e que com a vontade podem resistir a todas as tentações. É uma prova de que as qualidades têm uma causa anterior, e seu exemplo não terá sido estéril.

Sra. Anais Gourdon

Muito jovem, notável pela doçura de seu caráter e pelas qualidades morais mais eminentes, falecida em novembro de 1860. Ela pertencia a uma família de trabalhadores nas minas de carvão das cercanias de Saint-Étienne, circunstância importante para apreciar a sua posição como Espírito.

Evocação – R. Estou aqui.

P. Vosso marido e vosso pai pediram-me para vos chamar, e ficarão felizes tendo uma comunicação vossa. – R. Também estou bem feliz em dá-la.

P. Por que fostes arrebatada tão jovem da afeição de vossa família? – R. Porque terminei as minhas provas terrestres.

P. Ides vê-los algumas vezes? – R. Oh! estou frequentemente perto deles.

P. Sois feliz como Espírito? – R. Eu sou feliz, eu amo; os céus não têm mais espanto para mim, espero com confiança e amor que as asas brancas me abram caminho.

P. Que entendeis por essas asas? – R. Entendo tornar-me Espírito puro e resplandecer como os mensageiros celestes que me ofuscam.

As asas dos anjos, arcanjos, serafins, que são Espíritos puros, evidentemente, são um atributo imaginado pelos homens para pintar a rapidez com a qual se transportam, porque a sua natureza etérea lhes dispensa qualquer sustentáculo para percorrer os espaços. Entretanto, eles podem aparecer aos homens com esse acessório para responderem ao seu pensamento, como outros Espíritos tomam a aparência que tinham na Terra para se fazerem reconhecer.

P. Vossos pais podem fazer alguma coisa que vos seja agradável? – R. Podem, estes seres queridos, não mais me entristecerem pelo quadro de seus pesares, uma vez que sabem que não estou perdida para eles; que o meu pensamento lhes seja doce, leve e perfumado em suas lembranças. Passei como uma flor, e nada de triste deve subsistir de minha rápida passagem.

P. De onde vem que a vossa linguagem seja tão poética e tão pouco se relaciona com a posição que tínheis na Terra? – R. É que é a minha alma quem fala. Sim, eu tinha conhecimentos adquiridos, e, frequentemente, *Deus permite que Espíritos delicados se encarnem entre os homens mais rudes para* os fazer pressentir as delicadezas que alcançarão e compreenderão mais tarde.

Sem esta explicação tão lógica, e tão conforme com a solicitude de Deus para com as suas criaturas, dificilmente se daria conta do que, à primeira vista, poderia parecer uma anomalia. Com efeito, o que de mais gracioso e de mais poético que a linguagem do Espírito dessa jovem, educada no meio dos mais rudes trabalhos? A contrapartida se vê frequentemente; são os Espíritos inferiores encarnados entre os homens mais avançados, mas com um objetivo oposto; é tendo em vista o seu próprio adiantamento que Deus os coloca em contato com um mundo esclarecido, e, algumas vezes, também para servir de prova a esse mesmo mundo. Que outra filosofia pode resolver tais problemas?

Maurice Gontran

Foi filho único, falecido com dezoito anos, de uma afecção do pulmão. Inteligência rara, razão precoce, grande amor aos estudos, caráter doce, amante e simpático, ele possuía todas as qualidades que dão as mais legítimas esperanças de um brilhante futuro. Seus estudos terminaram cedo com o maior sucesso, e ele trabalhava na Escola politécnica. Para seus pais, sua morte foi a causa de uma dessas dores que deixam traços profundos, e tanto mais penosa quanto tenham sempre sido de uma santa delicadeza, atribuíam seu fim prematuro ao trabalho para o qual o impeliram, e se repreendiam: "A que, diziam, serve-lhe agora tudo o que aprendeu? Melhor fora que tivesse permanecido ignorante, porque disso não necessitaria para viver e, sem dúvida, estaria ainda entre nós, consolaria a nossa velhice". Se conhecessem o Espiritismo, sem dúvida, raciocinariam de outro modo. Mais tarde, aí encontraram a verdadeira consolação. A comunicação seguinte foi dada pelo filho a um de seus amigos, alguns meses depois de sua morte:

P. Meu caro Maurice, a terna afeição que tínheis por vossos pais faz com que eu não duvide do vosso desejo de levantar a sua coragem, se isso está no vosso poder. O desgosto, eu diria o desespero em que a vossa morte os mergulhou, altera visivelmente sua saúde e lhes faz se desgostarem da vida. Algumas boas palavras vossas, sem dúvida, poderão fazer renascer neles a esperança.

R. Meu velho amigo, esperava com impaciência a oportunidade que me ofereceis para me comunicar. A dor dos meus pais me aflige, porém, ela se acalmará quando tiverem a certeza de que não estou perdido para eles; é em convencê-los dessa verdade que deveis vos interessar, e a isso chegareis certamente. Era necessário esse acontecimento para levá-os a uma crença que fará a sua felicidade, porque ela lhes impedirá de murmurarem contra os decretos da Providência. Meu pai, vós o sabeis, era muito cético a respeito da vida futura; *Deus permitiu que tivesse essa aflição para tirá-lo de seu erro.*

Nós nos reencontraremos aqui, neste mundo onde não mais se conhecem os desgostos da vida, e onde os precedi; mas dizei-lhes bem que a satisfação de ali me reverem lhes será recusada como punição por sua falta de confiança na bondade de Deus. Seria mesmo interditado a mim, daqui até lá, me comunicar com eles enquanto estiverem ainda na Terra. O desespero é uma revolta contra a vontade do Todo-Poderoso, e que sempre é punida pelo *prolongamento da causa que levou a esse desespero,* até que se esteja, enfim, submisso. O desespero é um verdadeiro suicídio, porque mina as forças do corpo, e aquele que abrevia os seus dias com o pensamento de escapar mais cedo às opressões da dor, prepara para si as decepções mais cruéis; ao contrário, é para manter as forças do corpo que é necessário trabalhar para suportar, mais facilmente, o peso das provas.

Meus bons pais, é a vós que me dirijo. Desde que deixei o meu despojo mortal, não deixei de estar junto a vós, e mais frequentemente do que o estava quando vivia na Terra. Consolai-vos, pois, porque não estou morto; estou mais vivo do que vós; só o meu corpo morreu, mas meu Espírito vive sempre. Ele está livre, feliz, doravante ao abrigo das doenças, das enfermidades e da dor. Em lugar de vos afligir, regozijai-vos por me saberem num meio isento de cuidados e de receios, onde o coração é arrebatado por uma alegria pura e sem mescla.

Oh! meus amigos, não lastimeis aqueles que morrem prematuramente; é uma graça que Deus lhes concede, em lhes poupando-lhes as tribulações da vida. Minha existência, desta vez, não deveria prolongar-se por mais tempo sobre a Terra; eu tinha adquirido o que aí deveria adquirir, a fim de preparar-me para cumprir, mais tarde, uma missão mais importante. Se tivesse vivido por longos anos, sabeis a quais perigos, a quais seduções estaria exposto? Sabeis que se, não estando ainda bastante forte para resistir, houvesse sucumbido, isso poderia ser para mim um atraso de vários séculos? Por que, pois, lamentais o que me é vantajoso? Uma dor inconsolável, neste caso, acusaria uma falta de fé e não poderia ser legitimada senão pela crença no nada. Oh! Sim, são para se lamentar aqueles que têm essa crença desesperante, porque para eles não há consolação possível; os seres queridos estão perdidos sem retorno; a tumba levou-lhes a última esperança!

P. Vossa morte foi dolorosa?

R. Não, meu amigo, sofri somente antes de morrer com a moléstia que me arrebatou, mas *esse sofrimento diminuía à medida que o último momento se aproximava;* depois, uma luz, e dormi sem pensar na morte. Sonhei, oh! um sonho delicioso! Sonhava que estava curado, não sofria mais, respirava a plenos pulmões, e com volúpia, um ar embalsamado e fortificante; era transportado, através do espaço, por uma força desconhecida; uma luz brilhante resplandecia ao meu redor, mas sem cansar a minha visão. Vi meu avô; ele não tinha mais o rosto descarnado, mas um ar de frescor e de juventude; estendeu-me os braços e me apertou com efusão sobre seu coração. Uma multidão de outras pessoas, com semblantes risonhos, acompanhava-no; todos me acolhiam com bondade e benevolência; parecia-me as reconhecer, estava feliz por revê-las, e todos juntos trocamos palavras e testemunhos de amizade. Pois bem! O que eu acreditava ser um sonho era a realidade; não mais deveria despertar na Terra: eu estava desperto no mundo dos Espíritos.

P. A vossa moléstia fora causada pela vossa muito grande assiduidade ao estudo?

R. Oh! Não, disso estejais bem persuadidos. O tempo que deveria viver na Terra estava marcado, e nada poderia aí reter-me por mais tempo. Meu Espírito, nesses momentos de desligamento, sabia-o bem, e estava feliz pensando na sua próxima libertação. Mas o tempo que aí passei não foi sem proveito, e hoje me felicito por não tê-lo perdido.

Os estudos sérios que fiz fortificaram a minha alma e aumentaram os meus conhecimentos; foi outro tanto de educação, e se não pude aplicá-los na minha curta permanência entre vós, os aplicarei mais tarde com mais fruto.

Adeus, caro amigo, vou para junto de meus pais, dispô-los para receberem esta comunicação.

MAURICE.

Capítulo 3

Espíritos numa condição mediana

Joseph Bré

Falecido em 1840, evocado em Bordeaux em 1862 por sua neta. O homem honesto segundo Deus ou segundo os homens.

1. Caro avô, quereis dizer-me como estais entre os Espíritos, e dar-me alguns detalhes instrutivos para o nosso adiantamento? – R. Tudo o que quiseres, minha cara criança. Expio a minha falta de fé; mas a bondade de Deus é grande: leva em conta as circunstâncias. Eu sofro, não como poderás entendê-lo, mas de desgosto por não ter empregado bem o meu tempo sobre a Terra.

2. Como não o empregastes bem? Sempre vivestes como um homem honesto. – R. Sim, do ponto de vista dos homens; mas há um abismo entre *o homem honesto diante dos homens e o homem honesto diante de Deus*. Queres instruir-te, querida criança; vou tratar de fazer-te sentir a diferença.

Entre vós, é considerado como homem honesto, aquele que respeita as leis de seu país, respeito elástico para muitos; quando não faz mal ao seu próximo tomando-lhe, ostensivamente, o seu bem; mas frequentemente, se lhe toma a honra e a sua felicidade sem escrúpulo, no momento em que o código ou a opinião pública não podem alcançar o culpado hipócrita. Quando se pôde fazer gravar sobre a sua pedra tumular as lengalengas de virtudes que são louvadas, crendo-se haver pagado sua dívida à Humanidade. Que erro! Não basta, para ser honesto diante de Deus, não ter infringido as leis dos homens; é necessário, antes de tudo, não ter transgredido as leis divinas.

O homem honesto diante de Deus é aquele que, cheio de devotamento e de amor, consagra a sua vida ao bem, ao progresso de seus semelhantes; aquele que, animado de um zelo haurido no objetivo, é ativo na vida; ativo para cumprir a tarefa material que lhe foi imposta, porque deve ensinar aos seus irmãos o amor ao trabalho; ativo nas boas obras, porque não deve esquecer que é apenas um servidor ao qual o senhor pedirá contas, um dia, do emprego de seu tempo; ativo no objetivo, porque deve pregar, pelo exemplo, o amor ao Senhor e ao próximo. O homem honesto diante de Deus deve evitar com cuidado essas palavras mordazes, veneno escondido sob flores, que destroem as reputações e, frequentemente, matam o homem moral cobrindo-o de ridículo. O homem honesto diante de Deus deve ter sempre o coração fechado à menor levedura do orgulho, da inveja, da ambição. Deve ser paciente e doce para com aqueles que o atacam; deve perdoar, do fundo do seu coração, sem esforços e, sobretudo, sem ostentação, a quem quer que o haja ofendido; deve amar o seu criador em todas as suas criaturas; enfim, deve pôr em prática este resumo tão conciso e tão grande dos deveres do homem: amar a Deus acima de todas as coisas e ao seu próximo como a si mesmo.

Eis, querida criança, aproximadamente, o que deve ser o homem honesto diante de Deus. Pois bem! eu fiz tudo isso? Não; faltei a muitas dessas condições, eu o confesso aqui sem corar; não tive uma atividade que o homem deve ter; o esquecimento do Senhor me arrastou a outros esquecimentos que, por não serem passíveis das leis humanas, não são menos prevaricações às leis de Deus. Sofri bastante com isso quando o senti; eis porque espero hoje, mas com a consoladora esperança na bondade de Deus que vê o meu arrependimento. Conta-lhes, cara criança; repete àqueles que têm a consciência pesada: que cubram as suas faltas à força de boas obras, e a misericórdia divina se deterá na superfície; seus olhos paternais contarão as expiações, e a sua mão poderosa apagará as faltas.

Sra. Hélène Michel

Jovem de vinte e cinco anos, morta subitamente em alguns minutos, em sua casa, sem sofrimentos, e sem causa anterior conhecida. Era rica, um pouco frívola, e, em consequência da leviandade de seu caráter, ocupava-se mais das futilidades da vida que das coisas sérias; apesar disso, seu coração era bom: ela era serena, benevolente e caridosa.

Evocada três dias depois de sua morte, por pessoas que a conheceram, exprimiu-se assim:

"Não sei onde estou... que perturbação me cerca!... Chamaste-me e eu vim... Não compreendo porque não estou em minha casa... chora-me ausente, e eu estou lá, e não posso fazer-me reconhecer por todos eles... Meu corpo não me pertence mais, e, todavia sinto-o frio e gelado... Quero deixá-lo, e estou presa lá; a ele retorno sempre... Sou duas pessoas... Oh! quando compreenderei o que me ocorre?... É necessário ainda que eu vá acolá... meu outro EU, em que se tornará, eu ausente?... Adeus."

O sentimento da dualidade, que ainda não está destruído por uma separação completa, é aqui evidente. Caráter pouco sério, sua posição de fortuna, permitindo-lhe satisfazer seus caprichos, devia favorecer as suas tendências à leviandade. Não é, pois, de se admirar que o seu desligamento foi pouco rápido, e que, três dias depois de sua morte, ela se sentisse ainda ligada ao seu envoltório corpóreo. Mas, como nela não havia nenhum vício sério, e o fundo era bom, essa situação não tinha nada de muito penosa, e não durou muito tempo. Evocada de novo depois de alguns dias, suas ideias já tinham mudado muito. Eis o que ela disse:

"Obrigada por terem orado por mim. Reconheço a bondade de Deus que me poupou os sofrimentos e a apreensão do momento da separação de meu corpo e de meu Espírito. Minha pobre mãe terá muita dificuldade para resignar-se; ela, porém, será sustentada, e o que, aos seus olhos é uma terrível infelicidade, era indispensável, a fim de que as coisas do céu se tornassem para ela o que devem ser: tudo. Estarei junto dela até o fim de sua prova terrestre, e a ajudarei a suportá-la. Não sou infeliz, mas tenho ainda muito a fazer para avançar até a morada feliz. Pedirei a Deus permitir-me retornar a esta Terra, porque tenho a reparar o tempo que aí perdi nesta existência. Que a fé vos sustente, meus amigos; tende confiança na eficácia da prece, quando ela parte verdadeiramente do coração. Deus é bom."

P. Tivestes muito tempo para vos reconhecer? – R. Compreendi a morte no mesmo dia em que orastes por mim.

P. Esse estado de perturbação era de sofrimento? – R. Não, eu não sofria; acreditava sonhar e esperava o despertar. Minha vida não foi isenta de dores, mas todo ser encarnado, nesse mundo, deve sofrer; resignei-me com a vontade de Deus, e isso me levou em conta. Eu vos sou reconhecida pelas preces que me ajudaram a reconhecer-me. Obrigada; sempre retornarei com prazer. Adeus.

HÉLÈNE.

O Marquês de Saint-Paul

Falecido em 1860, evocado a pedido de sua irmã, membro da Sociedade de Paris, em 16 de maio de 1861.

1. *Evocação* – R. Aqui estou.

2. A senhora vossa irmã pediu-nos para vos evocar, embora seja médium, mas não está ainda bastante formada para estar bem segura de si mesma. – R. Tratarei de responder o melhor possível.

3. Ela deseja saber primeiro se sois feliz. – R. Estou errante, e esse estado transitório nunca traz nem a felicidade nem o castigo absoluto.

4. Tivestes muito tempo para vos reconhecer? – R. Permaneci muito tempo na perturbação, e dela saí apenas para bendizer a piedade daqueles que não me esqueceram e oram por mim. – P. Podeis avaliar a duração dessa perturbação? – R. Não.

5. Quais foram aqueles dos vossos parentes que reconhecestes primeiro? – R. Reconheci minha mãe e meu pai, os quais me receberam no despertar; eles me iniciaram na vida nova.

6. De onde vem que, no fim de vossa moléstia, parecíeis conversar com aqueles que tínheis amado na Terra? – R. Porque tive, antes de morrer, a revelação do mundo que iria habitar. Fui vidente antes de morrer, e meus olhos foram velados na separação definitiva do corpo, porque os laços carnais eram ainda muito vigorosos.

7. Como ocorreu que as vossas lembranças da infância pareciam vos retornar de preferência? – R. Porque o começo está mais próximo do fim do que o meio da vida. – P. Como o entendeis? – R. Quer dizer que os agonizantes se lembram e veem, *como numa miragem de consolação,* os jovens e puros anos.

Provavelmente, é por um motivo semelhante que os velhos, à medida que se aproximam do fim da vida, algumas vezes, têm uma lembrança tão precisa dos menores detalhes de seus primeiros anos.

8. Por que, falando de vosso corpo, faláveis sempre na terceira pessoa? – R. Porque eu era vidente, eu vos disse, e sentia nitidamente as diferenças que existem entre o físico e o moral; essas diferenças, unidas entre si pelo fluido da vida, tornam-se bem acentuadas aos olhos dos moribundos clarividentes.

Aí está uma particularidade singular que a morte desse senhor apresentou. Nos seus últimos momentos, ele dizia sempre: "Ele tem sede, é necessário dar-lhe de beber; ele tem frio, é preciso aquecê-lo; ele sofre em tal lugar, etc". E quando se lhe dizia: "Mas sois vós que tendes sede", respondia: "Não, é ele". Aqui se desenham perfeitamente as duas existências; o *eu* pensante está no Espírito e não no corpo; o Espírito, já em parte desligado, considerava o seu corpo como uma outra individualidade, que não era mais *ele* propriamente falando; era, pois, ao seu corpo que era necessário dar de beber e não a ele Espírito. Este fenômeno se nota bastante entre certos sonâmbulos.

9. O que dissestes do vosso estado errante e da duração da vossa perturbação levaria a crer que não sois muito feliz, e as vossas qualidades, no entanto, deveriam fazer supor o contrário. Há, aliás, Espíritos errantes que são felizes, como os há infelizes. – R. Estou num estado transitório; as virtudes humanas adquirem aqui o seu verdadeiro valor. Sem dúvida, o meu estado é mil vezes preferível ao da encarnação terrestre; mas sempre carreguei em mim as aspirações do verdadeiro bem e do verdadeiro belo, e minha alma somente estará satisfeita, quando voar para os pés do Criador.

Sr. Cardon, médico.

O senhor Cardon passara uma parte de sua vida na marinha mercante, na qualidade de médico de baleeiro, onde hauriu hábitos e ideias um pouco materiais; retirado na aldeia de J..., ali exercia a modesta profissão de médico do campo. Havia algum tempo, adquirira a certeza de que estava afetado de uma hipertrofia do coração, e, sabendo que essa moléstia é incurável, o pensamento da morte o mergulhou numa sombria melancolia, da qual nada podia distrai-lo. Em torno de dois meses antes, predisse o seu fim, marcando o dia; quando se viu prestes para morrer, reuniu a sua família ao seu redor para dar-lhe um último adeus. Sua mulher, sua mãe, seus três filhos e outros parentes estavam reunidos ao redor de seu leito; no momento em que sua mulher tentava erguê-lo, ele se abaixou, tornou--se de um azul lívido, seus olhos se fecharam, e foi julgado morto; sua mulher colocou-se diante dele para esconder esse espetáculo de seus filhos. Depois de alguns minutos, ele reabriu os olhos; seu rosto, por assim dizer, iluminado, tomou uma expressão de radiosa beatitude, e exclamou: "Oh! Meus filhos, quanto é belo! Quanto é sublime! Oh! A morte! Que benefício! Que coisa doce! Estava morto e senti a minha alma elevar-se bem alto, bem alto; mas Deus permitiu-me retornar para vos dizer: "Não deveis temer a morte, é a libertação... Que não posso vos pintar a magnificência do que vi e as impressões das quais me senti penetrado! Mas não poderíeis compreendê-lo... Oh! Meus filhos, conduzi-vos sempre de maneira a merecerem essa inefável felicidade, reservada aos homens de bem; vivei segundo a caridade; se tendes alguma coisa, dai uma parte dela àqueles a quem falta o necessário... Minha querida mulher, deixo-te numa posição que não é feliz; devem-nos dinheiro, mas, a isso te conjuro, não atormenteis aqueles que nos devem; se estiverem em dificuldade, espera para que possam liquidar, e aqueles que não o puderem, fazei-lhes o sacrifício: Deus, por isso, te recompensará. Tu, meu filho, trabalha para sustentar tua mãe; seja sempre homem honesto e guarda-te de nada fazer que possa desonrar a nossa família. Toma esta cruz que vem de minha mãe; não a deixes nunca, e que ela te lembre sempre os meus últimos conselhos.... Meus filhos, ajudai-vos e sustentai-vos mutuamente; que a boa harmonia reine entre vós; não sede nem vãos, nem orgulhosos; perdoai aos vossos inimigos, se quereis que Deus vos perdoe...". Depois, tendo feito seus filhos se aproximarem, estendeu suas mãos para eles e acrescentou: "Meus filhos! Eu vos abençoo". E seus olhos se fecharam, desta vez para sempre; mas seu rosto conservou uma expressão tão imponente que, até o momento de seu sepultamento, uma numerosa multidão veio contemplá-lo com admiração.

Tendo-nos sido transmitidos esses interessantes detalhes, por um amigo da família, pensamos que esta evocação poderia ser instrutiva para todos, ao mesmo tempo que seria útil ao Espírito.

1. *Evocação* – R. Estou junto de vós.

2. Relataram-nos os vossos últimos instantes que nos arrebataram de admiração. Poderíeis ser bastante bom para nos descrever, melhor do que não o fizestes, o que vistes no intervalo do que poderíamos chamar vossas duas mortes? – R. O que vi, poderíeis compreendê-lo? Não o sei, porque não poderia encontrar expressões capazes de tornar compreensível o que pude ver durante alguns instantes em que me foi possível deixar os meus despojos mortais.

3. Destes-vos conta de onde estivestes? Foi longe da Terra, num outro planeta ou no espaço? – R. O Espírito não conhece o valor das distâncias tais como as considerais. Transportado por não sei qual agente maravilhoso, vi o esplendor de um céu como só nos sonhos poderia realizá-lo. Esse curso, através do infinito, é feito tão rapidamente, que não posso precisar os instantes empregados pelo meu Espírito.

4. Atualmente, gozais da felicidade que entrevistes? – R. Não; eu bem que gostaria de poder gozá-la, mas Deus não pode me recompensar assim. Muito frequentemente, estive revoltado com os pensamentos benignos que meu coração ditava, e a morte me parecia uma injustiça. Médico incrédulo, haurira, na arte de curar, uma aversão contra a segunda natureza que é o nosso movimento inteligente, divino; a imortalidade da alma era uma ficção própria para seduzir as naturezas pouco elevadas; todavia, o vazio me apavorava, porque maldisse muitas vezes esse agente misterioso que fere sempre e sempre. A filosofia me perdera, sem me fazer compreender toda a grandeza do Eterno, que sabe repartir a dor e a alegria para o ensinamento da Humanidade.

5. Quando de vossa morte verdadeira, vos reconhecestes logo? – R. Não; reconheci-me durante a transição a que meu Espírito sujeitou-se para percorrer os lugares etéreos; mas depois da morte real, não; foram necessários alguns dias para o meu despertar.

Deus me concedera uma graça; vou dizer-vos a razão:

Minha incredulidade primeira não existia mais; antes de minha morte, eu crera, porque depois que sondara cientificamente a matéria pesada que me fazia enfraquecer, ao termo de razões terrestres, apenas encontrara a razão divina; ela me inspirara, consolara, e minha coragem era mais forte do que a dor. Eu bendizia o que amaldiçoara; o fim me parecia a libertação. O pensamento de Deus é grande como o mundo! Oh! que suprema consolação na prece que dá enternecimentos inefáveis; ela é o elemento mais seguro de nossa natureza imaterial; por ela compreendi, acreditei firmemente, soberanamente, e foi por isso que Deus, escutando as minhas ações benignas, consentiu em me recompensar antes de acabar a minha encarnação.

6. Poder-se-ia dizer que a primeira vez estáveis morto? – R. Sim e não; tendo o Espírito deixado o corpo, naturalmente a carne expirava; mas, retomando a posse de minha morada terrestre, a vida retornou ao corpo que sofrera uma transição, um sono.

7. Nesse momento, sentíeis os laços que vos ligavam ao vosso corpo? – R. Sem dúvida; o Espírito tem um laço difícil de quebrar, lhe é necessário o último estremecimento da carne para reentrar em sua vida natural.

8. Como ocorre que, quando de vossa morte aparente e durante alguns minutos, o vosso Espírito pôde se desligar instantaneamente e sem perturbação, ao passo que a morte real foi seguida de uma perturbação de vários dias? Parece que, no primeiro caso, os laços entre a alma e o corpo subsistindo mais que no segundo, o desligamento deveria ser mais lento, e foi ao contrário o que ocorreu. – R. Frequentemente, fizestes evocação de um Espírito encarnado, e dele recebestes respostas reais; eu estava na posição desse Espírito. Deus me chamou e seus servidores me disseram: "Vinde..." Eu obedeci, e agradeci a Deus pela graça especial que consentiu fazer-me; pude ver o infinito e sua grandeza e dele me dei conta. Obrigado a vós que, antes da morte real, me permitites ensinar aos meus para que eles tenham boas e justas encarnações.

9. De onde provinham as belas e boas palavras que, quando do vosso retorno à vida, endereçastes à vossa família? – R. Elas eram o reflexo do que vira e ouvira; os bons Espíritos inspiravam a minha voz e animavam o meu rosto.

10. Que impressão credes que a vossa revelação fez sobre os assistentes e sobre os vossos filhos em particular? – R. Impressionante, profunda; a morte não é mentirosa; os filhos, por ingratos que possam ser, se inclinam diante da encarnação que termina. Se pudéssemos esquadrinhar o coração dos filhos, junto de uma tumba entreaberta, sentiria-se bater somente sentimentos verdadeiros, tocados profundamente pela mão secreta dos Espíritos que dizem a todos os pensamentos: Tremei se estais na dúvida; a morte é a

reparação, a justiça de Deus, e vos asseguro, apesar dos incrédulos, meus amigos e minha família creram nas palavras que a minha voz pronunciou antes de morrer. Eu era intérprete de um outro mundo.

11. Dissestes que não gozais da felicidade que vislumbrastes; é que sois infeliz? – R. Não, uma vez que acreditava antes de morrer, e isso em minha alma e consciência. A dor constrange nesse mundo, mas reabilita para o futuro espírita. Notai que Deus soube dar-me conta de minhas preces e de minha crença absoluta nele; estou na rota da perfeição, e chegarei ao objetivo que me foi permitido entrever. Orai, meus amigos, por esse mundo invisível que preside aos vossos destinos; essa permuta fraternal é a caridade; é uma alavanca poderosa que põe em comunicação os Espíritos de todos os mundos.

12. Gostaríeis de dirigir algumas palavras à vossa mulher e aos vossos filhos?

R. Peço a todos os meus crerem em Deus poderoso, justo, imutável; na prece que consola e alivia; na caridade que é o ato mais puro da encarnação humana; que se lembrem que se pode dar pouco: o óbolo do pobre é o mais meritório diante de Deus, que sabe que um pobre dá muito em dando pouco; é necessário que o rico dê muito, e frequentemente, para merecer tanto quanto ele.

O futuro é a caridade, a benevolência em todas as ações; é acreditar que todos os Espíritos são irmãos, não se prevalecendo jamais de todas as pueris vaidades.

Família bem-amada, terás duras provas; mas aprende a suportá-las corajosamente, pensando que Deus vos vê.

Dizei frequentemente esta prece:

Deus de amor e de bondade, que dá tudo e sempre, concedei-nos esta força que não recua diante de nenhuma pena; tornai-nos bons, doces e caridosos, pequenos pela fortuna, grandes pelo coração. Que o nosso Espírito seja espírita na Terra, para melhor vos compreender e vos amar.

Que o vosso nome, ó meu Deus, emblema de liberdade, seja o objetivo consolador de todos os oprimidos, de todos aqueles que têm necessidade de amar, de perdoar e de crer.

CARDON.

Eric Stanislas

(Comunicação espontânea; Sociedade de Paris; agosto 1863.)

"Quanto as emoções vivamente sentidas por corações calorosos nos proporcionam de felicidade! Ó doces pensa-mentos que vindes abrir um caminho de salvação a todo aquele que vive, a todo aquele que respira material e espiritualmente, que o vosso bálsamo salvador não cesse de se derramar, em grandes flocos sobre vós e sobre nós! Que expressões escolher para traduzir a felicidade que sentem todos os vossos irmãos de além-túmulo na contemplação do puro amor que vos une a todos!

Ah! Irmãos, quanto bem por toda a parte, quantos doces pensamentos elevados e simples como vós, como a vossa doutrina, estais chamados a semear na longa rota que tendes ainda a percorrer; mas, também, quanto tudo isso vos será tributado antes mesmo do momento em que vós a isso teríeis direito.

A tudo assisti esta noite; escutei, ouvi, compreendi, e vou poder também, a meu turno, cumprir o meu dever de instruir a classe dos Espíritos imperfeitos.

Escutai: estou longe de ser feliz; mergulhado na imensidade, no infinito, os meus sofrimentos eram tanto mais vivos que não podia dar-me deles uma conta exata. Deus seja bendito! Permitiu-me vir num santuário que não podem *impunemente* transpor os maus. Amigos, quanto vos sou reconhecido, quanto hauri de forças entre vós!

Oh! Homens de bem, reuni-vos frequentemente; instruí, porque não podeis suspeitar o quanto trazem de frutos todas as reuniões sérias que tendes entre vós; os Espíritos que têm ainda muitas coisas para aprender, aqueles que permanecem voluntariamente inativos, preguiçosos e esquecidos de seus deveres, podem se encontrar, seja por uma circunstância fortuita, seja de outro modo, entre vós; feridos por um choque terrível, eles podem, e é o que ocorre com frequência, inclinar-se sobre eles mesmos, reconhecer-se, entrever o objetivo a alcançar, e, fortes pelo exemplo que lhes dais, procurar os meios que possam fazê-los sair do estado penoso em que se encontram. Eu me torno, com uma enorme felicidade, o intérprete das almas sofredoras, porque é aos homens de coração que me dirijo, e sei não ser repelido.

Recebei, pois, mais uma vez, ó homens generosos, a expressão do meu reconhecimento particular, e o de todos os nossos amigos a quem fizestes, talvez sem disso suspeitar, tanto bem."

ERIC STANISLAS.

O guia do médium – Meus filhos, é um Espírito que foi muito infeliz, porque esteve por muito tempo perdido. Agora compreendeu os seus erros, está arrependido, e enfim voltou seus olhos para Deus, que havia desconhecido; sua posição não é de felicidade, mas ele a isto aspira e não sofre mais. Deus permitiu-lhe vir escutar, depois ir para uma esfera inferior instruir e fazer avançar os Espíritos que, como ele, transgrediram as leis do Eterno; é a reparação que lhe é pedida. Doravante conquistará a felicidade, porque dela tem a vontade.

Sra. Anna Belleville.

Jovem mulher morta aos trinta e cinco anos, depois de uma longa e cruel doença. Viva, espiritual, dotada de uma rara inteligência, de uma grande retidão de julgamento e de eminentes qualidades morais, esposa e mãe de família devotada, tinha, por outro lado, uma força de caráter pouco comum, e um Espírito fecundo em recursos que não a pegava jamais desprovida nas circunstâncias mais críticas da vida. Sem rancor para com aqueles dos quais ela tinha o mais a se lamentar, estava sempre pronta a lhes prestar serviço quando possível. Intimamente ligada com ela há muitos anos, pudemos seguir todas as fases de sua existência e todas as peripécias de seu fim.

Um acidente provocou a terrível doença que deveria levá-la, e que a reteve três anos no leito, sujeita aos mais atrozes sofrimentos, que suportou, até o último momento, com uma coragem heróica, e no meio dos quais a sua alegria não a abandonou. Ela acreditava firmemente na alma e na vida futura, mas se preocupava muito pouco com isso; todos os seus pensamentos se dirigiam para a vida presente à qual se agarrava muito, sem, entretanto, ter medo da morte, e sem procurar os gozos materiais, porque a sua vida era muito simples, e passava, sem dificuldade, daquilo que não podia se proporcionar; mas tinha, instintivamente, o gosto do bem e do belo, que sabia levar até nas menores coisas. Queria viver, menos por ela que por seus filhos, aos quais sentia que era necessária; foi por isso que se agarrou à vida. Conhecia o Espiritismo sem o ter estudado a fundo; interessava-se por ele e, entretanto, não chegou a fixar os seus pensamentos no futuro; era-lhe uma ideia verdadeira, mas que não deixava nenhuma impressão profunda no seu espírito. O que ela fazia de bem era o resultado de um movimento natural, espontâneo, e não inspirado pelo pensamento de uma recompensa ou penas futuras.

Já há muito tempo, seu estado era desesperador, e se esperava, um momento ou outro, vê-la partir; ela própria não se iludia. Um dia que o seu marido estava ausente, sentiu-se desfalecer, e compreendeu que a sua hora chegara; sua visão estava velada, a perturbação a invadia, e ela experimentava todas as angústias da separação. Entretanto, custava-lhe morrer antes do retorno de seu marido. Fazendo sobre ela um supremo esforço, disse consigo mesma: "Não, eu não quero morrer!" Sentiu, então, a vida renascer em si, e recobrou o pleno uso de suas faculdades. Quando seu marido retornou, disse-lhe: "Eu ia morrer, mas quis esperar que estivesses perto de mim, porque tenho ainda várias recomendações a te fazer". A luta entre a vida e a morte se prolongou assim durante três meses, que foram uma longa e dolorosa agonia.

Evocação, no dia seguinte ao de sua morte. – Meus bons amigos, obrigada por se ocuparem de mim; de resto, fostes para mim como bons pais. Pois bem! regozijai-vos, eu sou feliz. Tranquilizai meu pobre marido e velai sobre meus filhos. Fui para junto deles logo em seguida.

P. Parece que a sua perturbação não foi muito longa, uma vez que nos respondeis com lucidez. – R. Meus amigos, eu sofri tanto, e sabeis que sofri com resignação! Pois bem! Minha prova terminou. Dizer-vos que estou completamente desligada, não; mas não sofro mais, e é para mim um grande alívio! Por esta vez, estou bem radicalmente curada, eu vos asseguro, mas tenho necessidade de que me ajudem com o concurso da prece, para vir, em seguida, trabalhar convosco.

P. Qual pôde ser a causa de vossos longos sofrimentos? – R. Passado terrível, meu amigo.

P. Podeis nos dizer qual foi esse passado? – R. Oh! Deixai-me esquecer um pouco; eu o paguei tão caro!

Um mês depois de sua morte. – P. Agora que deveis estar mais completamente desligada, e que vos reconheceis melhor, ficaríamos muito felizes tendo convosco uma conversa mais explícita. Poderíeis nos dizer qual foi a causa de vossa longa agonia? Por que estivestes, durante três meses, entre a vida e a morte? – R. Obrigada, meus bons amigos, pela vossa lembrança e por vossas boas preces! Quanto elas me são salutares e quanto contribuíram para o meu desligamento! Ainda tenho necessidade de ser sustentada; continuai a orar por mim. Compreendeis a prece, vós. Não são fórmulas banais que dizeis, como tantos outros que não se dão conta do efeito que produz uma boa prece.

Sofri muito, mas meus sofrimentos me são largamente contados, e me é permitido estar, frequentemente, junto de meus queridos filhos, que deixei com tantas amarguras!

Eu mesma prolonguei os meus sofrimentos; o meu ardente desejo de viver para meus filhos fazia com que me aferrase, de alguma sorte, à matéria, e, contrariamente aos outros, obstinava-me e não queria abandonar esse infeliz corpo com o qual era necessário romper, e que, entretanto, para mim, era o instrumento de tantas torturas. Eis a verdadeira causa de minha longa agonia. Minha doença, os sofrimentos que suportei: expiação do passado, uma dívida a mais a pagar.

Ai de mim! Meus bons amigos, se vos escutara, que mudança na minha vida presente! Que abrandamento teria sentido nos últimos instantes, e quanto essa separação seria mais fácil se, em lugar de contrariá-la, me entregasse com confiança à bondade de Deus, à corrente que me arrastava! Mas, em lugar de considerar o futuro que me esperava, eu via unicamente o presente que ia deixar!

Quando retornar à Terra, serei espírita, eu vos asseguro. Que ciência imensa! Assisto às vossas reuniões muito frequentemente e às instruções que vos são dadas. Se pudera compreender quando estava na Terra, meus sofrimentos seriam bem abrandados; mas não era chegada a hora. Hoje, compreendo a bondade de Deus e à sua justiça; mas não sou, ainda, muito avançada para não mais me ocupar com as coisas da vida; meus filhos, sobretudo, a ela me prendem ainda, não mais para mimá-los, mas para velar sobre eles, e tratar que sigam a rota que o Espiritismo traça neste momento. Sim, meus bons amigos, ainda tenho graves preocupações; uma, sobretudo, porque o futuro de meus filhos dela depende.

P. Podeis nos dar algumas explicações sobre o passado que deplorais?

R. Ai de mim! Meus bons amigos, estou pronta para confessar-me. Desconheci o sofrimento; vi minha mãe sofrer sem dela ter piedade; tratei-a de doente imaginária. Nunca a tendo visto acamada, supunha que ela não sofria, e ria de seus sofrimentos. Eis como Deus pune.

Seis meses depois de sua morte. – P. Agora que um tempo bastante longo decorreu, desde que deixastes o vosso envoltório terrestre, quereis nos descrever a vossa situação e as vossas ocupações no mundo dos Espíritos?

R. Durante a minha vida terrestre, eu era o que se chama, de um modo geral, uma boa pessoa, mas, antes de tudo, gostava de meu bem-estar; compassiva por natureza, talvez não fora capaz de um sacrifício penoso para aliviar um infortúnio. Hoje, tudo está mudado; sou sempre eu, mas o eu de antigamente sofreu modificações. Eu progredi; vejo que não há nem classes nem condições outras que o mérito pessoal no mundo dos invisíveis, onde um pobre caridoso e bom está acima do rico orgulhoso que o humilhava sob a sua esmola. Velo especialmente sobre a classe dos aflitos pelos tormentos de família, a perda de pais ou de fortuna; tenho por missão consolá-los e encorajá-los, e sou feliz por o fazer.

ANNA.

Uma importante questão que ressalta dos fatos acima é esta:

P. Uma pessoa pode, por um esforço de sua vontade, retardar o momento da separação da alma e do corpo?

Resposta do Espírito de São Luís – Esta questão, resolvida de um modo afirmativo e sem restrição, poderia dar lugar a falsas consequências. Certamente um Espírito encarnado pode, em certas condições, prolongar a existência corpórea para terminar instruções indispensáveis, ou que crê como tais; isso lhe pode ser permitido, como no caso que aqui se trata, e como disso há muitos exemplos. Esse prolongamento da vida não poderia, em todos os casos, ser senão de curta duração, porque não pode ser dado ao homem intervir na ordem das leis da Natureza, nem de provocar um retorno real à vida, quando esta chega ao seu termo. É somente uma suspensão condicional da pena momentânea. Entretanto, da possibilidade do fato, não será preciso concluir que possa ser geral, nem crer que depende de cada um prolongar assim a sua existência. Como *prova para o Espírito,* ou no interesse de uma missão a rematar, os órgãos usados podem receber um suplemento de fluido vital que lhes permita acrescentar alguns instantes à manifestação material do pensamento; os casos semelhantes são exceções e não a regra. Não é necessário ver, não mais, nesse fato uma derrogação de Deus à imutabilidade de suas leis, mas uma consequência do livre arbítrio da alma humana que, no último instante, tem consciência da missão da qual está encarregada, e quer, malgrado a morte, cumprir o que não pôde acabar. Algumas vezes, isso pode ser também uma espécie de punição infligida ao Espírito que duvida do futuro, a de lhe conceder um prolongamento de vitalidade, da qual sofre necessariamente.

SÃO LUÍS.

Poder-se-ia, também, admirar a rapidez do desligamento desse Espírito, tendo em vista o seu apego à vida corpórea; mas é necessário considerar que esse apego não tinha nada de sensual, nem de material; tinha mesmo o seu lado moral, uma vez que era motivado pelo interesse de seus filhos de tenra idade. Era, além disso, um Espírito avançado em inteligência e em moralidade: um grau a mais e estaria entre os Espíritos muito felizes. Ali não tinha, pois, nos laços perispirituais, a tenacidade que resulta da identificação com a matéria; pode-se dizer que a vida, enfraquecida por uma longa enfermidade, não tinha mais que alguns fios; foram esses fios que queria impedir de se romperem. Todavia, foi punida pela sua resistência pelo prolongamento de seus sofrimentos que diziam respeito à natureza da doença, e não à dificuldade do desligamento; por isso, depois da libertação, a perturbação foi de curta duração.

Um fato igualmente importante decorre desta evocação, assim como na maioria daquelas que são feitas em diversas épocas, mais ou menos afastadas da morte, que é a mudança que se cumpre gradualmente nas ideias do Espírito, e do qual se pode seguir o progresso; neste, se traduz, não por melhores sentimentos, mas por uma mais sadia apreciação das coisas. O progresso da alma, na vida espiritual é, pois, um fato constatado pela experiência; a vida corporal é a que põe em prática esse progresso; é a prova de suas resoluções, o cadinho onde se depura.

Desde o instante em que a alma progride, depois da sua morte, a sua sorte não pode estar irrevogavelmente fixada, porque a fixação definitiva da sorte é, como dissemos alhures, a negação do progresso. As duas coisas não podendo existir simultaneamente, resta aquela que tem a sanção dos fatos e da razão.

Capítulo 4

Espíritos sofredores

O castigo

Exposição geral do estado dos culpados na sua entrada no mundo dos Espíritos, ditado à Sociedade Espírita de Paris, em outubro de 1860.

Os Espíritos maus, egoístas e duros, são, logo depois da morte, entregues a uma dúvida cruel sobre o seu destino presente e futuro; olham ao seu redor, e não veem de início nenhum sujeito sobre o qual possam exercer a sua má personalidade, e o desespero se apodera deles, porque o isolamento e a inação são intoleráveis aos maus Espíritos; não levantam os seus olhares para os lugares habitados pelos puros Espíritos; consideram o que os cerca, e logo surpreendidos pelo abatimento de Espíritos fracos e punidos, se agarram a eles como a uma presa, armando-se das lembranças de suas faltas passadas que, sem cessar, colocam em ação com os seus gestos zombeteiros. Essa zombaria não lhes bastando, mergulham na Terra como abutres esfomeados; procuram, entre os homens, a alma que abrirá mais fácil acesso às suas tentações; dela se apoderam, exaltam a sua cobiça, tratam de extinguir a sua fé em Deus, e quando, enfim, senhores de uma consciência, veem a sua presa assegurada, estendem sobre tudo o que se aproxima de sua vítima, o fatal contágio.

O mau Espírito que exerce a sua raiva é quase feliz; sofre apenas nos momentos que não age, e naqueles também onde o bem triunfa do mal.

Todavia, os séculos se escoam; o mau Espírito sente, de repente, as trevas invadi-lo; seu círculo de ação se estreita; a sua consciência muda até então, o faz sentir as picadas aguçadas do arrependimento. Inativo, arrastado pelo turbilhão, ele erra, sentindo, como dizem as Escrituras, o pêlo de sua carne se eriçar de medo; logo um grande vazio se faz nele, ao redor dele; o momento é chegado, deve expiar; a reencarnação aí está ameaçadora; vê, como numa miragem, as provas terríveis que o esperam; gostaria de recuar, avança, é precipitado no abismo medonho da vida, rola espantado até que o véu da ignorância recaia sobre os seus olhos. Ele vive, age e é ainda culpado; sente nele não sei qual lembrança inquieta, quais pressentimentos que o fazem tremer, mas não o fazem recuar no caminho do mal. Ao cabo de forças e de crimes, ele vai morrer. Estendido sobre o seu catre, ou sobre o seu leito, que importa! O homem culpado sente, sob sua aparente imobilidade, se agitar e viver um mundo de sensações esquecidas. Sob suas pálpebras fechadas, vê despontar um clarão, ouve sons estranhos; sua alma, que vai deixar o seu corpo, se agita impaciente, ao passo que as suas mãos crispadas tentam se agarrar às mortalhas; gostaria de falar, gostaria de gritar àqueles que o cercam: Retenham-me! Eu vejo o castigo! Não o pode; a morte se fixa sobre os seus lábios descorados, e os assistentes dizem: Descansa em paz!

Entretanto, ouve tudo; flutua ao redor de seu corpo que não gostaria de abandonar; uma força secreta o atrai; ele vê, reconhece o que já viu. Desvairado, lança-se no espaço onde gostaria de se esconder. Não mais lugar de refúgio! Não mais repouso! Outros Espíritos lhe devolvem o mal que fez, e castigado, escarnecido, confuso por sua vez, ele erra, e errará até que o divino clarão penetre em seu endurecimento e o esclareça, para lhe mostrar o Deus vingador, o Deus triunfante de todo o mal, que poderá apaziguar à força de gemidos e de expiações.

GEORGES.

Jamais foi traçado quadro mais eloquente, mais terrível e mais verdadeiro, da sorte do mau; é, pois, necessário ter recursos da fantamasgoria das chamas e das torturas físicas?

Novel

(O Espírito se dirige ao médium, que conhecera quando vivo.)

"Vou contar-te o que sofri quando morri. Meu Espírito, retido no meu corpo por laços materiais, teve grande dificuldade para dele se desligar, o que foi uma primeira e rude angústia. A vida que deixara, há vinte e quatro anos, era ainda tão forte em mim, que não acreditava na sua perda. Eu procurava o meu corpo, e estava admirado e assustado por me ver perdido no meio desse ajuntamento de sombras. Enfim a consciência de meu estado, a revelação das faltas que cometera em todas as minhas encarnações, feriram-me de repente; uma luz implacável clareou as mais secretas dobras de minha alma, que se sentiu *nua,* depois presa de uma vergonha acabrunhante. Procurava disso escapar interessando-me pelos objetos novos, *e todavia conhecidos,* que me cercavam; os Espíritos resplandecentes, flutuando no éter, davam-me a ideia de uma felicidade à qual não podia aspirar; formas sombrias e desoladas, umas mergulhadas num triste desespero, outras irônicas ou furiosas, deslizavam ao meu redor e na terra à qual permanecia atado. Eu via os humanos se agitarem, dos quais invejava a ignorância; toda uma ordem de sensações desconhecidas, *ou reencontradas,* me invadiam ao mesmo tempo. Arrastado como por uma força irresistível, procurando fugir dessa dor encarniçada, transpunha as distâncias, os elementos, os obstáculos materiais, sem que as belezas da Natureza, nem os esplendores celestes, pudessem acalmar um instante o dilaceramento de minha consciência, nem o terror que me causava a revelação da eternidade. Um mortal pode sentir as torturas materiais pelos arrepios da carne, mas as vossas frágeis dores, abrandadas pela esperança, temperadas pelas distrações, mortas pelo esquecimento, jamais vos poderão fazer compreender as angústias de uma alma que sofre sem trégua, sem esperança, sem arrependimento. Passei um tempo do qual não pude apreciar a duração, invejando os eleitos dos quais podia entrever o esplendor, detestando os maus Espíritos que me perseguiam com as suas zombarias, desprezando os humanos dos quais via as torpezas, passando de um profundo acabrunhamento a uma revolta insensata.

Enfim, tu me chamaste e, pela primeira vez, um sentimento doce e terno me apaziguou; escutei os ensinamentos que teus guias te dão; a verdade penetrou-me, eu pedi: Deus me ouviu; revelou-se a mim pela sua clemência, como se revelara pela sua justiça."

NOVEL.

Auguste Michel
(Le Havre, março de 1863.)

Era um moço rico, boêmio, gozando largamente e exclusivamente da vida material. Embora inteligente, a indiferença pelas coisas sérias era o fundo de seu caráter. Sem maldade, antes bom que mau, era querido pelos seus companheiros de prazer, e procurado na alta sociedade pelas suas qualidades de homem do mundo; sem ter feito o mal, não fizera o bem. Morreu de uma queda da viatura em um passeio. Evocado alguns dias depois de sua morte, por um médium que o conhecia indiretamente, deu, sucessivamente, as comunicações seguintes:

8 de março de 1863 – "Estou apenas desligado de meu corpo; também posso dificilmente vos falar. A terrível queda que fez o meu corpo morrer, coloca o meu Espírito numa grande perturbação. Estou inquieto pelo que vou ser, e essa incerteza é cruel. O horrível sofrimento que meu corpo sofreu nada é em comparação com a perturbação em que estou. Orai para que Deus me perdoe. Oh! Que dor! Oh! Graças, meu Deus! Que dor! Adeus."

18 de março – "Já vim a vós, mas só pude vos falar dificilmente. Ainda neste momento, posso com dificuldade me comunicar convosco. Sois o único médium a quem posso pedir preces, para que a bondade de Deus me tire da perturbação em que estou. Por que sofrer ainda quando o meu corpo não sofre mais? Por que esta dor horrível, essa terrível angústia existe sempre? Pedi, oh! Pedi para que Deus me conceda o repouso... Oh! Que cruel incerteza! Ainda estou ligado ao meu corpo. Dificilmente posso ver onde posso estar; meu corpo está lá, e por que lá estou sempre? Venham orar *sobre ele* para que eu seja desligado dessa opressão cruel. Eu o espero, Deus quererá perdoar-me. Vejo os Espíritos que estão junto de vós e, por eles, posso vos falar. Orai por mim."

6 de abril – "Sou eu quem vem junto a vós, pedir-vos para orar por mim. Seria preciso vir *sobre o lugar onde jaz o meu corpo*, pedir ao Todo--Poderoso para acalmar os meus sofrimentos. Eu sofro! Oh! Eu sofro! Ide nesse lugar; é preciso e endereçai ao Senhor uma prece para que me perdoe. Vejo que poderia estar mais tranquilo, mas retorno sem cessar para o lugar onde se depositou o que fui eu."

O médium, não se dando conta da insistência do Espírito que lhe solicitava ir orar sobre a sua tumba, negligenciara de o fazer. Todavia, para lá foi mais tarde, e ali recebeu a comunicação adiante:

11 de maio – "Eu vos esperava. Esperava o momento em que viríeis

ao lugar onde o meu Espírito parece preso ao seu envoltório, implorar a Deus de misericórdia para que a sua bondade acalme os meus sofrimentos. Podeis me fazer o bem com as vossas preces; não afrouxeis, isso vos suplico. Vejo o quanto a minha vida foi oposta ao que ela deveria ser; vejo as faltas que cometi. Fui um ser inútil no mundo; não fiz nenhum bom emprego de minhas faculdades; a minha fortuna serviu apenas para satisfazer as minhas paixões, os meus gostos de luxo e a minha vaidade; pensei somente nos gozos do corpo, e não em minha alma. A misericórdia de Deus descerá sobre mim, pobre Espírito que sofre ainda pelas minhas faltas terrestres? Orai para que ele me perdoe, e que eu seja libertado das dores que sinto agora. Eu vos agradeço por ter vindo orar sobre mim."

8 de junho – "Posso vos falar, e agradeço a Deus por me permitir. Vi as minhas faltas e espero que Deus me perdoará. Segui sempre vossa vida segundo a crença que vos anima, porque ela vos reserva para mais tarde um repouso que ainda não tenho. Obrigado pelas vossas preces. Adeus."

AUGUSTE

A insistência do Espírito para que se fosse orar sobre a sua tumba é uma particularidade notável, mas que tem a sua razão de ser considerando-se o quanto eram tenazes os laços que o retinham ao corpo, e quanto a separação era longa e difícil, em consequência da materialidade de sua existência. Compreende-se que, em se aproximando do corpo, a prece podia exercer uma espécie de ação magnética mais poderosa para ajudar o desligamento. O uso quase geral de se orar junto dos corpos dos falecidos, não viria da intuição inconsciente que se tem desse efeito? A eficácia da prece, neste caso, teria um resultado ao mesmo tempo moral e material.

Lamentações de um boêmio

(Bordeaux, 19 de abril de 1862.)

30 de julho – "No presente sou menos infeliz, porque não sinto mais o laço que me ligava ao meu corpo; enfim, sou livre, mas não satisfiz a expiação; é necessário que eu repare o tempo perdido, se não quero ver prolongar os meus sofrimentos. Deus, eu o espero, verá o meu arrependimento sincero e consentirá em me conceder o seu perdão. Orai ainda por mim, isso vos suplico.

Homens, meus irmãos, vivi só para mim; hoje o expio e sofro! Que

Deus vos faça a graça de evitar os espinhos nos quais me dilacero. Caminhai no caminho largo do Senhor e orai por mim, porque abusei dos bens que Deus *empresta* às suas criaturas!

Aquele que sacrifica aos instintos brutais a inteligência e os bons sentimentos que Deus nele colocou, se assemelha ao animal que frequentemente maltrata. O homem deve usar com sobriedade os bens de que é depositário; deve se habituar a viver tão-somente em vista da eternidade que o espera e, por conseguinte, se desligar dos gozos materiais. Seu alimento não deve ter outro objetivo que a sua vitalidade; seu luxo deve se subordinar às estritas necessidades de sua posição; seus gostos, mesmo seus pendores naturais, devem estar regidos pela mais forte razão, sem o que se materializa em lugar de se depurar. As paixões humanas são um laço apertado que enterra nas carnes; portanto, não o reaperteis mais. Vivei, mas não sede boêmios. Não sabeis o que isso custa quando se retorna à pátria! As paixões terrestres vos espoliam antes de vos deixar, e chegais ao Senhor nus, inteiramente nus. Ah! Cobri-vos com boas obras; elas vos ajudarão a transpor o espaço que vos separa da eternidade. Manto brilhante, elas esconderão as vossas torpezas humanas. Envolvei-vos de caridade e de amor, vestimentas divinas que nada retira."

Instruções do guia do médium – "Este Espírito está num bom caminho uma vez que, ao arrependimento, junta conselhos a fim de se colocar em guarda contra os perigos da rota que segue. Reconhecer seus erros já é um mérito, e um passo de fato para o bem; por isso sua situação, sem ser feliz, não é mais a de um Espírito sofredor. Ele se arrepende; resta-lhe a reparação que se cumprirá numa outra existência de provas. Mas antes dele lá chegar, sabeis qual é a situação desses homens com vida toda sensual, que não deram ao seu espírito outra atividade que a de inventar, sem cessar, novos gozos? A influência da matéria segue-os além do túmulo, e a morte não põe um termo aos seus apetites que a sua visão, tão limitada quanto na Terra, procura em vão os meios de satisfazer. Jamais tendo procurado o alimento espiritual, a sua alma erra no vazio, sem objetivo, sem esperança, sujeita à ansiedade do homem que tem, diante dele, apenas a perspectiva de um deserto sem limites. A nulidade de suas ocupações intelectuais, durante a vida do corpo, ocasiona naturalmente a nulidade do trabalho do Espírito depois da morte; não mais podendo satisfazer o corpo, nada lhe resta para satisfazer o Espírito; daí um mortal dissabor do qual não preveem o fim, e ao qual preferem o nada; mas o nada não existe; puderam matar o corpo, mas não podem matar o Espírito; é necessário, pois, que vivam nessas torturas morais até que, vencidos pela cansaço, se decidam a lançar um olhar para Deus."

Lisbeth

(Bordeaux, 13 de fevereiro de 1862.)

Um Espírito sofredor se inscreveu sob o nome de Lisbeth.

1. Quereis me dar alguns detalhes sobre a vossa posição e a causa dos vossos sofrimentos? – R. Seja humilde de coração, submisso à vontade de Deus, paciente nas provas, caridoso para com o pobre, encorajador para o fraco, ardente de coração para todos os sofrimentos, e não sofrerás as torturas que suporto.

2. Se as faltas opostas às qualidades que assinalais vos arrastaram, pareceis lamentá-las. Vosso arrependimento deve vos aliviar? – R. Não; o arrependimento é estéril quando é a consequência do sofrimento. O arrependimento produtivo é aquele que tem por base o remorso de haver ofendido a Deus, e o ardente desejo de reparar. Infelizmente, ainda não estou aí. Recomendai-me às preces de todos aqueles que se consagram aos sofrimentos; disso tenho necessidade.

Isto é uma grande verdade; o sofrimento, por vezes, arranca um grito de arrependimento, mas que não é a expressão sincera do remorso por ter feito o mal, porque se o Espírito não sofre mais, ele estará pronto para recomeçar. Eis porque o arrependimento não conduz sempre à libertação imediata do Espírito; para isso ele dispõe, eis tudo; mas lhe será necessário provar a sinceridade e a solidez de suas resoluções por novas provas, que são a reparação do mal que fez. Meditando-se com cuidado sobre todos os exemplos que citamos, se encontrarão nas palavras, mesmo dos Espíritos mais inferiores, graves assuntos de instrução, porque nos iniciam nos detalhes mais íntimos da vida espiritual. Ao passo que o homem superficial verá nesses exemplos apenas relatos, mais ou menos pitorescos, o homem sério, e que reflete, aí encontrará uma fonte abundante de estudos.

3. Farei o que desejardes. Quereis dar-me alguns detalhes sobre a vossa última existência? Disso pode resultar um ensinamento útil para nós, e tornar, assim, o vosso arrependimento produtivo.

(O Espírito colocou-se numa grande indecisão para responder a esta pergunta e a algumas das seguintes.)

R. Nasci numa condição elevada. Tinha tudo o que os homens consideram como a fonte da felicidade. Rica, fui egoísta; bela, fui coquete, indiferente e enganadora; nobre, fui ambiciosa. Esmaguei com o meu poder aqueles que não se prosternavam bastante diante de mim, e esmaguei ainda aqueles que se achavam sob os meus pés, sem pensar que a cólera do Senhor também esmaga, cedo ou tarde, as frontes mais elevadas.

4. Em que época vivestes? – R. Há cento e cinquenta anos, na Prússia.

5. Depois desse tempo, não fizestes nenhum progresso como Espírito? – R. Não; a matéria se revoltava sempre. Tu não podes compreender a influência que ela exerce, apesar da separação do corpo e do Espírito. O orgulho, vê tu, vos enlaça em correntes de bronze cujos anéis se apertam mais e mais ao redor do miserável que lhe entrega o coração. O orgulho! Essa hidra de cem cabeças sempre renascentes, que sabe modular seus assobios envenenados de tal sorte que são tomados por música celeste! O orgulho! Esse demônio múltiplo que se curva a todas as aberrações do vosso Espírito, que se esconde nas pregas do vosso coração, penetra em vossas veias, vos envolve, vos absorve e vos arrasta atrás dele nas trevas da geena eterna!... Sim, eterna!

O Espírito disse que não fez nenhum progresso, sem dúvida porque a sua situação é sempre penosa; mas a maneira pela qual ele descreve o orgulho e lhe deplora as consequências, incontestavelmente, é um progresso; porque seguramente, quando vivo, nem pouco depois de sua morte, não raciocinara assim. Ele compreende o mal, e isso já é alguma coisa; a coragem e a vontade de evitá-lo, lhe virão em seguida.

6. Deus é muito bom para condenar as suas criaturas a penas eternas; esperai em sua misericórdia. – R. Elas podem ter um fim; diz-se, mas onde? Eu o procuro há muito tempo e vejo sofrimento sempre! Sempre! Sempre!

7. Como viestes aqui hoje? – R. Um Espírito que me segue com frequência, para cá me conduziu. – Desde quando vedes esse Espírito? – R. Não faz muito tempo. – E desde quando vos dais conta das faltas que cometestes? – R. (Depois de uma longa reflexão) Sim, tens razão; foi então que eu o vi.

8. Não compreendeis agora a relação que existe entre o vosso arrependimento e a ajuda invisível que vos presta o vosso Espírito protetor?

Vede como origem desse apoio o amor de Deus, e como objetivo o seu perdão e a sua misericórdia infinita. – R. Oh! Como o gostaria! – Creio poder prometer no nome sagrado daquele que jamais foi surdo à voz dos seus filhos em aflição. Chamai-o do fundo do vosso arrependimento, ele vos ouvirá. – R. Eu não posso; tenho medo.

9. Peçamos juntos, ele nos ouvirá. (Depois da prece.) Estais ainda aí? – R. Sim, obrigada! Não me esqueça.

10. Vinde aqui vos inscrever todos os dias. – R. Sim, sim, retornarei sempre.

O guia do médium – "Não esqueças jamais os ensinamentos que haures nos sofrimentos dos teus protegidos, e sobretudo nas causas desse sofrimento; que elas vos sirvam, a todos, de ensinamento para vos preservar dos mesmos perigos e dos mesmos castigos. Purificai os vossos corações, sede humildes, amai-vos, ajudai-vos, e que o vosso coração reconhecido não esqueça jamais a fonte de todas as graças, fonte inesgotável onde cada um de vós pode haurir com abundância; fonte de água viva que sacia a sede e nutre ao mesmo tempo; fonte de vida e de felicidade eternas. Ide a ela, meus bem-amados, bebei nela com fé; lançai-lhe as vossas redes e elas sairão dessas ondas, carregadas de bênçãos; informai aos vossos irmãos advertindo-os dos perigos que podem encontrar. Espalhai as bênçãos do Senhor; elas renascem sem cessar; quanto mais as derramais ao redor de vós, tanto mais se multiplicarão. Tende-as em vossas mãos, porque em dizendo aos vossos irmãos: ali estão os perigos, ali estão os escolhos, segui-nos para evitá-los; *imitai-nos, a nós que damos o exemplo,* espalhai as bênçãos do Senhor sobre aqueles que vos escutam.

Benditos sejam os vossos esforços, meus bem-amados. O Senhor ama os corações puros; merecei o seu amor."

SAINT PAULIN.

Príncipe Ouran
(Bordeaux, 1862.)

Um Espírito sofredor se apresenta sob o nome de OURAN, anteriormente príncipe russo.

P. Quereis nos dar alguns detalhes sobre a vossa situação? – R. Oh! Bem-aventurados os humildes de coração, o reino do céu lhes pertence!

Orai por mim. Bem-aventurados são aqueles que, humildes de coração, escolhem, para passarem suas provas, uma posição modesta! Não sabeis, vós todos que a inveja devora, a qual estado está reduzido um daqueles a que chamais os felizes da Terra; não sabeis as brasas ardentes que acumulam sobre sua cabeça; não sabeis os sacrifícios que a riqueza impõe quando se quer aproveitá-la para a salvação eterna! Que o Senhor me permita, a mim, orgulhoso déspota, vir expiar, entre aqueles que esmaguei com a minha tirania, os crimes que o orgulho me fez cometer! Orgulho! repeti esse nome sem cessar para que jamais vos esqueçais que ele é a fonte de todos os sofrimentos que nos oprimem! Sim, abusei do poder e do favor dos quais gozava; fui duro, cruel, para os meus inferiores que deveriam curvar-se a todos os meus caprichos, satisfazer todas as minhas depravações. Quis para mim a nobreza, as honras, a fortuna, e sucumbi sob o peso que tomei acima de minhas forças.

Os Espíritos que sucumbem, geralmente, são levados a dizerem que tinham uma carga acima de suas forças; é um meio de se excusar aos próprios olhos, e ainda um resto do orgulho: eles não admitem haver falido por suas faltas. Deus não dá a ninguém acima do que se pode carregar; não pede a ninguém mais do que se possa lhe dar; não exige que a árvore nascente carregue os frutos daquela que tem todo o seu crescimento. Deus dá aos Espíritos a liberdade; o que lhes falta é a vontade, e a vontade depende só deles; com a vontade, não há inclinações viciosas que não se possam vencer; mas, *quando se compraz numa tendência, é natural que não se façam esforços para superá-la.* É necessário, portanto, tomar a si as consequências que disso resultem.

P. Tendes a consciência de vossas faltas, é um primeiro passo para a melhoria. – R. Esta consciência é ainda um sofrimento. Para muitos Espíritos, o sofrimento é um efeito quase material, porque, agarrados ainda à humanidade de sua última existência, não percebem as sensações morais. O meu Espírito está desligado da matéria, e o sentimento moral aumentou de tudo o que as sensações cruas físicas tinham de horrível.

P. Entrevedes um fim para os vossos sofrimentos? – R. Sei que não serão eternos; o fim não o entrevejo ainda; me é necessário antes recomeçar a prova.

P. Esperais recomeçar logo? – R. Não sei ainda.

P. Tendes a lembrança de vossos antecedentes? Eu vos pergunto com um fim instrutivo. – R. Sim, teus guias aí estão e sabem o que te é necessário. Vivi sob Marco Aurélio. Ali, poderoso ainda, já sucumbi pelo orgulho, causa de todas as quedas. Depois de errar por séculos, quis experimentar uma vida obscura. Pobre estudante, mendiguei o meu pão, mas o orgulho aí estava sempre; o Espírito adquirira em ciência, mas não em virtude. Sábio e ambicioso, vendi a minha alma a quem mais desse, servindo para todas as vinganças, todos os ódios. Sentia-me culpado, mas a sede de honrarias, de riquezas, abafava os gritos de minha consciência. A expiação ainda foi longa e cruel. Enfim, quis, na minha última encarnação, recomeçar uma vida de luxo e de poder; pensando dominar os escolhos, não escutei os avisos: orgulho que ainda me levou a fiar no meu próprio julgamento, antes que no daqueles amigos protetores que não cessam de velar sobre nós; sabes o resultado desta última tentativa.

Hoje, enfim, compreendo e espero na misericórdia do Senhor. Deponho aos seus pés o meu orgulho vencido, e lhe peço carregar as minhas espáduas com o mais pesado fardo de humildade; com a ajuda de sua graça, o peso me parecerá leve. Orai comigo e para mim; orai também para que este demônio de fogo não devore em vós os instintos que vos elevam para Deus. Irmãos em sofrimento, que o meu exemplo vos sirva, e nunca olvideis que o orgulho é o inimigo da felicidade, porque dele decorrem todos os males que assaltam a Humanidade e a perseguem até nas regiões celestes.

O guia do médium. – "Tivestes dúvidas sobre este Espírito, porque a sua linguagem não te pareceu de acordo com o seu estado de sofrimento, que acusa a sua inferioridade. Não temas: recebeste uma instrução séria; por sofredor que este Espírito seja, ele é bastante elevado em inteligência, para falar como o fez. Falta-lhe apenas a humildade, sem a qual nenhum Espírito pode chegar a Deus. Essa humildade ele a conquista agora, e esperamos que, com a perseverança, sairá triunfante de uma nova prova.

Nosso Pai celeste é cheio de justiça em sua sabedoria; leva em conta os esforços que o homem faz para domar os seus maus instintos. Cada vitória obtida sobre vós mesmos é um degrau transposto nessa escala da qual uma extremidade se apóia na vossa Terra, e da qual a outra se detém aos pés do Juiz supremo. Subi, pois, com ardor; eles são agradáveis a vencer para aqueles que têm a vontade forte. Olhai sempre para o alto, para vos encorajar, porque infeliz daquele que se detém e olha para trás! É então atingido pelo deslumbramento; o vazio que o cerca o apavora; acha-se sem força e diz: De que serve querer avançar ainda? Tão pouco fiz do caminho! Não, meus amigos, não olheis para trás. O orgulho está incorporado no homem; pois bem! empregai esse orgulho para vos dar a força e a coragem para rematar a vossa ascensão. Empregai-o para dominar as vossas fraquezas, e subirdes ao cume da montanha eterna."

Pascal Lavic

(Le Havre, 9 de agosto de 1863.)

Este Espírito se comunicou espontaneamente ao médium, sem que este o conhecesse quando vivo, mesmo de nome.

"Creio na bondade de Deus que consentirá tomar em misericórdia o meu pobre Espírito. Eu sofri, muito sofri, e o meu corpo pereceu no mar. Meu Espírito esteve sempre ligado ao meu corpo, e por muito tempo esteve errante sobre as ondas. Deus..."

(A comunicação foi interrompida; no dia seguinte o Espírito continuou:)

"...quis permitir que as preces, daqueles que deixei na Terra, me tirassem do estado de perturbação e de incerteza em que o meu Espírito estava mergulhado. Esperaram-me muito tempo e puderam reencontrar o meu corpo; no presente repousa, e meu Espírito, desligado, com pena, vê as faltas cometidas; prova consumada, Deus julga com justiça, e sua bondade se estende sobre os arrependidos.

Se, por muito tempo, o meu Espírito errou com o meu corpo, era porque tinha a expiar. Segui o caminho reto se quereis que Deus retire prontamente o vosso Espírito de seu envoltório. Vivei no amor dele; orai, e a morte, tão horrível para tantos, será abrandada para vós, uma vez que sabeis a vida que vos espera. Sucumbi no mar e por muito tempo me esperaram. Não poder desligar-me de meu corpo era, para mim, uma terrível prova; por isso tenho necessidade de vossas preces, de vós que entrastes na crença que salva, de vós que podeis pedir a Deus justo por mim. Eu me arrependo e espero que consinta em me perdoar. Foi no dia 6 de agosto que o meu corpo foi reencontrado; eu era um pobre marinheiro e morri há muito tempo. Orai por mim."

PASCAL LAVIC.

P. Onde fostes reencontrado? – R. Perto de vós.

O *Jornal du Havre*, de 11 de agosto de 1863, continha o artigo seguinte, do qual o médium não podia ter conhecimento:

"Anunciamos que foi encontrado, no dia 6 deste mês, um resto de cadáver encalhado entre Bléville e La Hève. A cabeça, os braços e o busto estavam retirados; todavia, a sua identidade pôde ser constatada pelo sapato ainda junto aos pés. Assim, reconheceu-se que era o corpo do pescador Lavic, que pereceu no dia 11 de dezembro, no barco *l'Alerte*, arrebatado, diante de Trouville, por um golpe de mar. Lavic tinha a idade de quarenta e nove anos, nascido em Calais. Foi a viúva do defunto quem lhe constatou a identidade."

No dia 12 de agosto, como se conversava sobre esse acontecimento no círculo onde o Espírito se manifestou pela primeira vez, ele comunicou-se de novo, espontaneamente:

"Eu bem que sou Pascal Lavic, e tenho necessidade de vossas preces. Podeis me fazer o bem, porque a prova que sofri foi terrível. A separação do meu Espírito do meu corpo só se deu quando reconheci as minhas faltas; depois não se desligara dele inteiramente; seguia-o sobre o mar, que o engolira. Orai, pois, a Deus para me perdoar; orai a ele para que me dê repouso. Orai, isso vos suplico. Que esse terrível fim, de uma existência terrestre infeliz, seja para vós um ensinamento bem grande! Deveis pensar na vida futura e não deixar de pedir a Deus a sua misericórdia. Orai por mim; tenho necessidade que Deus me tome em piedade."

PASCAL LAVIC.

Ferdinand Bertin

Um médium, habitante do Havre, evocou o Espírito de uma pessoa que lhe era conhecida. Esse Espírito respondeu: "Quero me comunicar, mas não posso vencer o obstáculo que há entre nós; sou obrigado a deixar esses infelizes que sofrem se aproximarem de vós". Recebeu, então, espontaneamente, a comunicação seguinte:

"Estou num terrível abismo! Ajudai-me! Oh! Meu Deus, quem me tirará deste abismo?... Quem terá mão que socorre para o infeliz que o mar engoliu?... A noite é tão negra que tenho medo... Por toda parte o bramido das vagas, e nenhuma palavra amiga para me consolar e me ajudar nesse momento supremo; porque esta noite profunda é a morte com todo o seu horror, e eu não quero morrer!... Ó meu Deus! Não é a morte por vir, é a morte passada!... Estou para sempre separado daqueles que amo... Vejo o meu corpo, e o que provei há instantes é apenas a lembrança da horrível angústia da separação... Tende piedade de mim, vós que conheceis os meus sofrimentos; orai por mim, porque não quero mais sentir, assim como o fiz desde aquela noite fatal, todos os dilaceramentos da agonia!...Aí está, todavia, a minha punição: eu a pressinto... Orai, a isso vos conjuro!... Oh! O mar...o frio...vou ser engolido!... Socorro!... Tende, pois, piedade; não me repilais!... Nós nos salvaremos melhor a dois sobre esses destroços!... Oh! Eu sufoco!... As vagas vão me engolir, e os meus não terão mesmo a triste consolação de me reverem... Mas não; vejo que o meu corpo não está mais sacudido pelas vagas... As preces de minha mãe serão ouvidas... Minha pobre mãe! Se pudesse imaginar o seu filho, tão miserável que é na realidade, oraria melhor; ela, porém, crê que a causa de minha morte santificou o passado; ela me chora mártir, e não infeliz e castigado!...Oh! Vós que sabeis, sereis sem piedade? Não, vós orareis."

FRANÇOIS BERTIN.[1]

Esse nome, inteiramente desconhecido do médium, não lhe sugeria nenhuma lembrança; ele se disse que, sem dúvida, era um Espírito de algum infeliz náufrago que vinha se manifestar espontaneamente a ele, assim como isso lhe ocorreu várias vezes. Soube um pouco mais tarde que, com efeito, era o nome de uma das vítimas de um grande desastre marítimo, que ocorrera, nessas paragens, no dia 2 de dezembro de 1863. A comunicação foi dada no dia 8 do mesmo mês, seis dias depois da catástrofe. O indivíduo perecera fazendo tentativas inauditas para salvar a tripulação, e no momento em que acreditava a sua salvação assegurada.

Esse indivíduo não se ligava ao médium por nenhum laço de parentesco ou de conhecimento; por que, pois, se manifestou a ele antes que a qualquer membro de sua família? É que os Espíritos não encontram, em todo o mundo, as condições fluídicas necessárias a esse efeito; na perturbação em que estava, não tinha, aliás, a liberdade de escolha; foi conduzido instintiva e atrativamente para o médium, dotado, ao que parece, de uma aptidão especial para as comunicações espontâneas desse gênero; sem dúvida, pressentia também que ali encontraria uma simpatia particular, como outras encontrara em circunstâncias semelhantes. Sua

---

[1]Nota da Editora - Conforme obra original francesa, o espírito ora se identificou como Ferdinand, ora como François.

família, estranha ao Espiritismo, talvez antipática para essa crença, não acolheria a sua revelação como poderia fazê-lo esse médium.

Embora a morte remontasse a alguns dias, o Espírito ainda lhe sentia todas as angústias. É evidente que não se dava conta, de nenhum modo, de sua situação; acreditava-se ainda vivo, lutando contra as ondas e, todavia, fala de seu corpo como se estivesse separado dele; chama por socorro e diz que não quer morrer, e um instante depois fala da causa de sua morte, que reconhece ser um castigo; tudo isso denota a confusão de ideias que, quase sempre, segue-se às mortes violentas.

Dois meses mais tarde, em 2 de fevereiro de 1864, se comunicou de novo, espontaneamente, pelo mesmo médium, e lhe ditou o que segue:

"A piedade que tivestes por meus sofrimentos tão horríveis aliviou-me. Eu compreendo *a esperança*; entrevejo o perdão, mas depois do castigo da falta cometida. Sofro sempre, e se Deus permite que, durante alguns momentos, entreveja o fim de minha infelicidade, é somente às preces de almas caridosas, tocadas pela minha situação, que devo esse abrandamento. Ó esperança, raio do céu, quão benigna és quando te sinto nascer em minha alma!... Mas, ai de mim! o abismo se abre; o terror e o sofrimento fazem apagar essa lembrança da misericórdia... A noite; sempre a noite!... A água, o ruído das vagas que vão engolir o meu corpo, são uma fraca imagem do horror que cerca o meu pobre Espírito... Sou mais calmo quando posso estar perto de vós; porque do mesmo modo que um terrível segredo, depositado no seio de um amigo, alivia aquele a quem oprimia, do mesmo modo a vossa piedade, motivada pela confidência de minha miséria, acalma o meu mal e repousa o meu Espírito. Vossas preces me fazem bem; não mas recuseis. Não quero cair mais nesse horrível sonho que se faz realidade quando eu o vejo... Tomai o lápis mais frequentemente; isto me faz tanto bem, em me comunicar por vós!"

Daí a alguns dias, este mesmo Espírito tendo sido evocado numa reunião espírita, de Paris, foram-lhe dirigidas as perguntas seguintes, às quais respondeu por uma única e mesma comunicação, e por um outro médium.

Pergunta – Que vos levou a se manifestar espontaneamente ao primeiro médium pelo qual vos comunicastes? – Quanto tempo fazia que estáveis morto, quando vos manifestastes? – Quando vos comunicastes, parecíeis incerto se estáveis ainda morto ou vivo, e provastes todas as angústias de uma morte terrível; agora dai-vos melhor conta da vossa situação? – Dissestes, positivamente, que a vossa morte era uma expiação; quereis nos dizer a sua causa: isso será uma instrução para nós, e um alívio para vós. Por essa confissão sincera, atraireis a misericórdia de Deus, que solicitaremos em nossas preces.

Resposta – Parece impossível, à primeira vista, que uma criatura possa sofrer tão cruelmente. Deus! como é penoso ver-se constantemente no meio das vagas em fúria, e sentir, sem cessar, essa amargura, esse frio glacial que aumenta, que oprime o estômago!

Mas, para que serve sempre vos entreter com tais espetáculos? Não devo começar por obedecer às leis do reconhecimento em vos agradecendo a todos vós, que tomais os meus tormentos num tal interesse? Perguntais se me comuniquei muito tempo depois de minha morte? Não posso responder facilmente. Pensai, e julgai em que horrível situação estou ainda! Entretanto, fui conduzido para junto do médium, eu creio, por uma vontade estranha à minha; e, coisa impossível de me dar conta, *eu me servi de seu braço com a mesma facilidade com que me sirvo do vosso neste momento, persuadido de que me pertence.* Sinto mesmo, neste momento, que é um gozo enorme, assim como uma consolação particular que, ai! logo vai cessar. Mas, ó meu Deus! teria uma confissão a fazer; terei força para isso?

Depois de muitos encorajamentos, o Espírito acrescentou: Sou bem culpado! O que sobretudo me dá pena é que se crê que sou um mártir; não é nada disso... Numa precedente existência, fiz meter num saco várias vítimas e lançar ao mar... Orai por mim!

Instruções de São Luís sobre esta comunicação:

Esta confissão será, para esse Espírito, uma causa de grande alívio. Sim, ele foi bem culpado! Mas a existência que acaba de deixar foi honrada; era amado e estimado por seus chefes; foi o fruto do seu arrependimento e das boas resoluções que tomou antes de retornar à Terra, onde quis ser humano tanto quanto foi cruel. O devotamento, do qual deu provas, era uma reparação, mas lhe era necessário resgatar faltas passadas por uma última expiação, a da morte cruel que sofreu; ele mesmo quis se purificar, sofrendo as torturas que fizera outros sofrerem; e notai que uma ideia o perseguia: o lamento de ver que se lhe considerava como um mártir. Crede que lhe será tido em conta esse sentimento de humildade. Doravante, deixou o caminho de expiação para entrar no de reabilitação; por vossas preces podeis sustentá-lo, e fazê-lo caminhar mais firme e mais seguro.

François Riquier

François Riquier, homem muito comum, era um velho avarento e solteirão, morto em C..., em 1857, deixando uma fortuna bastante considerável aos colaterais. Outrora, foi o senhorio de uma senhora que depois o esquecera totalmente, e ignorando mesmo se ainda estava neste mundo. Em 1862, a filha dessa senhora, que estava sujeita a crises de catalepsia seguidas de um sono magnético espontâneo, e que, por outro lado, era muito boa médium escrevente, viu, em seu sonho, o senhor Riquier que, disse ela, queria dirigir-se à sua mãe. Alguns dias depois, uma vez que se manifestara espontaneamente e testemunhara o desejo de falar a essa senhora, teve-se, com ele, a seguinte conversa:

P. Que quereis de nós? – R. Meu dinheiro, que me tomaram todo, os miseráveis, a fim de o repartirem! Venderam as minhas quintas, as minhas casas, tudo, para as repartirem. Dilapidaram os meus bens, como se não fossem mais meus. Fazei-me que se faça justiça, porque eu, eles não escutam, e não quero ver mais tais infames. Dizem que eu era usurário, e guardam o meu dinheiro! Por que não me querem devolver se acham que foi mal adquirido?

P. Mas estás morto, meu homenzinho; não tendes mais necessidade de dinheiro. Pedi a Deus para ter uma nova existência pobre para expiar a avareza desta. – R. Não, eu não poderia mais viver pobre. É necessário o meu dinheiro para me fazer viver. Aliás, não tenho necessidade de ter outra vida, uma vez que vivo a presente.

P. (A pergunta seguinte foi feita com o objetivo de conduzi-lo à realidade.) Sofreis? – R. Oh! Sim, eu sofro torturas piores do que a doença mais cruel, porque é a minha alma que suporta essas torturas. Tenho sempre presente no pensamento a iniquidade de minha vida, que foi um motivo de escândalo para muitos. Sei bem que sou um miserável, indigno de piedade; mas sofro tanto que é necessário ajudar--me a sair deste miserável estado.

P. Oraremos por vós. – R. Obrigado! Orai para que eu esqueça as minhas riquezas terrestres, pois sem isso jamais poderei me arrepender. Adeus e obrigado.

FRANÇOIS RIQUIER.
Rue de la Charité, n. 14.

É bastante curioso ver este Espírito dar o seu endereço, como se estivesse ainda vivo. A senhora, que o ignorava, apressou-se em ir verificá-lo; e ficou muito surpresa em ver que a casa indicada, fora bem a última que ele habitara. Assim, depois de cinco anos, ele se achava ainda na ansiedade, terrível para um avaro, de ver os seus bens divididos entre os seus herdeiros. A evocação, sem dúvida provocada por um bom Espírito, teve por efeito fazê-lo compreender a sua posição, e o dispor ao arrependimento.

Claire

(Sociedade de Paris, 1861.)

O Espírito que ditou as comunicações seguintes foi o de uma senhora que o médium conhecera quando viva, e cuja conduta e caráter justificam plenamente muito os tormentos que ela sofre. Sobretudo, ela era dominada por um sentimento exagerado de egoísmo e de personalidade, que se reflete na terceira comunicação, por sua pretensão de querer que o médium se ocupe apenas dela. Essas comunicações foram obtidas em diversas épocas; as três últimas denotam um progresso sensível nas disposições do Espírito, graças aos cuidados do médium, que empreendia a sua educação moral.

1. "Eis-me, eu, a infeliz Claire; que queres tu que eu te ensine? A resignação e a esperança não são palavras para aquele que sabe que, inumeráveis como os calhaus da praia, seus sofrimentos durarão durante a sucessão dos séculos intermináveis. Eu posso abrandá-los, dizes? Que palavra vaga! Onde encontrar a coragem, a esperança para isso? Trate, pois, cérebro limitado, de compreender o que é um dia que não acaba nunca. Ele é um dia, um ano, um século? Que sei eu disso? As horas não o dividem nada; as estações não o variam; eterno e lento como a água que escorre do rochedo, esse dia execrado, esse dia maldito, pesa sobre mim como uma moldura de chumbo... Eu sofro!... Vejo ao meu redor, somente

sombras silenciosas e indiferentes... Eu sofro!

Eu o sei, todavia, acima dessa miséria reina Deus, o Pai, o Senhor, aquele para quem tudo se encaminha. Quero pensar Nele, quero implorar--lhe misericórdia.

Eu me debato e me arrasto como um estropiado que rasteja ao longo do caminho. Não sei que poder me atrai para ti; talvez sejas a salvação? Eu te deixo um pouco calma, um pouco reanimada; como um velho tiritante que se reanima a um raio de Sol, minha alma gelada haure uma nova vida em se aproximando de ti."

2. "A minha infelicidade aumenta a cada dia; aumenta na medida em que o conhecimento da eternidade se desenvolve em mim. Ó miséria! Quanto vos maldigo, horas culpáveis, horas de egoísmo e de esquecimento, onde, desconhecendo toda a caridade, todo o devotamento, pensava somente no meu bem-estar! Sede malditos, arranjos humanos! Vãs preocupações de interesses materiais! Sede malditos, vós que me enceguecestes e me perdestes! Estou roída pelo incessante lamento do tempo perdido. Que te direi, a ti que me escutas? Vela sem cessar sobre ti; ama os outros mais que a ti mesmo; não te demores nos caminhos do bem--estar; não engordes teu corpo às expensas de tua alma; vigie, como dizia o Salvador aos seus discípulos. Não me agradeças por esses conselhos, *meu Espírito concebe-os, meu coração nunca os escutou.* Como um cão chicoteado, o medo me faz rastejar, mas não conheço ainda o desembaraçado amor. Sua divina aurora tarda muito a se levantar! Ora por minha alma ressequida e tão miserável!"

3. "Venho te procurar até aqui, uma vez que me esqueces. Crês, pois, que preces isoladas, o meu nome pronunciado, bastarão ao apaziguamento de minha pena? Não, cem vezes não. Eu rujo de dor; erro sem repouso, sem asilo, sem esperança, sentindo o eterno aguilhão do castigo se enterrar na minha alma revoltada. Rio quando ouço os vossos lamentos, quando vos vejo abatidos! Que são as vossas pálidas misérias! Que são as vossas lágrimas! Que são os vossos tormentos que o sono suspende! É que durmo, eu? Eu quero, entendes? Eu quero que, deixando as dissertações filosóficas, te ocupes de mim; que faças que os outros de mim se ocupem. Não tenho expressões para pintar a angústia desse tempo que foge, sem que as horas lhe marquem os períodos. Vejo apenas um fraco raio de esperança, e esta esperança tu me deste; não me abandones pois."

4. *O Espírito de São Luís* – "Este quadro é muito verdadeiro, porque não é, de modo algum, carregado. Perguntar-se-á, talvez, o que fez essa mulher para ser tão miserável. Cometeu ela algum crime horrível? Foi roubada, assassinada? Não; nada fez que merecera a justiça dos homens. Ao contrário, ela zombou do que chamais a felicidade terrestre; beleza, fortuna, prazeres, adulações, tudo lhe sorria, nada lhe faltava, e dizia-se em vendo-a: Que mulher feliz! E se invejava a sua sorte. O que ela fez? foi egoísta; tinha tudo, exceto um bom coração. Se não violou a lei dos homens, ela violou a lei de Deus, porque desconheceu a caridade, a primeira das virtudes. Amou somente a ela mesma, agora não é amada por ninguém; nada deu, nada se lhe dá; está isolada, desamparada, abandonada, perdida no espaço onde ninguém pensa nela, ninguém se ocupa dela: é o que faz o seu suplício. Como procurou apenas os gozos mundanos, e hoje esses gozos não mais existem, o vazio se fez ao seu redor; ela vê unicamente o nada, e o nada lhe parece a eternidade. Não sofre mais as torturas físicas, os diabos não vêm mais atormentá-la, mas isso não é mais necessário: ela se atormenta a si mesma, e antes sofre muito, porque esses diabos ainda seriam seres que nela pensariam. O egoísmo fez a sua alegria na Terra: perseguiu-a; agora é o verme que lhe rói o coração, seu verdadeiro demônio."

SÃO LUÍS.

5. "Eu vos falarei da diferença importante que existe entre a moral divina e a moral humana. A primeira assiste a mulher adúltera em seu abandono, e diz aos pecadores: – "Arrependei-vos, e o reino dos céus vos será aberto". A moral divina, enfim, aceita todos os arrependimentos e todas as faltas confessadas, ao passo que a moral humana repele estas e admite, sorrindo, os pecados ocultos que, diz ela, são perdoados pela metade. A uma, a graça do perdão, à outra, a hipocrisia. Escolhei, Espíritos ávidos de verdade! Escolhei entre os céus abertos ao arrependimento e a tolerância que admite o mal que não incomoda o seu egoísmo e seus falsos arranjos, mas que repele a paixão e os soluços de faltas confessadas publicamente. Arrependei-vos, vós todos que pecais; renunciai ao mal, mas sobretudo renunciai à hipocrisia que vela a torpeza, da máscara risonha e enganosa das conveniências mútuas."

6. "Estou agora calma e resignada para a expiação das faltas que cometi. O mal está em mim, e não fora de mim; sou, pois, eu quem devo

mudar e não as coisas exteriores. Carregamos em nós o nosso céu e o nosso inferno, e as nossas faltas, gravadas na consciência, se leem facilmente no dia da ressurreição, e então somos nossos próprios juízes, uma vez que o estado de nossa alma nos eleva ou nos precipita. Eu me explico: um Espírito manchado e *pesado* pelas suas faltas, não pode conceber nem desejar uma elevação que não saberia suportar. Crede-o bem: assim como as diferentes espécies de seres vivem cada uma na esfera que lhe é própria, assim também os Espíritos, segundo o grau de seu adiantamento, se movem no meio que é o de suas faculdades; concebem outro quando o progresso, instrumento da lenta transformação das almas, os arrebata de suas tendências rasteiras, e as faz despojar da crisálida do pecado, a fim de que possam adejar, antes de se lançarem, rápidas como flechas, para Deus, tornado o objetivo único e desejado. Ai de mim! Eu me arrasto ainda, mas não odeio mais, e concebo a inefável felicidade do amor divino. Orai, pois, sempre por mim, que espero e aguardo."

Na comunicação seguinte, Claire fala de seu marido, que muito a fez sofrer quando viva, e da posição em que se acha hoje no mundo dos Espíritos. Esse quadro, que ela mesma não pôde terminar, foi completado pelo guia espiritual do médium.

7. "Venho a ti que me deixaste muito tempo no esquecimento; mas adquiri a paciência, e não sou mais desesperada. Queres saber qual é a situação do pobre Félix; ele erra nas trevas, vítima da profunda nudez da alma. Seu ser, superficial e leviano, manchado pelo prazer, sempre ignorou o amor e a amizade. A própria paixão não alumiou os seus vislumbres sombrios. Comparo o seu estado presente ao de uma criança inábil para os atos da vida, e privada do socorro daqueles que a assistem. Félix erra, com pavor, nesse mundo estranho onde tudo resplandece ao clarão de Deus, que ele negou..."

8. *O guia do médium* – "Claire não pôde continuar a análise dos sofrimentos de seu marido, *sem senti-los também;* vou falar por ela:

Félix, que era superficial nas ideias como nos sentimentos, violento porque era fraco, debochado porque era frio, entrou no mundo dos Espíritos moralmente nu, como o era no físico. *Em entrando na vida terrestre, nada adquiriu, e, por consequência, tem tudo a recomeçar.* Como um homem que desperta de um longo sonho, e que reconhece o quanto vã foi a agitação de seus nervos, esse pobre ser, saindo da perturbação, reconhecerá que viveu de quimeras que enganaram a sua vida; maldirá o materialismo que o fez abraçar o vazio, quando acreditava estreitar uma realidade; maldirá o positivismo que o fez chamar de fantasias as ideias de uma vida futura; as aspirações, loucuras, e a crença em Deus, fraqueza. O infeliz, em se despertando, verá que esses nomes zombados por ele eram a fórmula da verdade, e que, ao contrário da fábula, a caça da presa foi menos proveitosa que a da sombra."

GEORGES.

Estudos sobre as comunicações de Claire.

Estas comunicações, sobretudo, são instrutivas naquilo que nos mostram um dos lados mais vulgares da vida: o do egoísmo. Ali não estão esses grandes crimes que espantam, mesmo os homens perversos, mas a condição de uma multidão de pessoas que vivem no mundo, honradas e procuradas, porque têm um certo verniz, e não caem sob a vindita das leis sociais. Esses não são, não mais, no mundo dos Espíritos, castigos excepcionais, cujo quadro faça tremer, mas uma situação simples, natural, consequência de sua maneira de viver e do estado de sua alma; o isolamento, o desamparo, o abandono, eis a punição daquele que viveu unicamente para si. Claire era, como se a viu, um Espírito muito inteligente, mas um coração seco; na Terra, a sua posição social, sua fortuna, suas vantagens físicas lhe atraíam homenagens que afagavam a sua vaidade, e isso lhe bastava; lá encontra somente a indiferença, e o vazio se fez ao seu redor; punição mais pungente que a da dor, porque é mortificante, porque a dor inspira a piedade, a compaixão; é ainda um meio de atrair as atenções, de fazer ocupar de si, de se interessar com a sua sorte.

A sexta comunicação encerra uma ideia perfeitamente verdadeira, naquilo que explica a obstinação de certos Espíritos no mal. Admira-se em ver que são insensíveis ao pensamento, ao espetáculo mesmo da felicidade, da qual gozam os bons Espíritos. Estão exatamente na posição de homens degradados, que se satisfazem na lama e nas alegrias grosseiras e sensuais. Ali esses homens estão, de alguma sorte, no seu meio; eles não concebem prazeres delicados; preferem os seus andrajos sujos às vestimentas próprias e brilhantes, porque ali estão mais perfeitamente à vontade; as suas festas báquicas, aos prazeres da boa companhia. Estão de tal modo identificados com esse gênero de vida, que se tornou, para eles, uma segunda natureza; creem-se mesmo incapazes de se elevarem acima de sua esfera, e é por isso que ali permanecem, até que uma transformação de seu ser abra a sua inteligência, desenvolvendo neles o senso moral, fazendo-os acessíveis às sensações mais sutis.

Esses Espíritos, quando estão desencarnados, não podem adquirir instantaneamente a delicadeza do sentimento, e, durante um tempo mais ou menos longo, ocuparão as escórias do mundo espiritual, como ocuparam as do mundo corpóreo; ali permanecerão tanto quanto serão rebeldes ao progresso; mas, com o tempo, com a experiência, as atribulações, as misérias das encarnações sucessivas, chega um momento em que concebem alguma coisa de melhor do que aquilo que têm; as suas aspirações se elevam; começam a compreender o que lhes falta, e é então que fazem esforços para adquiri-lo e se elevarem. Uma vez entrados nesse caminho, marcham com rapidez, porque gostaram de uma satisfação que lhes parece bem superior, e junto da qual as outras, sendo de grosseiras sensações, acabam por lhes inspirar a repugnância.

P. (A São Luís.) *Que é necessário entender pelas trevas onde estão mergulhadas certas almas sofredoras? Seriam ali as trevas das quais são, tão frequentemente, faladas nas Escrituras?* – R. As trevas, das quais se falam, em realidade, são aquelas designadas por Jesus e os profetas, em falando do castigo dos maus. Mas ainda está aí uma figura, destinada a ferir os sentidos materiais de seus contemporâneos, que não compreenderiam a punição de maneira espiritual. Certos Espíritos estão mergulhados nas trevas, mas é necessário entender por isso uma verdadeira noite da alma, comparável à obscuridade da qual está marcada a inteligência do idiota. Não é uma loucura da alma, mas uma inconsciência dela mesma e do que a cerca, que se produz tão bem tanto na presença como na ausência da luz material. É, sobretudo, uma punição daqueles que duvidaram do destino do seu ser; acreditaram no nada, e a aparência desse nada vem fazer o seu suplício, até que a alma, retornando sobre si mesma, venha quebrar com energia o entrelaçamento do enervamento moral que a prende; do mesmo modo que um homem acabrunhado por um sonho penoso, luta, num momento dado, com toda a força de suas faculdades, contra os terrores, pelos quais, de início, se deixou dominar. Essa redução momentânea da alma a um nada fictício, com o sentimento de sua existência, é um sofrimento mais cruel do que se poderia imaginar, em razão dessa aparência de repouso, com a qual está marcado; esse repouso forçado, essa nulidade de seu ser, essa incerteza, é que fazem o seu suplício; é o aborrecimento, do qual está acabrunhada, que é o castigo mais terrível porque ela não percebe nada ao seu redor, nem coisas, nem seres, são, para ela, verdadeiras trevas.

SÃO LUÍS.

(*Claire.*) "Eis-me aqui. Posso também responder à pergunta colocada sobre as trevas, porque errei e sofri muito tempo nesses limbos onde tudo é soluço e misérias. Sim, as trevas visíveis, das quais falam as Escrituras, existem, e os infelizes que, tendo terminado as suas provas terrestres, deixam a vida, ignorantes ou culpados, são mergulhados na fria região, ignorantes deles mesmos e de seus destinos. Creem na eternidade de sua situação, balbuciam ainda as palavras da vida que os seduziram, espantam-se e amedrontam-se com a sua grande solidão; são trevas, esse lugar vazio e povoado, esse espaço onde, arrastados, gementes, pálidos Espíritos erram sem consolação, sem afeições, sem nenhum socorro. A quem se dirigir?... Sentem ali a eternidade cair sobre eles; tremem e lamentam os mesquinhos interesses que marcaram o compasso de suas horas; lamentam a noite que, sucedendo ao dia, frequentemente, arrebatava as suas preocupações para um sonho feliz. As trevas são, para os Espíritos: a ignorância, o vazio e o horror do desconhecido... Eu não posso continuar..."

CLAIRE.

Também foi dada, dessa obscuridade, a explicação seguinte:

"O perispírito possui, por sua natureza, uma propriedade luminosa que se desenvolve sob o império da atividade e das qualidades da alma. Poder-se-ia dizer que essas qualidades são para o fluido perispiritual o que a fricção é para o fósforo. O brilho da luz está em razão da pureza do Espírito; as menores imperfeições morais a obscurecem e a enfraquecem. A luz que irradia de um Espírito é, assim, tanto mais viva quanto este seja avançado. O Espírito sendo, de alguma sorte, o *seu farol*, vê mais ou menos segundo a intensidade da luz que produz; de onde resulta que aqueles que nada produzem estão na obscuridade."

Essa teoria é perfeitamente justa quanto à irradiação do fluido luminoso pelos Espíritos superiores, o que é confirmado pela observação; mas aí não parece estar a causa verdadeira, ou pelo menos única do fenômeno do qual se trata, visto: 1º que todos os Espíritos inferiores não estão nas trevas; 2º que o mesmo Espírito pode se encontrar, alternativamente, na luz e na obscuridade; 3º que a luz é um castigo para certos Espíritos imperfeitos. Se a obscuridade na qual estão mergulhados certos Espíritos fosse inerente à sua personalidade, ela seria *permanente e geral* para todos os maus Espíritos, o que não é, uma vez que os Espíritos, da maior perversidade, veem perfeitamente, ao passo que outros, que não se pode qualificar de perversos, estão temporariamente mergulhados nas profundas trevas. Tudo prova que, além da que lhe é própria, os Espíritos recebem uma luz exterior que lhes faz falta segundo às circunstâncias; de onde é preciso concluir que essa obscuridade depende de uma causa ou vontade estranha, e que ela constitui uma punição especial para casos determinados pela soberana justiça.

P. (A São Luís) – *De onde vem que a educação moral dos Espíritos desencarnados é mais fácil que a dos encarnados?* As relações estabelecidas pelo Espiritismo, entre os homens e os Espíritos, deram oportunidade de se notar que estes últimos se conduzem mais rapidamente sob a influência de conselhos salutares do que aqueles que estão encarnados, assim como se vê pelas curas das obsessões.

R. (Sociedade de Paris.) – O encarnado, pela sua própria natureza, está num estado de luta incessante em razão dos elementos contrários de que está composto, e que devem conduzi-lo ao seu fim providencial, reagindo um sobre o outro. A matéria sofre facilmente o domínio de um fluido exterior; se a alma não reage com toda a força moral de que é capaz, ela se deixa dominar por intermédio de seu corpo, e segue o impulso de influências perversas das quais está cercada, e isso com uma facilidade tanto maior quanto os invisíveis que a oprimem, ataquem de preferência os pontos mais vulneráveis, as tendências para a paixão dominante.

Para o Espírito desencarnado, ocorre tudo de outro modo; é verdade, ele ainda está sob uma influência semi-material, mas esse estado nada tem de comparável ao do encarnado. O respeito humano, tão preponderante para os homens, é nulo para ele, e esse pensamento não poderia obrigá-lo a resistir, por muito tempo, às razões que o seu próprio interesse mostra-

-lhe como boas. Ele pode lutar, e geralmente o faz com mais violência do que o encarnado, porque está livre, mas nenhuma visão mesquinha de interesse material, de posição social vêm entravar o seu julgamento. Ele luta por amor ao mal, mas adquire logo o sentimento de sua impotência diante da superioridade moral que o domine; a miragem de um futuro melhor tem mais acesso sobre ele, porque está no próprio caminho onde deve cumprir-se, e essa perspectiva não se apaga pelo turbilhão dos prazeres humanos; em uma palavra, não estando mais sob a influência da carne, isso torna a sua conversão mais fácil, sobretudo quando adquiriu um certo desenvolvimento pelas provas que suportou. Um Espírito inteiramente primitivo seria pouco acessível ao raciocínio, mas ocorre de outro modo com aquele que já tem a experiência da vida. Aliás, no encarnado, como no desencarnado, é sobre a alma, é pelo sentimento, que é necessário agir. Toda ação material pode suspender momentaneamente os sofrimentos do homem vicioso, mas não pode destruir o princípio mórbido que está na alma; *todo ato que não tende ao melhoramento da alma não pode desviá-la do mal.*

SÃO LUÍS.

Capítulo 5

Suicidas

O suicida da Samaritana

No dia 7 de abril de 1858, pelas sete horas da noite, um homem de uns cinquenta anos, e convenientemente vestido, apresentou-se no estabelecimento da Samaritana, em Paris, e mandou preparar um banho. O criado em serviço, depois de um intervalo de duas horas, admirado de que esse indivíduo não o chamava, decidiu entrar em seu gabinete para ver se estava indisposto. Foi então testemunha de um horrendo espetáculo: o infeliz tinha cortado a garganta com uma navalha, e todo o seu sangue estava misturado à água da banheira. Não podendo ser estabelecida a identidade, transportou-se o cadáver para o necrotério.

O Espírito desse homem, evocado na Sociedade de Paris, seis dias depois de sua morte, deu as respostas seguintes:

1. *Evocação* – (Resposta do guia do médium.) Espere... ele está aí.

2. Onde estais agora? – R. Eu não sei... Dizei-me, onde estou.

3. Estais numa assembleia de pessoas que se ocupam de estudos espíritas e que são benevolentes convosco. – R. Dizei-me se vivo... Eu sufoco no caixão.

Sua alma, embora separada do corpo, está ainda completamente mergulhada no que se poderia chamar de turbilhão da matéria corpórea; as ideias terrestres estão ainda vivazes; ele não se crê morto.

4. Quem vos empenhou para vir a nós? – R. Senti-me aliviado.

5. Que motivo vos levou a suicidar-se? – R. Estou eu morto?... Não, eu habito o meu corpo... Não sabeis o quanto sofro!... Eu me sufoco... Que mão complacente procure me matar!

6. Por que não deixastes nenhum traço que pudesse vos fazer reconhecer? – R. Eu estou abandonado; *fugi do sofrimento para encontrar a tortura.*

7. Tendes agora os mesmos motivos para permanecer desconhecido? – R. Sim; não coloqueis um ferro em brasa na ferida que sangra.

8. Quereis nos dizer o vosso nome, a vossa idade, a vossa profissão, o vosso domicílio? – R. Não... a tudo não.

9. Tínheis uma família, uma mulher, filhos?– R. Estava abandonado, nenhum ser me amava.

10. Que fizestes para não ser amado por ninguém? – R. Quantos o são como eu!... Um homem pode estar abandonado no meio de sua família, quando nenhum coração o ama.

11. No momento de concretizar o vosso suicídio, não sentistes nenhuma hesitação? – R. Eu tinha sede da morte... Esperava o repouso.

12. Como o pensamento do futuro não vos fez renunciar ao vosso projeto? – R. Não acreditava mais nele; estava sem esperança; o futuro é a esperança.

13. Que reflexões tivestes no momento em que sentistes a vida extinguir em vós? – R. Eu não refleti, eu senti... Mas a minha vida não está extinta... Minha alma está ligada ao meu corpo... *Sinto os vermes que me roem.*

14. Que sentimentos tivestes no momento em que a morte se completou? – R. Ela o está?

15. O momento em que a vida se extinguia em vós foi doloroso? – R. Menos doloroso que depois. Só o corpo sofreu.

16. (Ao Espírito de São Luís.) Que entende o Espírito ao dizer que o momento da morte foi menos doloroso que depois? – R. O Espírito se descarregava de um fardo que o acabrunhava; sentia a volúpia da dor.

17. Esse estado é sempre a consequência do suicídio? – R. Sim, o Espírito do suicida está ligado ao seu corpo até o termo de sua vida; a morte natural é a libertação da vida; o suicida a quebra inteiramente.

18. Esse estado é o mesmo em toda morte acidental, independente da vontade, e que abrevia a duração natural da vida? – R. Não... Que entendeis por suicídio? O Espírito é culpado de suas obras.

Esta dúvida da morte é muito comum nas pessoas falecidas há pouco, e sobretudo naquelas que, durante a sua vida, não elevaram sua alma acima da matéria. É um fenômeno bizarro à primeira vista, mas que se explica muito naturalmente. Se a um indivíduo, posto em sonambulismo pela primeira vez, pergunta-se se dorme, ele responde, quase sempre, *não*, e a sua resposta é lógica: o interrogador foi quem colocou mal a questão servindo-se de um termo impróprio. A ideia do sono, na nossa língua usual, está ligada à suspensão de todas as faculdades sensitivas; ora, o sonâmbulo que pensa, que vê, e que sente, que tem a consciência de sua liberdade moral, não pensa dormir, e com efeito não dorme, na acepção vulgar da palavra. Por isso, ele responde *não* até que esteja familiarizado com essa maneira de entender a coisa. Ocorre o mesmo no homem que acaba de morrer; para ele, a morte é o aniquilamento do ser; ora, como o sonâmbulo, ele vê, sente e fala; portanto, para ele, não está morto, e o diz até o momento em que adquire a intuição de seu novo estado. Essa ilusão é sempre mais ou menos penosa, porque nunca é completa e deixa o Espírito numa certa ansiedade. No exemplo acima, ela é um verdadeiro suplício pela sensação dos vermes que roem o corpo, e pela sua duração, que deve ser a que teria a vida desse homem se não fosse abreviada. Este estado é frequente entre os suicidas, mas não se apresenta sempre em condições idênticas; varia, sobretudo em duração e intensidade segundo as circunstâncias agravantes ou atenuantes da falta. A sensação dos vermes e da decomposição do corpo não é mais especial nos suicidas; ela é frequente naqueles que viveram mais da vida material que da vida espiritual. Em princípio, não há falta impune; mas não há regra uniforme e absoluta nos meios de punição.

O pai e o conscrito

No começo da guerra com a Itália, em 1859, um negociante de Paris, pai de família, gozando da estima geral de todos os seus vizinhos, tinha um filho que fora sorteado para o serviço militar; achando-se, por sua posição, na impossibilidade de exonerá-lo do serviço, teve a ideia de se suicidar, a fim de isentá-lo como filho único de viúva. Foi evocado um ano depois, na Sociedade de Paris, a pedido de uma pessoa que o conhecera e que desejava conhecer a sua condição no mundo dos Espíritos.

(A São Luís.) Quereis nos dizer se podemos evocar o homem de quem se acaba de falar? – R. Sim, ele ficará mesmo muito feliz, porque será um pouco aliviado.

1. *Evocação* – R. Oh! Obrigado! Eu sofro muito, mas... é justo; entretanto, ele me perdoará.

O Espírito escreve com grande dificuldade; os caracteres são irregulares e mal formados; depois da palavra *mas*, se detém, tenta em vão escrever, e faz apenas alguns traços indecifráveis e pontos. É evidente que é a palavra *Deus* que ele não pode escrever.

2. Preenchei a lacuna que deixastes. – R. Eu sou indigno.

3. Dissestes que sofreis, sem dúvida, errastes em vos suicidar, mas é que o motivo que vos levou a esse ato não vos mereceu nenhuma indulgência? – R. A minha punição será menos longa, mas a ação nem por isso foi menos má.

4. Poderíeis nos descrever a punição que sofreis? – R. Sofro duplamente, na minha alma e no meu corpo; sofro neste último, embora não o possua mais, como o amputado sofre no membro ausente.

5. A vossa ação teve o vosso filho por único motivo, e não fostes solicitado por nenhuma outra causa? – R. Só o amor paternal me guiou; em favor desse motivo, a minha pena será abreviada.

6. Prevedes o fim de vossos sofrimentos? – R. Não lhe conheço o fim; mas estou seguro de que esse fim existe, o que me é um alívio.

7. Ainda há pouco, não pudestes escrever o nome de *Deus*; entretanto, temos visto Espíritos muito sofredores escrevê-lo; isso faz parte de vossa punição? – R. Eu o poderia, com grandes esforços de arrependimento.

8. Pois bem! Fazei grandes esforços, e tratai de escrevê-lo; estamos convencidos, de que se a isso chegardes, sereis aliviado.

O Espírito acabou por escrever, em caracteres irregulares, trementes, e muito grossos: "Deus é muito bom."

9. Nós vos sabemos reconhecido por vir ao nosso chamado, e pediremos a Deus por vós, a fim de chamar sua misericórdia sobre vós. – R. Sim, se vos apraz.

10. (A São Luís.) Quereis nos dar a vossa apreciação pessoal sobre o ato do Espírito que acabamos de evocar? – R. Este Espírito sofre justamente, porque lhe faltou confiança em Deus, o que é uma falta sempre punível; a punição seria terrível e muito longa se não tivesse, em seu favor, um motivo louvável, que era o de impedir seu filho de ir ao encontro da morte; Deus, que vê o fundo dos corações, e que é justo, não o puniu senão segundo as suas obras.

Observações – À primeira vista, este suicídio parece desculpável, porque pode ser considerado como ato de devotamento; com efeito o é, mas não completamente. Assim como disse o Espírito de São Luís, a esse homem faltou a confiança em Deus. Por sua ação, talvez impediu o destino de seu filho de se cumprir; primeiro, não estava certo que este fosse morto na guerra, e talvez essa carreira deveria dar-lhe oportunidade de fazer alguma coisa que seria útil ao seu adiantamento. Sua intenção, sem dúvida, era boa, assim lhe foi tida em conta; a intenção atenua o mal e merece indulgência, mas não impede o que é mal de ser mal; sem isso, em favor do pensamento, se poderia desculpar todos os delitos, e se poderia mesmo matar sob o pretexto de prestar serviço. Uma mãe que mata o seu filho na crença que o envia direto ao céu é menos culpada, porque o fez numa boa intenção? Com esse sistema, se justificariam todos os crimes que um fanatismo cego cometesse nas guerras religiosas.

Em princípio, o homem não tem o direito de dispor de sua vida, porque esta lhe foi dada em vista *dos deveres que deveria cumprir sobre a Terra,* por isso não a deve abreviar voluntariamente, sob nenhum pretexto. Como tem o seu livre arbítrio, ninguém pode impedi-lo, mas sofre-lhe sempre as consequências. O suicídio mais severamente punido é aquele que se cumpre pelo desespero, e tendo em vista livrar-se das misérias da vida; sendo essas misérias, ao mesmo tempo, provas e expiações, subtrair-se delas é recuar diante da tarefa que se aceitara, às vezes mesmo diante da missão que se deveria cumprir.

O suicídio não consiste somente no ato voluntário que produz a morte instantânea; está também em tudo o que se faz, em conhecimento de causa, que deve apressar, prematuramente, a extinção das forças vitais.

Não se pode assemelhar ao suicídio o devotamento daquele que se expõe à morte iminente para salvar o seu semelhante; primeiro, porque não há, no caso, nenhuma intenção premeditada de subtrair-se à vida, e, em segundo lugar, não há perigo do qual a Providência não possa nos tirar, se a hora de deixar a Terra não chegou. Se a morte ocorre em tais circunstâncias, é um sacrifício meritório, porque é uma abnegação em proveito de outrem. (*O Evangelho Segundo o Espiritismo*, cap. 5, nº 53, 65, 66, 67.)

François-Simon Louvet (Do Havre)

A comunicação seguinte foi dada espontaneamente, numa reunião espírita, no Havre, em 12 de fevereiro de 1863:

"Tende piedade de um pobre miserável que sofre, há muito tempo, de tão cruéis torturas! Oh! O vazio... o espaço... eu caio, eu caio, acudam!... Meu Deus, tive uma vida tão miserável!... Era um pobre diabo; sofria, frequentemente, de fome nos meus velhos dias; foi por isso que me pus a beber e tinha vergonha e desgosto de tudo... Eu queria morrer e me atirei... Oh! Meu Deus, que momento!... Por que, pois, desejar que acabasse quando estava tão próxima do fim? Orai, para que eu não veja mais sempre *esse vazio abaixo de mim*... Vou quebrar-me nessas pedras!... A isso vos conjuro, a vós que tendes conhecimento das misérias daqueles que não estão mais nesse mundo, dirijo-me a vós, embora não me conheçais, porque sofro tanto... Por que querer provas? Eu sofro, não é isto bastante? Se tivesse fome, no lugar deste sofrimento mais terrível, mas invisível para vós, não hesitaríeis em me aliviar me dando um pedaço de pão. Eu vos peço orar por mim... Não posso permanecer por mais tempo... Pedi a um desses felizes, que estão aqui, e saberueis quem eu era. Orai por mim."

FRANÇOIS-SIMON LOUVET.

O guia do médium – "Aquele que acaba de se dirigir a ti, meu filho, é um pobre infeliz que tinha uma prova de miséria na Terra, mas o desgosto a roubou; faltou-lhe a coragem, e o infortunado, em lugar de olhar para o alto, como deveria fazê-lo, deu-se à bebedeira; desceu aos últimos limites do desespero, e pôs termo à sua triste prova lançando-se da torre de François I, em 22 de julho de 1857. Tende piedade de sua pobre alma, que não é avançada, mas que, todavia, tem bastante conhecimento da vida futura para sofrer e desejar uma nova prova. Orai a Deus para conceder-lhe essa graça, e fareis uma boa obra."

Tendo-se pesquisado, encontrou-se no *Journal du Havre*, de 23 de julho de 1857, o artigo seguinte, do qual aqui está a substância:

"Ontem, às quatro horas, os que passeavam no cais ficaram dolorosamente impressionados com um horrível acidente: um homem lançou-se da torre e foi quebrar-se sobre as pedras. Era um velho puxador de sirga, que suas inclinações à embriaguez levaram ao suicídio. Chama-se François-Victor-Simon Louvet. Seu corpo foi transportado para a casa de uma de suas filhas, rua da Corderie; tinha a idade de sessenta e sete anos."

Depois de quase seis anos que esse homem morreu, se vê sempre caindo da torre e indo se quebrar nas pedras; espanta-se do vazio que tem diante de si; está nas apreensões da queda... e isso há seis anos! Quanto isso durará? Ninguém o sabe, e essa incerteza aumenta as suas angústias. Isso não vale o inferno e suas chamas? Quem revelou esses castigos? Foram inventados? Não; são aqueles mesmos que os sofreram que vêm descrevê-lo, como outros descrevem as suas alegrias. Frequentemente o fazem espontaneamente, sem que se pense neles, o que exclui toda ideia de que se seja o joguete da própria imaginação.

Uma mãe e seu filho

No mês de março de 1865, o Sr. C..., negociante numa pequena cidade perto de Paris, tinha, em sua casa, seu filho, com a idade de vinte e um anos, gravemente enfermo. Esse jovem, se sentindo no momento de expirar, chamou sua mãe e ainda teve forças para abraçá-la. Esta lhe disse, vertendo lágrimas abundantes: "Vai, meu filho, precede-me, não tardarei em seguir-te". Ao mesmo tempo ela saiu escondendo a cabeça entre as mãos.

As pessoas que se achavam presentes a esta cena pungente, consideraram as palavras da senhora C... como simples explosão de dor, que o tempo e a razão deveriam apaziguar. Entretanto, tendo o doente sucumbido, foi procurada em toda a casa, e encontrada enforcada no celeiro. O enterro da mãe se fez ao mesmo tempo que o de seu filho.

Evocação do filho, vários dias depois do fato.– P. Tendes conhecimento da morte de vossa mãe, que se suicidou, sucumbindo ao desespero que vossa perda lhe causou?

R. Sim, e sem o desgosto que me causou o cumprimento de sua fatal resolução, eu seria perfeitamente feliz. Pobre e excelente mãe! Ela não pôde suportar a prova dessa separação momentânea, e tomou, para se reunir ao filho que amava tanto, o caminho que deverá dele afastá-la, ai! por muito tempo. Assim, ela retardou indefinidamente essa reunião que *seria rápida* se a submissão às vontades do Senhor enchesse sua alma, e se fosse resignada, humilde e arrependida, diante da prova que iria sofrer, e a expiação que iria purificá-la!

Orai! Oh! Orai por ela!... E sobretudo não a imiteis, mães comovidas pelo triste relato de sua morte! Não creais que ela amava, melhor que outras mães, esse filho que era a sua alegria e seu orgulho; não, não amava melhor, mas faltou-lhe coragem e resignação. Mães que me escutais, quando virdes a agonia velar os olhos extintos de vossos filhos, lembrai-vos de que, como o Cristo, eles sobem o cume do Calvário, de onde deverão se elevar à glória eterna.

BENJAMIN C...

Evocação da mãe – Quero ver meu filho! Tendes o poder de me devolver?... Os cruéis!... Pegaram-me para conduzi-lo à luz, e me deixaram na noite!... Eu o quero, eu o quero... Ele me pertence!... Nada foi, pois, senão o amor maternal? ... O quê! Ter carregado nove meses, nutrido com seu leite a carne de sua carne, o sangue de seu sangue; ter guiado seus primeiros passos; tê-lo ensinado a balbuciar o nome sagrado de Deus e o doce nome de mãe; ter feito dele um homem pleno de atividade, de inteligência, de honestidade, de retidão, de amor filial, e perdê-lo quando realizava as esperanças que se conceberam dele, que um futuro brilhante se lhe abria à frente! Não, Deus não é justo; não é o Deus das mães; não compreende o seu desespero e a sua dor... e quando me dou à morte para não deixar meu filho, me arrebata de novo!... Meu filho! Meu filho! Onde estás?

O evocador – Pobre mãe, nos compadecemos com a vossa dor; mas tomastes um triste meio para estar reunida ao vosso filho; o suicídio é um crime aos olhos de Deus, e deveríeis pensar que ele pune toda infração às sua leis. A privação da visão de vosso filho é a vossa punição.

A mãe – Não; eu acreditava Deus melhor que os homens; eu não cria em seu inferno, mas na reunião das almas que se amam como nos amamos; eu me enganei... Não é o Deus justo e bom, uma vez que não compreendeu a imensidade de minha dor e de meu amor!... Oh! Quem me devolverá o meu filho! Perdi-o, pois, para sempre? Piedade! Piedade, meu Deus!

O evocador – Vejamos, acalmai o vosso desespero; pensai que se há um meio para rever o vosso filho, esse não é blasfemando contra Deus, como o fazeis. Em lugar de tornar esta favorável, atraireis sobre vós maior severidade.

A mãe – Disseram-me que não o reveria mais; compreendi que foi para um paraíso que o conduziram. E eu, estou, pois, no inferno?... O inferno das mães!... Ele existe, vejo-o muito.

O evocador – Vosso filho não está perdido sem retorno, crede-me; certamente o revereis; mas é necessário merecê-lo pela vossa submissão à vontade de Deus, ao passo que, pela vossa revolta, podeis retardar esse momento indefinidamente. Escutai-me: Deus é infinitamente bom, mas é infinitamente justo. Jamais pune sem causa, e se vos infligiu grandes dores na Terra, foi porque as merecestes. A morte de vosso filho era uma prova para a vossa resignação; infelizmente, nela sucumbistes quando viva, e eis que, depois de vossa morte, nela sucumbis de novo; como quereis que Deus recompense os seus filhos rebeldes? Mas ele não é inexorável; acolhe sempre o arrependimento do culpado. Se aceitásseis, sem murmurar e com humildade, a prova que vos enviava por essa separação momentânea, e se esperásseis pacientemente que lhe aprouvesse vos retirar da Terra, na vossa entrada no mundo em que estais, imediatamente reveríeis o vosso filho, que viria vos receber e estender os braços; teríeis a alegria de vê-lo radioso, após esse tempo de ausência. O que fizestes, e o que fazeis ainda neste momento, coloca uma barreira entre vós e ele. Não creais que ele esteja perdido nas profundezas do espaço; não, está mais perto de vós do que o credes; mas um véu impenetrável o oculta à vossa visão. Ele vos vê, e vos ama sempre, e geme da triste posição onde vos mergulhou a vossa falta de confiança em Deus; chama, com todos seus votos, o momento afortunado de se vos mostrar; só de vós

Capítulo 5 Suicidas 251

depende apressar ou retardar esse momento. Orai a Deus, e dizei comigo:

"Meu Deus, perdoai-me por haver duvidado de vossa justiça e de vossa bondade; se me punistes reconheço que mereci. Dignai-vos aceitar o meu arrependimento e a minha submissão à vossa santa vontade."

A mãe – Que clarão de esperança vindes de fazer luzir em minha alma! Foi um relâmpago na noite que me cerca. Obrigada, eu vou orar. Adeus.

C...

A morte, mesmo pelo suicídio, não produziu nesse Espírito a ilusão de se crer ainda vivo; ele tem perfeita consciência de seu estado; é que, em outros, a punição consiste nessa própria ilusão, nos laços que os prendem aos seus corpos. Esta mulher quis deixar a Terra para seguir o seu filho, no mundo em que ele entrou: era necessário que ela soubesse que estava nesse mundo para ser punida, não o reencontrando ali. Sua punição é precisamente saber que não vive mais corporalmente, e no conhecimento que tem de sua situação. Assim é que cada falta é punida pelas circunstâncias que a acompanham, e que não há punições uniformes e constantes para as faltas do mesmo gênero.

Duplo suicídio por amor e por dever

Um jornal do dia 13 de junho de 1862 continha o relato seguinte:

"A senhorita Palmyre, modista, morando na casa de seus pais, era dotada de um exterior encantador, ao qual se juntava o mais amável caráter; por isso, era ela procurada em casamento. Entre os aspirantes à sua mão, ela distinguira o senhor B..., que sentia por ela uma viva paixão. Embora ela mesma o amasse muito, entretanto, acreditou dever, por respeito filial, render-se aos desejos de seus pais esposando o senhor D..., cuja posição social lhes parecia mais vantajosa que a de seu rival.

Os senhores B... e D... eram amigos íntimos. Embora não tivessem juntos nenhuma relação de interesse, eles não cessavam de se verem. O amor mútuo de B... e de Palmyre, tornada senhora D..., não se enfraquecera, e como se esforçavam por comprimi-lo, ele aumentava em razão mesmo da violência que se lhe fazia. Para tentar extingui-lo, B... decidiu se casar. Esposou uma jovem possuindo eminentes qualidades, e fez todo o possível para amá-la; mas não tardou a perceber que esse meio heróico era impotente para o curar. Não obstante, durante quatro anos, nem B..., nem a senhora D... faltaram aos seus deveres. O que sofreram não se poderia expressar, porque D..., que amava verdadeiramente o seu amigo, atraía-o sempre para a sua casa e, quando queria fugir, constrangia-o a permanecer.

Os dois amantes, aproximados um dia por uma circunstância fortuita, que não procuraram, se informaram do estado de sua alma, e concordaram em pensar que a morte era o único remédio para os males que sofriam. Resolveram morrer juntos, e executarem o seu projeto no dia seguinte, devendo o senhor D... estar ausente de seu domicílio uma grande parte do dia. Depois dos últimos preparativos, escreveram uma longa e tocante carta, explicando a causa de morte que se deram para não faltarem aos seus deveres. Terminavam pedindo perdão e rogando estarem reunidos no mesmo túmulo.

Quando o senhor D... voltou, encontrou-os asfixiados. Ele respeitou seu último desejo, e quis que no cemitério não estivessem separados."

Tendo o fato sido proposto na Sociedade de Paris, como objeto de estudo, um Espírito respondeu:

"Os dois amantes que se suicidaram não podem ainda responder-vos; eu os vejo; estão mergulhados na perturbação e amedrontados pelo sopro da eternidade. As consequências morais de sua falta os punirá durante *migrações sucessivas,* onde suas almas separadas se procurarão sem cessar, e sofrerão o duplo suplício do pressentimento e do desejo. Cumprida a expiação, estarão reunidos para sempre no seio do eterno amor. Em oito dias, na vossa próxima sessão, podereis evocá-los; eles virão, mas não se verão: uma noite profunda, por muito tempo, os esconderá um ao outro."

1. *Evocação da mulher* – Vedes o vosso amante, com o qual vos suicidastes? – R. Eu não vejo nada; não vejo mesmo os Espíritos que vagueiam comigo na morada que estou. Que noite! Que noite! E que véu espesso sobre a minha vista!

2. Que sensação experimentastes quando despertastes depois de vossa morte? – R. Estranha! Eu tinha frio e eu queimava; o gelo corria em minhas veias, e o fogo estava na minha fronte! Coisa estranha, mistura inaudita! O gelo e o fogo parecendo me constranger! Pensei que iria sucumbir por uma segunda vez.

3. Sentistes uma dor física? – R. Todo o meu sofrimento aqui está, e aqui. – Que quereis dizer com esse *aqui e aqui*? Aqui, no meu cérebro; *aqui*, no meu coração.

É provável que, se pudesse ver o Espírito, o teria visto levando a mão à sua fronte e ao seu coração.

4. Credes que estareis sempre nessa situação? – R. Oh! Sempre, sempre! Por vezes, ouço risos infernais, e vozes apavorantes que me uivam estas palavras: "Sempre assim!".

5. Pois bem! Podemos vos dizer, com toda a segurança, que não o será sempre assim; em vos arrependendo, obtereis o vosso perdão. – R. Que dissestes? Não ouço.

6. Eu vos repito que os vossos sofrimentos terão um fim, que podereis apressar com o vosso arrependimento e nisso vos ajudaremos pela prece. – R. Ouvi apenas uma palavra e vagos sons; essa palavra é *graça!* É *graça!* Que quisestes falar? Falastes de graça: sem dúvida, é a alma que passa ao meu lado, pobre criança que chora e que espera.

Uma senhora da Sociedade disse que acaba de dirigir uma prece a Deus, para essa infortunada, e que, sem dúvida, foi isso que a marcou; que, com efeito, mentalmente implorara para ela a *graça* de Deus.

7. Dissestes que estais nas trevas; é porque não vedes? – R. Permiti-me ouvir algumas palavras que pronunciais, mas vejo apenas um crepe negro sobre o qual se desenha, em certas horas, uma cabeça que chora.

8. Se não vedes o vosso amante, não sentis a sua presença junto a vós, por que ele está aqui? – R. Ah! Não me falai dele, devo esquecê-lo no instante, se quero que do crepe se apague a imagem, que lhe vejo traçada.

9. Qual é essa imagem? – R. A de um homem que sofre, e cuja existência moral sobre a Terra, por longo tempo, matei.

Lendo esse relato, de início se está disposto a encontrar, para esses suicidas, circunstâncias atenuantes, a considerá-lo mesmo como um ato heróico, uma vez que foi provocado pelo sentimento do dever. Vê-se que foi julgado de outro modo, e que a pena dos culpados é longa e terrível por se refugiarem voluntariamente na morte, a fim de fugirem da luta; a intenção de não faltarem aos seus deveres, sem dúvida, é digna e isso lhes será levado em conta mais tarde, mas o verdadeiro mérito seria vencer o arrastamento, ao passo que fizeram como o desertor que se esquiva no momento do perigo.

A pena dos dois culpados, como se vê, consistirá em se procurarem por muito tempo sem se reencontrarem, *seja no mundo dos Espíritos, seja em outras reencarnações terrestres;* ela está momentaneamente agravada pela ideia de que seu estado presente deverá durar sempre; fazendo essa ideia parte do castigo, não lhes foi permitido ouvirem as palavras de esperança que lhes foram dirigidas. Àqueles que achariam essa pena bem terrível e bem longa, sobretudo se ela deva somente cessar depois de algumas reencarnações, diremos que a sua duração não é absoluta, e que dependerá da maneira como suportarão as suas provas futuras, no que se pode ajudá-los pela prece; eles serão, como todos os Espíritos culpados, os árbitros de seu próprio destino. Entretanto, isso não vale ainda mais que a condenação eterna, sem esperança, à qual estão irrevogavelmente condenados, segundo a doutrina da Igreja, que os considera de tal modo como devotados para sempre ao inferno, que lhes recusou as últimas preces, sem dúvida como inúteis?

Louis e a pespontadeira de botinas

Há sete ou oito meses, o chamado Luís G..., oficial sapateiro, fazia a corte a uma senhorita Victorine R..., pespontadeira de botinas, com a qual deveria se casar muito proximamente, uma vez que os anúncios estavam em curso de publicação. Estando as coisas nesse ponto, os jovens se consideravam quase como definitivamente unidos, e, por medida de economia, o sapateiro vinha, cada dia, tomar as suas refeições na casa de sua futura esposa.

Um dia, tendo Louis vindo, como de costume, ceiar na casa da pespontadeira de botinas, sobreveio uma contestação a propósito de uma futilidade; obstinou-se de parte a parte, e as coisas chegaram ao ponto que Louis deixou a mesa e partiu jurando nunca mais voltar.

No dia seguinte, entretanto, o sapateiro veio pedir perdão; sabe-se que a noite é boa conselheira, mas a operária, talvez prejulgando, segundo a cena da véspera, o que poderia sobrevir quando não houvesse mais tempo para se desdizer, recusou se reconciliar, e, protestos, lágrimas, desespero, nada pôde dobrá-la. Passados vários dias, desde aquele da desavença, Louis, esperando que sua bem-amada seria mais tratável, quis tentar uma última negociação: chegou, pois, e bateu de modo a se fazer reconhecer, mas se lhe recusou abrir; então, novas súplicas da parte do pobre desapossado, novos protestos através da porta, mas nada pôde tocar a implacável pretendida. "Adeus, pois, malvada! Exclamou, enfim, o pobre jovem, adeus para sempre! Tratai de encontrar um marido que vos ame tanto como eu!" No mesmo tempo a jovem ouviu uma espécie de gemido abafado, depois como o barulho de um corpo que tomba deslizando ao longo de sua porta, e tudo entrou no silêncio; então ela imaginou que Louis se instalara sobre a soleira para esperar a sua primeira saída; ela porém se prometeu não pôr o pé fora enquanto ele lá estivesse.

Havia apenas um quarto de hora que isto se passara, quando um locatário que passava sobre o patamar com luz, soltou uma exclamação e pediu socorro. Logo chegaram os vizinhos, e a senhorita Victorine, tendo igualmente aberto a sua porta, lançou um grito de horror percebendo, estendido sobre o patamar da escada, o seu pretendido pálido e inanimado. Cada um se apressou em lhe dar socorro, mas logo se percebeu ser tudo inútil, e que ele cessara de existir. O infeliz jovem mergulhara o seu trinchete na região do coração, e o ferro permaneceu na ferida.

(Sociedade Espírita de Paris, agosto de 1858.)

1. *Ao Espírito de São Luís.* A jovem, causa involuntária da morte de seu amante, dela tem a responsabilidade? – R. Sim, porque ela não o amava.

2. Para prevenir essa infelicidade, deveria esposá-lo apesar de sua repugnância? – R. Ela procurava uma ocasião para se separar dele; fez no começo de sua ligação o que teria feito mais tarde.

3. Assim, a sua culpabilidade consistiu em entreter nele sentimentos que não partilhava, sentimentos que foram a causa da morte do jovem? – R. Sim, é isso.

4. Sua responsabilidade, nesse caso, deve ser proporcional à sua falta; não deve ser tão grande como se ela tivesse provocado voluntariamente a morte? – R. Isto salta aos olhos.

5. O suicídio de Louis encontra uma desculpa no desvario em que o mergulhou a obstinação de Victorine? – R. Sim, porque o seu suicídio, que provém do amor, é menos criminoso, aos olhos de Deus, que o suicídio do homem que quer se livrar da vida por um motivo de frouxidão.

Tendo o Espírito de Louis G... sido evocado, uma outra vez, se lhe dirigiram as seguintes perguntas:

1. Que pensais da ação que cometestes? – R. Victorine é uma ingrata, eu errei em me matar por ela, porque ela não o merecia.

2. Portanto, ela não vos amava? – R. Não, no início ela acreditou; iludia-se; a cena que lhe fiz abriu-lhe os olhos; então, ela ficou contente com esse pretexto para se desembaraçar de mim.

3. E vós a amáveis sinceramente? – R. Eu tinha paixão por ela; eis tudo, eu acreditava; se eu a amasse com um amor puro, não quereria lhe causar desgostos.

4. Se ela soubesse que queríeis realmente vos matar, persistiria em sua recusa? – R. Eu não sei; não creio, porque ela não é má; mas seria infeliz; vale ainda mais para ela que isso tenha se passado assim.

5. Chegando à sua porta, tínheis a intenção de vos matar em caso de recusa? – R. Não; não pensava nisso; não acreditava que ela fosse tão obstinada; foi quando vi a sua obstinação, que então uma vertigem me tomou.

6. Pareceis não lamentar o vosso suicídio somente porque Victorine o merecia; é o único sentimento que experimentais? – R. Neste momento, sim; estou ainda muito perturbado; parece-me estar à porta; mas sinto outra coisa que não posso definir.

7. Compreendê-la-eis mais tarde? – R. Sim; quando estiver desembaraçado... Foi mau o que fiz; a deveria deixar tranquila... Fui fraco e disso carrego a pena... Vede, a paixão cega o homem e o faz fazer tolices. Ele as compreende quando não há mais tempo.

8. Dissestes que disso carregais a pena; que pena sofreis? – R. Errei em abreviar a minha vida; não o devia; era preferível tudo suportar a morrer antes do tempo. Sou infeliz; eu sofro; é sempre ela que me faz sofrer; parece-me ainda lá, em sua porta; a ingrata! Não me faleis mais disso; não quero mais nisso pensar; me faz muito mal. Adeus.

Vê-se aí uma nova prova da justiça distributiva que preside à punição dos culpados, segundo o grau de sua responsabilidade. Na presente circunstância, a primeira falta é da jovem que entretera em Louis um amor que não partilhava, e do qual gracejava; ela carregará, pois, a maior parte da responsabilidade. Quanto ao jovem, é punido também pelo sofrimento que suporta; mas a sua pena é leve, porque cedeu a um movimento irrefletido e a um momento de exaltação, em lugar da fria premeditação daqueles que se suicidam para se subtraírem às provas da vida.

Um ateu

O Sr. J.-B.D... era um homem instruído, mas imbuído, ao último grau, de ideias materialistas, não crendo nem em Deus nem em sua alma. Foi evocado dois anos depois de sua morte, na Sociedade de Paris, a pedido de um de seus parentes.

1. *Evocação* – R. Eu sofro! eu sou réprobo.

2. Fomos instados a vos chamar, de parte de vossos parentes, que desejam conhecer a vossa sorte; podeis dizer-nos se vossa evocação vos é agradável ou penosa? – R. Penosa.

3. A vossa morte foi voluntária? – R. Sim.

O Espírito escreveu com extrema dificuldade; a escrita era muito grossa, irregular, convulsiva e quase ilegível. No início, mostrou cólera, quebrou o lápis e rasgou o papel.

4. Sede mais calmo; todos pediremos a Deus por vós. – R. Sou forçado em crer em Deus.

5. Que motivo vos levou a destruir-vos? – R. Aborrecimento da vida *sem esperança.*

Concebe-se o suicídio quando a vida é *sem esperança;* quer se escapar da infelicidade a qualquer preço; com o Espiritismo, o futuro se desenrola e a esperança se legitima: o suicídio não tem mais objetivo; mais ainda, reconhece-se que, por esse meio, se escapa de um mal para cair num outro que é cem vezes pior. Eis porque o Espiritismo já tirou tantas vítimas da morte voluntária. São muito culpados aqueles que se esforçam por acreditar, *por sofismas científicos, e supostamente em nome da razão,* nessa ideia desesperante, fonte de tantos males e de crimes, que tudo acaba com a vida! Serão responsáveis não só pelos seus próprios erros, mas por todos os males de que terão sido a causa.

6. Quisestes escapar das vicissitudes da vida; com isso, ganhastes alguma coisa? Sois mais feliz agora? – R. Por que o nada não existe?

7. Quereis ser bastante bom para nos descrever a vossa situação, o melhor que puderdes? – R. *Sofro por ser obrigado a crer em tudo*

o que negava. Minha alma é como um braseiro; está horrivelmente atormentada.

8. De onde vos provinham as ideias materialistas que tínheis quando vivo? – R. Numa outra existência fui mau, e o meu Espírito foi condenado a sofrer os tormentos da dúvida durante a minha vida; também me matei.

Há aqui toda uma ordem de ideias. Pergunta-se, frequentemente, como pode haver materialistas, uma vez que, tendo já passado pelo mundo espiritual, deveriam ter dele a intuição; ora, é precisamente essa intuição que é recusada a certos Espíritos que conservaram o seu orgulho, e não se arrependeram de suas faltas. Sua prova consiste em adquirirem, durante a vida corpórea, *e por sua própria razão,* a prova da existência de Deus e da vida futura, que têm incessantemente sob os olhos; mas, amiúde, a presunção de nada admitirem acima de si arrebata-os ainda, e sofrem-lhe a pena, até que o seu orgulho estando domado, se rendem, enfim, à evidência.

9. Quando estáveis sufocado, que pensáveis que vos adviria? Que reflexões fizestes nesse momento? – R. Nenhuma; era o nada para mim. Vi depois que, não tendo sofrido toda a minha condenação, iria ainda muito sofrer.

10. Estais agora bem convencido da existência de Deus, da alma e da vida futura? – R. Ai de mim! Estou mais atormentado por isso.

11. Revistes o vosso irmão? – R. Oh! não.

12. Por que isso?– R. Por que reunir os nossos tormentos? Asila-se na infelicidade, reúne-se na felicidade. Ai de mim!

13. Seria bem fácil rever o vosso irmão, que poderíamos chamar aí, ao vosso lado? – R. Não, não, estou muito baixo.

14. Por que não quereis que o chamemos? – R. É que ele não é mais feliz.

15. Recusais a sua visão; isso poderia vos fazer bem? – R. Não; mais tarde.

16. Desejais mandar dizer alguma coisa aos vossos parentes? – R. Que orem por mim.

17. Parece que, na sociedade que frequentáveis, algumas pessoas partilham as opiniões que tínheis quando vivo; teríeis alguma coisa a lhes

dizer a esse respeito? – R. Ah! os infelizes! Possam crer em uma outra vida! É o que lhes posso desejar de mais feliz; se pudessem compreender a minha triste posição, isso os faria bem refletirem.

(Evocação do irmão do precedente, professando as mesmas ideias, mas que não se suicidou. Embora infeliz, está mais calmo; a sua escrita é limpa e legível.)

18. *Evocação* – R. Possa o quadro de nossos sofrimentos vos ser uma lição útil e vos persuadir de que uma outra vida existe, onde se expia suas faltas, a sua incredulidade.

19. Vede-vos reciprocamente com o vosso irmão que acabamos de chamar? – R. Não, ele foge de mim.

Poder-se-ia perguntar por que os Espíritos podem fugir no mundo espiritual, onde não existem obstáculos materiais nem retiros escondidos à visão. Tudo é relativo nesse mundo, e em relação com a natureza fluídica dos seres que o habitam. Só os Espíritos superiores têm percepções indefinidas; nos Espíritos inferiores elas são limitadas, e, para eles, os obstáculos fluídicos fazem o efeito de obstáculos materiais. Os Espíritos furtam-se à visão, uns dos outros, por um efeito de sua vontade, que age sobre o seu envoltório periespiritual e os fluidos ambientes. Mas a Providência, que vela sobre cada um, individualmente, como sobre seus filhos, deixa-lhe ou recusa-lhe essa faculdade, segundo as disposições morais de cada um; segundo as circunstâncias, é uma punição ou uma recompensa.

20. Sois mais calmo que ele; poderíeis nos dar uma descrição mais precisa de vossos sofrimentos?– R. Sobre a Terra não sofreis em vosso amor-próprio, em vosso orgulho, quando estais obrigado em convir com os vossos erros? Vosso Espírito não se revolta ao pensamento de vos humilhar diante daquele que vos demonstra que estais no erro? Pois bem! Que credes que sofre o Espírito que, durante toda uma existência, se persuadiu de que nada existe depois dele, que tem razão contra todos? Quando, de repente, encontra-se em face da brilhante verdade, está aniquilado, está humilhado. A isso vem se juntar o remorso de ter podido, por tanto tempo, esquecer a existência de um Deus tão bom, tão indulgente. Seu estado é insuportável; não encontra nem calma nem repouso; não encontrará um pouco de tranquilidade senão no momento em que a graça santa, quer dizer, o amor de Deus, tocá-lo, porque o orgulho se apodera de tal modo de nosso pobre Espírito que o envolve inteiramente,

e lhe é necessário ainda muito tempo para se desfazer dessa veste fatal; a prece de nossos irmãos que pode nos ajudar a nos desembaraçarmos dele.

21. Quereis falar de vossos irmãos viventes ou Espíritos? – R. De uns e de outros.

22. Enquanto conversávamos com o vosso irmão, uma pessoa aqui presente orou por ele; essa prece lhe foi útil? – R. Ela não será perdida. Se recusa a graça agora, isso lhe virá, quando estiver no estado de recorrer a essa divina *panaceia*.

Vemos aqui um outro gênero de castigo, mas que não é o mesmo em todos os incrédulos; independentemente do sofrimento, é a necessidade, para esse Espírito, de reconhecer as verdades que renegara quando vivo. Suas ideias atuais denotam um certo progresso, comparativamente com outros Espíritos que persistem na negação de Deus. Já é alguma coisa e um começo de humildade em convir que se está enganado. É mais que provável que, na sua próxima encarnação, o incrédulo terá dado lugar ao sentimento *inato* da fé.

Tendo transmitido, à pessoa que nos pediu fazê-las, o resultado dessas duas evocações, dela recebemos a resposta seguinte:

"Não podeis crer, senhor, o grande bem produzido pela evocação de meu sogro e de meu tio. Nós os reconhecemos perfeitamente; a escrita do primeiro, sobretudo, tem uma analogia impressionante com a que ele tinha quando vivo, tanto melhor que, durante os últimos meses que passou conosco, ela era brusca e indecifrável; nela se encontram as mesmas formas de hastes de letras, de parágrafo, e de certas letras. Quanto às palavras, às expressões e ao estilo, é ainda mais impressionante; para nós a analogia é perfeita, a não ser que está mais esclarecido sobre Deus, a alma e a eternidade, que ele negava tão formalmente outrora. Estamos, pois, perfeitamente convencidos de sua identidade; Deus disso será glorificado pela nossa crença mais firme no Espiritismo, e nossos irmãos, Espíritos e viventes, com isso se tornarão melhores. A identidade de seu irmão não é menos evidente; na diferença imensa do ateu ao crente, reconhecemos o seu caráter, o seu estilo, o seu boleio de frases; uma palavra sobretudo nos impressionou, foi a de *panaceia;* era a sua palavra habitual; dizia-a e a repetia a cada instante.

Comuniquei essas duas evocações a várias pessoas, que se impressionaram com a sua veracidade; mas os incrédulos, aqueles que partilham as opiniões de meus dois parentes, desejam respostas ainda mais categóricas: que o Sr. D..., por exemplo, precisasse o local onde foi enterrado, aquele onde se afogou, de que maneira dali foi tirado, etc. Para satisfazê-los e convencê-los, não poderíeis evocá-lo de novo, e, nesse caso, poderíeis bem lhe endereçar as seguintes perguntas: onde e como se cumpriu o seu suicídio? – quanto tempo ficou sob a água? – em que lugar o seu corpo foi encontrado? – em que lugar foi enterrado? – de que maneira, civil ou religiosa, procedeu-se à sua inumação, etc.?

Quereis, eu vos peço, senhor, fazer responder categoricamente a essas perguntas, que são essenciais para aqueles que ainda duvidam; estou persuadido do bem imenso que isso produzirá. Farei de modo que a minha carta vos chegue amanhã, sexta-feira, a fim de que possais fazer essa evocação na sessão da Sociedade, que deverá ocorrer nesse dia... etc."

Respondemos a essa carta por causa do fato de identidade que ela constata; aqui juntamos a resposta que lhe demos, para instrução das pessoas que não estão familiarizadas com as comunicações de além-túmulo.

"As perguntas que nos pedistes endereçar ao Espírito de vosso sogro, sem dúvida, são ditadas por uma louvável intenção, a de convencer os incrédulos, porque, em vós, não se mistura nenhum sentimento de dúvida e de curiosidade; mas um conhecimento mais perfeito da ciência espírita, vos faria compreender que são supérfluas. – Primeiro, pedindo-me para fazer os vossos parentes responderem categoricamente, sem dúvida, ignorais que não governamos os Espíritos à nossa vontade; eles respondem quando querem, como querem, e, frequentemente, como podem; a sua liberdade de ação é ainda maior que de sua vida, e eles têm mais meios de escaparem ao constrangimento moral que se quisesse exercer sobre eles. As melhores provas de identidade são as que dão espontaneamente, de sua própria vontade, ou que nascem das circunstâncias, e, na maior parte do tempo, é em vão que se procura provocá-las. Vosso parente provou a sua identidade de maneira irrecusável, segundo vós; é, pois, mais que provável que recusaria responder a perguntas que, com razão, pode considerar como supérfluas, e feitas tendo em vista satisfazer a curiosidade de pessoas que lhe são indiferentes. Poderia responder, como o fazem frequentemente outros Espíritos em semelhante caso: 'Para que serve perguntar coisas que sabeis?'. Acrescentará mesmo que o estado de perturbação e de sofrimento em que se encontra, deve lhe tornar mais penosas as pesquisas desse gênero; é absolutamente como se quisesse constranger um doente, que pode apenas com dificuldade pensar e falar, a contar os detalhes de sua vida; isso, seguramente, seria faltar às considerações que se deve à sua posição.

Quanto ao resultado que disso esperais, seria nulo, ficai disso persuadido. As provas de identidade que foram fornecidas têm um valor bem maior, por isso mesmo que são espontâneas, e nada podia pôr sobre o seu caminho; se os incrédulos não estão satisfeitos, não o estariam mais, talvez menos ainda, por perguntas prévias, que poderiam suspeitar de conivência. Há pessoas a quem nada pode convencer; veriam com seus olhos os vossos parentes em pessoa e se diriam joguetes de uma alucinação.

Duas palavras ainda, senhor, sobre o pedido que me fazeis, de evocar no mesmo dia em que deveria receber a sua carta. As evocações não se fazem assim com uma varinha; os Espíritos não respondem sempre ao nosso chamado; é necessário, para isso, que possam ou que queiram; é necessário, além disso, um médium que lhes convenha, e que tenha a aptidão especial necessária; que esse médium esteja disponível num momento dado; que o meio seja simpático ao Espírito, etc. todas circunstâncias pelas quais não se pode nunca responder, e que importa conhecer, quando se quer fazer a coisa seriamente."

Sr. Félicien

Era um homem rico, instruído, poeta espiritual, de um caráter bom, cortês e cheio de amenidade, e de uma perfeita honorabilidade. Falsas especulações comprometeram a sua fortuna; sua idade não mais lhe permitia reabilitar-se, cedeu ao desencorajamento e se suicidou, em dezembro de 1864, enforcando-se em seu quarto de dormir. Não era nem materialista, nem ateu, mas homem de humor um pouco leviano, tomando pouco cuidado com a vida futura. Tendo-o conhecido intimamente, o evocamos quatro meses depois de sua morte, por simpatia pela sua pessoa.

Evocação – Eu lamento a Terra; aí tive decepções, mas, menores que aqui. Sonhava maravilhas, e estou abaixo da realidade ideal que lhe tinha. O mundo dos Espíritos é bem misturado, e para torná-lo suportável, seria necessária uma boa triagem. Custa-me crer! Que esboços de costumes espíritas se poderia fazer aqui! Balzac lançaria mãos à obra; ele seria rude. Mas eu não o percebi; onde se encontram, pois, esses grandes Espíritos que tão forte condenaram os vícios da Humanidade? Eles deveriam, como eu, estacionar aqui por algum tempo, antes de irem para as regiões mais elevadas. É um pandemônio curioso, que me agrada observar, e aqui permaneço.

Se bem que o Espírito declare encontrar-se numa sociedade muito misturada, e por consequência de Espíritos inferiores, sua linguagem dava lugar para nos surpreender, em razão de seu gênero de morte, ao qual não fez nenhuma alusão, porque de outro modo seria bem o reflexo de seu caráter. Isso nos deixou algumas dúvidas sobre a sua identidade.

P. Quereis dizer-nos, eu vos peço, como morrestes? – R. Como morri? Pela morte que escolhi; ela me agradou; meditei muito tempo sobre a que deveria escolher para me libertar da vida. E, na verdade, confesso que não ganhei grande coisa, a não ser de estar livre de meus cuidados materiais, mas para reencontrá-los mais graves, mais penosos na minha posição de Espírito, da qual não prevejo o fim.

P. (Ao *guia do médium*.) – Foi bem o Espírito do Sr. Félicien que respondeu? Essa linguagem quase indiferente nos espanta num suicida. – R. Sim; mas por um sentimento desculpável em sua posição, e que não compreendeis, ele não queria revelar o seu gênero de morte ao médium; foi por isso que disse palavras ocas; acabou por confessar, levado pela vossa pergunta direta, mas está muito aflito com isso. Ele sofre muito por ter se suicidado, e afasta, tanto quanto possa, tudo aquilo que lhe lembra esse fim funesto.

P. (*Ao Espírito*.) – A vossa morte nos afetou tanto mais quanto previamos as tristes consequências para vós, e em razão, sobretudo, da estima e do apego que tínhamos por vós. Pessoalmente, nunca esqueci o quanto fostes bom e cortês para comigo. Ficaria feliz se vos pudesse testemunhar o meu reconhecimento, se posso fazer alguma coisa que vos seja útil. – R. E, todavia, eu não podia escapar, de outro modo, aos embaraços de minha posição material. Agora tenho necessidade apenas de preces; sobretudo, orai para que eu fique livre dos horríveis acompanhantes que estão junto de mim e que me obsidiam com seus risos, seus gritos e suas zombarias infernais. Eles me chamam frouxo, e têm razão; é covardia tirar a vida. *Eis quatro vezes que sucumbo a essa prova*. Todavia, eu muito me prometera não mais falir... Fatalidade!... Ah! Orai; que suplício o meu! Sou bem infeliz! Fareis mais por mim, em o fazendo, do que não vos fiz, quando estava sobre a Terra; mas a prova na qual tão frequentemente fali, se ergue diante de mim em traços indeléveis; *é necessário que eu a sofra de novo em um tempo dado*; terei a força para isso? Ah! tão frequentemente recomeçar a vida! Por tanto tempo lutar e ser arrastado, pelos acontecimentos, para sucumbir, apesar de si, é desesperador mesmo aqui! Para isso é que tenho necessidade de força. Ela é haurida na prece, diz-se: orai por mim; eu quero orar também.

Esse caso particular de suicídio, embora ocorrido em circunstâncias muito vulgares, apresenta-se, contudo, sob uma fase especial. Ele nos mostra um Espírito que sucumbiu várias vezes nessa prova, que se renova a cada existência, *e se renovará enquanto não tiver força para resistir a ela*. É a confirmação deste princípio que, quando o objetivo do adiantamento para o qual encarnamos não é atingido, sofremos sem proveito, porque deveremos recomeçar até que saiamos vitoriosos da luta.

Ao Espírito do Sr. Félicien – Escutai, eu vos peço, o que vou dizer-vos, e consenti meditar as minhas palavras. O que chamais fatalidade não é outra coisa que a vossa própria fraqueza, porque não há fatalidade; de outro modo o homem não seria responsável pelos seus atos. O homem é sempre livre, e aí está o seu mais belo privilégio; Deus não quis dele fazer uma máquina agindo e obedecendo cegamente. Se essa liberdade torna-o falível, torna-o também perfectível, e é pela perfeição que ele chega à felicidade suprema. Só o seu orgulho leva-o a acusar o Destino pelas suas infelicidades sobre a Terra, ao passo que, o mais frequentemente, deve atribuí-la à sua incúria. Disso tivestes um exemplo evidente na vossa última existência; tínheis tudo o que era necessário para ser feliz segundo o mundo: espírito, talento, fortuna, consideração merecida; não tínheis nada de vícios ruinosos, e, ao contrário, qualidades estimáveis; como a vossa posição se encontrou tão radicalmente comprometida? Unicamente pela vossa imprevidência. Convinde que, se agísseis com mais prudência, se soubésseis vos contentar com a bela parte que já tínheis, em lugar de procurá-la aumentar sem necessidade, não vos arruinaríeis. Não houve, portanto, nenhuma fatalidade, uma vez que podíeis evitar o que ocorreu.

A vossa prova consistia num encadeamento de circunstâncias que deveriam vos dar, *não a necessidade, mas a tentação do suicídio;* infelizmente para vós, apesar do vosso espírito e da vossa instrução, não soubestes dominar essas circunstâncias, e carregais a pena de vossa fraqueza. Essa prova, assim como o pressentistes com razão, deverá se renovar ainda; na vossa próxima existência, sereis alvo de acontecimentos que provocarão, de novo, o pensamento do suicídio, e assim será até que houverdes triunfado.

Longe de acusar a sorte, que é a vossa própria obra, admirai a bondade de Deus que, em lugar de vos condenar irremissivelmente numa primeira falta, vos oferece, sem cessar, os meios de repará-la. Sofrereis, pois, não eternamente, mas tão longo tempo quanto a reparação não ocorrer. De vós depende tomar, no estado de Espírito, resoluções de tal modo enérgicas, de expressar a Deus um arrependimento tão sincero, de solicitar com tanta instância o apoio dos bons Espíritos, que chegareis na Terra couraçado contra todas as tentações. Uma vez obtida essa vitória, caminhareis na rota da felicidade com tanto maior rapidez que, sob outros aspectos, o vosso avanço já é muito grande. É, pois, ainda, um passo a transpor; nisso vos ajudaremos com as nossas preces, mas elas serão impotentes se não as secundardes com os vossos esforços.

R. Obrigado! Oh! Obrigado pelas vossas boas exortações; delas tenho muita necessidade, porque sou mais infeliz *do que queria fazê-lo parecer.* Vou aproveitá-las, vos asseguro, e preparar-me para a minha próxima encarnação, na qual, desta vez, farei de modo a não sucumbir. Tarda-me sair do ignóbil meio onde aqui estou relegado.

FÉLICIEN.

Antoine Bell

Guarda-livros numa casa bancária do Canadá; suicidou-se em 28 de fevereiro de 1865. Um dos nossos correspondentes, doutor em medicina e farmacêutico, na mesma cidade, nos deu, por sua conta, as informações seguintes:

"Eu conhecia Bell, há mais de vinte anos. Era um homem inofensivo e pai de numerosa família. Há algum tempo, imaginou ter comprado veneno em minha casa, e que dele se serviu para envenenar alguém. Frequentemente, vinha me suplicar para lhe dizer em que época lhe vendera, e se entregava, então, a transportes terríveis. Perdia o sono, acusava-se, batia no peito. Sua família ficava numa ansiedade contínua das quatro horas da tarde até as nove horas da manhã, momento em que entrava na casa bancária, onde tinha seus livros de maneira muito regular, sem jamais cometer um único erro. Tinha o costume de dizer que um ser que sentia nele, fazia-o ter a sua contabilidade com ordem e regularidade. No momento em que ele parecia estar convencido do absurdo de seus pensamentos, exclamava: "Não, não, quereis me enganar... *eu me lembro...* isso é verdade."

Antoine Bell foi evocado em Paris, em 17 de abril de 1865, a pedido de seu amigo.

1. *Evocação* – R. Que quereis? Fazer-me sofrer um interrogatório? É inútil, eu confessarei tudo.

2. Está longe de nosso pensamento querer vos atormentar com perguntas indiscretas; desejávamos unicamente saber qual é a vossa posição no mundo em que estais, e se podemos vos ser úteis. – R. Ah! Se o podeis, por isso vos seria muito reconhecido! Tenho horror do meu crime, e sou muito infeliz!

3. Nossas preces, disso temos esperança, abrandarão as vossas penas. Pareceis-nos, de resto, em boas condições; o arrependimento já é um começo de reabilitação em vós. Deus, que é infinitamente misericordioso, tem sempre piedade do pecador arrependido. Orai conosco. (Aqui, disse-se a prece para os suicidas, que se encontra em *O Evangelho Segundo o Espiritismo*.)

Agora, quereis nos dizer de qual crime vos reconheceis culpado. Ser-vos-á tida em conta essa confissão feita com humildade. – R. Deixai-me primeiro vos agradecer a esperança que acabais de fazer nascer em meu coração. Ai de mim! há muito tempo, eu vivia numa cidade, da qual o mar do Sul banhava as muralhas. Amei uma jovem e bela criança que correspondia ao meu amor; mas eu era pobre, e fui repelido pela sua família. Ela anunciou-me que iria desposar o filho de um negociante cujo comércio se estendia além dos dois mares, e fui repelido. Louco de dor, resolvi tirar-me a vida, depois de saciar a minha vingança, assassinando o meu rival odiado. Os meios violentos, todavia, me repugnavam; eu tremia à ideia desse crime, mas o ciúme me dominou. Na véspera do dia em que a minha bem-amada deveria ser dele, ele morreu envenenado pelos meus cuidados, achando este meio mais fácil. Assim se explicam essas reminiscência do passado. Sim, já vivi, e é necessário que viva ainda... Ó meu Deus! tende piedade de minha fraqueza e de minhas lágrimas.

4. Deploramos essa infelicidade que retardou o vosso adiantamento, e vos lastimamos sinceramente; mas, uma vez que vos arrependestes, Deus terá piedade de vós. Dizei-nos, eu vos peço, se executastes o vosso projeto de suicídio... – R. Não; confesso, com a minha vergonha, que a esperança retornou ao meu coração, queria desfrutar o preço de meu crime; mas os meus remorsos me traíram; expiei pelo último suplício esse momento de alucinação: enforquei-me.

5. Tínheis consciência, dessa má ação, na vossa última existência? – R. Somente nos últimos anos de minha vida, e eis como. Eu era bom por natureza; depois de submetido, como todos os Espíritos homicidas, ao tormento da visão contínua de minha vítima, que me perseguia como um remorso vivo, disso me livrei depois de muitos anos pelas minhas preces e o meu arrependimento. Recomeçava a vida uma outra vez, a última, e a atravessava pacífico e tímido. Tinha em mim uma vaga intuição de minha fraqueza nativa e de minha falta anterior, da qual conservei a lembrança latente. Mas um Espírito obsessor e vingativo, que não era outro senão o pai de minha vítima, não teve grande dificuldade para se apoderar de mim e fazer reviver, em meu coração, como num espelho mágico, as lembranças do passado.

Alternativamente, influenciado por ele e pelo guia que me protegia, eu era o envenenador, ou o pai de família que ganhava o pão de seus filhos com o seu trabalho. Fascinado por esse demônio obsessor, fui por ele impelido ao suicídio. Sou muito culpado, é verdade, porém, menos do que se o tivesse resolvido eu mesmo. Os suicidas de minha categoria, e que são muito fracos para resistirem aos Espíritos obsessores, são menos culpados e menos punidos que aqueles que se tiram a vida pelo único fato da ação de seu livre arbítrio. Orai comigo pelo Espírito que me influenciou tão fatalmente, a fim de que ele abdique de seus sentimentos de vingança, e orai também por mim, a fim de que adquira a força e a energia necessárias para não mais falir à prova do suicídio por livre vontade, *à qual me submeterei, dizem-me, na próxima encarnação.*

6. *Ao guia do médium.* Pode um Espírito obsessor, realmente, levar o obsidiado ao suicídio? – R. Seguramente, porque a obsessão que é, ela mesma, um gênero de prova, pode revestir todas as formas; mas não é

uma desculpa. O homem tem sempre o seu livre arbítrio e, por consequência, está livre para ceder ou resistir às sugestões das quais é alvo; quando ele sucumbe, é sempre pelo fato de sua vontade. O Espírito tem razão, de resto, quando diz que aquele que faz o mal pela instigação de um outro é menos responsável, e menos punido, que aquele que o comete por seu próprio impulso; mas não está inocentado, porque, desde o instante que se deixa desviar do caminho reto, é porque o bem não está ainda fortemente enraizado nele.

7. Como ocorre que, apesar da prece e do arrependimento que tinham livrado esse Espírito do tormento que experimentava pela visão de sua vítima, ainda fora perseguido pela vingança do Espírito obsessor na sua última encarnação? – R. O arrependimento, vós o sabeis, é *a preliminar indispensável da reabilitação,* mas não basta para livrar o culpado de toda a pena; Deus não se contenta com promessas; é necessário provar, por seus atos, a solidez do retorno ao bem; por isso, o Espírito é submetido a novas provas que o fortifiquem, ao mesmo tempo que fazem adquirir um mérito a mais, quando delas sai vitorioso. Será o alvo da perseguição dos maus Espíritos *até que estes o sintam bastante forte para lhes resistir;* então eles o deixam em repouso, porque sabem que as suas tentativas seriam inúteis.

Estes dois últimos exemplos nos mostram a mesma prova se renovando em cada encarnação, por tanto tempo quanto nela se sucumba. Antoine Bell nos mostra, por outro lado, o fato não menos instrutivo de um homem perseguido pela lembrança de um crime cometido numa existência anterior, como um remorso e uma advertência. Vemos por aí que todas as existências são solidárias umas com as outras; a justiça e a bondade de Deus revelam-se na faculdade que deixa ao homem para se melhorar gradualmente, sem jamais lhe fechar a porta do resgate de suas faltas; o culpado é punido pela sua própria falta, e a punição, em lugar de ser uma vingança de Deus, é o meio empregado para fazê-lo progredir.

Capítulo 6

Criminosos arrependidos

Verger

Assassino do Arcebispo de Paris

No dia 3 de janeiro de 1857, Mons. Sibour, arcebispo de Paris, saindo da igreja de Saint-Étienne du Mont, foi ferido mortalmente por um jovem padre de nome Verger. O culpado foi condenado à morte e executado em 30 de janeiro. Até o último momento, não testemunhou nem lamento, nem arrependimento, nem sensibilidade.

Evocado no mesmo dia de sua execução, deu as respostas seguintes:

1. *Evocação* – R. Estou ainda retido no meu corpo.

2. É que a vossa alma não está inteiramente desligada de vosso corpo? – R. Não... tenho medo... eu não sei... Esperai que eu me reconheça... eu não estou morto, não é?

3. Arrependei-vos do que fizestes? – R. Errei em matar; mas fui empurrado pelo meu caráter que não podia sofrer humilhações... Evocar-me-eis uma outra vez.

4. Por que já quereis ir? – R. Teria muito medo se o visse; temeria que ele fizesse o mesmo comigo.

5. Mas nada tendes a temer, uma vez que a vossa alma está separada do vosso corpo; afastai toda inquietação: ela não é razoável. – R. Que

quereis? Sempre sois senhor de vossas impressões?... Não sei onde estou... eu sou louco.

6. Tratai de vos tranquilizar. – R. Eu não posso, uma vez que sou louco... Esperai! Vou fazer voltar toda a minha lucidez.

7. Se orardes, isso poderá vos ajudar a reunir as vossas ideias? – R. Eu temo... não ouso pedir.

8. Orai, grande é a misericórdia de Deus! Oraremos convosco. – R. Sim, a misericórdia de Deus é infinita; sempre o acreditei.

9. Agora, dai-vos melhor conta de vossa posição? – R. É tão extraordinária que não posso ainda dar-me conta.

10. Vedes a vossa vítima? – R. Parece-me ouvir uma voz, parecida com a sua, e que me diz: Eu não te quero mais... mas é um efeito da minha imaginação!... Eu estou louco, vos digo, porque vejo o meu próprio corpo de um lado e a minha cabeça de outro... e, entretanto, parece-me que vivo, mas no espaço, entre a Terra e o que chamais céu... Sinto mesmo o frio de um cutelo caindo sobre o meu pescoço... mas é pelo medo que tenho de morrer... parece-me que vejo quantidade de Espíritos ao meu redor, mas olhando com compaixão... eles *conversam* comigo, mas não os compreendo.

11. Entre esses Espíritos há algum cuja presença vos humilhe por causa de vosso crime? – R. Eu vos direi que há somente um que temo, aquele que feri.

12. Lembrai-vos de vossas existências anteriores? – R. Não, estou no vago... creio sonhar... uma outra vez; é necessário que eu me reconheça.

13. (Três dias mais tarde.) Reconhecei-vos melhor agora? – R. Sei agora que não sou mais desse mundo, e não o lamento. Lamento o que fiz, mas o meu Espírito está mais livre; sei melhor que há uma série de existências que nos dão os conhecimentos úteis para nos tornarmos perfeitos tanto quanto a criatura o possa.

14. Fostes punido pelo crime que cometestes? – R. Sim; lamento o que fiz e sofro por isso.

15. De que maneira fostes punido? – R. Dele sou punido, porque reconheço a minha falta e dela peço perdão a Deus; sou punido pela

consciência de minha falta de fé em Deus, e porque sei agora que não devemos cortar os dias de nossos irmãos; sou punido pelo remorso de ter retardado o meu adiantamento, fazendo falso caminho, e não tendo escutado o grito de minha consciência, que me dizia que não era matando que chegaria ao meu objetivo; mas me deixei dominar pelo orgulho e pelo ciúme; enganei-me e disso me arrependo, porque o homem deve sempre fazer esforços para dominar as suas más paixões, e eu não o fiz.

16. Que sentimento experimentavas quando vos evocamos? – R. Um prazer e um temor, porque não sou mau.

17. Em que consistem esse prazer e esse temor? – R. Um prazer de me entreter com os homens, e poder em parte reparar a minha falta confessando-a. Um temor que não saberia definir, uma espécie de vergonha por ter sido assassino.

18. Quereríeis ser reencarnado na Terra? – R. Sim, eu o peço, e desejo encontrar-me constantemente exposto a ser morto, e disso ter medo.

Mons. Sibour, sendo evocado, disse que perdoava ao seu assassino e orava para o seu retorno ao bem. Acrescentou que, embora presente, não se mostrou a ele para não aumentar o seu sofrimento; o medo de vê-lo, que era um sinal de remorso, já era um castigo.

P. O homem que comete um assassínio sabe, em escolhendo a sua existência, que se tornaria assassino? – R. Não; sabe que, escolhendo uma vida de luta, há *chance*, para ele, de matar um de seus semelhantes; mas ignora se o fará, porque, quase sempre, teve luta nele.

A situação de Verger, no momento de sua morte, é a de quase todos aqueles que perecem de morte violenta. A separação da alma não se operando de maneira brusca, estão como aturdidos e não sabem se estão mortos ou vivos. A visão do arcebispo foi-lhe poupada, porque não era necessária para nele excitar o remorso, ao passo que outros, ao contrário, são incessantemente perseguidos pelos olhares de suas vítimas.

À enormidade de seu crime, Verger acrescentara não estar arrependido antes de morrer; estava, pois, em todas as condições exigidas para incorrer na condenação eterna. Entretanto, apenas deixou a Terra e o arrependimento penetrou-lhe a alma; ele repudiou o seu passado e pediu sinceramente para repará-lo. Não foi o excesso de sofrimento que o empurrou, uma vez que não teve tempo para sofrer; foi, pois, somente o grito de sua consciência, que não escutou durante a sua vida, e que escuta agora. Por que, pois, isso não lhe foi levado em conta? Por que há algumas horas de distância, o que o salvaria do inferno, não o poderia mais? Por que Deus, que foi misericordioso antes da morte, seria sem piedade algumas horas mais tarde?

Poder-se-ia admirar da rapidez da mudança que se opera, algumas vezes, nas ideias de um criminoso endurecido até o último momento, e naquele que a passagem para a outra vida basta para fazê-lo compreender a iniquidade de sua conduta. Esse efeito está longe de ser geral, sem isso não haveria maus Espíritos; o arrependimento, frequentemente, é mais tardio, também a pena é prolongada em consequência.

A obstinação no mal, durante a vida, é, por vezes, uma consequência do orgulho que se recusa dobrar e confessar os seus erros; depois o homem está sob a influência da matéria que lança um véu sobre as suas percepções espirituais, e o fascina. Esse véu tombado, uma luz súbita o aclara, e ele se encontra como *desiludido*. O pronto retorno a melhores sentimentos é sempre o indício de um certo progresso moral cumprido, que pede uma circunstância favorável para se revelar, ao passo que aquele que persiste no mal mais ou menos por muito tempo depois da morte, incontestavelmente, é um Espírito mais atrasado, em quem o instinto material abafa o germe do bem, e a quem são necessárias novas provas para se melhorar.

Lemaire

Condenado à pena de morte, pelo Supremo Tribunal de Justiça (Criminal) do Aisne, e executado em 31 de dezembro de 1857; evocado em 29 de janeiro de 1858.

1. *Evocação* – R. Estou aqui.

2. Que sentimento experimentais à nossa visão? – R. A vergonha.

3. Conservastes o vosso conhecimento até o último momento? – R. Sim.

4. Imediatamente após a vossa execução, tivestes conhecimento de vossa nova existência? – R. Estava mergulhado numa perturbação imensa da qual ainda não saí. Senti uma imensa dor, e pareceu-me que o meu coração a sofria. Vi rolar não sei o que ao pé do patíbulo; vi sangue

correr e a minha dor com isso tornou-se mais pungente. – P. Era uma dor puramente física, análoga à que seria causada por uma grande ferida, pela amputação de um membro, por exemplo? – R. Não; figurai-vos um remorso, uma grande dor moral. – P. Quando começastes a sentir essa dor? – R. Desde que estou livre.

5. A dor física, causada pelo suplício, era sentida pelo corpo ou pelo Espírito? – R. A dor moral estava no meu Espírito; o corpo sentiu a dor física; *mas o Espírito separado dele se ressentia ainda.*

6. Tivestes o vosso corpo mutilado? – R. Vi qualquer coisa informe, à qual me parecia integrado; entretanto, ainda me sentia inteiro: era eu mesmo. – P. Que impressão essa visão produziu em vós? – R. Sentia muito a minha dor; estava perdido *nela.*

7. É verdade que o corpo vive ainda alguns instantes depois da decapitação, e que o supliciado tem consciência de suas ideias? – R. O Espírito se retira pouco a pouco; quanto mais os laços da matéria o enlaçam, menos pronta é a separação.

8. Diz-se haver notado, no rosto de certos supliciados, a expressão da cólera e movimentos como se quisesse falar; é o efeito de uma contração nervosa ou de um ato de vontade? – R. A vontade; porque o Espírito ainda não se retirou.

9. Qual foi o primeiro sentimento que experimentastes, entrando na vossa nova existência? – R. Um sofrimento intolerável; uma espécie de remorso pungente, do qual ignorava a causa.

10. Reunistes-vos aos vossos cúmplices, executados ao mesmo tempo que vós? – R. Para a nossa infelicidade; a nossa visão é um suplício contínuo; cada um de nós censura, ao outro, o seu crime.

11. Reencontrastes as vossas vítimas? – R. Eu as vejo... elas são felizes... seu olhar me persegue... sinto que mergulha até o fundo de meu ser... em vão quero fugir-lhe. – P. Que sentimento experimentais à sua visão? – R. A vergonha e o remorso. *Eu as elevei com as minhas próprias mãos,* e as odeio ainda. – P. Que sentem elas à vossa visão? – R. A piedade.

12. Elas têm ódio e sentimento de vingança? – R. Não; seus votos chamam sobre mim a expiação. Não saberíeis *sentir que horrível suplício*

é tudo dever a quem se odeia.

13. Lamentai-vos a vida terrestre? – R. Lamento somente os meus crimes. Se o fato estivesse ainda em minhas mãos, eu não sucumbiria mais.

14. O pendor para o mal estava em vossa natureza, ou fostes arrastado pelo meio onde vivestes? – R. O pendor para o crime estava em minha natureza, porque era um Espírito inferior. Quis me elevar prontamente; mas pedi mais do que as minhas forças. Eu me acreditei forte, escolhi uma prova rude; cedi às tentações do mal.

15. Se tivésseis recebido bons princípios de educação, vos afastaríeis da vida criminosa? – R. Sim; mas escolhi a posição onde nasci. – P. Poderíeis fazer um homem de bem? – R. Um homem fraco, incapaz do bem como do mal. Poderia corrigir o mal em minha natureza durante a minha existência, mas não poderia elevar-me até fazer o bem.

16. Quando vivo, acreditáveis em Deus? – R. Não. – P. Diz-se, todavia, que no momento de morrer vos arrependestes; é verdade? – R. Acreditei em um Deus vingativo... tinha medo de sua justiça. – P. Neste momento, o vosso arrependimento é mais sincero? R. – Ai de mim! Vejo o que fiz. – P. Que pensais de Deus agora? – R. Eu o sinto e não o compreendo.

17. Achais justo o castigo que vos foi infligido sobre a Terra? – R. Sim.

18. Esperais obter o perdão de vossos crimes? – R. Eu não sei. – P. Como esperais resgatá-los? – R. Por novas provas; mas parece-me que a eternidade está entre elas e mim.

19. Onde estais agora? – R. Estou no meu sofrimento. – P. Perguntamo-vos em que lugar estais. – R. Junto do médium.

20. Uma vez que estais aqui, se vos pudéssemos ver, sob qual forma apareceríeis?– R. Sob a minha forma corpórea: a cabeça separada do tronco. – P. Poderíeis nos aparecer? – R. Não; deixai-me.

21. Quereríeis nos dizer como vos evadistes da prisão de Montdidier? – R. Não sei mais... o meu sofrimento é tão grande, que tenho apenas a lembrança de meu crime... Deixai-me.

22. Poderíamos dar algum alívio aos vossos sofrimentos? – R. Fazei votos para que a expiação chegue.

Benoist

(Bordeaux, março de 1862.)

Um Espírito se apresentou espontaneamente ao médium, sob o nome de *Benoist,* e disse ter morrido em 1704 e suportado horríveis sofrimentos.

1. Que éreis quando vivo? – R. Monge sem fé.

2. A falta de crença foi a vossa única falta? – R. Basta para arrastar as outras.

3. Podeis nos dar alguns detalhes sobre a vossa vida? A sinceridade da vossa confissão vos será contada. – R. Sem fortuna e preguiçoso, eu escolhi as ordens, não por vocação, mas para ter uma posição. Inteligente, fiz para mim um lugar; influente, abusei do poder; vicioso, arrastei para as desordens aqueles que eu tinha a missão de salvar; duro, persegui aqueles que tinham a coragem de censurar os meus excessos; os *in pace* encheram-se com as minhas solicitudes. A fome torturou muitas vítimas; seus gritos, frequentemente, eram extintos com a violência. Desde então, expio e sofro todas as torturas do inferno; as minhas vítimas atiçam o fogo que me devora. A luxúria e a fome insaciadas me perseguem; a sede irrita os meus lábios ardentes sem jamais aí deixar cair uma gota refrescante; todos os elementos se obstinam contra mim. Orai por mim.

4. As preces que são feitas para os que morrem vos devem ser atribuídas como aos outros? – R. Credes que elas sejam bem edificantes. *Elas têm para mim o valor daquelas que eu simulava fazer.* Não cumpri as minhas tarefas. Dela não encontro o salário.

5. Nunca vos arrependestes? – R. Há muito tempo; *mas veio depois do sofrimento.* Como fui surdo aos gritos de vítimas inocentes, o Mestre é surdo aos meus gritos. Justiça!

6. Reconheceis a justiça do Senhor; confiai-vos à sua bondade e rogai para que vos ajude. – R. Os demônios uivam mais alto do que eu; os gritos se afogam na minha garganta; eles enchem a minha boca com breu fervente!... Eu o fiz, grande... (o Espírito não pôde escrever a palavra Deus.)

7. Não estais ainda bastante separado das ideias terrestres para compreender que as torturas que suportais são todas morais? – R. Eu as suporto, eu as sinto, vejo os meus carrascos; todos têm um rosto conhecido; todos têm um nome que retine no meu cérebro.

8. O que pôde vos empurrar para todas essas infâmias? – R. Os vícios dos quais estava imbuído; a brutalidade das paixões.

9. Nunca implorastes a assistência dos bons Espíritos para vos ajudarem a sair dessa posição? – R. Eu vejo apenas os demônios do inferno.

10. Deles tínheis medo quando vivo? – R. Não, nada; o nada, era a minha fé; os prazeres a todo preço, eram o meu culto. Divindades do inferno, não me abandonaram; eu consagrei-lhes a minha vida, elas não me deixaram mais!

11. Não entrevedes um fim para os vossos sofrimentos? – R. O infinito não tem fim.

12. Deus é infinito em sua misericórdia; tudo pode ter um fim, quando ele o quer. – R. Se eu pudesse querer!

13. Por que viestes vos inscrever aqui? – R. Eu não sei como; mas quis falar como queria gritar para me aliviar.

14. Os vossos demônios não vos impediram de escrever? – R. Não, mas estão diante de mim, me esperam; por isso, não gostaria de acabar.

15. É a primeira vez que escreveis assim? – R. Sim. – P. Sabíeis que os Espíritos podem se aproximar assim dos homens? – R. Não. – P. Como, pois, pôde compreendê-lo? – R. Eu não sei.

16. Que sentistes para vir perto de mim? – R. Um entorpecimento nos meus terrores.

17. Como percebestes que estáveis aqui? – R. Como se desperta.

18. Como fizestes para vos pôr em relação comigo? – R. Eu não compreendo; mas não sentiste, tu?

19. Não se trata de mim, mas de vós; tratai de dar-vos conta do que fizestes neste momento quando eu escrevo. – R. És o meu pensamento, eis tudo.

20. Não tivestes a vontade de me fazer escrever? – R. Não, sou eu quem escreve, tu pensas por mim.

21. Tratai de vos dar conta; os bons Espíritos, que vos cercam, nisso vos ajudarão. – R. Não, os anjos não vêm para esse inferno. Tu não estás só? – P. Vede ao vosso redor. – R. Sinto que me ajudam a pensar em ti...

tua mão me obedece... eu não toco em ti, e eu te tomo... não compreendo.

22. Pedi assistência de vossos protetores; iremos orar juntos. – R. Queres me deixar? Fique comigo; eles vão me retomar. Peço-te isso, fica! Fica!

23. Eu não posso permanecer por muito tempo. Retornai todos os dias; oraremos juntos e os bons Espíritos vos ajudarão. – R. Sim, quero a minha graça. Pedi por mim; eu, eu não posso.

O guia do médium. "Coragem, meu filho; lhe será concedido o que pedes, mas a expiação ainda está longe de terminar. As atrocidades que cometeu são sem nome e sem número, e é tanto mais culpado porque tinha a inteligência, a instrução e a luz para se guiar. Faliu, pois, com conhecimento de causa; também os seus sofrimentos são terríveis; mas com o socorro da prece eles se abrandarão, porque verá o fim possível, e a esperança o sustentará. Deus o vê no caminho do arrependimento, ele deu a graça de *poder se comunicar, a fim de que seja encorajado e sustentado.* Pensa, pois, frequentemente, nele; deixamo-lo contigo para fortificar-se nas boas resoluções que poderá tomar, com a ajuda de teus conselhos. Ao arrependimento, sucederá nele o desejo da reparação; será então que ele mesmo pedirá uma nova existência, sobre a Terra, para praticar o bem no lugar do mal que fez, e quando Deus estiver satisfeito com ele, e vê-lo bem fortalecido, o fará entrever as divinas claridades que o conduzirão ao porto da salvação, e o receberá em seu seio, como o filho pródigo. Tem confiança, nós te ajudaremos a cumprir a tua obra."

PAULIN.

Colocamos este Espírito entre os criminosos, se bem que não tenha sido atingido pela justiça humana, porque o crime consiste nos atos, e não no castigo infligido pelos homens. Ocorre o mesmo com o seguinte.

O espírito de Castelnaudary

Numa pequena casa, perto de Castelnaudary, ocorreram ruídos estranhos e diversas manifestações que a fizeram considerar assombrada por algum mau gênio. Por esse fato, ela foi exorcizada em 1848, sem resultado. O proprietário, o Sr. D..., querendo habitá-la, aí morreu subitamente alguns anos depois; seu filho, que quis habitá-la em seguida, recebeu um dia, entrando em seu quarto, um violento tapa dado por mão desconhecida; como estava perfeitamente só, não pôde duvidar que lhe veio de uma fonte oculta, e foi por isso que resolveu deixá-la definitivamente. Há, no lugar, uma tradição segundo a qual um grande crime fora cometido nessa casa.

O Espírito que deu o tapa, tendo sido evocado na Sociedade de Paris, em 1859, manifestou-se por sinais de violência; todos os esforços para o acalmar foram improdutivos. São Luís, interrogado a esse respeito, respondeu: "É um Espírito da pior espécie, um verdadeiro monstro; o fizemos vir, mas não pudemos constrangê-lo a escrever, apesar de tudo que lhe foi dito; tem o seu livre arbítrio: dele, o infeliz faz um triste uso.

P. Este Espírito é suscetível de melhorar-se? – R. Por que não? *Não o são todos,* este como os outros? Entretanto, é necessário esperar encontrar dificuldade; mas por perverso que seja, o mal, retribuído com o bem, acabará por tocá-lo. Que se ore primeiro, e que seja evocado em um mês, podereis julgar a mudança que nele se operará.

O Espírito, evocado de novo mais tarde, mostrou-se mais tratável, depois pouco a pouco submisso e arrependido. Das explicações fornecidas por ele, e por outros Espíritos, resultou que, em 1608, habitava essa casa, onde assassinou o seu irmão por suspeita de ciumenta rivalidade, ferindo-lhe a garganta, enquanto dormia, e alguns anos depois, aquela de quem fizera sua mulher, depois da morte de seu irmão. Morreu em 1659, com a idade de 80 anos, sem ser perseguido por essas mortes, às quais se davam pouca atenção nesses tempos de confusão. Depois de sua morte, não cessou de procurar fazer o mal, e provocou vários acidentes causados nessa casa. Um médium vidente, que assistiu à primeira evocação, viu-o no momento em que se quis fazê-lo escrever; sacudia fortemente o braço do médium: seu aspecto era aterrorizante; vestia uma camisa coberta de sangue e tinha um punhal.

1. (*A São Luís.*) Quereis nos descrever o gênero de suplício deste Espírito? – R. É atroz para ele; foi condenado a morar na casa onde o crime foi cometido, sem poder dirigir o seu pensamento para outra coisa que não seja esse crime, sempre diante de seus olhos, e se crê condenado a essa tortura pela eternidade. Constantemente, ele se vê no momento em que cometeu o seu crime; toda outra lembrança lhe foi retirada, e toda co-

municação com outro Espírito, proibida; ele não pode, sobre a Terra, ficar senão nesta casa, e se estiver no espaço, estará nas trevas e na solidão.

2. Haveria um meio de o desalojar dessa casa, e qual seria? – R. Querendo se desembaraçar de obsessões de semelhantes Espíritos, isso é fácil, orai por eles: é o que se negligencia sempre fazê-lo. Prefere-se atemorizá-los por fórmulas de exorcismo, que os divertem muito.

3. Dando às pessoas interessadas a ideia de orar por ele, e nós mesmos orando por ele, o faríamos mudar-se? – R. Sim, mas notai que eu disse orai, *e não fazer orar.*

4. Eis dois séculos que ele está nesta situação; aprecia esse tempo como se fosse vivo; quer dizer, o tempo lhe parece tão longo ou menos longo, como se fora vivente? – R. Parece-lhe mais longo: *o sono não existe para ele.*

5. Foi-nos dito que, para os Espíritos, o tempo não existe, e que, para eles, um século é um ponto na eternidade; não ocorre, pois, o mesmo para todos? – R. Não, certamente; assim é para os Espíritos chegados a um grau muito elevado de adiantamento; mas para os Espíritos inferiores, algumas vezes, o tempo é bem longo, sobretudo quando sofrem.

6. De onde veio esse Espírito antes de sua encarnação? – R. Teve uma existência entre as populações mais ferozes e mais selvagens, e precedentemente veio de um planeta inferior à Terra.

7. Esse Espírito está punido bem severamente pelo crime que cometeu; se viveu entre os povos bárbaros, deve ter cometido atos não menos atrozes do que o último; por isso, foi punido do mesmo modo? – R. Foi menos punido, porque, mais ignorante, compreendia-lhe menos a importância.

8. O estado em que se encontra esse Espírito é o daqueles seres vulgarmente chamados *condenados*? – R. Absolutamente; há outros bem mais horríveis ainda. Os sofrimentos estão longe de ser os mesmos para todos, mesmo para crimes semelhantes, porque variam segundo o culpado seja mais ou menos *acessível* ao arrependimento. Para este, a casa onde cometeu seu crime é o seu inferno; outros o carregam consigo, pelas paixões que os atormentam e que não podem satisfazer.

9. Este Espírito, apesar de sua inferioridade, sente os bons efeitos da prece; vimos a mesma coisa para outros Espíritos, igualmente perversos e da mais bruta natureza; como ocorre que, Espíritos mais esclarecidos, de uma inteligência mais desenvolvida, mostrem uma ausência completa de bons sentimentos; que se riem de tudo o que há de mais sagrado; em uma palavra, que nada os toca, e que não haja neles nenhuma trégua em seu cinismo? – R. A prece tem efeito em favor do Espírito que se arrepende; aquele que, impelido pelo orgulho, se revolta contra Deus e persiste em seus desvios, exagerando-os ainda, como fazem os Espíritos infelizes, sobre estes a prece nada pode, e nada poderá senão no dia em que um clarão de arrependimento se manifestar neles. A ineficácia da prece, para eles, é ainda um castigo; ela alivia somente aqueles que não estão inteiramente endurecidos.

10. Quando se vê um Espírito inacessível aos bons efeitos da prece, é isto uma razão para se abster de orar por ele? – R. Não, sem dúvida, porque cedo ou tarde, poderá triunfar de seu endurecimento e fazer germinar nele os pensamentos salutares.

Ocorre o mesmo com certos doentes sobre os quais os remédios atuam somente depois de muito tempo; o efeito não é apreciável no momento; sobre outros, ao contrário, operam prontamente. Penetrando-se nesta verdade, de que todos os Espíritos são perfectíveis, e que nenhum está eterna e fatalmente votado ao mal, se compreende que, cedo ou tarde, a prece terá o seu efeito, e que aquela que parece ineficaz à primeira vista não deposita nele menos germes salutares que predispõe o Espírito ao bem, se ela não tocá-lo imediatamente. Seria, pois, um erro desencorajar-se, porque não se triunfa logo em seguida.

11. Se esse Espírito se reencarnasse, em qual categoria de indivíduos se encontraria? – R. Isso dependerá dele e do arrependimento que sentir.

Várias conversas com este Espírito introduziram nele uma notável mudança no estado moral. Eis algumas de suas respostas.

12. *Ao Espírito*. Por que não escrevestes a primeira vez que vos chamamos? – R. Eu não o queria. – P. Por que não o queríeis? – R. Ignorância e embrutecimento.

13. Podeis, pois, deixar agora, quando quereis a casa de Castelnaudary? – R. Se me permite, porque aproveito os vossos bons conselhos. – P. Com isso sentis alívio? – R. Começo a esperar.

14. Se pudéssemos vos ver, sob qual aparência vos veríamos? – R. Com camisa, sem punhal. – P. Por que não teríeis mais o vosso punhal; que fizestes dele? – P. Eu o maldigo; *Deus poupa-me a sua visão.*

15. Se o Sr. D... filho (aquele que recebeu o tapa) retornasse à casa, lhe faríeis mal? – R. Não, porque estou arrependido. – P. E se quisesse ainda vos desafiar? – R. Oh! Não peça isso! Não poderia me dominar, isso estaria acima de minhas forças... porque sou apenas um miserável.

16. Entrevedes o fim de vossas penas? – R. Oh! não ainda; é muito mais do que mereço saber; graças à vossa intercessão, elas não durarão sempre.

17. Quereis nos descrever a situação que estáveis antes que vos chamássemos pela primeira vez. Compreendeis que perguntamos isso para ter um meio de vos ser útil, e não por um motivo de curiosidade. – R. Eu vos disse, não tinha consciência de nada do mundo senão do meu crime, e podia deixar a casa onde o cometi apenas para me elevar no espaço, onde tudo, ao redor de mim, era solidão e obscuridade; não poderia vos dar uma ideia do que é, e disso nada compreendi; desde que me elevava acima do ar, era noite, era vazio; não sei o que isso era. Hoje, sinto muito mais remorsos, e não estou mais constrangido a permanecer nessa casa fatal; me é permitido errar sobre a Terra, e procurar esclarecer-me pelas minhas observações; mas então compreendo melhor a enormidade de meus crimes; e se sofro menos de um lado, as minhas torturas aumentam de outro pelo remorso; mas, ao menos, tenho a esperança.

18. Se devêsseis retomar uma existência corpórea, qual escolheríeis? – R. Ainda não ouvi bastante e bastante refleti para sabê-lo.

19. Durante o vosso longo isolamento, e pode-se dizer o vosso cativeiro, tivestes remorsos? – R. Nem o menor, e foi por isso que sofri por tão longo tempo; foi somente quando comecei a senti-los, que foram provocados, com o meu desconhecimento, as circunstâncias que conduziram à minha evocação, à qual devo o começo da minha libertação. Obrigado, pois, a vós que tivestes piedade de mim e me esclarecestes.

Vimos, com efeito, avaros sofrerem a visão do ouro, que para eles se tornava uma verdadeira quimera; orgulhosos, atormentados pelo ciúme de honras que viam dar, e que não se dirigiam a eles; homens que comandaram sobre a Terra, humilhados pelo poder invisível que os constrangiam a obedecer, e pela visão de seus subordinados que não se curvavam mais diante deles. Os ateus sofrerem das angústias das incertezas, encontrarem-se num isolamento absoluto no meio da imensidão, sem encontrar nenhum ser que pudesse esclarecê-los. No mundo dos Espíritos, há alegrias para todas as virtudes, e há penas para todas as faltas; e aquelas que a lei dos homens não atingem, são sempre atingidas pela lei de Deus.

Além disso, há a se notar que as mesmas faltas, embora cometidas em condições idênticas, são punidas por castigos algumas vezes muito diferentes, segundo o grau de adiantamento intelectual do Espírito. Aos Espíritos mais atrasados, e de uma natureza bruta como aquele de que se trata aqui, são infligidas penas de alguma sorte mais materiais que morais, ao passo que é ao contrário para aqueles cuja inteligência e sensibilidade são mais desenvolvidas. Aos primeiros, são necessários castigos apropriados à rudeza de sua casca, para fazê-los compreender os desagrados de sua posição, e inspirar-lhes o desejo de sair dela; assim é que somente a vergonha, por exemplo, que faria pouco ou nenhuma impressão sobre eles, seria intolerável para outros.

Nesse código penal divino, a sabedoria, a bondade e a previdência de Deus, por suas criaturas, se revelam até nas pequeninas coisas; tudo é proporcional; tudo está combinado com uma admirável solicitude para facilitar aos culpados os meios de se reabilitarem; e lhes são levadas em conta as menores boas aspirações da alma. Segundo os dogmas das penas eternas, ao contrário, no inferno estão confundidos os grandes e os pequenos culpados, os culpados de um dia e os cem vezes reincidentes. Os endurecidos e os arrependidos; tudo está calculado para mantê-los no fundo do abismo; nenhuma prancha de salvação lhes é oferecida; uma única falta ali o precipita para sempre, sem que seja levado em conta o bem que se fez. De que lado se encontra a verdadeira justiça e a verdadeira bondade?

Essa evocação não foi o fato do acaso; como deveria ser útil a esse infeliz, os Espíritos que velam sobre ele, vendo que ele começava compreender a enormidade de seus crimes, julgaram que era chegado o momento de dar-lhe um socorro eficaz, e foi então que conduziram as circunstâncias propícias. É um fato que vimos se produzir muitas vezes.

Pergunta-se, a este respeito, o que se tornaria ele se não fora evocado, e o que é de todos os Espíritos sofredores que não podem sê-lo, ou aos quais não se pensa. A isso foi respondido que os caminhos de Deus, para a salvação de suas criaturas, são inumeráveis; a evocação é um meio de assisti-los, mas certamente não é o único, e Deus não deixa ninguém no esquecimento. Aliás, as preces coletivas devem ter, sobre os Espíritos, acessíveis ao arrependimento, a sua parte de influência.

Deus não poderia subordinar a sorte dos Espíritos sofredores aos conhecimentos e à boa vontade dos homens. Desde que estes puderam estabelecer relações regulares com o mundo invisível, um dos primeiros resultados do Espiritismo foi ensinar-lhes os serviços que, com a ajuda dessas relações, podem dar aos irmãos desencarnados. Deus quis, por esse meio, lhes provar a solidariedade que existe entre todos os seres do Universo, e dar uma lei da Natureza por base ao princípio da fraternidade. Abrindo esse campo novo ao exercício da caridade, mostra-lhe o lado verdadeiramente útil e sério das evocações, desviada até mesmo de seu fim providencial pela ignorância e pela superstição. Os Espíritos sofredores, portanto, em nenhuma época, tiveram falta de socorro, e se as evocações lhes abrem um meio caminho de salvação, os encarnados com isso ganham talvez mais ainda, naquilo que são, para eles, novas ocasiões de fazerem o bem, instruindo-se sobre o verdadeiro estado da vida futura.

Jacques Latour

Assassino, condenado pelo tribunal de justiça de Foix, executado em setembro de 1864.

Numa reunião espírita de sete a oito pessoas, que ocorreu em Bruxelas, em 13 de setembro de 1864, e à qual assistíamos, uma senhora médium foi rogada a escrever; nenhuma evocação especial sendo feita, ela traçou, com uma agitação extraordinária, e em caracteres muito grossos, e depois de violentamente ter riscado o papel, estas palavras:

"Eu me arrependo! Eu me arrependo! Latour."

Surpresos com esta comunicação inesperada, que ninguém provocara, porque ninguém pensava nesse infeliz, cuja maioria mesmo dos assistentes lhe ignorava a morte, dirigiu-se ao Espírito algumas palavras de comiseração e de encorajamento; depois se lhe fez esta pergunta:

P. Que motivo vos levou a vir entre nós, antes que alhures, uma vez que não vos chamamos?

O médium, que é também médium falante, respondeu de viva voz:

R. Vi que sois almas compadecentes e que tendes piedade de mim, ao passo que outros me evocam mais por curiosidade que por verdadeira caridade, ou então se afastam de mim com horror.

Então começou uma cena indescritível, que não durou menos que meia hora. O médium juntando à palavra, os gestos e a expressão da fisionomia, é evidente que o Espírito se identificou com a sua pessoa; às vezes, seus acentos de desespero são tão dilacerantes, pinta as suas angústias e os seus sofrimentos com um tom tão doloroso, as suas súplicas são tão veementes, que todos os assistentes, com isso, estão profundamente emocionados.

Alguns se assustaram mesmo com a superexcitação do médium, mas pensamos que a comunicação de um Espírito que se arrepende e que implora a piedade, não oferece nenhum perigo. Se ele tomou os órgãos do médium, foi para melhor pintar a sua situação, e interessar mais à sua sorte, mas não, como os Espíritos obsessores e possessivos, em vista de se apossar dele para dominá-lo. Sem dúvida, isso lhe foi permitido no seu próprio interesse, e talvez também para instrução das pessoas presentes.

Ele exclamou:

"Oh! Sim, da piedade! Tenho muita necessidade dela, porque não sabeis o que eu sofro!... não, não o sabeis; não podeis compreendê-lo... é horrível!... A guilhotina!... o que é isso, ao lado do que suporto agora! Não é nada; é um instante. Mas este fogo que me devora, é pior, é uma morte contínua; é um sofrimento que não deixa trégua, nem repouso... que não tem fim!

E minhas vítimas que estão ali, ao meu redor... que mostram as suas feridas... que me perseguem com os seus olhares!... Elas estão ali, diante de mim... eu as vejo todas... sim, todas..., eu as vejo todas; não posso evitá-las!... E esse mar de sangue! e esse ouro manchado de sangue!... tudo está ali! sempre diante de mim!... Sentis o odor do sangue... Do sangue, sempre do sangue... Ei-las, essas pobres vítimas; elas me imploram... e eu, sem piedade, eu firo... eu firo... eu firo sempre!... O sangue me embriaga!

Eu acreditava que depois de minha morte tudo estaria acabado; foi porque desafiei o suplício; desafiei a Deus, e o reneguei!... E eis que, quando me acreditava aniquilado para sempre, um despertar terrível se fez... oh! sim, terrível! Estou cercado de cadáveres, de rostos ameaçadores... eu caminho no sangue... Acreditava estar morto, e eu vivo!... É terrível!... é horrível! mais horrível que todos os suplícios da Terra!

Criminosos arrependidos

Oh! se todos os homens pudessem saber o que há além da vida! saberiam o quanto custa fazer o mal; não haveria mais assassinos, mais criminosos, mais malfeitores! Eu gostaria que todos os assassinos pudessem ver o que vejo e o que suporto... Oh! não, eles não o seriam mais... é muito terrível sofrer o que eu sofro!

Sei bem que eu o mereci, ó meu Deus! porque não tive piedade de minhas vítimas; eu repeli as suas mãos suplicantes quando elas me pediam para poupá-las. Sim, eu mesmo fui cruel; eu, covardemente, as matei para ter o seu ouro!... Fui impiedoso; vos reneguei; blasfemei sobre o seu santo nome *quis atordoar-me; por isso queria me persuadir de que vós não existíeis...* Ó meu Deus! Eu sou um grande criminoso! Eu o compreendo agora. Mas não tereis piedade de mim?... Sois Deus, quer dizer, a bondade, a misericórdia! Sois todo-poderoso!

Piedade, Senhor! oh! piedade! piedade! Isso vos peço, não sede inflexível; livrai-me desta visão odiosa, destas imagens horríveis..., deste sangue... de minhas vítimas, *cujos olhares me penetram até o coração como golpes de punhal.*

Vós que estais aqui, que escutai-me, sois boas almas, almas caridosas; sim, eu o vejo, tereis piedade de mim, não é? Orareis por mim... Oh! isso vos suplico! não me repilais. Pedireis a Deus para me tirar esse horrível espetáculo de ante os meus olhos; ele vos escutará, porque sois bons... Eu vos peço, não me repilais, como eu repeli os outros... Orai por mim."

Os assistentes, tocados pelos seus lamentos, dirigiram-lhe palavras de encorajamento e de consolação. Deus, se lhe disse, não é inflexível; o que ele pede ao culpado é um arrependimento sincero e reparar o mal que fez. Uma vez que o vosso coração não é endurecido, e lhe pedis perdão de vossos crimes, estenderá sobre vós a sua misericórdia, se perseverardes nas vossas boas resoluções para reparar o mal que fizestes. Não podeis, sem dúvida, devolver às vossas vítimas a vida que lhes tirastes, mas, se pedirdes com fervor, Deus vos concederá se encontrar com elas em uma nova existência, onde podereis mostrar-lhes tanto devotamento quanto fostes cruel; e quando Ele julgar a reparação suficiente, reentrareis na graça junto dele. A duração de vosso castigo está assim em vossas mãos; depende de vós abreviá-la; prometemos vos ajudar com as nossas preces, e pedir sobre vós a assistência dos bons Espíritos.

Diremos, em vossa intenção a prece contida em *O Evangelho Segundo o Espiritismo* para os Espíritos sofredores e arrependidos. Não diremos aquela para os maus Espíritos, porque, desde que vos arrependestes, que implorais a Deus, e renunciais a fazer o mal, não sois mais, aos nossos olhos, que um Espírito infeliz, e não mau."

Dita esta prece, e depois de alguns instantes de calma, o Espírito retomou:

"Obrigado, meu Deus!... Oh! Obrigado! Tivestes piedade de mim; essas imagens horríveis se afastaram... não me abandoneis mais... Enviai-me os vossos bons Espíritos para me sustentarem... Obrigado."

Depois desta cena, o médium ficou, durante algum tempo, prostrado e aniquilado; os seus membros fatigados. Tem a lembrança, de início confusa, do que acaba de se passar; depois, pouco a pouco, lembra-se de algumas das palavras que pronunciou, e que dizia apesar de sentir que não era ele quem falava.

No dia seguinte, numa nova reunião, o Espírito se manifesta ainda, e recomeça, durante alguns minutos apenas, a cena da véspera, com a mesma pantomima expressiva, mas menos violento; depois escreveu, pelo mesmo médium, com uma agitação febril, as seguintes palavras:

"Obrigado pelas vossas preces; já uma melhora sensível se produziu em mim. Pedi a Deus com tanto fervor que permitiu, por um momento, que os meus sofrimentos fossem aliviados; mas as verei ainda, minhas vítimas... Ei-las! Ei-las!... Vedes este sangue?..."

(A prece da véspera foi repetida. O Espírito continuou, dirigindo-se ao médium):

"Perdão por me apoderar de vós. Obrigado pelo alívio que dais aos meus sofrimentos; perdão a vós de todo mal que vos ocasionei; mas tinha necessidade de manifestar-me; só vós o podeis...

Obrigado! Obrigado! Um pouco de alívio se produziu; mas não estou no fim de minhas provas. Dentro em pouco, ainda minhas vítimas retornarão. Eis a punição; eu a mereço, meu Deus, mas sede indulgente...

Todos vós, orai por mim; tende piedade de mim."

LATOUR.

Um membro da Sociedade Espírita de Paris, que orara por esse infeliz Espírito, e o evocara, dele obteve as comunicações seguintes, em diferentes intervalos.

I

"Fui evocado quase imediatamente depois de minha morte, e não pude comunicar-me em seguida, mas muitos Espíritos levianos tomaram o meu nome e o meu lugar. Aproveitei a presença, em Bruxelas, do presidente da Sociedade de Paris, e me comuniquei com a permissão de Espíritos superiores.

Virei me comunicar na Sociedade, e farei revelações que serão um começo de reparação de minhas faltas, e que poderão servir de ensinamento a todos os criminosos, que me lerão e refletirão sobre o relato de meus sofrimentos.

Os discursos sobre as penas do inferno pouco efeito fazem sobre o Espírito dos culpados, que não creem em todas essas imagens, atemorizantes para as crianças e os homens fracos. Ora, um grande malfeitor não é um Espírito pusilânime, e o medo da polícia age mais sobre ele do que a narração dos tormentos do inferno. Eis porque todos aqueles que me lerão serão tocados pelas minhas palavras, com os meus sofrimentos que não são suposições. Não há um só padre que possa dizer: 'Eu vi o que dizeis, assisti às torturas dos condenados'. Mas, quando eu vier dizer: Eis o que se passou depois da morte de meu corpo; eis qual foi o meu desencanto, reconhecendo que não estava morto, como o esperara, e o que tomei como o fim de meus sofrimentos era o começo de torturas impossíveis de se descrever! Então, mais de um se deterá à beira do precipício onde iria cair; cada infeliz que se deter assim, no caminho do crime, servirá para resgatar uma de minhas faltas. Assim é que o bem sai do mal, e que a bondade de Deus se manifesta por toda a parte, sobre a Terra como no espaço.

Foi-me permitido estar livre da visão de minhas vítimas, que se tornaram os meus carrascos, a fim de me comunicar convosco; mas deixando-vos as reverei, e só esse pensamento faz-me sofrer mais do que não posso dizer. Sou feliz quando se me evoca, porque então deixo o meu inferno por alguns instantes. Orai sempre por mim; orai ao Senhor para que me liberte da visão de minhas vítimas.

Sim, oremos juntos, a prece faz tanto bem!... Estou mais aliviado; não sinto mais o quanto o peso do fardo me oprime. Vejo um clarão de esperança que brilha aos meus olhos, e cheio de arrependimento, eu me exclamo: Bendita seja a mão de Deus; que seja feita a sua vontade!"

II

O MÉDIUM. – Em lugar de pedir a Deus para vos livrar da visão de vossas vítimas, convido-vos a orar comigo, para lhe pedir a força para suportar essa tortura expiatória.

LATOUR. – Preferiria estar livre da visão de minhas vítimas. Se soubésseis o que sofro! O homem mais insensível ficaria emocionado se pudesse ver, impresso sobre o meu rosto como com o fogo, os sofrimentos de minha alma. Farei o que me aconselhais. Compreendo que é um meio, um pouco mais rápido, de expiar as minhas faltas. É como uma operação dolorosa que deve devolver a saúde ao meu corpo bem doente.

Ah! Se os culpados da Terra pudessem me ver, quanto ficariam atemorizados com as consequências de seus crimes que, ocultos aos olhos dos homens, são vistos pelos Espíritos! Quanto a ignorância é fatal a tantas pobres pessoas!

Que responsabilidade assumem aqueles que recusam a instrução às classes pobres da sociedade! Creem que com os soldados e a polícia podem prevenir os crimes. Como estão errados!

III

"Os sofrimentos que suporto são horríveis, mas depois de vossas preces eu me sinto assistido pelos bons Espíritos que me dizem para esperar. Compreendo a eficácia do remédio heroico que me aconselhastes, e peço ao Senhor dar-me a força para suportar esta dura expiação. Ela é igual, posso dizê-lo, ao mal que fiz. Não quero procurar desculpar os meus crimes; mas ao menos, salvo alguns instantes de terror que precederam, para cada uma de minhas vítimas, o momento da morte, a dor, uma vez cometido o crime, cessou para elas, e aquelas que terminaram as suas provas terrestres foram receber a recompensa que as esperava. Mas, depois do meu retorno ao mundo dos Espíritos, não cessei, exceto nos momentos bem curtos em que me comuniquei, de sofrer as dores do inferno.

Os padres, apesar de seu quadro atemorizante das penas que sentem os condenados, têm apenas uma ideia bem fraca dos verdadeiros sofrimentos que a justiça de Deus inflige aos seus filhos que violaram a sua lei de amor e de caridade. Como fazer crer, a pessoas razoáveis, que uma alma, quer dizer, alguma coisa que não é material, possa sofrer ao contato do fogo material? É absurdo, e eis porque tantos criminosos se riem dessas pinturas fantásticas do inferno. Mas não ocorre o mesmo com a dor moral que o condenado suporta, depois da morte física.

Orai, para que o desespero não se apodere de mim."

IV

"Eu vos agradeço pelo objetivo que me fizestes entrever, objetivo glorioso ao qual sei que chegarei, quando estiver purificado. Sofro muito e, entretanto, parece-me que os meus sofrimentos diminuem. Não posso acreditar que, no mundo dos Espíritos, a dor diminua porque se habitua com ela, pouco a pouco. Não. Compreendo que as vossas boas preces aumentaram as minhas forças, e *se as minhas dores são as mesmas, minha força sendo maior, sofro menos.*

Meu pensamento se transfere para a minha última existência, sobre as faltas que evitaria se soubesse orar. Hoje, compreendo a eficácia da prece; compreendo a força dessas mulheres honestas e piedosas, fracas segundo a carne, mas fortes pela fé; compreendo esse mistério que os pseudo-sábios da Terra não compreendem. Prece! só esta palavra excita a risada dos espíritos fortes. Eu os espero no mundo, e quando o véu que lhes oculta a verdade se rasgar para eles, ao seu turno virão se prosternar aos pés do Eterno, que desconheceram, e ficarão felizes em se humilharem para se isentarem de seus pecados e de seus crimes! Compreenderão a virtude da prece.

Orar é amar; amar é orar! Então eles amarão o Senhor, e lhe dirigirão as suas preces de amor e de reconhecimento e, regenerados pelo sofrimento, porque devem sofrer, pedirão como eu para ter a força de expiar e de sofrer, e quando terão cessado de sofrer, orarão para agradecer ao Senhor pelo perdão que mereceram por sua submissão e resignação. Oremos, irmão, para me fortificar mais....

Oh! obrigado, irmão, pela tua caridade, porque estou perdoado.

Deus me livrou da visão de minhas vítimas. Oh! meu Deus, sede bendito durante a eternidade pela graça que me concedeis! Ó meu Deus! Sinto a enormidade de meus crimes, e me precipito diante de vossa onipotência. Senhor! eu vos amo de todo o meu coração e vos peço a graça de permitir-me, quando a vossa vontade me enviar sobre a Terra para sofrer novas provas, de para ali ir, missionário da paz e da caridade, ensinar às crianças a pronunciar o vosso nome com respeito. Peço-vos poder ensiná-las a vos amar, a vós, o Pai de todas as criaturas. Oh! obrigado, meu Deus! Sou um Espírito arrependido, e meu arrependimento é sincero. Eu vos amo, tanto quanto meu coração tão impuro possa compreender esse sentimento, pura emanação de vossa divindade. Irmão, oremos, porque meu coração transborda de reconhecimento. Eu estou livre, quebrei os meus ferros, não sou mais um condenado, sou um Espírito sofredor, mas arrependido, e gostaria que o meu exemplo pudesse deter, no limiar do crime, todas essas mãos criminosas que vejo prestes a se levantarem. Oh! Detei-vos, irmãos, detei-vos! porque as torturas que vos preparais serão atrozes. Não credes que o Senhor se deixará sempre, tão prontamente, se dobrar pela prece de seus filhos. São séculos de tortura que vos esperam."

O guia do médium. "Dizes que não compreendes, as palavras do Espírito. Dá-te conta de sua emoção e de seu reconhecimento ao Senhor; ele crê poder melhor exprimi-lo e testemunhá-lo tentando deter todos esses criminosos que ele vê, e que não podes ver. Ele quereria que as suas palavras chegassem a eles, e o que não te disse, porque o ignora ainda, é que lhe será permitido começar missões reparadoras. Irá junto de seus cúmplices procurar inspirar-lhe o arrependimento e a introduzir em seus corações o germe do remorso. Algumas vezes veem-se, sobre a Terra, pessoas tidas como honestas, virem aos pés de um padre acusar-se de um crime. É o remorso que lhes dita a confissão de suas faltas. E se o véu que te separa do mundo invisível se erguesse, verias, frequentemente, um Espírito que foi o cúmplice ou o instigador de um crime, vir como o fará Jacques Latour, procurar reparar a sua falta, inspirando o remorso ao Espírito encarnado."

Teu guia protetor.

O médium de Bruxelas, que recebera a primeira manifestação de Latour, mais tarde recebeu a comunicação seguinte:

"Nada mais temais de mim; estou mais tranquilo, mas sofro ainda, não obstante. Deus teve piedade de mim, porque viu o meu arrependimento. Agora, *sofro por esse arrependimento que me mostra a enormidade de minhas faltas.*

Se eu fora bem guiado na vida, não faria todo o mal que fiz; mas os meus instintos não foram reprimidos, e lhes obedeci, não tendo nenhum freio. Se todos os homens pensassem antes em Deus, ou pelo menos se todos os homens nele cressem, semelhantes crimes não se cometeriam mais.

Mas a justiça dos homens é mal concebida; por uma falta, algumas vezes leve, um homem é fechado numa prisão que, sempre, é um lugar de perdição e de perversão. Dali sai completamente perdido, pelos maus conselhos e os maus exemplos que hauriu. Se, entretanto, a sua natureza é bastante boa e bastante forte para resistir ao mau exemplo, saindo da prisão, todas as portas estão fechadas, todas as mãos se retiram diante dele, todos os corações honestos o repelem. Que lhe resta? O desprezo e a miséria; o abandono, o desespero, se sente nele boas resoluções para retornar ao bem; a miséria o impele para tudo. Também ele, então, despreza o seu semelhante, odeia-o, e perde toda a consciência do bem e do mal, uma vez que se vê repelido, ele que, todavia, tomara a resolução de tornar-se homem honesto. Para se proporcionar o necessário, rouba, mata por vezes; depois é guilhotinado.

Meu Deus, no momento em que as minhas alucinações vão me retomar, sinto a vossa mão que se estende sobre mim; sinto a vossa bondade que me envolve e me protege. Obrigado, meu Deus! na minha próxima existência, empregarei a minha inteligência, meu bem para socorrer os infelizes que sucumbiram e preservá-los da queda.

Obrigado, vós que não repugnais comunicar comigo; não temais; vedes que não sou mau. Quando pensardes em mim, não vos representeis o retrato que fizestes de mim, mas representai-vos uma pobre alma desolada que vos agradece pela vossa indulgência.

Adeus; evocai-me ainda, e orai a Deus por mim."

LATOUR.

Estudo sobre o Espírito de Jacques Latour.

Não se pode desconhecer a profundidade e a alta importância de algumas palavras que esta comunicação encerra; além disso, oferece um dos aspectos do mundo dos Espíritos castigados, acima do qual, entretanto, entrevê-se a misericórdia de Deus. A alegoria mitológica das Eumênides não é tão ridícula o quanto se crê, e os demônios, carrascos oficiais do mundo invisível, que as substituem na crença moderna, são menos racionais, com seus cornos e seus forcados, do que essas vítimas servindo, elas mesmas, para o castigo dos culpados.

Admitindo-se a identidade do Espírito, se admirará, talvez, por uma mudança tão rápida no seu estado moral; foi, assim, que fizemos notar, numa outra ocasião, que há, frequentemente, mais recursos num Espírito brutalmente mau que naquele que é dominado pelo orgulho, ou que esconde os seus vícios sob o manto da hipocrisia. Esse pronto retorno a melhores sentimentos indica uma natureza mais selvagem que perversa, à qual falta somente uma boa direção. Comparando a sua linguagem com a de um outro criminoso mencionado adiante, sob o título de: *Castigo pela luz,* é fácil ver qual dos dois é o mais avançado moralmente, apesar da diferença de sua instrução e de sua posição social; um obedecia a um instinto natural de ferocidade, a uma espécie de superexcitação, ao passo que o outro punha, na perpetração de seus crimes, a calma e o sangue frio de uma lenta e perseverante combinação, e, depois de sua morte, afrontava ainda o castigo por orgulho; ele sofre, mas não quer nisso convir; o outro foi domado imediatamente. Pode-se, assim, prever qual dos dois sofrerá por mais tempo.

"Eu sofro desse arrependimento que me mostra a enormidade de minhas faltas", diz o Espírito de Latour. Há aí um pensamento profundo. O Espírito compreende realmente a gravidade de seus delitos somente quando se arrepende; o arrependimento traz o remorso, o remorso, sentimento doloroso que é a transição do mal ao bem, da doença moral à saúde moral. É para disso escapar que os Espíritos perversos se obstinam contra a voz de sua consciência, como esses doentes que recusam o remédio que os deve curar; procuram se iludir, se atordoar, persistindo no mal. Latour chegou a esse período em que o endurecimento acaba por ceder; o remorso entrou em seu coração; o arrependimento o seguiu; compreende a extensão do mal que fez; vê a sua abjeção e sofre com ela; eis porque disse: "Eu sofro desse arrependimento". Em sua precedente existência, deve ter sido pior do que nesta, porque se tivesse se arrependido como o fez hoje, sua vida seria melhor. As resoluções que tomou, agora, influirão sobre a sua vida terrestre futura; a que acabou de deixar, por criminosa que seja, marcou-lhe uma etapa de progresso. É mais que provável que, antes de começá-la, era, na erraticidade, um desses maus Espíritos rebeldes, obstinados no mal, como se veem tantos.

Muitas pessoas perguntaram que proveito se pode tirar das existências passadas, uma vez que não se lembram nem do que foram, nem do que fizeram.

Esta questão é completamente resolvida pelo fato de que, se o mal que cometemos está apagado, e se dele não resta nenhum traço no nosso coração, a sua lembrança seria inútil, uma vez que não temos com que nos preocupar. Quanto àqueles dos quais não estamos inteiramente corrigidos, conheceremo-los pelas nossas tendências atuais; sobre estas é que devemos levar toda a nossa atenção. Basta saber o que somos, sem que seja necessário saber o que fomos.

Quando se considera a dificuldade, durante a vida, da reabilitação do culpado, o mais arrependido, a reprovação da qual é objeto, deve-se bendizer a Deus por lançar um véu sobre o passado. Se Latour fora condenado há tempo, e se tivesse pago, seus antecedentes o fariam rejeitado da sociedade. Quem quereria, apesar de seu arrependimento, o admitir em sua intimidade? Os sentimentos que ele manifesta, hoje, como Espírito, nos dão a esperança de que, em sua próxima existência terrestre, será um homem honesto, estimado e considerado; mas suponde que se saiba quem foi Latour, a reprovação o perseguiria ainda. O véu lançado sobre o seu passado lhe abre a porta da reabilitação; poderá sentar-se, sem temor e sem vergonha, entre as pessoas mais honestas. Quantos há que gostariam, a todo preço, apagar, de sua memória de homens, certos anos de sua existência!

Que se encontre uma doutrina que se concilie melhor que esta com a justiça e a bondade de Deus! De resto, esta doutrina não é uma teoria, mas um resultado de observações. Não foram os espíritas que a imaginaram; eles viram e observaram as diferentes situações nas quais se apresentavam os Espíritos; procuraram explicá-la, e dessa explicação saiu a doutrina. Se a aceitaram, foi porque ela resultou de fatos, e lhes pareceu mais racional que todas aquelas emitidas até este dia, sobre o futuro da alma.

Não se pode recusar a estas comunicações um alto ensinamento moral? O Espírito pôde ser, deve mesmo ter sido ajudado em suas reflexões, sobretudo na escolha de suas expressões, por Espíritos mais avançados; mas, em semelhante caso, estes últimos assistem na forma, e não no fundo, e não colocam jamais o Espírito inferior em contradição consigo mesmo. Puderam poetizar, em Latour, a forma do arrependimento, mas não lhe teriam feito exprimir o arrependimento contra a sua vontade, porque o Espírito tem o seu livre arbítrio; eles viam nele o germe de bons sentimentos, por isso, ajudaram-no a expressar-se, e por aí contribuíram para desenvolvê-los, ao mesmo tempo que chamaram sobre ele a comiseração.

Que há de mais comovente, de mais moral, de natureza a impressionar mais vivamente, que o quadro deste grande criminoso arrependido, exalando o seu desespero e os seus remorsos; que, no meio de suas torturas, perseguido pelo olhar incessante de suas vítimas, eleva o seu pensamento a Deus para implorar a sua misericórdia? Não é um salutar exemplo para os culpados? Compreende-se a natureza de suas angústias; elas são racionais, terríveis, embora simples e sem encenação fantasmagórica.

Poder-se-ia admirar, talvez, de uma tão grande mudança num homem como Latour; mas por que não se arrependeria? Por que não haveria nele uma corda sensível, vibrante? O culpado seria, pois, para sempre votado ao mal? Não chega um momento em que a luz se faz em sua alma? Esse momento chegara para Latour. Está precisamente aí o lado moral de suas comunicações; é a inteligência que ele tem da sua situação, são seus lamentos, seus projetos de reparação que são eminentemente instrutivos. Que se acharia de extraordinário em que se arrependesse sinceramente antes de morrer, que dissesse antes o que disse depois? Disso não se têm numerosos exemplos?

Um retorno ao bem, antes de sua morte, passaria aos olhos da maioria de seus semelhantes por fraqueza; a sua voz de além-túmulo é a revelação do futuro que os espera. Está na verdade absoluta quando disse que o seu exemplo é mais próprio para conduzir os culpados que a perspectiva das chamas do inferno e mesmo do patíbulo. Por que, pois, não as daria nas prisões? Isso ali faria refletir mais de um, assim como disso já temos vários exemplos. Mas como crer na eficácia das palavras de um morto, quando se crê, em si mesmo, que quando se está morto tudo acabou? Um dia, entretanto, virá em que se reconhecerá esta verdade, que os mortos podem vir instruir os vivos.

Há várias outras instruções importantes para se tirar de suas comunicações; é, primeiro, a confirmação desse princípio de eterna justiça, que o arrependimento não basta para colocar o culpado na classe dos eleitos. O arrependimento é o primeiro passo para a reabilitação que chama a misericórdia de Deus; é o prelúdio do perdão e o encurtamento dos sofrimentos; mas Deus não absolve sem condição; é necessária a expiação e, sobretudo, a reparação; é o que Latour compreende, e para o que se prepara.

Em segundo lugar, comparando-se este criminoso ao de Castelnaudary, acha-se uma grande diferença no castigo que lhes é infligido. Neste último, o arrependimento foi tardio e, por consequência, a pena mais longa. Essa pena, por outro lado, foi quase material, ao passo que em Latour o sofrimento é mais moral; é que, como dissemos mais acima, num a inteligência era bem menos desenvolvida que no outro; é necessário alguma coisa que possa atingir os seus sentidos obtusos; mas as penas morais não são menos pungentes para aquele que chegou ao grau requerido para compreendê-las; não se pode julgá-las pelas queixas que Latour exala; não é a cólera, é a expressão dos remorsos logo seguida do arrependimento e do desejo de reparar, a fim de avançar.

Capítulo 7

Espíritos endurecidos

Lapommeray

Castigo pela luz.

Numa das sessões da Sociedade de Paris, onde se discutira a questão da perturbação que, geralmente, se segue à morte, um Espírito, ao qual ninguém aludira e não se pensava evocar, se manifesta espontaneamente pela comunicação seguinte; embora não fosse assinada, nela se reconheceu, sem dificuldade, um grande criminoso que a justiça humana vinha de alcançar.

"Que falais de perturbação? Por que essas vãs palavras? Sois sonhadores e utopistas. Ignorais perfeitamente as coisas com a quais pretendeis vos ocupar. Não, senhores, a perturbação não existe, salvo, talvez, nos vossos cérebros. Estou tão francamente morto quanto possível, e vejo claro em mim, ao redor de mim, por toda a parte!... A vida é uma lúgubre comédia! Desastrados aqueles que se retiram da cena, antes da queda da cortina!... A morte é um terror, um castigo, um desejo, segundo a fraqueza ou a força daqueles que a temem, a desafiam ou imploram-na. Para todos, ela é uma amarga zombaria!... *A luz me ofusca e penetra, como uma flecha aguçada, a sutileza de meu ser...* Castigaram-me pelas trevas da prisão, e acreditou-se castigar-me pelas trevas do túmulo, ou aquelas sonhadas pelas superstições católicas. Pois bem! Sois vós, senhores, que suportais a obscuridade, e eu, o degradado social, plano acima de vós... Eu quero permanecer eu!... Forte pelo pensamento, desdenho as advertências que ressoam ao meu redor...Vejo claro... Um crime! É uma palavra! O crime existe por toda a parte. Quando é executado por massas de homens, ele é glorificado; no particular, é um maldito. Absurdo!

Não quero ser lamentado... não peço nada... basto-me e saberei muito lutar contra *essa odiosa luz.*"

"*Aquele que ontem era um homem.*"

Tendo esta comunicação sido analisada na sessão seguinte, reconheceu-se, no cinismo mesmo da linguagem, um sério ensinamento, e se viu, na situação desse infeliz, uma nova fase do castigo que espera o culpado. Com efeito, ao passo que uns são mergulhados nas trevas, ou num isolamento absoluto, outros suportam, durante longos anos, as angústias de sua última hora, ou se creem ainda neste mundo, a luz brilha para este; seu Espírito goza a plenitude de suas faculdades; sabe perfeitamente que está morto, e não se lamenta de nada; não pede nenhuma assistência, e afronta ainda as leis divinas e humanas. É, pois, que escaparia à punição? Não, mas é que a justiça de Deus se cumpre de todas as formas, e o que faz a alegria de uns, para outros é um tormento; essa luz faz o seu suplício contra o qual se obstina, e, apesar de seu orgulho, confessa-o quando disse: "Eu me basto e saberei muito lutar contra essa odiosa luz;" e nesta outra frase: "A luz me ofusca e penetra como uma flecha aguçada, a sutileza do meu ser". Estas palavras: *sutileza de meu ser,* são características; ele reconhece que seu corpo é fluídico e penetrável à luz da qual não pode escapar, e essa luz o transpassa como uma flecha aguçada.

Este Espírito está colocado entre os endurecidos porque demorou muito tempo para manifestar o menor arrependimento. É um exemplo desta verdade, de que o progresso moral nem sempre segue o progresso intelectual. Pouco a pouco, entretanto, ele melhorou e deu comunicações sabiamente raciocinadas e instrutivas. Hoje, pode ser alinhado entre os Espíritos arrependidos.

Nossos guias espirituais, rogados para darem a sua apreciação sobre este assunto, ditaram as três comunicações adiante, e que merecem uma séria atenção.

I

"Os Espíritos na erraticidade estão, evidentemente do ponto de vista das existências, inativos e na espera; entretanto, podem expiar, desde que o seu orgulho, a tenacidade formidável e rebelde de seus erros não os retenha, no momento de sua ascensão progressiva. Disso tendes um exemplo terrível na última comunicação desse criminoso endurecido, se debatendo contra a justiça divina que o constrange depois da dos homens. Então, nesse caso, a expiação, ou antes o sofrimento fatal que os oprime, em lugar de lhes aproveitar e de fazê-los sentir a profunda significação de suas penas, exalta-os na revolta, e faz brotar neles esses murmúrios que, nas Escrituras, em sua poética eloquência, chama *ranger de dentes;* imagem por excelência! sinal do sofrimento humilhado, mas insubmisso! Perdido na dor, mas cuja revolta é bastante grande ainda para recusar reconhecer a verdade da pena, e a verdade da recompensa!

Os grandes erros, frequentemente, e mesmo quase sempre, continuam no mundo dos Espíritos; do mesmo modo as grandes consciências criminosas. Ser ele, apesar de tudo, e se pavonear diante do infinito, parece aquela cegueira do homem que contempla as estrelas e que as toma por arabescos de um teto, tal como acreditavam os Gauleses do tempo de Alexandre.

Há o infinito moral! Miserável, ínfimo é aquele que, sob o pretexto de continuar as lutas e as fanfarrices abjetas da Terra, não vê mais longe, no outro mundo, que este! Para aquele a cegueira, o desprezo dos outros, a egoísta e mesquinha personalidade e a detenção do progresso! É bem verdade, ó homens, que há um acordo secreto entre a imortalidade de um nome, para deixar na Terra, e a imortalidade que conservam realmente os Espíritos em suas provas sucessivas."

LAMENNAIS.

II

"Precipitar um homem nas trevas ou nas ondas de luz: o resultado não é o mesmo? Num como noutro caso, não vê nada do que o cerca, e se habituará, mesmo mais rapidamente, à sombra que à triste claridade elétrica na qual pode estar emergido. Portanto, o Espírito que se comunicou na última sessão, exprime bem a verdade de sua situação quando exclama: 'Oh! Eu me livrarei bem desta odiosa luz!' Com efeito, essa luz é tanto mais terrível, tanto mais pavorosa, quanto o atravessa completamente, e que torna visíveis e aparentes os seus mais secretos pensamentos. Aí está um dos lados mais rudes de seu castigo espiritual. Ele se encontra, por assim dizer, internado na casa de vidro que pedia Sócrates, e está aí, ainda, um ensinamento, porque o que foi a alegria e a consolação do sábio, torna-se a punição infamante e contínua do mau, do criminoso, do parricida, espantado na sua própria personalidade.

Compreendeis, meus filhos, a dor e o terror que devem constranger aquele que, durante uma existência sinistra, se comprazendo em combinar, a maquinar os mais tristes crimes, no fundo de seu ser, onde se refugiava como um animal selvagem em sua caverna, e que, hoje, acha-se caçado para esse reparo íntimo, onde se esquiva aos olhares e à investigação de seus contemporâneos? Agora, a sua máscara de impassividade foi-lhe arrancada, e cada um de seus pensamentos se reflete, sucessivamente em sua fronte!

Sim, doravante, nenhum repouso, nenhum asilo para esse formidável criminoso. Cada mau pensamento, e Deus sabe se sua alma os exprime, se trai por fora e por dentro dele, como a um choque elétrico superior. Ele quer se esconder da multidão, e a luz odiosa o atravessa continuamente, cada dia. E ele quer fugir, fugiu em corrida ofegante e desesperada através dos espaços incomensuráveis, e por toda parte a luz! Por toda parte os olhares que mergulham nele! E se precipita de novo a perseguir a sombra, à procura da noite, e a sombra e a noite não estão mais para ele. Chama a morte em sua ajuda; mas a morte é apenas uma palavra vazia de sentido. O infortunado foge sempre! *Caminha para a loucura espiritual;* castigo terrível! dor medonha! Onde se debaterá consigo mesmo, para se desembaraçar de si mesmo. Porque tal é a suprema lei além da Terra: é o culpado que se torna, por si mesmo, seu mais inexorável castigo.

Quanto tempo isso durará? Até a hora em que a sua vontade, enfim vencida, se curvará sob a opressão pungente do remorso, e onde a sua fronte soberba se humilhará diante de suas vítimas apaziguadas e diante dos Espíritos de justiça. E notai a alta lógica das leis imutáveis, nisso ainda ele cumprirá o que escreveu na sua altiva comunicação, tão categórica, tão lúcida e tão tristemente cheia de si mesmo, que deu na última sexta-feira, em se livrando por um ato de sua própria vontade."

ERASTO.

III

"A justiça humana não faz exceção da individualidade dos seres que ela castiga; medindo o crime pelo próprio crime, atinge indistintamente aqueles que o cometeram, e a mesma pena alcança o culpado sem distinção de sexo, e qual seja a sua educação. A justiça divina procede de outro modo; *as punições correspondem ao grau de adiantamento dos seres às quais são infringidas;* a igualdade do crime não constitui a igualdade entre os indivíduos; dois homens culpados no mesmo grau, podem estar separados pela distância das provas que mergulham um na opacidade intelectual dos primeiros círculos iniciadores, ao passo que o outro, tendo-os ultrapassado, possui a lucidez que livra o Espírito da perturbação. Não são, então, mais as trevas que castigam, mas a acuidade da luz espiritual; ela atravessa a inteligência terrestre, e fá-la sentir angústia de uma praga, posta ao vivo.

Os seres desencarnados que perseguem a representação material de seu crime, sofrem o choque da eletricidade física: sofre pelos sentidos; aqueles que já estão desmaterializados pelo Espírito sentem uma dor muitos superior que aniquila, com suas ondas amargas, ao recordar os fatos, para não deixar subsistir a ciência de suas causas.

O homem pode, pois, apesar da criminalidade de suas ações, possuir um adiantamento interior, e ao passo que as paixões fazem-no agir como um animal, suas faculdades aguçadas elevam-no acima da espessa atmosfera das camadas inferiores. A ausência de ponderação, do equilíbrio entre o progresso moral e o progresso intelectual, produziu as anomalias muito frequentes nas épocas de materialismo e de transição.

A luz que tortura o Espírito culpado é, pois, é bem o raio espiritual inundando de claridades os refúgios secretos de seu orgulho, e descobrindo-lhe a inutilidade de seu ser fragmentário. Estão aí os primeiros sintomas e as primeiras angústias da agonia espiritual, que anunciam a separação ou dissolução dos elementos intelectuais, materiais, que compõe a primitiva dualidade humana, e devem desaparecer na grande unidade do ser perfeito."

JEAN REYNAUD.

Essas três comunicações, obtidas simultaneamente, se completam uma pela outra, e apresentam o castigo sob um novo aspecto eminentemente filosófico e racional. É provável que os Espíritos, querendo tratar esta questão segundo um exemplo, terão provocado, com essa finalidade, a comunicação espontânea do Espírito culpado.

Ao lado desse quadro tomado sobre o fato, eis, para estabelecer um paralelo, aquele que um pregador, pregando a quaresma em Montreuil--sur-Mer, em 1864, traçou do inferno:

"O fogo do inferno é milhões de vezes mais intenso que o da Terra, e se um dos corpos que queimam sem se consumir viesse a ser repelido sobre nosso planeta ele o empestaria, de uma extremidade a outra! O inferno é uma vasta e sombria caverna crivada de pregos pontudos, de lâminas de espadas bem afiadas, na qual são precipitadas as almas dos condenados." (Ver a *Revista Espírita,* julho 1864, página 199.)

Angèle, nulidade sobre a Terra.

(Bordeaux, 1862.)

Um Espírito se apresenta espontaneamente ao médium sob o nome de Angèle.

1. Arrependei-vos de vossas faltas? – R. Não. – P. Então por que viestes até nós? – R. Para tentar. – P. Não sois, pois, feliz? – R. Não. – P. Sofreis? – R. Não. – P. O que vos falta? – R. A paz.

Certos Espíritos consideram como sofrimentos apenas aqueles que lhes lembrem as dores físicas, tudo convindo que seu estado moral é intolerável.

2. Como pode a paz vos faltar na vida espiritual? – R. Um lamento do passado. – P. O lamento do passado é um remorso; portanto, vos arrependestes? – R. Não; é por medo do futuro. – P. Que temeis? – R. O desconhecido.

3. Quereis dizer-me o que fizestes na vossa última existência? Isso me ajudará, talvez, a vos esclarecer. – R. Nada.

4. Em qual posição social estáveis? – R. Mediana. – P. Fostes casada? – R. Casada e mãe. – P. Cumpristes com zelo os deveres dessa dupla posição? – R. Não; meu marido me entediava, meus filhos também.

5. Como se passou a vossa vida? – R. A me divertir jovem, e a me

aborrecer mulher. – P. Quais eram vossas ocupações? – R. Nenhuma. – P. Quem, pois, cuidava de vossa casa? – R. A doméstica.

6. Não será nessa inutilidade que será preciso procurar a causa de vossos lamentos e de vossos temores? – R. Tu talvez tenhas razão. – P. Não basta com isso convir. Quereis, para reparar essa existência inútil, ajudar os Espíritos culpados que sofrem ao nosso redor? – R. Como? – P. Ajudando-os a melhorarem-se pelos vossos conselhos e vossas preces. – R. Eu não sei orar. – P. Falemos em conjunto, o aprendereis; quereis isto? – R. Não. – P. Por que? – R. A fadiga.

Instrução do guia do médium

Damos-te instruções colocando-te sob os olhos diversos graus de sofrimento e de posição de Espíritos condenados à expiação, em consequências de suas faltas.

Angèle era uma dessas criaturas sem iniciativa, cuja vida era tão inútil aos outros quanto a ela mesma. Gostando apenas do prazer, incapaz de procurar no estudo, no cumprimento dos deveres da família e da sociedade, essas satisfações do coração, únicas que podem dar o encanto da vida, porque são de todas as idades, pôde empregar seus jovens anos somente nas distrações frívolas; depois, quando os deveres sérios chegaram, *o mundo fizera o vazio ao redor dela, porque fizera o vazio em seu coração*. Sem defeitos sérios, mas sem qualidades, ela fez a infelicidade de seu marido, perdeu o futuro de seus filhos, arruinou o seu bem-estar por sua incúria e seu desleixo. Ela falseou seu julgamento e seu coração, pelo exemplo primeiro, e abandonando-os aos cuidados de domésticos que ela não se dava mesmo ao trabalho de escolha. Sua vida foi inútil ao bem e, por isso mesmo, culpável, porque *o mal nasce do bem negligenciado*. Compreendei bem, todos, que não basta vos abster das faltas: é necessário praticar as virtudes que lhe são opostas. Estudai os mandamentos do Senhor, meditai-os, e compreendei que, se vos colocam uma barreira que vos detêm à margem do mau caminho, vos forçam, ao mesmo tempo, retornar para tomar a rota oposta que conduz ao bem. O mal é oposto ao bem; portanto aquele que quer evitá-lo deve entrar no caminho oposto, sem o que sua vida é nula; suas obras são mortas e Deus nosso Pai, não é o Deus dos mortos, mas o Deus dos vivos.

P. Posso vos perguntar qual foi a existência anterior de Angèle? A última devia ser-lhe a consequência.

R. Ela viveu na preguiça beata e a inutilidade da vida monástica. Preguiçosa e egoísta por gosto, quis tentar a vida de família, mas o Espírito tem muito pouco progredido. Ela sempre repeliu a voz íntima que lhe mostrava o perigo; a inclinação era doce, e gostava mais de se abandonar que fazer um esforço para se deter no início. Hoje, ainda compreende o perigo que há em manter-se nessa neutralidade, mas não sente força para tentar o menor esforço para dele sair. Orai por ela, despertai-a; forçai seus olhos a se abrirem à luz: é um dever, ninguém o negligencia.

O homem foi criado para a atividade: atividade de Espírito, é sua essência; atividade do corpo, é uma necessidade. Cumpri, pois, as condições de vossas existências, como Espírito destinado à paz eterna. Como o corpo destinado ao serviço do Espírito, vosso corpo é uma máquina submetida à vossa inteligência; trabalhai, cultivai, pois, a inteligência, a fim de que ela dê um impulso salutar ao instrumento que deve ajudá-la a cumprir a sua tarefa; não a deixai nem em repouso nem em trégua, e lembrai-vos que a paz à qual aspirais somente vos será dada depois do trabalho; portanto, assim como por longo tempo negligenciastes o trabalho, assim por longo tempo durará para vós a ansiedade de esperá-lo.

Trabalhai, trabalhai sem cessar; cumpri todos os vossos deveres, sem exceção; cumpri-os com zelo, com coragem, com perseverança, e vossa fé o sustentará. Aquele que cumpri com consciência a tarefa mais ingrata, a mais vil em vossa sociedade, é cem vezes mais elevado, aos olhos do Mais Alto, que aquele que impõe essa tarefa aos outros e negligencia a sua. Tudo são degraus para subir ao céu: não os quebrei, pois, sob os vossos pés, e contais que estais cercados de amigos que vos estendem as mãos, e sustentam aqueles que colocam sua força no Senhor.

MONOD.

Um espírito entediado

(Bordeaux, 1862.)

Esse Espírito se apresenta espontaneamente ao médium, e reclama preces.

1. O que vos levou a pedir preces? – R. Estou cansado de perambular sem objetivo. – P. Há muito tempo estais nessa posição? – R. Cento e oitenta anos mais ou menos. – P. Que fizestes sobre a Terra? – R. Nada de bom.

2. Qual é a vossa posição entre os Espíritos? – R. Estou entre os entediados. – P. Isso não forma uma categoria. – R. Tudo forma categoria entre nós. Cada sensação encontra ou seus semelhantes, ou seus simpáticos que se reúnem.

3. Por que, se não estáveis condenado ao sofrimento, ficastes tão longo tempo sem avançar? – R. Estava condenado ao tédio, é um sofrimento entre nós; tudo que não é alegria é dor. – P. Fostes forçado, pois, a permanecer errante, apesar de vós? – R. Essas são causas muito sutis para a vossa inteligência material. – P. Tentai fazer-me compreendê-las; e isso será um começo de utilidade para vós. – R. Eu não poderia, não tendo termo de comparação. Uma vida extinta sobre a Terra deixa ao Espírito que não a aproveitou, o que o fogo deixa ao papel que consumiu: faíscas, que lembram as cinzas ainda unidas entre elas, quais foram a causa de seu nascimento, ou se queres, da destruição do papel. Essas faíscas são a lembrança dos laços terrestres que sulcam o Espírito até que haja dispersado as cinzas de seu corpo. Só então se reencontra, essência etérea, e desejo de progresso.

4. Que pode vos ocasionar o tédio que lamentais? – R. Consequência da existência. O tédio é o filho da falta de obras; eu não soube empregar os longos anos que passei sobre a Terra, e a sua consequência se fez sentir no nosso mundo.

5. Os Espíritos que como vós erram em prova ao tédio, não podem fazer cessar esse estado quando querem? – R. Não, nem sempre o podem, porque o tédio paralisa sua vontade, sofrem as consequências de sua existência; foram inúteis, não tiveram nenhuma iniciativa, não encontram nenhum concurso entre eles. São abandonados a si mesmos até que a lassidão desse estado neutro fá-los desejar mudá-los; então, à menor vontade que desperte neles, encontra o apoio e os bons conselhos para ajudar seus esforços e perseverar.

6. Podeis dizer-me alguma coisa sobre a sua vida terrestre? – R. Ai de mim! Bem pouca coisa, deves compreendê-lo. O tédio, a inutilidade, a falta de obras provém da preguiça; a preguiça é mãe da ignorância.

7. Vossas existências anteriores não vos fizeram avançar? – R. Mas sim, todas mas muito fracamente, porque todas foram o reflexo umas das outras. Há sempre progresso, mais tão pouco sensível, que nos é inapreciável.

8. Esperando que recomeçais uma outra existência, quereis vir mais frequentemente junto a mim? – R. Chamai-me para a isso constranger-me; tu me prestará serviço.

9. Podeis dizer-me por quê vossa escrita muda com frequência? – R. Porque tu perguntas muito; isto me fatiga, tenho necessidade de ajuda.

O guia do médium. "É o trabalho da inteligência que o fatiga e que nos obriga a prestar-lhe nosso concurso, para que possa responder às tuas perguntas. É um desocupado do mundo dos Espíritos, como o foi do mundo terrestre. Nós o conduzimos a ti para tentar tirá-lo da apatia e desse tédio que é um verdadeiro sofrimento, mais penoso as vezes que os sofrimentos agudos, porque pode se prolongar indefinidamente. Imagine a tortura da perspectiva de um tédio sem fim? São a maioria dos Espíritos dessa categoria que *procuram uma existência terrestre apenas como distração,* e para romper a insuportável monotonia de sua existência espiritual; também aí chegam com frequência, sem resoluções combinadas para o bem; é por isso que deve recomeçá-la, até que, enfim, o progresso real se faça sentir neles."

A rainha Doude

Morta na França em 1858.

1. Qual a sensação sentistes em deixando a vida terrestre? – R. Não saberia dizê-lo; tenho ainda perturbação. – P. Sois feliz? – R. Lamento a vida... eu não sei... Sinto uma dor pungente; do qual a vida teria me livrado... Gostaria que meu corpo se levantasse do sepulcro.

2. Lamentais não ter sido enterrada em vosso país, e estar entre os cristãos? – R. Sim, a terra indiana me pesaria menos em meu corpo. – P. Que pensais das honras fúnebres prestadas aos vossos despojos? – R. Foram bem pouca coisa; eu era rainha, e nem todos dobraram joelhos diante de mim... Deixai-me... não me force a falar... não quero que saibais o que sou agora... eu fui rainha, sabei-o bem.

3. Respeitamos vossa classe, e vos pedimos consentir-nos responder para a nossa instrução. Pensais que vosso filho recobrará um dia os Estados de se pai? – R. Certamente, meu sangue reinará; disso é digno. – P. Dais a reintegração de vosso filho a mesma importância que quando viva? – R. Meu sangue não pode ser confundido na multidão.

4. Não se pôde inscrever no vosso atestado de óbito o vosso lugar de nascimento; poderíeis dizê-lo agora? – R. Nasci do mais nobre sangue da Índia. Creio que nasci em Delhi.

5. Vós que vivestes no esplendor do luxo, cercada de honras, que pensais disso agora? – R. Eram-me devidos. – P. A classe que ocupastes sobre a Terra vos dá outra mais elevada no mundo onde estais hoje? – R. Eu sou sempre rainha... que enviem escravos para servir-me!... Eu não sei... parece-me não incomodarem comigo aqui... todavia sou sempre eu.

6. Pertencíeis à religião muçulmana ou uma religião hindu? – R. Muçulmana; mas eu era muito grande para me ocupar de Deus. – P. Que diferença fazeis entre a religião que professáveis e a religião cristã para a felicidade da humanidade? – R. A religião cristã é absurda; ela diz que todos são irmãos. – P. Qual é vossa opinião sobre Maomé? – R. Ele não foi filho de rei. – P. Credes que ele teve uma missão divina? – R. Que importa isso! – P. Qual é vossa opinião sobre o Cristo? – R. O filho de um carpinteiro não é digno de ocupar meu pensamento.

7. Que pensais do uso que subtraía as mulheres muçulmanas aos olhares dos homens? – R. Penso que as mulheres são feitas para dominar: eu era mulher. – P. Algumas vezes invejastes a liberdade que gozam as mulheres na Europa? – R. Não; que me importava sua liberdade? Servem--nas de joelhos?

8. Lembrai-vos de ter outras existências sobre a Terra antes da que acabais de deixar? – R. Eu devo ter sido sempre rainha.

9. Por que viestes tão prontamente ao nosso chamado? – R. Eu não o quis; fui forçada a isso... Pensais, pois, que eu fosse digna de responder? Que sois vós, pois, perto de mim? – P. Quem vos forçou a vir? – R. Não o sei... entretanto, não deve ser maior que eu.

10. Sob qual forma estais aqui? – R. Sou sempre rainha... pensas tu, pois, que cessei de sê-la?... Sois pouco respeitosos... Sabei que se fala de outro modo às rainhas.

11. Se pudéssemos vê-las, a veríamos com vossos adornos, vossas jóias? – R. Certamente! – P. Como ocorre que tendo deixado tudo isso, vosso Espírito haja conservado sua aparência, sobretudo de vossos adornos? – R. Eles não me foram tirados... Sou sempre tão bela quanto era... Não sei que ideia fazeis de mim! É verdade que jamais me vistes.

12. Que impressão sentis em vos encontrar em nosso meio? – R. Se o pudesse não estaria aqui; me tratais com tão pouco respeito!

São Luís: "Deixai-a, a pobre desviada; tende piedade de sua cegueira; que ela vos sirva de exemplo; não sabeis o quanto sofre o seu orgulho."

Evocando essa grandeza decaída, agora no túmulo, esperávamos respostas de uma profundidade, visto o gênero de educação das mulheres desse país; mas pensávamos encontrar nesse Espírito, senão a filosofia, pelo menos um sentimento mais verdadeiro da realidade, e ideias mais sadias sobre as vaidades e as grandezas desse mundo. Longe disso: nela as ideias terrestres conservaram toda a sua força; era o orgulho que nada perdeu de suas ilusões, que luta contra sua própria fraqueza, e que deve, com efeito, sofrer muito com sua impotência.

Xumène

(Bordeaux, 1862.)

Sob esse nome, um Espírito se apresentou espontaneamente ao médium habituado a esse gênero de comunicações, porque sua missão parecia ser a de assistir os Espíritos inferiores que lhe conduz seu guia espiritual, no duplo objetivo de sua própria instrução e de seu adiantamento.

1. Que sois? Esse nome é de um homem ou de uma mulher? – R. Homem, e tão infeliz quanto possível. Sofro todos os tormentos do inferno.

2. Se o inferno não existe, como podeis sentir-lhe os tormentos? – R. Pergunta inútil. – P. Se disso me dou conta, outros podem ter necessidade de explicação. – R. Com isso não me inquieto.

3. O egoísmo não está no número de causas de vossos sofrimentos? – R. Talvez.

4. Se quereis ser aliviado, começai por repudiar os vossos maus pendores. – R. Não te inquietes com isso, não é teu assunto; comece por orar por mim como pelos outros, veremos depois. – P. Se não me ajudais com o vosso arrependimento, a prece será pouco eficaz. – R. Se falas em lugar de orar, tu me avançarás pouco.

5. Desejais, pois, avançar? – R. Talvez; não se sabe. Vejamos se a prece alivia os sofrimentos; é o essencial. – P. Então, juntai-vos a mim com a vontade firme de obter alívio. – R. Vá sempre.

6. (Depois de uma prece do médium.) Estais satisfeito? – R. Não como gostaria. – P. Um remédio aplicado pela primeira vez não pode curar imediatamente uma doença antiga. – R. É possível. – P. Quereis retornar? – R. Sim, se me chamares.

O guia do médium. Minha filha, terás dificuldades com esse Espírito endurecido, mas não haveria pouco mérito em salvar aqueles que não estão perdidos. Coragem! Persevere, e tu conseguirás. Não há tão culpados que não se possa conduzi-los pela persuasão e o exemplo, porque os Espíritos mais perversos acabam por se emendar com tempo; senão se triunfa logo em seguida em conduzi-los aos bons sentimentos, é que, com frequência é impossível, o trabalho que se toma não está perdido. As ideias que se lançam neles, agitam-nos e os fazem refletir apesar deles; são sementes que cedo ou tarde produzirão seus frutos. Não se derruba uma rocha com primeiro golpe de picareta.

O que te digo aí, minha filha, aplica-se também aos encarnados, e deves compreender porque o Espiritismo, mesmo nos crentes firmes, não faz imediatamente homens perfeitos. A crença é um primeiro passo; a fé vem em seguida, e a transformação terá seu turno; mas, para muitos, será necessário virem se retemperar no mundo dos Espíritos.

Entre os endurecidos, não há senão Espíritos perversos e maus. O número é grande daqueles que, sem procurarem fazer o mau, permanecem atrasados pelo orgulho, indiferença ou apatia. Eles não são por isso menos infelizes, porque sofrem tanto mais de sua inércia quando não têm por compensação as distrações do mundo; a perspectiva do infinito torna sua posição intolerável, e, entretanto, não têm nem a força, nem a vontade dela sair. São aqueles que na encarnação, conduzem existências desocupadas, inúteis para si mesmos e para os outros, e que, frequentemente, acabam por se suicidarem, sem motivos sérios, por desgosto da vida.

Esses Espíritos são, em geral, mais difíceis para se conduzirem ao bem que aqueles que são francamente maus, porque, nestes últimos há energias; uma vez esclarecidos, são tão ardentes para o bem quanto o foram para o mau. Serão necessárias, sem dúvida, aos outros, muitas existências para progredirem sensivelmente; mas pouco a pouco, vencidos pelo tédio, como outros pelo sofrimento, procurarão uma distração numa ocupação qualquer que, mais tarde, se tornará para eles uma necessidade.

Capítulo 8

Expiações terrestres

Marcel, a criança do nº 4

Num hospital de província, havia um menino em torno de 8 a 10 anos, num estado difícil de se descrever; era ali designado sob o número 4. Inteiramente contrafeito, seja pela disformidade natural, seja em consequência da doença, suas pernas contornadas tocavam o seu pescoço; sua magreza era tal que a pele se dilacerava sob a saliência dos ossos; seu corpo era uma ferida e seus sofrimentos atrozes. Pertencia a uma pobre família de israelitas, e essa triste posição durava há quatro anos. Sua inteligência era notável para a sua idade; sua doçura, sua paciência e sua resignação eram edificantes. O médico no serviço do qual se achava, tocado de compaixão por esse pobre ser, de alguma forma abandonado, porque não parecia que seus parentes viessem vê-lo frequentemente, interessou-se por ele, contentando-se em conversar, encantado por sua razão precoce. Não somente o tratava com bondade, mas, quando as suas ocupações lhe permitiam, vinha ler-lhe, e se admirava com a retidão de seu julgamento sobre as coisas que pareciam acima de sua idade.

1. Um dia, o menino lhe disse:

– Doutor, tende, pois, a bondade de me dar ainda pílulas, como as últimas que me ordenastes.

– E por que isso, minha criança? – disse o médico. – Dei-te as suficientes e temo que uma quantidade maior te faça mal.

– É que, vede – replicou a criança – sofro de tal modo que me forço em me reprimir para não gritar, e pedir a Deus conceder-me a força de não alterar os outros doentes que estão do meu lado; frequentemente, tenho dificuldade de me impedir isso; essas pílulas me adormecem, e durante esse tempo, pelo menos, não perturbo ninguém.

Essas palavras bastam para mostrar a elevação da alma que esse corpo disforme encerrava. Onde essa criança haurira semelhantes sentimentos? Isso não poderia ser no meio onde ele foi educado e, aliás, na idade em que ele começou a sofrer, não podia ainda compreender nenhum raciocínio; eram, pois, inatas nele; mas então, com tão nobres instintos, por que Deus o condenava a uma vida tão miserável e tão dolorosa, em admitindo que criara essa alma ao mesmo tempo que esse corpo, instrumento de tão cruéis sofrimentos? Ou é preciso negar a bondade de Deus, ou é preciso admitir uma causa anterior, quer dizer, a preexistência da alma e a pluralidade das existências. Essa criança morreu, e seus últimos pensamentos foram para Deus e para o médico caridoso que teve piedade dela.

Daí a algum tempo, foi evocado na Sociedade de Paris, onde deu a comunicação seguinte (1863).

"Vós me chamastes; vim para fazer com que a minha voz se estenda além deste recinto, para atingir a todos os corações; que o eco que ela fará vibrar se estenda até na sua solidão; os lembrar que a agonia da Terra prepara as alegrias do céu, e que o sofrimento é somente a casca amarga de um fruto agradável que dá a coragem e a resignação. Ela lhes dirá que sobre o catre onde geme a miséria, estão os enviados de Deus, cuja missão é ensinar à Humanidade que não há dor que não se possa suportar com a ajuda do Todo-poderoso e dos bons Espíritos. Essa voz lhes dirá, ainda, para escutar os lamentos se misturando às preces e lhes compreender a harmonia piedosa, tão diferentes dos acentos culpados do lamento se misturando às blasfêmias.

Um de vossos bons Espíritos, grande apóstolo do Espiritismo, consentiu deixar-me neste lugar, esta noite[1]; também devo dizer-vos, a meu turno, algumas palavras do progresso de vossa doutrina. Ela

---

[1] Santo Agostinho, pelo médium com o qual se comunica habitualmente na Sociedade.

deve ajudar, em sua missão, aqueles que se encarnam entre vós para aprenderem a sofrer. O Espiritismo será o esteio indicador; terão o exemplo e a voz; será então que os lamentos serão mudados em exclamações de contentamento e em pranto de alegria."

P. Parece, segundo o que acabais de dizer, que os vossos sofrimentos não eram a expiação de faltas anteriores?

R. Eles não eram uma expiação direta, mas estejais seguros de que toda dor tem a sua causa justa. Aquele que conhecestes tão miserável foi belo, grande, rico e adulado; eu tinha lisonjeadores e cortesãos: eu era vão e orgulhoso. Outrora, fui bem culpado; reneguei Deus e fiz o mal ao meu próximo; mas eu expiei cruelmente, primeiro no mundo dos Espíritos e, em seguida sobre a Terra. Isso que suportei, somente durante alguns anos, nesta última e muito curta existência, sofri durante uma vida inteira até a extrema velhice. Por meu arrependimento, reentrei em graça diante do Senhor, que se dignou confiar-me várias missões, cuja última vos é conhecida. Solicitei-lhe para arrematar a minha depuração.

Adeus, meus amigos, retornarei algumas vezes entre vós. Minha missão é de consolar, e não de instruir; mas há tantos aqui, cujas feridas estão ocultas, que estarão contentes com a minha vinda.

MARCEL.

Instrução do guia do médium.

"Pobre pequeno ser sofredor, raquítico, ulceroso e disforme! Quantos gemidos fazia ouvir nesse asilo de miséria e de lágrimas! E malgrado a sua tenra idade, como era resignado, e como a sua alma já compreendia o objetivo dos sofrimentos! Sentia bem que além do túmulo esperava-o uma recompensa por tantos lamentos abafados! Também, como ele orava por aqueles que não tinham, como ele, a coragem de suportar os seus males, para aqueles sobretudo que lançavam ao céu blasfêmias em lugar de preces!

Se a agonia foi longa, a hora da morte não foi terrível; os membros convulsionados se torciam sem dúvida, e mostravam aos assistentes um corpo deformado se revoltando contra a morte, a lei da carne que quer viver apesar de tudo; mas um anjo planava acima do leito do moribundo, cicatrizando o seu coração; depois tomou sobre as suas asas brancas essa alma tão bela que se escapava desse corpo informe, pronunciando estas palavras: Glória vos seja dada, ó meu Deus! E essa alma subiu para o Todo-poderoso, feliz, ela exclamou: Eis-me, Senhor; me destes por missão ensinar a sofrer; suportei dignamente a prova?

E agora o Espírito da pobre criança retomou as suas proporções; e ele plana no espaço, indo do fraco ao pequeno, dizendo a todos: Esperança e coragem. Liberto de toda matéria e de toda mancha, está ali junto de vós, vos fala, não mais com a sua voz sofredora e lamentosa, mas com varonil acento; ele vos disse: Aqueles que me viram, olharam a criança que não murmurava; hauriram a calma para os seus males, e os seus corações se fortaleceram na doce confiança em Deus; eis o objetivo de minha curta passagem sobre a Terra."

SANTO AGOSTINHO.

Szymel Slizgol

Era um pobre israelita de Vilna, morto em maio de 1865. Durante trinta anos mendigara, com uma tigela na mão. Por toda parte, na cidade, se conhecia o seu grito: "Lembrai-vos dos pobres, das viúvas e dos órfãos!" Durante esse tempo, Slizgol reunira 90.000 rublos. Mas não guardou um centavo para si. Aliviava os doentes, dos quais ele mesmo cuidava; pagava o ensino de pobres crianças, distribuía aos necessitados os comestíveis que se lhe davam. A noite era consagrada à preparação do tabaco de aspirar que o mendigo vendia para prover as suas próprias necessidades. O que lhe restava pertencia aos pobres. Szymel era só no mundo. No dia do seu enterro, uma grande parte da população da cidade seguiu o seu séquito, e as lojas foram fechadas.

(Sociedade Espírita de Paris, 15 de junho de 1865.)

Evocação – Muito feliz, e enfim chegado à plenitude de minha ambição, que paguei bem cara, estou aqui, no vosso meio, desde o começo desta noite. Agradeço-vos por vos ocuparem com o Espírito de um pobre mendigo que, com alegria, vai tratar de responder às vossas perguntas.

P. Uma carta de Vilna nos deu a conhecer as particularidades mais notáveis de vossa existência. Foi pela simpatia que elas nos inspiram, que tivemos o desejo de conversar convosco. Nós vos agradecemos por terdes vindo ao nosso chamado, e uma vez que consentis em nos responder, estaremos felizes, por nossa instrução de conhecer a vossa situação como Espírito, e as causas que motivaram o gênero de vossa última existência.

R. Inicialmente, concedei ao meu Espírito, que compreende a sua verdadeira posição, o favor de vos dizer a sua opinião sobre um pensamento que vos chegou a meu respeito; reclamo os vossos conselhos se ele for falso.

Achais singular que a manifestação pública tomou um tal desenvolvimento para render homenagem ao homem de nada que soube, por sua caridade, atrair para si uma tal simpatia. Não digo isso por vós, caro mestre, nem por ti, caro médium, nem por todos vós, espíritas verdadeiros e sinceros, mas falo pelas pessoas indiferentes à crença. – Nada há aí de espantoso. A força de pressão moral que a prática do bem exerce sobre a Humanidade é tal que, por mais materializada que se seja, sempre se inclina; saúda-se o bem, apesar da tendência que se tem para o mal.

Agora, chego às vossas perguntas, que, de vossa parte não são ditadas pela curiosidade, mas formuladas simplesmente em vista da instrução geral. Vou, pois, uma vez que para isso tenho liberdade, dizer-vos, com a mais possível brevidade, quais foram as causas que motivaram e determinaram a minha última existência.

Há vários séculos, eu vivia com o título de rei, ou pelo menos de príncipe soberano. No círculo de meu poder relativamente estreito, ao lado de vossos Estados atuais, era o senhor absoluto do destino de meus súditos; eu agia como tirano, digamos a palavra: como carrasco. De um caráter imperioso, violento, avaro e sensual, vedes aqui qual deveria ser a sorte dos pobres seres que viviam sob as minhas leis. Abusava de meu poder para oprimir o fraco para fazer contribuir toda espécie de ofícios, de trabalhos, de paixões e de dores, a serviço de minhas próprias paixões. Assim, atingi com uma renda o produto da mendicância; ninguém podia mendigar, sem que, antecipadamente tomasse a minha larga parte do que a piedade humana deixasse cair na bolsa da miséria. Mais que isso: a fim de não diminuir o número de mendigos entre os meus súditos, proibi aos infelizes darem aos seus amigos, aos seus parentes, aos seus próximos, a fraca parte que restava a esses pobres seres. Em uma palavra, fiz tudo o que há de mais impiedoso contra o sofrimento e a miséria.

Perdi, enfim, o que chamais a vida, em tormentos e sofrimentos horríveis; minha morte foi o modelo de terror para todos aqueles que, como eu, mas sobre uma menor escala, partilhavam a minha maneira de ver. Permaneci no estado de Espírito errante durante três séculos e meio, e quando, ao cabo desse lapso de tempo, compreendi que o objetivo da encarnação era diferente daquele que os meus sentidos grosseiros e obtusos me fizeram perseguir, obtive, à força de preces, de resignação e de lamentos, a permissão de tomar a tarefa material de suportar os mesmos sofrimentos e mais ainda, que fizera suportar. Obtive essa permissão, e Deus me deixou o direito, por meu livre arbítrio, de aumentar os meus sofrimentos morais e físicos. Graças ao socorro dos bons Espíritos que me assistiam, persisti na minha resolução de praticar o bem, e por isso agradeço-lhes, porque me impediram de sucumbir sob a tarefa que tomara.

Enfim, cumpri uma existência que resgatou, pela sua abnegação e sua caridade, o que a outra fora de cruel e de injusta. Nasci de pais pobres; órfão de boa hora, aprendi a bastar-me a mim mesmo, na idade em que se é ainda considerado como incapaz de compreender. Vivi só, sem amor, sem afeições, e mesmo, no começo de minha vida, suportei a brutalidade que exercera sobre os outros. Diz-se que as somas recolhidas por mim foram todas consagradas ao alívio de meus semelhantes; é um fato exato, e sem ênfase como sem orgulho, acrescento que, com frequência ao preço de privações relativamente fortes, muito fortes, aumentei o bem que me permitia fazer a caridade pública.

Morri com calma, confiante no preço que obtivera a reparação feita por minha última existência, e estou recompensado além de minhas secretas aspirações. Hoje, sou feliz, bem feliz em poder vos dizer que quem se eleva será rebaixado, e que aquele que se humilha será elevado.

P. Quereis nos dizer, eu vos peço, em que consistiu a vossa expiação no mundo dos Espíritos, e quanto tempo ela durou desde a vossa morte até o momento em que a vossa sorte foi abrandada pelo efeito do arrependimento e das boas resoluções que tomastes. Dizei-nos também o que provocou em vós essa mudança nas vossas ideias no estado de Espírito.

R. Remeteis-me em memória de lembranças muito dolorosas! Quanto sofri... Mas não me queixo: eu me recordo!... Quereis saber de qual natureza foi a minha expiação; ei-la em todo o seu terrível horror.

Carrasco, como vos disse, de toda espécie de bom sentimento, permaneci muito tempo, bem muito tempo, ligado pelo meu perispírito ao meu corpo em decomposição. Sentia-me, até à sua completa putrefação, roído pelos vermes que me faziam sofrer muito! Quando fui desembaraçado dos laços que me prendiam ao instrumento de meus suplícios, suportei um ainda mais cruel. Depois do sofrimento físico, veio o sofrimento moral, e este durou muito mais tempo ainda que o primeiro. Fui colocado em presença de todas as vítimas que torturara. Periodicamente, e por uma força maior que a minha, era conduzido em face de minhas ações culposas. Via física e moralmente todas as dores que fizera suportar. Oh! meus amigos, quanto é terrível a visão constante daqueles a quem se fez o mal! Disso tendes um fraco exemplo entre vós, na confrontação do acusado contra a vítima.

Eis, abreviadamente, o que sofri durante três séculos e meio, até que Deus, tocado pela minha dor e o meu arrependimento, solicitado pelos guias, que me assistiam, permitiu que tomasse o caminho de expiação que conheceis.

P. Um motivo particular vos levou a escolher a vossa última existência na religião israelita? – R. Não escolhi por mim, mas aceitei segundo o conselho de meus guias. A religião israelita acrescentava uma pequena humilhação a mais em minha vida de expiação; porque, sobretudo em certos países, a maioria dos encarnados despreza os Israelitas, e particularmente os Judeus mendigos.

P. Na vossa última existência, em que idade começastes a executar as resoluções que tomastes? Como esse pensamento vos chegou? Durante o tempo que exercíeis assim a caridade, com tanta abnegação, tínheis uma intuição qualquer da causa que a isso vos levava?

R. Nasci de pais pobres, mas inteligentes e avaros. Jovem ainda, fui privado da afeição e das carícias de minha mãe. Senti por sua perda um desgosto tanto mais vivo que meu pai, dominado pela paixão do ganho, me abandonou inteiramente. Meus irmãos e minhas irmãs, todos mais velhos do que eu, não pareciam perceber os meus sofrimentos. Um outro Judeu, maduro para um pensamento mais egoísta do que caridoso, recolheu-me e me fez aprender a trabalhar. Ele recobrava largamente pelo produto de meus trabalhos que, com frequência, ultrapassavam as minhas forças, o que pudera lhe custar. Mais tarde, livrei-me desse jugo e trabalhei para mim. Mas, por toda parte, na atividade como no repouso, era perseguido pela lembrança dos carinhos de minha mãe, e à medida que avançava em idade, a sua lembrança se gravava mais profundamente em minha memória, e eu lamentava mais esses cuidados e o seu amor.

Logo permaneci único de meu nome; a morte, em alguns meses, levou toda a minha família. Foi então que começou a se revelar a maneira pela qual deveria passar o resto de minha existência. Dois de meus irmãos deixaram órfãos, e eu, emocionado pela lembrança do que havia sofrido, quis preservar esses pobres e pequenos seres de uma juventude semelhante à minha, e o meu trabalho não podendo bastar para nos fazer subsistir a todos, comecei a estender a mão, não por mim, mas pelos outros. Deus deveria me deixar a consolação de gozar de meus esforços; as pobres crianças me deixaram para sempre. Via bem o que lhes faltou: era a sua mãe. Resolvi, então, pedir a caridade para viúvas infelizes que, não podendo bastar a elas e aos seus filhos, se impunham privações que as conduziam ao túmulo, deixando pobres órfãos que permaneciam assim abandonados e votados aos tormentos que eu mesmo suportava.

Tinha 30 anos quando, cheio de força e de saúde, viram-me mendigar pela viúva e o órfão. Os primeiros passos foram penosos, e suportei mais que uma palavra humilhante. Mas quando se viu que eu distribuía realmente tudo o que eu recebia em nome dos meus pobres; quando me viram a isso juntar ainda o excesso de meu trabalho, adquiri uma espécie de consideração, que não era sem encanto para mim.

Vivi sessenta e alguns anos, e jamais faltei à tarefa que me impusera. Nunca, não mais, uma advertência da consciência veio fazer-me supor que um motivo, anterior à minha existência, fosse um móvel da minha maneira de agir. Somente um dia, antes de começar a estender a mão, ouvi estas palavras: "Não façais aos outros o que não quereis que se vos faça". Permaneci atingido pela moralidade geral contida nessas poucas palavras que, bem frequentemente, me surpreendia a acrescentar-lhes estas: "Mas fazei-lhes ao contrário o que quereríeis que vos fosse feito". A lembrança de minha mãe e de meus sofrimentos me ajudando, continuei a caminhar numa carreira que minha consciência me dizia boa.

Vou terminar esta longa comunicação, dizendo-vos obrigado! Ainda não sou perfeito, mas sabendo que o mal conduz ao mal, farei de novo, como o fiz, o bem para recolher a felicidade.

SZYMEL SLIZGOL.

Julienne Marie, a mendiga

Na comuna de La Villate, perto de Nozai (Loire-Inferior), havia uma pobre mulher, chamada Julienne Marie, velha, enferma, e que vivia da caridade pública. Um dia ela caiu numa lagoa, de onde foi tirada por um habitante do lugar, o Sr. A..., que lhe dava habitualmente socorro. Transportada para o seu domicílio, ela morreu pouco tempo depois, em consequência do acidente. A opinião geral foi de que ela quisera se suicidar. No mesmo dia de seu decesso, aquele que a salvara, que é espírita e médium, sentiu sobre toda a sua pessoa como o roçar de alguém que estivesse junto dele, sem todavia se explicar a causa disso; quando soube da morte de Julienne Marie, o pensamento que lhe veio foi de que talvez o seu Espírito o viera visitar.

Segundo o conselho de um de seus amigos, membro da Sociedade Espírita de Paris, a quem dera conta do que se passara, fez a evocação dessa mulher, com o objetivo de ser-lhe útil; mas, preliminarmente, pediu conselho aos seus guias protetores, dos quais recebeu a resposta seguinte:

"Podes fazê-lo, e isto lhe dará prazer, embora o serviço que te propões prestar-lhe seja-lhe inútil; ela está feliz e toda devotada com todos aqueles que com ela se compadeceram. És um dos seus bons amigos; ela não te deixa mais e conversa contigo, frequentemente, com o teu desconhecimento. Cedo ou tarde, os serviços prestados serão recompensados, se não for pelo beneficiado, será por aqueles que se interessam por ele, antes de sua morte como depois; quando o Espírito não teve tempo de se reconhecer, são outros Espíritos simpáticos que testemunham, em seu nome, todo o seu reconhecimento. Eis o que te explica o que sentiste no dia de seu decesso. Agora, é ela quem te ajuda no bem que queres fazer. Lembra-te do que Jesus disse: 'Aquele que for rebaixado será elevado'. Terás a medida dos serviços que ela poderá te prestar, se todavia não lhe pedires assistência senão para ser útil ao teu próximo."

Evocação – Boa Julienne Marie, sois feliz; era tudo o que eu queria saber; isso não me impedirá de pensar frequentemente em vós, e de nunca vos esquecer em minhas preces.

R. Tenha confiança em Deus; inspira a teus doentes uma fé sincera, e triunfarás quase sempre. Não te ocupes nunca com a recompensa que disso advirá, ela será além da que esperas. Deus sabe sempre recompensar como merece, aquele que se devota ao alívio de seus semelhantes, e *coloca em suas ações um desinteresse completo;* sem isso tudo é ilusão e quimera; antes de tudo é preciso a fé; de outro modo, nada. Lembra-te desta máxima, e ficarás admirado com os resultados que obterás. Os dois doentes que curaste, disso são a prova; nas circunstâncias em que estavam, com os simples remédios, terias fracassado.

Quando pedis a Deus permitir aos bons Espíritos derramarem sobre ti os seus fluidos benfazejos, se esse pedido não te faz sentir um estremecimento involuntário, é que a tua prece não está bastante fervorosa para ser escutada; não está nas condições que te assinala. Foi o que sentiste quando disseste do fundo do coração: "Deus Todo-poderoso, Deus misericordioso, Deus de bondade sem limite, atendei à minha prece, e permiti aos bons Espíritos me assistirem na cura de...; tende piedade dele, meu Deus, e restituí-lhe a saúde; sem vós, eu nada posso. Que a vossa vontade seja feita."

Fizeste bem em não desdenhar dos humildes; a voz daquele que sofreu e suportou com resignação as misérias deste mundo, é sempre escutada; e, como vês, um serviço prestado sempre recebe a sua recompensa.

Agora, uma palavra sobre mim, e isso te confirmará o que disse acima.

O Espiritismo te explica a minha linguagem como Espírito: não tenho necessidade de entrar nos detalhes a este respeito. Creio também inútil te dar parte de minha existência precedente. A posição em que me conheceste sobre esta Terra, deve te fazer compreender e apreciar as minhas outras existências, que nem sempre foram sem censuras. Votada a uma vida de miséria, fraca e não podendo trabalhar, mendiguei toda a minha vida. Eu nada entesourei; sobre os meus velhos dias, as minhas pequenas economias se limitavam a centena de francos, que reservava para quando as minhas pernas não pudessem mais me carregar. Deus julgou a minha prova e a minha expiação suficientes, e lhes pôs um termo me livrando sem sofrimentos da vida terrestre, porque não me suicidei como se acreditou de início. Morri subitamente sobre a borda da lagoa, no momento em que dirigia uma última prece a Deus; a inclinação do terreno foi a causa da presença do meu corpo na água.

Não sofri; estou feliz por poder cumprir a minha missão sem entraves e com resignação. Tornei-me útil, na medida das minhas forças e de meus meios, e evitei de fazer o mal ao meu próximo. Hoje, disso recebo a recompensa, e rendo graças a Deus, nosso divino Senhor, que abranda a amargura das provas em nos fazendo esquecer, durante a vida, as nossas antigas existências, e põe sobre o nosso caminho almas caridosas, para nos ajudarem a suportar o fardo das nossas faltas passadas.

Persevera também, tu e, como eu, por isto serás recompensado. Agradeço-te por tuas boas preces e pelo serviço que me prestaste; não o esquecerei nunca. Um dia nos reveremos, e muitas coisas te serão explicadas; no momento, isso seria supérfluo. Fica sabendo somente que te sou toda devotada, e que estarei sempre perto de ti, quando tiveres necessidade de mim para aliviar aquele que sofre.

A pobre velha, JULIENNE MARIE.

O Espírito de Julienne Marie, tendo sido evocado na Sociedade de Paris, em 10 de junho de 1864, ditou a seguinte comunicação.

"Obrigada por consentirdes me admitir em vosso meio, caro presidente; sentistes bem que as minhas existências anteriores eram mais elevadas como posição social; se retornei para sofrer esta prova da pobreza, foi para punir-me de um orgulho vão que me fez repelir o que era pobre e miserável. Então, sofri esta lei justa do talião, que me tornou a mais horrível mendiga deste país; e, como para provar-me a bondade de Deus, eu não era repelida de todos: era todo o meu medo; também suportei a minha prova sem murmurar, pressentindo uma vida melhor de onde não deveria mais retornar sobre esta Terra de exílio e calamidade.

Que felicidade o dia em que a nossa alma, jovem ainda, pode reentrar na vida espiritual para rever os seres amados! Porque, também eu, amei e fui feliz por ter reencontrado aqueles que me precederam. Obrigada. A esse Sr. A... que me abriu a porta do reconhecimento; sem a sua mediunidade, não poderia agradecer-lhe, provar-lhe que a minha alma não esquece as felizes influências de seu bom coração, e recomendar-lhe propagar a sua divina crença. Ele está chamado à conduzir almas desviadas; que se persuada bem de meu apoio. Sim, posso lhe restituir em cêntuplo o que me fez, instruindo-o no caminho que seguis. Agradecei ao Senhor por ter permitido que os Espíritos possam vos dar instruções para encorajar o pobre nas suas penas, e deter o rico em seu orgulho. Sabei compreender a vergonha que há em repelir um infeliz; que eu vos sirva de exemplo, a fim de evitar que venham, como eu, expiar as vossas faltas por essas dolorosas posições sociais que vos colocam tão baixo, e fazem de vós o resto da sociedade."

JULIENNE MARIE.

Tendo esta comunicação sido transmitida ao Sr. A..., de seu lado ele obteve a que se segue, e que é a sua confirmação:

P. Boa Julienne Marie, uma vez que consentis ajudar-me com os vossos bons conselhos, a fim de fazer-me progredir no caminho de nossa divina Doutrina, quereis vos comunicar comigo; farei todos os esforços para aproveitar os vossos ensinamentos.

R. Lembra-te da recomendação que vou fazer-te, e nunca te afastes dela. Sê sempre caridoso na medida de teus meios; compreendes bastante a caridade tal como deve ser praticada em todas as posições da vida terrestre. Não tenho, pois, necessidade de vir te dar um ensinamento a este respeito; tu mesmo serás o teu melhor juiz, seguindo, todavia, a voz de tua consciência, que nunca te enganará, quando a escutares sinceramente.

Não te enganes sobre as missões que tens a cumprir; pequenos e grandes têm a sua; a minha foi penosa, mas eu merecia semelhante punição por minhas existências precedentes, como o vim confessar ao bom presidente da Sociedade mãe de Paris, à qual vos juntareis todos um dia. Esse dia não está tão longe quanto pensas; o Espiritismo caminha a passos de gigante, apesar de tudo que se faz para entravá-lo. Caminhai, pois, todos sem medo, servidores adeptos da doutrina, e os vossos esforços serão coroados de sucesso. Que vos importa o que se dirá de vós! Colocai-vos acima de uma crítica irrisória que cairá sobre os adversários do Espiritismo.

Os orgulhosos! Eles se creem fortes e pensam vos abater facilmente; vós, meus bons amigos, permanecei tranquilos, e não temais em vos medir com eles; são mais fáceis de se vencer do que não o credes; muitos, dentre eles, têm medo e temem que a verdade não venha, enfim, ofuscar-lhes os seus olhos; esperai e, a seu tempo, eles virão ajudar no coroamento do edifício.

JULIENNE MARIE.

Este fato está cheio de ensinamentos para quem meditar nas palavras deste

Espírito, em suas três comunicações; todos os grandes princípios do Espiritismo aí se encontram reunidos. Desde a primeira, o Espírito mostra a sua superioridade por sua linguagem; semelhante a uma fada benfazeja, essa mulher, resplandecente hoje, e como metamorfoseada, vem proteger aquele que não a recusou sob os andrajos da miséria. É uma aplicação destas máximas do Evangelho: "Os grandes serão rebaixados, e os pequenos serão elevados; felizes os humildes; felizes os aflitos, porque serão consolados; não desprezeis os pequenos, porque aquele que é pequeno neste mundo, talvez, seja maior do que não credes".

Max, o mendigo

Numa cidade da Baviera morou, por volta de 1850, um velho quase centenário, conhecido sob o nome de pai Max. Ninguém conhecia direito a sua origem, porque ele não tinha família. Há quase meio século, acabrunhado por enfermidades que o punham fora do estado de ganhar sua vida pelo trabalho, não tinha outros recursos que a caridade pública, que dissimulava vendendo, nas fazendas e nos castelos, almanaques e pequenos objetos. Foi lhe dada a alcunha de conde Max, e as crianças o chamavam sempre senhor conde, do que ele sorria sem se melindrar. Por que esse título? Ninguém poderia dizê-lo; passou a ser hábito. Talvez fosse por causa de sua fisionomia e de suas maneiras, cuja distinção contrastava com os andrajos. Vários anos depois de sua morte, apareceu em sonho à filha do proprietário de um dos castelos, onde recebia a hospitalidade na estrebaria, porque não havia domicílio para ele. Disse-lhe: "Obrigado a vós por terdes lembrado do pobre Max em vossas preces, porque elas foram ouvidas pelo Senhor. Desejais saber quem sou, alma caridosa que vos interessastes pelo infeliz mendigo; vou satisfazer-vos; isso será para todos uma grande instrução".

Ele fez, então, o relato seguinte, aproximadamente nestes termos:

"Há um século e meio mais ou menos, eu era um rico e poderoso senhor deste país, mas vão, orgulhoso e enfatuado pela minha nobreza. Minha imensa fortuna serviu apenas aos meus prazeres, e a isso apenas ela bastava, porque eu era jogador, libertino e passava a minha vida nas orgias. Meus vassalos, que acreditava criados para o meu uso, como os animais da fazenda, eram pressionados e maltratados, para proverem as minhas prodigalidades. Permanecia surdo aos seus lamentos como aos de todos os infelizes, e, segundo eu, eles deveriam se sentir muito honrados por servirem os meus caprichos. Morri com uma idade pouco avançada, esgotado pelos excessos, mas sem que provasse nenhuma infelicidade verdadeira; ao contrário, tudo parecia sorrir-me, de modo que eu era, aos olhos de todos, um dos felizes do mundo: a minha posição valeu-me suntuosos funerais, os boêmios lamentavam em mim o faustoso senhor, mas nenhuma lágrima foi vertida sobre a minha tumba, nem uma prece do coração foi dirigida a Deus por mim, e a minha memória foi amaldiçoada por todos aqueles dos quais aumentara a miséria. Ah! Quanto é terrível a maldição dos infelizes que se fez! Ela não cessou de retinir nos meus ouvidos durante longos anos que me pareceram uma eternidade! E, na morte de cada uma das minhas vítimas, era um novo rosto ameaçador ou irônico que se erguia diante de mim e me perseguia sem descanso, sem que pudesse encontrar um canto escuro para me subtrair à sua visão! Nenhum olhar amigo! meus antigos companheiros de deboche, infelizes como eu, fugiam de mim e pareciam dizer-me com desdém: 'Não podes mais pagar os nossos prazeres'. – Oh! Quanto teria pago muito caro um instante de repouso, um copo de água para estancar a sede ardente que me devorava! Mas eu não possuía mais nada, *e todo o ouro que semeei, a mãos cheias, sobre a Terra não produzira uma única bênção,* nem uma só, entendeis, minha filha?

Enfim, oprimido pela fadiga, esgotado como um viajor esfalfado que não vê o fim de seu caminho, exclamei: 'Meu Deus, tende piedade de mim! Quando, pois, terminará esta horrível situação?' Então uma voz, a primeira que eu ouvia desde que deixara a Terra, disse-me: *'Quando tu quiseres'.* Que é necessário fazer, grande Deus! – respondi eu. Dizei; submeter-me-ei a tudo. 'É necessário o arrependimento; *humilhar-te diante daqueles que humilhastes;* pedir-lhes para que intercedam por ti, porque *a prece do ofendido que perdoa é sempre agradável ao Senhor.'* Eu me humilhei, pedi aos meus vassalos, meus servidores, que estavam ali diante de mim, e cujos rostos, de mais em mais benevolentes, acabaram por desaparecer. Isto foi, então, para mim como uma nova vida; a esperança substituiu o desespero e agradeci a Deus com todas as forças de minha alma. A voz me disse em seguida: 'Príncipe!' e eu respondi: Não há aqui outro príncipe senão o Deus Todo-poderoso que humilha os soberbos. Perdoai-me, Senhor, porque pequei; fazei de mim o servidor de meus servidores, se tal é a vossa vontade.

Alguns anos mais tarde, nasci de novo, mas desta vez numa família de pobres camponeses. Meus pais morreram quando era ainda criança, e permaneci só no mundo e sem apoio. Ganhei minha vida como pude, ora como operário, ora como empregado de fazenda, mas sempre honestamente, porque eu acreditava em Deus desta vez. Com a idade de quarenta anos, uma doença tornou-me paralítico de todos os meus membros, e me foi necessário mendigar, durante mais de cinquenta anos, sobre essas mesmas terras das quais fora o senhor absoluto; receber um pedaço de pão nas fazendas que possuíra, onde, por uma amarga zombaria, alcunharam-me senhor conde, frequentemente, muito feliz por encontrar um abrigo na estrebaria do castelo que fora o meu. No meu sonho, agradava-me percorrer esse mesmo castelo onde fora déspota; quantas vezes, em meus sonhos revi-me ali no meio de minha antiga fortuna! Essas visões me deixavam, ao despertar, um indefinível sentimento de amargura e de desgostos; mas nunca uma queixa escapou da minha boca; e quando aprouve a Deus chamar-me para ele, eu o bendisse por ter me dado a coragem de suportar, sem murmúrio, essa longa e penosa prova da qual recebo, hoje, a recompensa, e vós, minha filha, eu vos bendigo por terdes orado por mim."

Recomendamos este fato àqueles que pretendem que os homens não teriam mais freios se não tivessem mais, diante deles, o espantalho das penas eternas, e perguntamos se a perspectiva de um castigo como aquele do pai Max é menos feita para deter no caminho do mal que aquela de tortura sem fim nas quais não se crê mais.

História de um doméstico

Numa família de alta classe, havia um doméstico muito jovem, cuja figura, inteligente e fina, nos tocou pelo seu ar muito jovem, de distinção; nada, em suas maneiras, exalava a baixeza; a sua solicitude para o serviço dos seus senhores nada tinha dessa obsequiosidade servil própria das pessoas dessa condição. No ano seguinte, tendo retornado a essa família, ali não mais vimos o jovem e perguntamos se fora despedido. "Não", nos foi respondido: "Foi passar alguns dias em sua terra, e ali morreu. Lamentamos muito, porque era uma excelente pessoa, e que tinha sentimentos *verdadeiramente acima de sua posição*. Era-nos muito ligado e deu-nos provas do mais alto devotamento".

Mais tarde, veio-nos o pensamento de evocar esse jovem, e eis o que nos disse:

"Na minha penúltima encarnação, eu era, como se diz na Terra, de muito boa família, mas arruinada pelas prodigalidades de meu pai. Fiquei órfão muito jovem e sem recursos. Um amigo de meu pai recolheu-me; educou-me como seu filho e fez dar uma bela educação da qual tirei um excesso de vaidade. Esse amigo é hoje o Sr. de G..., ao serviço do qual me vistes. Eu quis, na minha última existência, expiar o meu orgulho nascendo numa condição servil, e encontrei aí a ocasião de provar o meu devotamento ao meu benfeitor. Salvei-lhe mesmo a vida, sem que disso nunca soubesse. Era, ao mesmo tempo, uma prova da qual saí com vantagem, uma vez que tive bastante força para não me deixar corromper pelo contato de uma companhia quase sempre viciosa; apesar dos maus exemplos, permaneci puro, e disso agradeço a Deus, porque estou recompensado pela felicidade de que gozo."

P. Em quais circunstâncias salvastes a vida do Sr. de G...? – R. Num passeio a cavalo onde eu o seguia só, percebi uma grossa árvore que caía de seu lado e que ele não via; chamei-o com um grito terrível; ele se voltou vivamente, e durante esse tempo a árvore caiu aos seus pés; sem o movimento que eu provoquei, ele teria sido esmagado.

O Sr. de G..., a quem o fato foi reportado, lembrou-se perfeitamente dele.

P. Por que morrestes tão jovem? – R. Deus julgara a minha prova suficiente.

P. Como aproveitaste essa prova, uma vez que não tínheis a lembrança da causa que a motivara? – Na minha humilde posição, restava-me um instinto de orgulho, que fui bastante feliz em poder dominar, o que fez com que a prova me fosse aproveitável; sem isso, estaria ainda por recomeçar. Meu Espírito lembrava-se, em seus momentos de liberdade, e me ficava disso, ao despertar, um desejo intuitivo de resistir às minhas tendências que sentia serem más. Tive mais mérito em lutar assim, do que se me lembrasse claramente do passado. A lembrança da minha antiga posição teria exaltado o meu orgulho e me perturbaria, ao passo que tive que combater unicamente os arrastamentos de minha nova posição.

P. Recebestes uma brilhante educação; para que isto vos serviu, em vossa última existência, uma vez que não lembrais dos conhecimentos que adquiristes? – R. Esses conhecimentos seriam inúteis, um contra-senso mesmo em minha nova posição; permaneceram latentes, e hoje os reencontro. Todavia, não me foram inúteis, porque desenvolveram a minha inteligência; instintivamente, eu tinha o gosto das coisas elevadas, o que me inspirava a repulsa pelos exemplos baixos e ignóbeis que tinha sob os olhos; sem essa educação, *seria apenas um criado.*

P. Os exemplos de servidores devotados aos seus senhores até a abnegação, têm por causa as relações anteriores? – R. Não duvideis disso; pelo menos é o caso mais comum. Esses servidores, algumas vezes, são membros mesmo da família, ou, como eu, gratos que pagam uma dívida de reconhecimento, e que o seu devotamento ajuda a avançar. Não sabeis todos os efeitos, de simpatia ou antipatia, que essas relações anteriores produzem no mundo. Não, a morte não interrompe essas relações, que se perpetuam, com frequência, de século em século.

P. Por que esses exemplos de devotamento de servidores são hoje tão raros? – R. É necessário disso acusar o espírito de egoísmo e de orgulho de vosso século, desenvolvido pela incredulidade e pelas ideias materialistas. A fé verdadeira se vai pela cupidez e o desejo do ganho, e com ela os devotamentos. O Espiritismo, conduzindo os homens ao sentimento da verdade, fará renascer as virtudes esquecidas.

Nada pode, melhor que este exemplo, fazer ressaltar o benefício do esquecimento das existências anteriores. Se o Sr. de G... se lembrasse do que fora o seu jovem empregado, ficaria muito embaraçado com ele, e não o teria mesmo considerado nessa condição; entravaria assim a prova que foi proveitosa a ambos.

Antônio B...

Enterrado vivo. – A pena de talião.

O Sr. Antonio B..., escritor de mérito, estimado por seus concidadãos, tendo cumprido com distinção e integridade funções públicas em Lombardie, caiu, por 1850, em consequência de um ataque de apoplexia, num estado de morte aparente que se tomou, infelizmente, como isso ocorre algumas vezes, pela morte real. O erro era tanto mais fácil quanto se acreditou perceber, no corpo, sinais de decomposição. Quinze dias depois do sepultamento, uma circunstância fortuita determinou à família pedir a sua exumação; tratava-se de um medalhão esquecido por descuido no caixão; mas o espanto dos assistentes foi grande quando, na abertura, reconheceu-se que o corpo mudara de posição, que estava revirado, e, coisa horrível! Uma das mãos estava em parte comida pelo defunto. Manifestara-se, então, que o infeliz Antonio B... fora enterrado vivo; deve ter sucumbido sob a opressão do desespero e da fome.

O Sr. Antonio B..., tendo sido evocado na Sociedade de Paris, em agosto de 1861, a pedido de um dos seus parentes, deu as seguintes explicações:

1. *Evocação* – Que quereis de mim?

2. Um de vossos parentes pediu-nos para evocar-vos; o fazemos com prazer, e ficaremos felizes se quiserdes responder-nos. – R. Sim, quero muito responder-vos.

3. Lembrai-vos das circunstâncias da vossa morte? – R. Ah! certamente sim! eu as lembro; porque despertar essa lembrança de castigo?

4. É certo que fostes enterrado vivo por engano? – R. Isso deveria ser assim, porque a morte aparente teve todas as características de uma morte real; estava quase exangue[2]. Não se deve imputar a ninguém um fato previsto desde antes do meu nascimento.

5. Se estas perguntas são de natureza a vos causar pena, é necessário cessá-las? – R. Não, continuai.

6. Gostaríamos de vos saber feliz, porque deixastes a reputação de um homem honesto. – R. Eu vos agradeço muito; sei que orais por mim. Vou tratar de responder, mas se fracassar, um de vossos guias me suprirá.

7. Podeis descrever as sensações que experimentastes nesse momento terrível? – R. Oh! que prova dolorosa! Sentir-se fechado entre quatro tábuas, de maneira a não poder se movimentar nem se mexer! Não poder chamar; a voz não ressoando mais num meio privado de ar. Oh! que tortura a de um infeliz que se esforça em vão para aspirar numa atmosfera insuficiente e desprovida da parte respirável! Ai de mim!

---

[2] Privado de sangue. Descoloração da pele pela privação de sangue.

Era como um condenado à goela de um forno, salvo o calor. Oh! não desejo a ninguém semelhantes torturas. Não, não desejo a ninguém um fim como o meu! Ai de mim! Cruel punição de uma cruel e feroz existência! Não me pergunteis em que pensava, mas eu mergulhava no passado e entrevia vagamente o futuro.

8. Dissestes: cruel punição de uma feroz existência; mas a vossa reputação, até este dia intacta, não faria supor nada semelhante. Podeis explicar-nos isso? – R. Que é a duração da existência na eternidade! Certamente, tratei de agir bem na minha última encarnação; mas este fim fora aceito por mim antes de reentrar na Humanidade. Ah! Por que me interrogar sobre esse passado doloroso que só eu conhecia, assim como os Espíritos, ministros do Todo-poderoso? Sabei, pois, uma vez que é necessário vo-lo dizer, que numa existência anterior, eu murara uma mulher, a minha! Toda viva numa pequena adega! Foi a pena de talião que me devia aplicar. Dente por dente, olho por olho.

9. Nós vos agradecemos por consentirdes em responder às nossas perguntas, e pedimos a Deus vos perdoar o passado em favor do mérito de vossa última existência. – R. Eu retornarei mais tarde; de resto, o Espírito de Erasto quererá completar.

Instruções do guia do médium.

O que deveis retirar deste ensinamento é que todas as vossas existências se ligam, e que nenhuma é independente das outras; os cuidados, a confusão, como as grandes dores que ferem os homens, são sempre as consequências de uma vida anterior criminosa, ou mal empregada. Entretanto, devo vos dizer, os fins semelhantes ao de Antônio B... são raros, e esse homem, cuja última existência foi isenta de censuras, terminou desse modo, é que solicitara, ele mesmo, uma morte semelhante, a fim de abreviar o tempo de sua erraticidade e atingir mais rapidamente as esferas elevadas. Com efeito, depois de um período de perturbação e de sofrimento moral para expiar ainda o seu crime apavorante, lhe será perdoado e ele se elevará para um mundo melhor, onde reencontrará a sua vítima, que o espera, e que o perdoou há muito tempo. Sabei, pois, aproveitar desse exemplo cruel, para suportar com paciência, ó meus caros espíritas, os sofrimentos corpóreos, os sofrimentos morais, e todas as pequenas misérias da vida.

P. Que proveito pode tirar a Humanidade de semelhantes punições?
– R. Os castigos não são feitos para desenvolver a Humanidade, mas para castigar o indivíduo culpado. Com efeito, a Humanidade não tem nenhum interesse em ver os seus sofrerem. Aqui a punição foi apropriada à falta. Por que os loucos? Por que os cretinos? Por que as pessoas paralíticas? Por que aqueles que morrem no fogo? Por que aqueles que vivem anos nas torturas de uma longa agonia, não podendo nem viver nem morrer? Ah! Credê-me, respeitai a vontade soberana e não procureis sondar a razão dos decretos providenciais; sabei-o! Deus é justo e faz bem o que faz.

ERASTO.

Não há, neste fato, um grande e terrível ensinamento? Assim, a justiça de Deus atinge sempre o culpado, e por ser, algumas vezes, tardia, não segue menos o seu curso. Não é eminentemente moral saber que se os grandes culpados terminam a sua existência pacificamente, e, frequentemente na abundância dos bens terrestres, a hora de expiação soará cedo ou tarde? Penas dessa natureza se compreendem, não somente porque estão sob os nossos olhos, mas porque são lógicas; nelas se acreditou porque a razão as admite.

Uma existência honrada, pois, não isenta das provas da vida, porque foram escolhidas ou aceitas como complemento de expiação; é o pagamento de uma dívida que se quita, antes de receber o preço do progresso cumprido.

Se considerarmos o quanto, nos séculos passados, eram frequentes, mesmo nas classes mais elevadas e mais esclarecidas, os atos de barbárie que nos revoltam tanto hoje; quantas mortes eram cometidas nessa época, onde se jogava com a vida de seu semelhante, onde o poderoso esmagava o fraco sem escrúpulo, se compreenderá quanto, entre os homens de nossos dias, devem haver deles que têm seu passado a lavar; não mais se admirará do número de pessoas que morrem vítimas de acidentes isolados ou de catástrofes gerais. O despotismo, o fanatismo, a ignorância e os preconceitos da idade média, e dos séculos que lhe seguiram, legaram às gerações futuras uma dívida imensa, que não foi ainda liquidada. Muitas infelicidades nos parecem imerecidas porque vemos apenas o momento atual.

Sr. Letil

O Sr. Letil, fabricante de perto de Paris, morreu em abril de 1864, de um modo horrível. Uma caldeira de verniz em ebulição tendo pegado fogo, e tendo se derramado sobre ele, foi, numa piscadela de olhos, coberto por uma matéria incendiada e compreendeu, em seguida, que estava perdido. Sozinho, nesse momento, na oficina, com um jovem aprendiz, teve a coragem de ir para o seu domicílio, distante mais de duzentos metros. Quando se pôde lhe dar os primeiros socorros, as carnes estavam queimadas e caíam aos pedaços; os ossos de uma parte do corpo, e da face, estavam à vista. Ele viveu doze horas, nos mais horríveis sofrimentos, conservando, apesar disso, toda a sua presença de espírito, até o último momento, e pondo ordem nos seus assuntos com uma perfeita lucidez. Durante essa cruel agonia, não fez ouvir nenhum pranto, nenhum murmúrio, e morreu orando a Deus. Era um homem muito honrado, de um caráter doce e benevolente, amado e estimado por todos aqueles que o conheceram. Tinha abraçado as ideias espíritas com entusiasmo, mas não com bastante reflexão, e foi, por essa razão, sendo um pouco médium, ele mesmo, um joguete de numerosas mistificações que, entretanto, não abalaram a sua fé. Sua confiança naquilo que lhe diziam os Espíritos eram levadas, em certa circunstância, até a ingenuidade.

Evocado na Sociedade de Paris, em 29 de abril de 1864, poucos dias depois de sua morte, e sob o império da terrível cena da qual fora a vítima, deu a comunicação seguinte:

"Uma tristeza profunda me oprime! Horrorizado ainda de minha morte trágica, creio-me sob o ferro de um carrasco. Quanto, pois, sofri! Oh! quanto sofri! Estou todo tremente. Parece-me que ainda sinto o odor fétido que as minhas carnes queimadas lançavam ao meu redor. Agonia de doze horas, quanto provastes, ó Espírito culpado! Sofreu sem murmurar, também Deus vai lhe dar o seu perdão.

Ó minha bem-amada! não chore mais sobre mim, minhas dores vão se acalmar. Eu não sofro realmente, mas a lembrança equivale à realidade. Meu conhecimento do Espiritismo ajuda-me muito; sei agora que, sem esta doce crença, teria permanecido no delírio onde fui jogado pela essa morte horrível.

Mas tinha um consolador, que não me deixou desde o meu último suspiro; eu falava ainda que o via já perto de mim: parecia que era um reflexo de minhas dores, que me dava a vertigem, e mostrava-me fantasmas... não: era o meu anjo protetor que, silencioso e mudo, me consolava pelo coração. Desde que disse adeus à Terra, ele me disse: 'Vem, meu filho, e revê o dia'. Respirei mais livremente, crendo sair de um sonho pavoroso; eu falava de minha bem-amada esposa, da corajosa criança que a mim se devotou. 'Todos estão sobre a Terra, tu, ó meu filho, tu estás entre nós'. Procurei a minha casa; o anjo, nela, me deixou entrar, em tudo me acompanhando. Vi todo o mundo em lágrimas; tudo era triste e em luto nessa pacífica morada de outrora. Não pude sustentar por muito tempo a visão desse doloroso espetáculo; muito emocionado, disse ao meu guia: 'Ó meu bom anjo, saiamos daqui! – Sim saiamos, disse o anjo, e procuremos o repouso'.

Depois sofri menos; se não visse a minha esposa inconsolável, meus amigos tão tristes, seria quase feliz.

Meu bom guia, meu querido anjo, consentiu em me dizer porque tive uma morte tão dolorosa, e para o vosso ensinamento, meus filhos, vou vos fazer uma confissão:

Há dois séculos, fiz estender sobre uma fogueira uma jovem, inocente como se o é na sua idade, pois, tinha de 12 a 14 anos mais ou menos. De que se a acusava? Ai de mim! de ser a cúmplice de uma ameaça contra a política sacerdotal. Eu era Italiano, e juiz inquisidor; os carrascos não ousaram tocar o corpo da criança: eu mesmo fui o juiz e o carrasco. Ó justiça, justiça de Deus, tu és grande! A ela me submeti; tanto prometera de não vacilar no dia do combate, que tive a força para manter a palavra; eu não murmurei, e me perdoastes, ó meu Deus! Quando, pois, a lembrança de minha pobre e inocente vítima se apagará de minha memória? Aí está o que me faz sofrer. É necessário também que ela me perdoe.

Ó vós, filhos da nova doutrina, dizeis, por vezes: Não nos lembramos do que fizemos precedentemente, por isso não podemos evitar os males aos quais nos expomos com o esquecimento do passado. Ó meus irmãos! bendizei a Deus; se vos deixasse a lembrança, não haveria para vós nenhum momento repouso sobre a Terra. Sem cessar perseguidos pelo remorso e pela vergonha, poderíeis ter um único instante de paz?

O esquecimento é um benefício; a lembrança aqui é uma tortura.

Ainda alguns dias, e por recompensa da paciência com a qual suportei as minhas dores, Deus vai me dar o esquecimento de minha falta. Eis a promessa que vem de me ser feita pelo meu bom anjo."

O caráter do senhor Letil, na sua última existência, prova quanto o seu Espírito melhorou. A sua conduta foi o resultado de seu arrependimento e das resoluções que tomou; mas isso não bastava; era-lhe necessário selar as suas resoluções por uma grande expiação; era-lhe necessário suportar como homem o que fizera os outros suportarem; a resignação, nessa terrível circunstância, era para ele a maior prova, e, felizmente para ele, não faliu. O conhecimento do Espiritismo, sem dúvida, muito contribuiu para sustentar a sua coragem, pela fé sincera que lhe dera no futuro; sabia que as dores da vida são provas e expiações, e a elas se submeteu sem murmurar, dizendo: "Deus é justo; sem dúvida, eu o mereci".

Um sábio ambicioso

A senhora B..., de Bordeaux, não sentiu as pungentes angústias da miséria, mas foi, toda a sua vida, a mártir de dores físicas, pelas inumeráveis enfermidades pelas quais foi atingida, durante setenta anos, desde a idade de cinco meses, e que, quase cada ano, a colocava à porta do túmulo. Três vezes foi envenenada pelas experiências que a ciência incerta fez nela. E o seu temperamento, arruinado pelos remédios tanto quanto pelas doenças, deixou-a, até o fim de seus dias, vítima de intoleráveis sofrimentos que nada podia acalmá-la. Sua filha, espírita-cristã e médium, pedia a Deus, em suas preces, para abrandar as suas cruéis provas, mas seu guia espiritual disse-lhe para que pedisse simplesmente, para ela, a força de suportar com paciência e com resignação, e ditou-lhe as instruções seguintes:

"Tudo tem a sua razão de ser na existência humana; não há um sofrimento *que causastes que não encontre um eco nos sofrimentos que suportais;* não há um de vossos excessos que não encontre um contrapeso nas vossas privações; não há uma lágrima que caia de vossos olhos sem ter uma falta para lavar, um crime, algumas vezes. Suportai, pois, com paciência e resignação as vossas dores físicas e morais, por cruéis que vos pareçam, e pensai no lavrador cuja fadiga cansa os seus membros, mas que continua a sua obra sem deter-se, porque tem sempre diante dele as espigas douradas que serão os frutos de sua perseverança. Tal é a sorte do infeliz que sofre sobre a vossa Terra. A aspiração da felicidade, que deve ser o fruto de sua paciência, torna-o forte contra as dores passageiras da Humanidade.

Assim ocorre com a tua mãe; cada dor que ela aceita como uma expiação é uma mancha apagada de seu passado, e quanto mais cedo todas as manchas estiverem apagadas, mais cedo ela será feliz. *Só a falta de resignação torna o sofrimento estéril,* porque então as provas estão a recomeçar. O que é, pois, mais útil para ela, é ter a coragem e a submissão; é o que é necessário pedir a Deus e aos bons Espíritos conceder-lhe.

Tua mãe foi outrora um bom médico, frequentando uma classe onde nada custa para se assegurar o bem-estar, e onde foi cumulado de dons e de honras. Ambicioso de glórias e riquezas, querendo atingir o apogeu da ciência, não tendo em vista aliviar os seus irmãos, porque não era filantropo, mas em vista de aumentar a sua reputação, e por consequência a sua clientela, nada lhe custou para conduzir a bom fim os seus estudos. A mãe era martirizada em seu leito de sofrimento, porque ele previa um estudo nas convulsões que provocava. A criança era submetida às experiências que deveriam dar-lhe a chave de certos fenômenos; o velho via apressar o seu fim; o homem vigoroso sentia-se enfraquecido pelas experiências que deveriam constatar a ação de tal ou de tal bebida, e todas essas experiências eram tentadas sobre o infeliz sem desconfiança. A satisfação da cupidez e do orgulho, da sede de ouro e de renome, tais foram os móveis de sua conduta. Foram necessários séculos e provas terríveis para domar esse Espírito orgulhoso e ambicioso; depois o arrependimento começou a sua obra de regeneração, e a reparação se acaba, porque as provas desta última existência são brandas perto daquelas que suportou. Coragem, pois, se a pena foi longa e cruel, a recompensa concedida à paciência, à resignação e à humildade será grande.

Coragem, todos vós que sofreis; pensai no pouco de tempo que dura a vossa existência material; pensai nas alegrias da eternidade; chamai a vós a esperança, essa amiga devotada de todo coração sofredor; chamai a vós a fé, irmã da esperança; a fé que vos mostra o céu, onde a esperança vos faz penetrar antes do tempo. Chamai também a vós esses amigos que o Senhor vos dá, que vos cercam, vos sustentam e vos amam, e cuja solicitude constante vos conduz àquele a quem ofendestes transgredindo as suas leis."

Depois de sua morte, a senhora B..., deu, tanto à sua filha, quanto seja à Sociedade Espírita de Paris, comunicações onde se refletem as mais eminentes qualidades, onde ela confirma o que fora dito de seus antecedentes.

Charles de Saint-G..., idiota
(Sociedade Espírita de Paris, 1860.)

Charles de Saint-G... era um jovem idiota, com a idade de treze anos, vivente, e cujas faculdades intelectuais eram de uma tal nulidade que não conhecia os seus pais e podia tomar seu alimento com dificuldade. Havia nele parada completa de desenvolvimento de todo o sistema orgânico.

1. (*A São Luís.*) Quereis dizer-nos se podemos evocar o Espírito dessa criança? – R. Podeis evocá-lo como se evocásseis o Espírito de um morto.

2. Vossas respostas nos fariam supor que a evocação poderia ser feita a qualquer momento. – R. Sim; a sua alma prende-se ao corpo por laços materiais, mas não por laços espirituais; pode sempre ser desligado.

3. *Evocação de Ch. de Saint-G...* – Sou um pobre Espírito preso à Terra como uma ave por uma pata.

4. Em vosso estado atual, como Espírito, tendes a consciência de vossa nulidade neste mundo? – R. Certamente; sinto bem o meu cativeiro.

5. Quando o vosso corpo dorme, e que o vosso Espírito se desliga, tendes as ideias tão lúcidas como se estivésseis num estado normal? – R. Quando o meu infeliz corpo repousa, estou um pouco mais livre para me elevar ao céu que, aspiro.

6. Experimentais, como Espírito, um sentimento penoso pelo vosso estado corporal? – R. Sim, uma vez que é uma punição.

7. Lembrai-vos de vossa existência precedente? – R. Oh! sim; ela foi a causa de meu exílio na presente.

8. Qual era essa existência? – R. Um jovem libertino sob Henri III.

9. Dissestes que a vossa condição atual é uma punição; não a escolhestes pois? – R. Não.

10. Como a vossa existência atual pode servir ao vosso adiantamento no estado de nulidade em que estais? – R. Ela não é nula para mim, diante de Deus que me impôs.

11. Prevedes a duração da vossa existência atual? – R. Não; ainda há alguns anos, e reentrarei em minha pátria.

12. Desde a vossa precedente existência até a vossa encarnação atual, que fizestes como Espírito? – R. Foi porque eu era um Espírito leviano que Deus me aprisionou.

13. No vosso estado de vigília, tendes consciência do que se passa ao vosso redor, e isto apesar da imperfeição de vossos órgãos? – R. Eu vejo, eu ouço, mas o meu corpo não compreende e nem vê nada.

14. Podemos fazer coisa alguma que vos seja útil? – R. Nada.

15. *(A São Luís.)* As preces por um Espírito reencarnado podem ter a mesma eficácia que para um Espírito errante? – R. As preces são sempre boas e agradáveis a Deus; na posição deste pobre Espírito, não lhe podem servir para nada; lhe servirão mais tarde, porque Deus as terá em conta.

Esta evocação confirma o que sempre foi dito sobre os idiotas. A sua nulidade moral não se prende à nulidade de seu Espírito, que, abstração feita dos órgãos, goza de todas as suas faculdades. A imperfeição dos órgãos é apenas um *obstáculo* à livre manifestação dos pensamentos: ela não os aniquila. É o caso de um homem vigoroso cujos membros sejam comprimidos por laços.

Instrução de um Espírito, sobre os idiotas e os cretinos, dadas à Sociedade de Paris.

"Os cretinos são seres punidos sobre a Terra pelo mau uso que fizeram de poderosas faculdades; sua alma está aprisionada num corpo, cujos órgãos impossibilitados não podem exprimir os seus pensamentos; esse mutismo, moral e físico, é uma das mais cruéis punições terrestres; frequentemente, ela é escolhida pelos Espíritos arrependidos que querem resgatar as suas faltas. Essa prova não é estéril, porque o Espírito não fica estacionário na sua prisão de carne; seus olhos embrutecidos veem, esse cérebro deprimido concebe, mas nada se pode traduzir, nem pela palavra nem pelo olhar e, salvo o movimento, estão moralmente no estado dos letárgicos e dos cataléticos que veem e ouvem o que se passa ao seu redor sem o poder exprimir. Quando tendes, em sonho, esses terríveis pesadelos onde quereis fugir de um perigo, e gritais para chamar socorro, ao passo que a vossa língua fica presa na boca e os vossos pés ao solo, sentis um instante o que o cretino sente sempre: *paralisia do corpo ligado à vida do Espírito.*

Quase todas as enfermidades têm, assim, sua razão de ser; nada se faz sem causa; o que chamais a injustiça da sorte é a aplicação da mais alta justiça. A loucura é também uma punição do abuso de altas faculdades; o louco tem duas personalidades: aquela que disparata e aquela que tem a consciência de seus atos, sem poder dirigi-lo. Quanto aos cretinos, a vida contemplativa e isolada de sua alma, que não tem as distrações do corpo, pode estar tão agitada quanto as resistências mais complicadas para os acontecimentos; uns se revoltam contra o seu suplício voluntário; lamentam tê-lo escolhido e sentem um desejo furioso de retornar a uma outra vida, desejo que os faz esquecer a resignação à vida presente, e o remorso da vida passada, do qual têm a consciência, porque os cretinos e os loucos sabem mais do que vós, e sob a sua impossibilidade física esconde-se uma força moral da qual não tendes nenhuma ideia. Os atos de furor e de imbecilidade, aos quais o seu corpo se entrega, são julgados pelo ser interior que os sofrem e que deles se envergonham. Assim, zombar deles, injuriá-los, maltratá-los mesmo, como fazem algumas vezes, é aumentar seus sofrimentos, porque é fazê-los sentir mais duramente sua fraqueza e sua abjeção, e se o pudessem, acusariam de covarde aqueles que agem desse modo porque sabem que a sua vítima não pode defender-se.

O cretinismo não é uma lei de Deus, e a ciência pode fazê-lo desaparecer, porque é o resultado material da ignorância, da miséria e da imoralidade. Os novos meios de higiene que a ciência, tornada mais prática, colocou à disposição de todos, tendem a destruí-lo. Sendo o progresso a condição expressa da Humanidade, as provas impostas se modificarão e seguirão a marcha dos séculos; se tornarão todas morais, e quando a vossa Terra, jovem ainda, houver cumprido todas as fases de sua existência, se tornará uma morada de felicidade como outros planetas mais avançados."
PIERRE JOUTY, pai do médium.

Houve um tempo em que se colocou em questão a alma dos cretinos, e se perguntava se pertenciam verdadeiramente à espécie humana. A maneira pela qual o Espiritismo os faz considerar não é de uma alta moralidade e de um grande ensinamento? Não tem mais matéria para reflexões sérias em pensando que esses corpos desfavorecidos encerram almas que, talvez, brilharam no mundo, que são tão lúcidas e tão pensantes como as nossas, sob o espesso envoltório que lhes abafa as manifestações, e que pode, um dia, ocorrer o mesmo conosco, se abusarmos das faculdades que a providência nos distribuiu?

Além disso, como o cretinismo poderia explicar-se; como fazê-lo concordar com a justiça e a bondade de Deus, sem admitir a pluralidade das existências? Se a alma ainda não viveu, é que foi criada ao mesmo tempo que o corpo; nesta hipótese, como justificar a criação de almas tão deserdadas, como as dos cretinos, da parte de um Deus justo e bom? Porque aqui, não se trata de um desses acidentes, como a loucura, por exemplo, que se pode ou prevenir ou curar; esses seres nascem e morrem no mesmo estado; não tendo nenhuma noção do bem e do mal, qual é a sua sorte na eternidade? Serão felizes como os homens inteligentes e trabalhadores? Mas por que esse favor, uma vez que nada fizeram de bem? Estarão no que se chama de limbos, quer dizer, num estado misto que não é nem a felicidade e nem a infelicidade? Mas por que essa inferioridade eterna? Foi sua falta se Deus criou os cretinos? Desafiamos todos aqueles que repelem a doutrina da reencarnação para saírem deste impasse. Com a reencarnação, ao contrário, o que parecia uma injustiça torna-se uma admirável justiça; o que é inexplicável se explica de maneira mais racional.

De resto, não sabemos porque, aqueles que repelem esta doutrina, nunca a combateram com outros argumentos que o de sua repugnância pessoal em retornar sobre a Terra. A isto se lhes responde: Para ali vos reenviar, Deus não pede a vossa permissão, não mais do que o juiz não consulta o gosto do condenado para enviá-lo à prisão. Cada um tem a possibilidade de a ela não retornar, em se melhorando bastante para merecer passar a uma esfera mais elevada. Mas, nessas esferas felizes, o egoísmo e o orgulho não são admitidos; portanto, é se despojando dessas enfermidades morais que é necessário trabalhar, se quiser subir de grau.

Sabe-se que, em certos países, os cretinos, longe de serem um objeto de desprezo, são cercados de cuidados benevolentes. Esse sentimento não tenderia a uma intuição do verdadeiro estado desses infortunados, tanto mais dignos de considerações quanto seu Espírito, que compreende a sua situação, deve sofrer por se ver o resto da sociedade?

Ali se considera como um favor, e uma bênção, ter um desses seres numa família. Isso é superstição? É possível, porque entre os ignorantes, a superstição se mistura às ideias mais santas das quais não se dão conta; em todos os casos, para os pais, é uma ocasião de exercer uma caridade tanto mais meritória quanto são geralmente pobres, e é para eles uma carga sem compensação material. Há mais mérito em cercar de cuidados afetuosos uma criança desfavorecida, que aquela cujas qualidades oferecem uma compensação. Ora, a caridade do coração, sendo uma das virtudes mais agradáveis a Deus, atrai sempre a sua bênção sobre aqueles que a praticam. Este sentimento inato, naquelas pessoas, equivale a esta prece: "Obrigado, meu Deus, por nos dar como prova um ser fraco para sustentar, e um aflito para consolar."

Adélaide-Marguerite Gosse

Era uma simples e pobre serva da Normandia, perto de Harfleur. Com onze anos, ela ingressou no serviço de ricos pecuaristas de sua cidade. Poucos anos depois, um transbordamento do Seine carregou e afogou todos os animais! Outras infelicidades sobrevieram e seus senhores caíram na miséria! Adelaide encadeou a sua sorte à deles, abafou a voz do egoísmo, e, ouvindo o seu coração generoso, os fez aceitarem quinhentos francos poupados por ela, e continuou a servi-los sem salário; depois, quando de sua morte, ligou-se à uma filha deles, que se tornara viúva e sem recursos. Ela trabalha no campo e leva seu ganho à casa. Casa-se, e a jornada de seu marido se acrescenta à sua, e eis agora ambos a sustentarem a pobre mulher, que ela sempre chama a "sua senhora!" Este sublime sacrifício durou quase meio século.

A Sociedade de emulação de Rouen não deixou no esquecimento esta senhora, digna de tanto respeito e de admiração; concedeu-lhe uma medalha de honra e uma recompensa em dinheiro; as lojas maçônicas do Havre associaram-se a esse testemunho de estima e lhe ofereceram uma pequena soma para acrescentar ao seu bem-estar. Enfim, a administração local ocupou-se de sua sorte com delicadeza, poupando a sua suscetibilidade.

Um ataque de paralisia levou, num instante e sem sofrimento, este ser benfazejo. Os últimos deveres foram-lhe prestados de maneira simples, mas decente; o secretário do conselho municipal foi à frente do cortejo fúnebre.

(Sociedade de Paris, 27 de dezembro de 1861.)

Evocação – Rogamos ao Deus Todo-poderoso permitir ao Espírito de Marguerite Gosse se comunicar conosco. – R. Sim, Deus consentiu-me esta graça.

P. Estamos felizes em vos testemunhar a nossa admiração pela conduta que tivestes durante a vossa existência terrestre, e esperamos que a vossa abnegação receba a sua recompensa. – R. Sim, Deus foi, para a sua serva, cheio de amor e de misericórdia. O que fiz, e que achastes bom, era muito natural.

P. Para a nossa instrução, poderíeis dizer-nos qual foi a causa da humilde condição que ocupastes sobre a Terra? – R. Eu ocupara, em duas existências sucessivas, uma posição bastante elevada; o bem me era fácil; o cumpria sem sacrifício, porque era rica; achei que avançava lentamente, e foi por isso que pedi para retornar numa condição mais ínfima, onde deveria lutar, eu mesma, contra as privações, e para isso preparei-me por muito tempo. Deus sustentou a minha coragem, e pude chegar ao objetivo que me propusera, graças aos socorros espirituais que Deus me deu.

P. Revistes os vossos antigos senhores? Dizei-nos, eu vos peço, qual é vossa posição diante deles, e se considerais sempre como a sua subordinada. – R. Sim, eu os revi; estavam, à minha chegada neste mundo e eu vos direi, com toda humildade, que eles me consideram como lhes sendo superior.

P. Tínheis um motivo particular para vos ligar a eles, antes que a outros? – R. Nenhum motivo obrigatório; atingiria o meu objetivo em qualquer parte; escolhi-os para quitar, com eles uma dívida de reconhecimento. Outrora, foram bons para mim e me prestaram serviço.

P. Que futuro se apresenta para vós? – R. Espero estar reencarnada num mundo onde a dor é desconhecida. Talvez me acheis bem presunçosa, mas vos respondo com toda a vivacidade de meu caráter. De resto, entrego-me à vontade de Deus.

P. Nós vos agradecemos por terdes vindo ao nosso chamado, e não duvidamos que Deus vos cumule com as suas atenções. – R. Obrigada. Possa Deus vos bendizer e, a todos, em morrendo, vos faça experimentar as alegrias tão puras que me foram distribuídas!

Clara Rivier

Clara Rivier era uma menina de dez anos, pertencente a uma família de camponeses, numa cidade do sul da França; era completamente debilitada desde os quatro anos. Durante a sua vida, nunca fez ouvir um só lamento, nem deu um único sinal de impaciência; embora desprovida de instrução, consolava a sua família aflita, conversando, com ela, sobre a vida futura e a felicidade que deveria ali encontrar. Ela morreu em setembro de 1862, depois de quatro dias de torturas e convulsões, durante os quais não cessou de orar a Deus. "Eu não temo a morte, dizia ela, uma vez que uma vida de felicidade me está reservada depois." Dizia a seu pai, e chorava: "Consola-te, retornarei para te visitar; a minha hora está próxima, eu o sinto; mas quando ela chegar, o saberei e te prevenirei antes". Com efeito, quando o momento fatal deveria se cumprir, chamou todos os seus dizendo: "Não tenho mais que cinco minutos para viver; dai-me as vossas mãos". Ela expirou como anunciara.

Desde então, um Espírito batedor vem visitar a casa do casal Rivier, onde transtorna tudo; bate na mesa, como se tivesse uma clava; agita as roupas e as cortinas, revira as louças. Este Espírito apareceu sob a forma de Clara à sua irmãzinha, que tem apenas cinco anos. Segundo essa criança, a sua irmã frequentemente lhe tem falado, e suas aparições lhe fazem dar gritos de alegria, e dizer: "Mas vede, pois, como Clara está linda!"

1. *Evocação de Clara Rivier.* – R. Estou junto de vós, disposta a responder.

2. De onde vos chegavam, embora tão jovem e sem instrução, as ideias elevadas que exprimíeis sobre a vida futura, antes de vossa morte? – R. Do pouco de tempo que passaria sobre o vosso globo e de minha precedente encarnação. Era médium quando deixei a Terra, e era médium retornando entre vós. Era uma predestinação; eu sentia e via o que dizia.

3. Como ocorre que uma criança de vossa idade nunca haja lamentado durante quatro anos de sofrimentos? – R. Porque o sofrimento físico era dominado por uma força maior, a do meu anjo guardião, que via continuamente junto de mim; ele sabia aliviar tudo o que eu sentia; tornava a minha vontade maior do que a dor.

4. Como fostes prevenida do instante de vossa morte? – R. Meu anjo guardião me disse; ele nunca me enganou.

5. Dissestes ao vosso pai: "Consola-te, retornarei para te visitar". Como ocorre que, animada de tão bons sentimentos por vossos pais, viésseis atormentá-los depois de vossa morte, fazendo barulho em sua casa? – R. Eu tinha, sem dúvida, uma prova, ou antes, uma missão a cumprir. Se vim rever os meus pais, credes que isso fosse para nada?

Esses ruídos, essa perturbação, essas lutas levadas pela minha presença, foram uma advertência. Fui ajudada por outros Espíritos, cuja turbulência tem uma importância, como tenho a minha, aparecendo à minha irmã. Graças a nós, muitas convicções vão nascer. Meus pais tinham uma prova a sofrer; ela cessará logo, mas somente depois de ter dado a convicção a uma multidão de Espíritos.

6. Assim, não fostes vós, pessoalmente, que causastes essa perturbação? – R. Fui ajudada por outros Espíritos que servem à prova reservada aos meus queridos pais.

7. Como ocorre que a vossa irmã vos reconheceu, se não fostes vós que produzistes essas manifestações? – R. Minha irmã viu apenas eu. Ela possui agora uma segunda vista, e não foi a última vez que a minha presença virá consolá-la e encorajá-la.

8. Por que, tão jovem, fostes afligida com tantas enfermidades? – R. Eu tinha faltas anteriores a expiar; fiz mal uso da saúde e da posição brilhante que gozava em minha precedente encarnação; então Deus me disse: "Gozastes grandemente, desmesuradamente, sofrerás da mesma forma; eras orgulhosa, serás humilde; eras altiva por tua beleza e serás abatida; em lugar da vaidade, te esforçarás para adquirir a bondade e a caridade". Fiz segundo a vontade de Deus, e o meu anjo guardião me ajudou.

9. Quereríeis dizer alguma coisa aos vossos pais? – R. A pedido de um médium, meus pais fizeram muita caridade; tiveram razão em não orarem sempre com os lábios: é necessário fazê-lo com a mão e com o coração. Dar àqueles que sofrem, é orar, é ser espírita.

Deus deu a todas as almas o livre arbítrio, quer dizer, a faculdade de progredir; a todas deu a mesma aspiração, e é por isso que *a roupa de lã toca de mais perto a roupa de brocado de ouro do que se pensa geralmente*. Também, encurtai as distâncias pela caridade; introduzi o pobre em vossa casa, encorajai-o, elevai-o, não o humilheis. Caso se soubesse praticar, por toda parte essa grande lei da consciência, não se teriam mais, em épocas determinadas, essas grandes misérias que desonram os povos civilizados, e que Deus envia para castigá-los e para lhes abrir os olhos.

Caros pais, orai a Deus, amai-vos, praticai a lei do Cristo: Não façais aos outros o que não gostaríeis que vos fizessem: Implorai a Deus que vos prove, mostrando-vos que a sua vontade é santa e grande como ele. Sabei, em previsão do futuro, vos armar de coragem e de perseverança, porque ainda estais chamados a sofrer: É necessário saber merecer uma boa posição num mundo melhor, onde a compreensão da justiça divina se torna a punição dos maus Espíritos.

Estarei sempre junto de vós, queridos pais; adeus, ou antes, até breve. Tende a resignação, a caridade, o amor de vossos semelhantes, e sereis felizes um dia.

CLARA.

É um belo pensamento este: "A roupa de lã toca de mais perto do que se não crê a roupa de brocado de ouro." É uma alusão aos Espíritos que, de uma existência a outra, passam de uma posição brilhante a uma posição humilde ou miserável, porque, frequentemente, expiam num meio ínfimo o abuso que fizeram dos dons que Deus lhes concedera. É uma justiça que todo o mundo compreende.

Um outro pensamento, não menos profundo, é aquele que atribui à calamidade dos povos à infração à lei de Deus, porque Deus castiga os povos como castiga os indivíduos. É certo que se praticassem a lei de caridade, não haveria nem guerras, nem grandes misérias. É à prática dessa lei que o Espiritismo conduz; seria, pois, por isso que encontra inimigos tão obstinados? As palavras desta menina aos seus pais são as de um demônio?

Françoise Vernhes

Cega de nascença, filha de um camponês das vizinhanças de Toulouse, morta em 1855, com a idade de quarenta e cinco anos. Ocupava-se constantemente em ensinar o catecismo às crianças, a fim de prepará-las para a sua primeira comunhão. Tendo mudado o catecismo, não teve nenhuma dificuldade em aprendê-lo de novo, porque sabia todos os dois pelo coração. Uma noite de inverno, retornava de uma excursão, a várias léguas, em companhia de sua tia; era necessário atravessar uma floresta por caminhos horríveis e cheios de lama e as duas mulheres deviam caminhar com precaução sobre a margem dos fossos.

Sua tia queria conduzi-la pela mão, porém, ela lhe respondeu: Não vos preocupeis comigo, eu não corro nenhum perigo de cair, pois vejo sobre o meu ombro uma luz que me guia; segui-me; sou eu quem vou conduzir-vos. Elas chegaram assim em casa sem acidente, o cego conduzindo aquele que tinha o uso de seus olhos.

Evocação em Paris, em maio de 1865.

P. Teríeis a bondade de nos dar a explicação dessa luz que vos guiava, nessa noite escura, e que era visível somente por vós? – R. Como! Pessoas que, como vós, estão em relação contínua com os Espíritos, têm necessidade de uma explicação para um fato semelhante? Era meu anjo guardião quem me guiava.

P. Era bem a nossa opinião, mas desejávamos ter-lhe a confirmação. Tínheis, nesse momento, consciência de que era o vosso anjo guardião quem vos servia de guia? – R. Não, nisto convenho; entretanto, acreditava numa proteção celeste. Tinha, por muito tempo, pedido ao nosso Deus, bom e clemente, para ter piedade de mim!... E é tão cruel ser cego!...Sim, é bem cruel; mas reconheço também que é justiça. Aqueles que pecam pelos olhos devem ser punidos pelos olhos, e assim com todas as faculdades das quais os homens são dotados, e das quais abusam. Não procureis, pois, nos numerosos infortúnios que afligem a Humanidade, outra causa que aquela que lhe é natural: a expiação; expiação que é meritória somente quando sofrida com submissão, e que pode ser abrandada, se, pela prece, se atraem as influências espirituais que protegem os culpados da *penitenciária humana,* e derramam a esperança e a consolação nos corações aflitos e sofredores.

P. Estáveis votada à instrução religiosa das crianças pobres; tivestes dificuldade para adquirir os conhecimentos necessários ao ensino do catecismo que sabíeis pelo coração, malgrado a vossa cegueira, e embora houvesse mudado? – R. Os cegos têm, em geral, os outros sentidos dobrados, se assim posso me exprimir. A observação não é uma das menores faculdades de sua natureza. Sua memória é como um registro onde são colocados com ordem, e para dali não desaparecerem nunca, os ensinamentos dos quais têm as tendências e as aptidões; nada do exterior sendo capaz de perturbar essa faculdade, disso resulta que ela pode ser desenvolvida de maneira notável pela educação. Não era o caso em que me encontrava, porque não recebera educação. Disso agradeço mais a Deus, por permitir que ela fosse bastante para me possibilitar cumprir a minha missão junto dessas criancinhas. Era, ao mesmo tempo, uma reparação pelo mau exemplo que lhes dera em minha precedente existência. Tudo é assunto sério para os espíritas; para isso, têm que olhar ao seu redor, e isto lhes será mais útil do que se deixarem desviar pelas sutilezas filosóficas de certos Espíritos que zombam deles, adulando seu orgulho com frases de grande efeito, mas vazias de sentido.

P. Pela vossa linguagem, vos julgamos avançada intelectualmente, do mesmo modo que a vossa conduta sobre a Terra foi uma prova do vosso adiantamento moral. – R. Tenho muitíssimo para adquirir ainda; mas há muitos sobre a Terra que passam por ignorantes porque a sua inteligência está velada pela expiação; mas, na morte, esses véus caem, e esses pobres ignorantes, frequentemente, são mais instruídos do que aqueles nos quais provocavam os desdéns. Crede-me, o orgulho é a pedra de toque pela qual se reconhecem os homens. Todos aqueles cujos corações forem acessíveis à adulação, ou que têm muita confiança em sua ciência, estão no mau caminho; em geral, não são sinceros; desconfiai deles. Sede humildes como o Cristo, e carregai, como ele, a cruz com amor, a fim de terdes acesso ao reino dos céus.

FRANÇOISE VERNHES.

Anna Bitter

Ser atingido pela perda de um filho adorado é um desgosto cruciante; mas ver um filho único, dando as mais belas esperanças, sobre o qual se concentrou as suas *únicas afeições,* desfalecer sob os seus olhos, extinguir-se sem sofrimentos, por uma causa desconhecida, uma dessas bizarrias da Natureza que confundem a sagacidade da ciência; ter esgotado inutilmente todos os recursos da arte e adquirido a certeza de que não há nenhuma esperança, e sofrer essa angústia de cada dia durante longos anos, sem prever-lhe o fim, é um suplício cruel que a fortuna aumenta, longe de abrandar, porque se tem a esperança de a ver gozar um ser querido.

Tal era a situação do pai de Anna Bitter; também um sombrio desespero se apoderara de sua alma, e seu caráter se irritava mais e mais à vista desse espetáculo doloroso, cujo fim poderia ser fatal, embora indeterminado. Um amigo da família, iniciado no Espiritismo, julgou dever interrogar o seu Espírito protetor a este respeito, e dele recebeu a resposta seguinte:

"Quero muito te dar a explicação do estranho fenômeno que tens sob os olhos, porque sei que me pedindo não estás movido por uma indiscreta curiosidade, mas pelo interesse que tens por essa pobre criança, e porque dela sairá para ti, crente na justiça de Deus, um ensinamento proveitoso. Aqueles que o Senhor quer ferir, devem curvar a sua fronte e não o maldizer e se revoltarem, porque ele nunca fere sem causa. A pobre jovem, da qual o Todo-poderoso suspendera o decreto de morte, deve logo retornar entre nós, porque Deus teve piedade dela, e seu pai, esse infeliz entre os homens, deve ser atingido na única afeição de sua vida, por ter zombado do coração e da confiança daqueles que o cercam. Por um momento, o seu arrependimento tocou o Mais Alto, e a morte suspendeu seu gládio sobre essa cabeça tão querida; mas a revolta retornou e o castigo segue sempre a revolta. Felizes, quando se está sobre esta Terra, que sois castigados! Pedi, meus amigos, por essa pobre criança, cuja juventude tornará os últimos momentos difíceis; a seiva é tão abundante nesse pobre ser, apesar de seu estado de enfraquecimento, que a alma dele se livrará com dificuldade. Oh! Orai; mais tarde ela vos ajudará, e ela mesma vos consolará, porque o seu Espírito é mais elevado que o das pessoas que a cercam.

Foi por uma permissão especial do Senhor que pude responder ao que me perguntaste, porque é necessário que esse Espírito seja ajudado para que o desligamento seja mais fácil para ele."

O pai morreu depois de sofrer o vazio do isolamento da perda de sua criança. Eis as primeiras comunicações que, uma e o outro, deram depois de sua morte.

A filha. Obrigada, meu amigo, por estar interessado na pobre criança, e por ter seguido os conselhos de vosso bom guia. Sim, graças às vossas preces, pude deixar mais facilmente o meu envoltório terrestre, porque meu pai, ai de mim! ele não pedia mais: ele maldizia. Todavia, não o quero nisso: foi por causa de sua grande ternura por mim. Peço a Deus dar-lhe a graça de ser esclarecido antes de morrer; eu o excito, o encorajo; minha missão é abrandar os seus últimos instantes. Por vezes, um raio de luz divina parece nele penetrar; mas isso é somente um clarão passageiro, e ele cai logo nas suas primeiras ideias. Há nele um germe de fé abafado pelos interesses do mundo, e que só novas provas, mais terríveis, poderão desenvolver; pelo menos o temo. Quanto a mim, tinha um resto de expiação a sofrer; foi por isso que não me foi muito dolorosa, nem bem difícil. Em minha estranha enfermidade, eu não sofria; era antes um instrumento de prova para meu pai, porque ele sofria mais em me ver nesse estado do que eu mesma não sofria; estava resignada e ele não o estava. Hoje, disso estou recompensada, Deus concedeu-me a graça de abreviar minha permanência sobre a Terra, e por isso lhe agradeço. Estou feliz no meio dos bons Espíritos que me cercam; todos nos aplicamos em nossas ocupações com alegria, porque a inatividade seria um suplício cruel.

(O pai, em torno de um mês depois de sua morte.)

P. Nosso objetivo, em vos chamando, é de vos indagar quanto à vossa situação no mundo dos Espíritos, para vos ser úteis se estiver em nosso poder. – R. O mundo dos Espíritos! Eu não o vejo. Vejo apenas os homens que conheci, e dos quais nenhum pensa em mim e não me lamenta, ao contrário, parece estarem contentes por se desembaraçarem de mim.

P. Tendes bem conta de vossa situação? – R. Perfeitamente. Durante algum tempo, acreditei ser ainda de vosso mundo, mas agora sei muito bem que não o sou mais.

P. Como ocorre, então, que não víeis outros Espíritos ao vosso redor? – R. Eu o ignoro; todavia, tudo é claro ao meu redor.

P. É que não tornastes a ver vossa filha? – R. Não; ela está morta; eu a procuro, chamo-a inutilmente. Que vazio terrível a sua morte me deixou sobre a Terra! Em morrendo, dizia-me que, sem dúvida, a encontraria; mas nada; sempre o isolamento ao meu redor; ninguém me dirige uma palavra de consolo e de esperança. Adeus; vou procurar a minha criança.

O guia do médium. Este homem não era nem ateu nem materialista; mas era daqueles que creem vagamente, sem se preocupar com Deus nem com o futuro, absorvidos que estão pelos interesses da Terra. Profundamente egoísta, sem dúvida, teria tudo sacrificado para salvar a sua filha, mas teria sacrificado, sem escrúpulo, todos os interesses de outrem em seu proveito pessoal. Fora sua filha, não se prendia a ninguém. Disso Deus o puniu, como o sabeis; tirou-lhe a única consolação sobre a Terra, e como não se arrependeu, foi-lhe igualmente arrancada no mundo dos Espíritos. Ele não se interessou por ninguém sobre a Terra, e ninguém se interessa por ele aqui; está só, abandonado: aí está a sua punição. Entretanto, sua filha está junto dele, mas não a vê; se a visse, não seria punido. Que faz ele? Dirige-se a Deus? Arrepende-se? Não; murmura sempre; blasfema mesmo; faz, em uma palavra, como fazia sobre a Terra. Ajudai-o, pela prece e pelos conselhos, a sair dessa cegueira.

Joseph Maitre, cego.

Joseph Maitre pertencia à classe média da sociedade; gozava de um modesto bem-estar que o punha ao abrigo da necessidade. Seus pais deram-lhe uma boa educação, e destinaram-no à indústria, mas aos vinte anos tornou-se cego. Morreu em 1845, em torno do quinquagésimo ano. Uma segunda enfermidade veio atingi-lo; mais ou menos dez anos antes de sua morte, se tornou completamente surdo, de sorte que as suas relações com os vivos podiam ocorrer apenas pelo toque. Não mais ver já era bem penoso, mas não mais ouvir era um cruel suplício para aquele que, tendo gozado de todas as suas faculdades, deveria melhor ainda sentir os efeitos dessa dupla privação. Que pudera merecer-lhe essa triste sorte? Não fora a sua última existência, porque a sua conduta sempre foi exemplar; era bom filho, de um caráter doce e benevolente, e quando se viu, por acréscimo, privado do ouvido, aceitou essa nova prova com resignação, e nunca murmurou uma queixa. Seus discursos denotavam uma perfeita lucidez de espírito, e uma inteligência pouco comum.

Uma pessoa que o conhecera, presumindo que se poderia tirar úteis instruções de uma conversa com o seu Espírito, chamando-o, recebeu dele a comunicação seguinte, em resposta às perguntas que lhe foram dirigidas.

(Paris, 1863.)

Meus amigos, eu vos agradeço por vos lembrardes de mim, embora, talvez nisso não pensásseis, se não esperáveis tirar algum proveito de minha comunicação; mas sei que um motivo mais sério vos anima; por isso, entrego-me com prazer ao vosso chamado, uma vez que me fazem o obséquio de me permitir, feliz por servir à vossa instrução. Possa meu exemplo juntar-se às provas tão numerosas que os Espíritos vos dão da justiça de Deus.

Vós me conhecestes cego e surdo, e vos perguntastes o que fizera para merecer semelhante sorte; vou eu contar-vos. Sabei, primeiro, que é a segunda vez que sou privado da visão. Numa precedente existência, que ocorreu no começo do último século, tornei-me cego com a idade de trinta anos, em consequência de excessos de todos os gêneros, que arruinaram a minha saúde e enfraqueceram os meus órgãos; já era uma punição por abusar dos dons que recebera da Providência, porque era largamente dotado; mas, em lugar de reconhecer que eu era a primeira causa de minha enfermidade, disso acusei esta mesma Providência, na qual, de resto, pouco acreditava. Blasfemei contra Deus, reneguei-o, acusei-o, dizendo que, se existisse, deveria ser injusto e mau, uma vez que assim fazia sofrerem as suas criaturas. Deveria considerar-me feliz, ao contrário de não ser, como tantos outros miseráveis cegos, obrigado a mendigar o meu pão. Mas, não; eu pensava somente em mim e na privação das alegrias que me era imposta. Sob o império dessas ideias e de minha falta de fé, tornei-me áspero, exigente, insuportável, em uma palavra, para aqueles que me cercavam. A vida era doravante sem objetivo para mim; não pensava no futuro, que considerava uma quimera. Depois de ter, inutilmente, esgotado todos os recursos da ciência, vendo uma cura impossível, resolvi dar-lhe fim mais cedo, e me suicidei.

No meu despertar, ai de mim! Estava mergulhado nas mesmas trevas, em que estive durante a vida. Entretanto, não tardei a reconhecer que não mais pertencia ao mundo corpóreo, mas era um Espírito cego. A vida de além-túmulo era, pois, uma realidade! Em vão tentei me furtar, para mergulhar no nada: eu me chocava com o vazio. Se essa vida deveria ser eterna, como ouvira dizer, estaria, pois, durante a eternidade nessa situação? Esse pensamento era terrível. Eu não sofria nada, mas dizer-vos os tormentos e as angústias de meu espírito é coisa impossível. Quanto tempo isso durou? Ignoro-o; mas quanto esse tempo me pareceu longo!

Exausto, estafado, fiz, enfim, um retorno sobre mim mesmo; compreendi que uma força superior caía sobre mim; disse a mim que se essa força podia oprimir-me, poderia também me aliviar, e implorei a sua piedade. À medida que eu pedia, e que o meu fervor aumentava, alguma coisa dizia-me que essa cruel posição teria um fim. Enfim, a luz se fez; o meu arrebatamento foi extremo, quando entrevi as claridades celestes e distingui os Espíritos que me cercavam, sorrindo com benevolência, e aqueles que flutuavam, radiosos, no espaço. Quis seguir as suas pegadas, mas uma força invisível me reteve. Então, um deles me disse: "Deus, que desconhecestes, teve conta de teu retorno a ele, e permitiu-nos dar-te a luz, mas tu cedeste apenas com o constrangimento e a lassidão. Se queres, doravante, participar da felicidade que aqui se goza, é necessário provar a sinceridade de teu arrependimento, e de teus bons sentimentos, em recomeçando a tua prova terrestre, *em condições onde estarás exposto a cair nas mesmas faltas,* porque essa nova prova será ainda mais rude do que a primeira". Aceitei prontamente, prometendo-me não mais falir.

Portanto, retornei sobre a Terra na existência que conheceis. Não tive dificuldade em ser bom, porque não era mau por natureza; revoltara-me contra Deus, e Deus puniu-me. Para aí retornei *com a fé inata;* foi por isso que não murmurei mais contra ele e aceitei a minha dupla enfermidade com resignação e como uma expiação que deveria ter a sua fonte na soberana justiça. O isolamento em que me encontrei nos últimos anos, nada tinha de desesperante, porque eu tinha fé no futuro e na misericórdia de Deus; ele me foi muito proveitoso porque, durante essa longa noite, onde tudo era silêncio, a minha alma, mais livre, lançava-se para o Eterno e entrevia o infinito pelo pensamento. Quando chegou o fim de meu exílio, o mundo dos Espíritos teve para mim esplendores e inefáveis prazeres.

A comparação com o passado fez-me achar, relativamente, a minha situação muito feliz, e disso rendo graças a Deus; mas, quando olho para a frente, vejo o quanto estou ainda longe da felicidade perfeita. Eu expiei, *me é necessário reparar agora. Minha última existência foi proveitosa unicamente a mim;* espero logo recomeçar uma nova existência, em que poderei ser útil aos outros; isto será a reparação de minha inutilidade precedente; só então, avançarei no caminho bendito, aberto a todos os Espíritos de boa vontade.

Eis a minha história, meus amigos; se o meu exemplo puder esclarecer alguns de meus irmãos encarnados, e evitar-lhes o lamaçal onde caí, terei começado a quitar a minha dívida.

JOSEPH.

JOSEFUL

Índice Remissivo

A

ALMA(S)
- alimento espiritual da 221
- anjo guardião e 78
- anterioridade da .... 64, ...310, 336
- aprendizado da 90
- arrependimento da 61, 63
- aspirações da 282
- caridosas 230, 285, 319, 321
- céu e inferno das 34, 74
- corpo e ....85, 87, 89, 91, ... 135, 136, 137, 140, 220, ... 234, 240, 245, 333, 334
- depois da morte .... 12, ...18,136, 319
- depurada 139
- Deus e a 60, 62, 78
- dos cretinos 336
- educação e........................... 10
- elevar a 244
- encher a 249
- espiritualidade da 58, 91
- estado da 236, 237
- estado moral da 138
- expiação da...................... 311
- felicidade da 73
- fonte de vida e..................... 15
- forças da 322
- gelada 234
- ideias inatas na 90
- imortalidade da..............14, 89, ...186, 207
- imperfeição da..............51, 73
- individualidade da 12
- laço fluídico da .... 135,136, ...138, 140, 208
- libertação dos laços 18
- livre arbítrio da 12, 215

- loucura da 238
- luzir na............................. 251
- mais livre 348
- maus Espíritos e fraca 216
- natureza da 84, 90, 135
- no êxtase........................... 49
- no momento da morte.........136, ...137, 138, 140, 143, ...150, 205, 218
- noite da 238
- nudez da 236
- o que é 16, 92
- para os espíritas................. 19
- perispírito e 136, 138
- perturbação na morte 137
- pobre 248, 292
- princípio mórbido na 241
- progresso da ....51, 64, ...65, 74, 95, 215, 241
- provas da 9
- punição da........................ 62
- qualidades da.........12, 239
- quem sofre é a 136
- reencarnação da .... 52, ...89, 310
- revoltada 234
- salvação da 140
- secretas dobras da............ 218
- sede das sensações 136
- separação do corpo .... 79, ...135, 136, 138, 139, ...161,214,242, 269, 271
- sofredora 238
- sofrimentos da................... 288
- sorte da 64
- Todo Universal e 10
- torturas da 232
- vender a 226
- vida futura e 15
- vida normal da................... 91

- virtude da 74

AMOR
- -próprio.................8, 187, 259
- a Deus...............175, 190, 202
- ao mal 241
- ao próximo 57
- ao trabalho 202
- aos estudos...................... 197
- aos inimigos 107, 157
- aproxima as...................... 173
- carregar com 343
- corresponder ao 266
- cristão 104
- de Deus..............66, 81, 124, ...162, 177, 188, 224, ...227, 260, 338
- de mãe 162, 250, 316
- desembaraço do 234
- Deus de............................ 209
- divino 236
- do maravilhoso................. 154
- dos semelhantes............... 341
- e caridade 166, 173
- em difundir a Doutrina......... 179
- envolver de....................... 221
- espírito de 148
- eterno............................... 252
- filial 249
- hino de 150
- lei de 289
- maternal 249
- mútuo 251
- não partilhado 257
- o que é 151
- o que faz 151
- palavras de...................... 190
- paternal 245
- prece de 290
- pressentimento e............... 162

puro 26, 210, 256
religião de 56
respirar 182
suicídio por 251
ANGÈLE
história da Sra. 301
ANIMAIS
culto aos 95
inteligência nos 87
sacrifício de 59
ANJO GUARDIÃO
a cada ser 77
ajuda 190, 339, 340, 342,
pedido ao 122
ANJOS
asas dos 196
criação dos 47
Hebreus e os 96
Materialismo e 83
morada dos 33
o que são 83
refutando a Igreja 89, 90,
......99, 100, 101, 102, 106,107
segundo a Igreja 83, 84, 85,
......86, 87, 98, 112, 113, 114
segundo o Espiritismo 92,
............93, 108, 109, 119,
............121, 123, 124
ANNA BITTER
história da Sra. 343
ANTOINE BELL
história do Sr. 265
ANTOINE COSTEAU
história do Sr. 187
ANTÔNIO B...
história do Sr. 325
ARREPENDIMENTO
acessível ao 279, 283
ajudar no 290
alma sem 218
depois da morte 48
Deus e o 61, 62, 77, 102,
.... 202, 220, 245, 250, 251,
.... 265, 274, 277, 285, 288
efeitos do 76, 79, 80,
......141, 221, 222, 224, 231,
......253, 265, 266, 267, 271,
......277, 279, 280, 290, 291,
......311, 314, 331, 332, 344
eficácia do 222
eficaz 16

evocação e 233
expiação e 295
expiação e reparação 76
forma do 294
ineficácia do 58, 65, 222
inútil 62, 107
necessidade do 322
picadas aguçadas do 217
prece e 307
primeiro passo 76, 268, 295
prova do 348
reabilitação e 293
remorso e 104, 106,
.... 222, 292, 295
reparação e 221
sincero 290
tardio 272, 295, 297
tolerância e 235
vontade no 294
ARTE ESPÍRITA
arte cristã e 171
AUGUSTE CALLET
autor da obra O Inferno 42
AUGUSTE MICHEL
história do Sr. 218
B
BENJAMIN C.
história do Sr. 249
BENOIST
história do Sr. 275
BERNARDIN
história do Sr. 179
C
CARDON
história do Sr. 205
CARIDADE
alcance da 187
amor e 151, 173, 221
ardores da 87
desconhecer a 234, 235
desconhecida 195
dever 57
dever de 53
do coração 181, 337
é o futuro 209
efeitos da 313, 314
encurtar as distâncias 340
espírito de 148
exercício da 283, 315,
.... 320, 337
intervenção de 98

Jesus e a 178, 189
lei de 341
lei de amor e 289
missionário da 290
necessidade da 171
o que é 209
objetivo da 15
pedir a 316
prática da 187
pública 314, 317, 321
religião de 56
verdadeira 284
viver segundo a 206
CARNE
arrepios da 218
carne de sua 249
corpo de 208
derramar do espírito sobre
a 115
é fraca 71
Espírito e 72
influência da 241
laços da 208
lei da 311
morada do Espírito 144
prisão de 334
segundo a 289
Verbo feito 105
CASTELNAUDARY
casa de 281
cidade 277
Espírito de 277
CÉU(O)
ajuda do 166
alegrias do 310
capítulo sobre o 20
céu das estrelas 33
coisas do 203
da escada de Jacó 177
de nuvens 101
degraus do 303
Deus e o 12
doutrina do 12
elevar ao 333
esplendor de um 207
funções no 87, 113
ganhar o 52, 65
habitantes do 86, 91, 101
ir ao 246
justiça no 109
lançar aos 311
lei da justiça e 82
merecer o 107

Índice Remissivo 353

méritos para o 195
mostrar o 333
nosso 236
o que é 20, 101
onde está 20, 28,
.... 29, 74, 101
passagem para o 17
portas do 67, 187
raio do 230
reino dos 57, 225, 235
segundo o Espiritismo 29
seitas cristãs e 34
superpostos 20

CHARLES DE SAINT-G...
história do jovem 333

CIÊNCIA
bíblia e............................... 88
cretinismo e 335
espírita 261
Espiritismo e................29, 110,
.... 164, 186, 189
futuro da 192
gênio e 117
higiene e 335
incerta 331
Natureza e......................... 29
passagem e....................... 135
progressos da 29, 88, 101
religião e.........................9, 13
Universo e....................21, 101
vida futura e 16

CIÚME
crime e 267, 271
da Humanidade................. 105
de honras 282
pensamentos de................. 99

CLAIRE
história da Sra. 233
mensagem de 239
estudos sobre................... 237

CLARA RIVIER
história da menina............. 339
mensagem de 341
quem era 339

COMUNICAÇÕES
analogia nas..................... 186
belas 164
da senhora B..................... 331
de além-túmulo 123,
.... 132, 134, 261
de Anna Bitter e pai........... 343
de Auguste Michel............. 218
de Claire......................233, 239
de Deus 86
de Jean Reynaud.............. 300
de Julienne-Marie............. 317,
...........................319, 320
de Latour....................283, 292
divinas 101
do Dr. Demeure................. 164
do Sr. Jobard.................... 151
ensino das........................ 175
ensino moral nas............... 294
espíritas 116
espontâneas 230, 301
instruções nas 295
instrutivas......................... 297
inteligentes...............119, 120
lado moral das.................. 294
médiuns e......................... 116
supostamente infernais...... 123
verdadeiro nas 152

CORAGEM
a vitória vos espera 190
ao covarde 72
armar de........................... 341
até fim 51
a todos que sofrem 332
boa vontade e 145
com a pena,
mesmo longa.................... 332
confiança e................145, 165
convicção e 159
coração cheio de.............. 188
de censurar 275
de ir 329
de suportar............15, 311, 323
esperança e 233, 312
falta de 157, 247, 249
força da 207
força e 227
heróica 211
levantar a 197
na adversidade................. 157
nas provas....................... 169
nos últimos instantes.......... 172
perseverança e 303
resignação e..................... 310
submissão e 332
sustentar a 331
ter.................................... 166
vontade e 223

CRETINOS
o que são 334

D

DEMEURE (Dr.)
assistência a Kardec 174
curando como Espírito 167
mensagem do 164,
...........................165, 166, 167
quem era.......................... 164
situação como Espírito...... 168
sua morte 164

DEMÔNIOS
Cap. Intervenção dos 110
Capítulo sobre os 94
carrascos do mundo
invisível 292
Deus e os 97, 123
doutrina dos 96, 99
Espíritos obsessores........ 275,
.... 276
evocações e os 122
legiões de......................... 33
segundo a Igreja 42, 43,
........45, 46, 97, 102, 103, 104,
...........108, 111, 112, 126, 132
segundo o Espiritismo....... 107,
...................108, 120, 123, 124

DESESPERO
abismo do......................... 178
acentos de........................ 284
do culpado 249
esperança e 322
exalando o....................... 294
limites do 246
mergulho no 197
no suicídio..........246, 247, 249
nos maus Espíritos........... 216
o que é 198
opressão do 326
oração e 289
quem induz ao................... 78
sombrio 344

DESTINO
árbitro do 254
das almas...............85, 90, 111
dúvida sobre o...........216, 239
impedir o 246
infelicidade e 264
senhor do 313

DEUS
a voz de 29
ação de 184
adorar a..................... 174, 191
agradecer a 157, 159, 190,
...........207, 286, 290, 291, 293,
...........312, 322, 324, 337, 343

ajuda de 223
amor a 174, 188, 202
amor de 162, 177,
.... 178, 224, 260, 338
anjos e 85, 86, 87, 90,93,
.... 99, 101, 102, 107, 122
arrependimento e 77, 107,
.... 141, 211, 218, 220, 221,
.... 265, 266, 267, 277, 285,
.... 290, 291, 295, 315, 322
as religiões e 12
atributos de 60, 62, 85,
.... 97, 102, 104
blasfemar contra 250, 347
bondade de 144, 198, 200,
.... 202, 203, 219, 220, 227,
.... 245, 250, 265, 268, 282,
.... 287, 293, 310, 319, 336
caridade e 337
castigo e 75, 78
céus superpostos e 20
clarão de 236
clemência e misericórdia
de 57
comunicações de 86
concessão de 150, 175
conduzir a 120, 187
confiança de 113
confiança em 246,
.... 250, 312, 318
crença em 189, 209, 237,
.... 250, 257, 260, 274, 311
criação das almas e 63, 64
criação de 92, 97, 100,
.... 102, 108, 109, 149
dedo de 115
demônios e 46, 104, 108,
.... 110, 113, 114, 123, 124
desafiar a 285
desígnios de 85, 86, 105,
.... 107, 117, 121, 142, 149,
.... 159, 183,191, 195, 204
desligamento e 227
destino da Terra e 25
diante de 202, 209
dons de 341
dos vivos 302
egoísmo e 159
elevar para 226
em nome de 116
empréstimo de 221
enviados de 122, 310
Espiritismo e 13
esquecimento e 331

essência íntima de 97
está em toda parte 27
estrelas de 191
eternidade das penas e 63
evocação e 282
existência de 258, 260
expiação e 285, 295
fala de 184
favor de 115
fé em 216, 271
fé inabalável e 140
Filho de 98
forma dos Espíritos e 148,
.... 149
futuro é 144
glorificar a 184, 187, 260
graça a 319, 348
graça de 143, 161,
.... 179, 183, 189, 198,
.... 207, 219, 221, 253
grande para 306
honesto segundo 201, 202
humildade e 226
ideia de 56, 97
imposição de 334
infinito das perfeições e 60,
.... 61
intermediários de 83, 99
Jesus e 56, 107, 125
julgamento de 227,
.... 318, 324
justiça de 35, 50, 52, 63,
.... 66, 74, 77, 93, 104, 109,
.... 132, 140, 170, 209, 288,
.... 297, 328, 330, 347
justiça e bondade de 24
justo 227
lei de 130, 235, 282, 335
leis de 67, 92, 105,
.... 109, 195, 202, 215
liberdade e 225
limite de 148
livre arbítrio e 340
louvar a 154, 209
mão de 104, 180, 288
mensageiros de 26, 124
misérias e 341
misericórdia de 57, 61,
.... 80, 125, 220, 228, 231,
.... 270, 292, 295, 348
Moisés e 56, 129, 131
morada de 21
negação de 260
nome de 245, 249, 275

Nosso Pai 302
objetivo e 236
olhar para 222
olhos de 250, 256
oração dominical e 58
pedir a 142, 144, 178,
.... 179, 203, 209, 219, 220,
.... 227, 228, 232, 246, 248,
.... 251, 253, 257, 285, 286,
.... 288, 291, 310, 322, 327,
.... 331, 332, 341, 342, 345
penas eternas e 57, 62, 65
pensamento de 207
pensar em 193, 291, 310
perdão de 80, 206,
.... 218, 251, 329, 330
permissão 121, 147, 177,
.... 197, 198, 206, 211, 230,
.... 314, 318, 336, 345, 348
piedade de 228, 250,
.... 267, 285, 286, 344
preocupar-se com 346
prisão e 336
prova de 53, 184
punição de 134, 214,
.... 217, 246, 268, 270, 286,
.... 299, 310, 341, 346, 348
recompensa de 191
reino de 105, 124
religião e 124
religiões primitivas e 58
ressurreição e 47
revelação de 175
revelação e 29, 117
revolta contra 81, 280
sabedoria de 111
Satã e 97, 99
segredos de 26, 105,
.... 117, 129
segundo a Igreja 48, 84, 91
segundo o panteísmo 11, 13
sentir a 281
socorro de 338
solicitude de 197
subir a 188
Tereza de Ávila e 44
único e verdadeiro 88
Universo e 21
vida futura e 18
visão de 26, 209
vontade de 84, 106,
.... 121, 159, 195, 204,
.... 222, 250, 338

DEVER

cumprir com o 195, 210
de caridade 53
de fazer 41
de reconhecimento 195
fazer-se um 143, 193
ideia do 57
não negligenciar o 303
noção do 113
para com os homens 38
qualquer 8
sentimento do 253
suicídio por 251

DOMÉSTICO
história de um 323

DOR
alegria e 304
alma e a 136
ao abrigo da 198
causa da 311
coragem e 207
corpo e a 136
de mãe 249
desconhecida 159, 338
Deus e a 315
dos condenados 43
encarniçada 218
expiação e 331
física 253, 273
futuro e 209
horrível 219
inconsolável 199
louco de 267
medonha 299
moral 273, 289
na morte 143, 157,
.... 272, 273, 286
nervos sensíveis à 42
no invisível 289
nos bem-aventurados 32
opressões da 198
perdido na 273, 298
piedade e 237
pungente 273, 305
punição da 237
que aflige 198
que aniquila 300
que constrange 299
repartir a 207
rugir de 234
servir com 40
suporte da 310
volúpia da 243
vontade e 339

DOUTRINA
adeptos da 320
consoladora 192
da Igreja 108, 254
da reencarnação 293, 336
das penas e recompensas ... 57
das penas eternas 55,
.... 62, 65, 78
de Jesus 56
do Espiritismo 29, 90
do nihilismo 8, 9
dos anjos 113
dos demônios 96, 98,
.... 99, 103
dos dois príncipes 96
dos previlégios 66
Espírita 13, 18, 66,
.... 72, 124, 133, 164,
.... 169, 170, 187, 320
monstruosa 100
moral 131
na absorção no Todo Universal 10
nova 184, 330
panteísta 11, 13
religiosa 97
sã 122
santa 166
sobre os anjos 109

DOUTRINA DAS PENAS ETERNAS
capítulo sobre 55

E

EGOÍSMO
abnegação e 57
amor e 162
bens terrenos e 17
consequências do 52, 307
em virtude 123
esferas felizes e 336
espírito de 325
estímulo ao 8, 10
horas de 234
inferioridade e 173
lado do 237
mundos superiores e 25
prêmio do 133
presa do 169
punição do 159, 235
que não incomoda o 235
sentimento de 233
voz do 337

ENTERRADO VIVO
Antoine B. 324

ERASTO
instruções de 327
mensagem de 299

ERIC STANISLAS
comunicação de 210

ERRATICIDADE
o que é 186, 298
progresso na 25
tempo na 327

ESPÍRITA(S)
comunicações 116
costumes 263
Doutrina 13, 18, 66,
.... 72, 133, 164, 169, 170
estudos 242
evocação 115, 121, 131, 230
fé 144, 184
fenômenos 110
futuro 209
iniciação 171
milagres dos 118
preces 151
revelação 92
Revista 72, 141, 188,
.... 194, 301
Sociedade ... de Paris 142,
.... 145, 151, 184, 187, 190,
.... 216, 255, 287, 312,
.... 317, 333
vida 150
visão 19, 149, 175, 213

ESPIRITISMO
anjos segundo o 92
apóstolo do 310
arte e 171
bandeiras do 189
causa do 184
centros no 180
conhecimento do 156,
.... 197, 212, 329, 331
corpo e 91
cretinismo e 335
crítica e 116, 320
demônios e 121
demônios segundo o 107
destino e 21
Espíritos superiores e 125
estado do 185
eu e o 150
Evangelho segundo o 30,

............34, 53, 54, 80, 81, 180,
..........................247, 266, 286
fé e........140, 156, 170, 187, 308
fluidos e.................................. 118
incredulidade e....................... 8
Judaísmo e.......................... 131
Kardec e o........................... 171
laço do................................. 155
magia e...............115, 119, 122
manifestações físicas.......... 119
materialismo e....................... 13
milagres e............................ 118
Moisés e o...................128, 131
O que é o............117, 118, 120
objetivo do....................117, 129
obra do................................ 174
observação no...................... 21
os anjos segundo o.............. 92
passagem e o..............135, 156
penas futuras e..............53, 54
penas futuras segundo o...... 70
pensamento e....................... 29
permissão de Deus e 121
princípios do........118, 129, 321
professar o.......................... 186
progresso do....................... 320
relações no......................... 240
rota do................................. 213
salvação e.......................... 140
sério..............................122, 132
suicídio e............................. 257
verdade do.......................... 171
vida futura e......................... 72
visão do.............................. 153

ESPÍRITO(S)
ação dos......................71, 118,
.... 167, 173, 174, 177
adornar o............................... 7
anjo guardião do.................. 77
arrependimento e o............. 76,
..................211, 220, 221, 222,
..................227, 268, 277, 280,
..................281, 284, 290, 291,
..................292, 293, 297, 344
asas dos............................. 196
assédio dos.................216, 240
atração dos........................ 116
atração entre os.................. 27
batedores........................... 120
bons...........54, 113, 116, 119,
............122, 123, 142, 163, 164,
............166, 174, 188, 208, 286
carne e o........................71, 72
categorias de....................... 73

cativos................................ 27
classes dos................108, 111
comunicação com os....... 116,
.................129, 131, 132, 134,
..........141, 144, 145, 146, 163,
.................170, 171, 283, 294
corpo dos..........148, 149, 153
corpo e..............22, 70, 72, 91,
...................144, 245, 303, 333
criação dos.......22, 81, 92, 149
culpado................................ 52
cura pelos...................119, 167
da condessa Paula............ 180
da Sra, Viúva Foulon......... 169
da Sra. Anais Gourdon....... 196
da Sra. Anna Belleville....... 211
da Sra. Lisbeth................... 222
da Sra.Claire..................... 233
da Srta. Emma................... 190
de Castelnaudary............... 277
de Jean Reynaud............... 184
de Piton........................126, 127
de um boêmio..................... 220
de um idiota....................... 333
de uma mendiga................ 317
de uma rainha.................... 305
de Verdade........ 58, 154, 165, 174
de Victor Leblufe................ 194
demônios............................. 46
demônios ou................108, 134
desencarnado.............22, 153,
...........................238, 240, 241
desmaterializado.........140, 149
disposições instintivas......... 71
disposições morais.........70, 72
do Dr. Demeure.................. 164
do Dr. Vignal...................... 191
do Egito.............................. 127
do príncipe Ouran.............. 224
do Sr Eric Stanislas........... 210
do Sr. Antoine Bell............. 265
do Sr. Antoine Costeau..... 187
do Sr. Auguste Michel........ 218
do Sr. Bernardin................. 179
do Sr. Cardon, médico....... 205
do Sr. Félicien.................... 262
do Sr. Ferdinand Bertin...... 228
do Sr. Jobard..................... 151
do Sr. Joseph Bré.............. 201
do Sr. Novel....................... 217
do Sr. Pascal Lavic............ 227
do Sr. Samuel Philippe....... 156
do Sr. Sanson.................... 142
do Sr. Sixdeniers................ 161

do Sr. Van Durst................. 160
dos cretinos....................... 336
dos mortos..................113, 131
e as descobertas.........117, 119
e matéria..................11, 15, 22,
....................116, 135, 138, 223
em condição mediana -
capítulo sobre..................... 201
em expiação terrestre -
capítulo sobre..................... 309
encarnação dos................... 23
encarnado......................22, 93
endurecido................272, 296,
...........................297, 308
entediado........................... 303
erraticidade e o.................. 186,
..........................298, 304, 314
estado normal do..........24, 143
evocação dos............116, 117,
............121, 131, 134, 141, 142,
............260, 261, 262, 278, 281,
.................282, 287, 307, 312,
.................317, 319, 339
existências anteriores........ 153
expiação e o........52, 75, 179,
....................227, 231, 236, 298
faculdades do...................... 70
felicidade dos..........22, 23, 25,
.............27, 73, 141, 143, 147,
............148, 161, 165, 168, 177,
............182, 189, 192, 196, 206,
............209, 210, 216, 218, 348
felizes - capítulo................. 142
forma dos............148, 149, 153
futuro do.....................162, 215,
...........................228, 293
gozos dos............................ 23
habitando com os
homens............................... 153
ideias dos......................49, 144
identidade dos............168, 228,
....................260, 261, 262, 263
ilusão de estar vivo.............. 79,
.............139, 149, 230, 233, 251
imperfeições do..............73, 75
imperfeitos....................77, 134
infeliz.................................. 164
inferiores......................121, 163
inferioridade dos.................. 77,
...........................79, 120
leitura do pensamento........ 149
linguagem dos.................... 120
livre-arbítrio do................77, 78,
.................121, 171, 167, 268,

Índice Remissivo

............278, 294, 314, 340
livres................................ 27
Livro dos.....................53, 190
luz do............................... 251
manifestações dos......126, 133
maus..........................111, 216
médium vidente e o.......... 147,
................................152, 167
mente e............................. 70
missões dos.................22, 109,
............177, 195, 215, 307, 310
morada dos.............25, 34, 144
moral do......................70, 138
mundo dos.........108, 214, 282
na erraticidade..............25, 186
na revelação..................... 116
natureza do..........22, 111, 115
no momento da morte....... 142,
................144, 146, 147, 150,
................151, 153, 156, 160,
................161, 168, 176, 185,
................186, 192, 193, 199,
no mundo dos..............15, 18,
........146, 147, 148, 156, 162,
........167, 168, 169, 171, 173,
........175, 189, 192, 193, 199
no suicídio.........140, 243, 244,
..........246, 251, 264, 265, 268
nos funerais...................... 193
o que são 115
obsessores................267, 268,
................................279, 284
ocupações dos.................. 26,
................................165, 168, 180
percepções dos................ 259
perfeito.............................. 23
permissão aos................... 121
perturbação do...........139, 140,
............141, 153, 185, 208, 216
perverso........................... 292
progresso dos 13, 22, 23,
..........25, 56, 77, 93, 108, 109,
..........186, 210, 215, 223, 236,
.... 238, 278, 293, 300, 304
punição dos........53, 54, 73, 74,
........75, 76, 77, 79, 80, 81, 146,
..........210, 213, 215, 217, 222,
..........223, 225, 231, 232, 237,
..........238, 239, 245, 246, 253,
..........254, 256, 257, 258, 259,
..........263, 265, 266, 270, 275,
..........276, 278, 279, 281, 284,
..........285, 287, 288, 289, 296,
..........297, 298, 299, 300, 301,

..........304, 308, 311, 313, 320,
..........327, 331, 332, 333, 334,
..........340, 341, 346, 347, 348
purgatório e os 53
puros...............23, 26, 27, 42, 85,
..........90, 92, 93, 108, 119, 196
qualidades do................72, 168
reencarnação dos 24, 25,
..........149, 197, 238, 270, 280,
....................302, 304, 314, 333
reparação do.................76, 80,
..........221, 222, 314, 348
responsabilidade dos.......... 72
revelação e os.................29, 53
selvagem....................279, 292
sensibilidade nos................ 71
separação dos laços........... 22,
..........138, 139, 140, 146, 170,
..........175, 192, 193, 203, 207,
..........208, 215, 219, 220, 227,
..........228, 230, 242, 243,
..........244, 271, 273, 345
sérios 116
sexo nos.......................... 149
sobrevivência do..........22, 198
sofredor....................163, 290
sofredores - cap. 216
sofredores 53, 221, 282
sofrimento dos.........53, 73, 75,
..........77, 80, 82, 108, 140, 144,
..........146, 224, 225, 226, 229,
..........230, 233, 236, 239, 259,
..........260, 262, 272, 274, 275,
..........276, 277, 281, 282, 284,
..........285, 286, 287, 288, 289,
..........290, 298, 302, 305, 309
superiores.........26, 115, 116, 118,
.... 119, 120, 121, 125, 184
temperamento e.............71, 72
tempo para os 279
tendências dos 70
trevas do 240
vida social e 23
vidente 204
visão dos...................149, 150,
................................286, 288, 289
vugares 125
zombeteiros 118

ETERNO
aos pés do....................... 289
grandeza do 207
lançar-se para o 348
leis do.............................. 211

EVANGELHO
cap. V.....................80, 81, 247
cap. III.....................30, 34, 54
cap. XIII............................ 181
cap. XXVII........................... 53
e o purgatório 50
prece aos Espíritos sofredores 286
prece aos suicidas 266

EVOCAÇÕES
abuso das................122, 127
com recolhimento............... 116
e magia 122, 129
entre os Hebreus.............. 132
espíritas 115
fazer ideia das.................. 118
Moisés e as 127
na Sociedade 142,
................................260, 262, 283
nem dias, nem horas......... 116

EXPIAÇÃO
caminho da................232, 315
causa da........................... 342
complemento da................ 328
cumprida 252
das faltas.......81, 236, 302, 311
do passado...................... 213
do purgatório 190
dura 288
duração da 53
e arrependimento 76
e reparação 76
em que consiste 76
grande............................. 331
hora da 328
inteligência em 343
longa e cruel..................... 226
meritória 342
morte 231
mundos de 52, 77
na Terra...............52, 54, 195
não satisfeita 220
necessidade da 295
no mundo dos
Espíritos 52, 314
prova 191
purificadora 249
reencarnação e 80
resto de 345
sofrimento na 298,
................................315, 332, 348
suficiente......................... 318
termo da........................... 277

variedade da 75
EZEQUIEL
cap. XII 102
cap. XXVIII 69
contra a eternidade das penas. 68

F

FACULDADE(S)
abuso das 335, 342
aguçadas 300
angélicas 105
de falar 144
de observação 343
de outras vidas 171
de simulação 113
do desencarnado 91
do encarnado 91
emprego das 220
Espírito e 71
força das 339
gozo das 297, 334, 346
gozos e 24, 64
intelectuais 333
limite das 84, 150, 186
manifestação das 89
mau uso das 81, 334
meio e 236
morais e intelectuais 51
paralisa das 137
progresso e 22, 163
recobrar as 147, 212
suspensão das 244
transcedentes 90, 114

FATALIDADE
livre arbítrio e 12, 264
o que é 264

FÉ
abalar a 329
aos incrédulos 145
ardente 156
artigo de 33, 49, 89
ato de 98
beber com 224
boa 113, 121
católica 113, 190
cega 9
chamar a 332
crença e 308
dar a 189
de outrem 73
de um pagão 49
em Deus 216, 271
espírita 144, 185
Espiritismo e 53
extáticos e a 49
falta de 199, 201, 347
firme 18
forte pela 289
fortificar a 175
germe de 345
humildade da 101
inabalável 140
inata 348
inquebrantável 170
irmã da esperança 333
má 119, 122, 157
missionário da 180
morrer sem 150
nas evocações 116
no futuro 162, 187, 348
no nada 276
ortodoxa 42
pontos de 12
precisar da 318
que sustenta 203, 303
robusta 34
sacudida 178
segundo a 83
sem 275
sentimento da 260
sincera 318, 331
sustentar a 179
terror e 176
verdadeira 144, 325

FEITIÇARIA
e a Igreja 122
e Isaias 129
e Moisés 131

FELICIDADE
almas felizes e 29
aparente 80
caminho da 81, 198,
.... 265, 317
céu e 20
como prêmio 81
da Humanidade 306
de contribuir 134
de reencontro 319
de ver 177
dos bons Espíritos 237
dos guerreiros 31
Doutrina Espírita e 18
e a Igreja 34, 50, 97
e as penas eternas 63,
.... 64, 65
em que consiste 26,
.... 27, 168, 177
entrevista 207, 209
eterna 162, 224
ficção 148
futura 17, 82, 157,
.... 158, 339
ideia de 218
imensa 178, 189
inefável 145, 236
merecida 145
morada da 33, 173, 335
moral 106
mundos de 28
na vida espiritual 141,
.... 168, 179, 182, 339, 348
orgulho e 226
perfeição e 23, 108
perfeita 73, 172, 191, 348
posição de 211
preço da 90, 157, 177,
.... 179, 189, 195, 206
privação da 167
progresso e 17, 22, 23,
.... 25, 27, 78, 90, 91, 93
sem igual 147
sensação de 158, 182
suprema 23, 34, 52,
.... 87, 133, 264
terrena 161, 182, 223, 235
tomar a 201
trabalho e 81
vontade de 211, 332

FÉLICIEN
história do Sr. 262
mensagem do Sr. 265

FÉNELON
referência a 35

FERDINAND BERTIN
história do Sr. 228

FOGO ETERNO
as crianças e o 34
Jesus e o 57, 58, 103

FOULON
entrevista com a Viúva 172
história da Viúva 169
mensagem 170, 174

FRANÇOIS RIQUIER
entrevista com o Sr. 232

FRANÇOIS-SIMON LOUVET
mensagem do Sr. 247

FRANÇOISE VERNHES

Índice Remissivo 359

entrevista com a Sra 342
história da Sra. 341
FUTURO(O)
animal e o 8
apreensão do 157
assegurado 17, 197, 249
confiança no 139
conhecimento do 117, 129
crença no 13, 14, 133
crenças sobre o 31
da alma 73, 294
Deus e 62, 144
do Espiritismo 184, 192
Doutrina Espírita e 12,
.... 18, 257
dúvida sobre o 19,
.... 159, 215
e a criatura 74
e o nada 7
entrever o 327
esperança e 243
espírita 209
expiação e 52
fé no 170, 187, 331, 348
homem e seu 52
inferno e 54
lições para o 51
lógico 13
medo do 301
miragem do 241
mistérios do 57, 105
negação do 9
noções de 34
o que é 209
povos primitivos e 14
predição do 128
preocupação com o 346
presente e 15, 16, 32,
.... 213, 216
pressentir o 162
previsão do 341
progresso e 67
questão de 54
quimera e 347
revelação do 115, 117, 294
sentimento inato do 14
vantagens no 140
G
GÊNIO
ciência e 117
diploma de 185
e estupidez 10
e progresso 27

marca do 72
mau 278
GEORGES
mensagem de 151,
.... 217, 237
GOSSE, ADÉLAIDE-MARGUERITE
história de 337
GOUSSET
Cardeal 98
H
HEBREUS
anjos e demônios dos 96
código dos 130
evocações e os 127, 132
Jeová dos 58
Jeová e Satã dos 96
HOMEM DE BEM
definição do 23
posição e 274
Samuel Philippe 156
HOMERO
e o inferno pagão 35
HOMICÍDIO
demônio do 46
voluntário 166
HUMILDADE
aceitar com 250
com toda a 338
começo de 260
confissão com 266
conquista da 226
da fé 101
e Deus 226
fardo de 226
no homem de bem 23
recompensa da 332
sentimento de 232
I
IDIOTA
Charles de Saint-G 333
depois da morte 90
inteligência do 238
IGREJA
anjos guardiães e a 123
anjos segundo a 82, 113
as virtudes e a 87
censuras da 122
ciência e a 101

comunicações e a 18, 111
criação e a 88
demônios e a 97, 108,
.... 111, 121
demônios segundo a 97
Deus e a 100
dogmas da 83
Espíritos culpados e a 254
evocação e a 121, 126
lei mosaica e a 131
os demônios e a 123
os demônios segundo a 97
os limbos e a 34
Pais da 86
purgatório e a 50, 54
reencarnação e a 89
revolta dos anjos e a 100
santos e a 133
Satã e a 97
INCRÉDULOS
as almas e os 132
castigo dos 260
comunicações e os 262
convencimento dos 261
crentes e 124
demônio e os 114
Deus vingativo e os 107
e a fé 145
em outra reencarnação 260
Espiritismo e os 53
manifestações e os 133
penas eternas e os 64, 68
pensamento dos 8
progresso e 13
racionalidade e os 184
INFERNO
a palavra 54
acepção geral do 54
anjos e o 277
ardendo em fogo 44
caminho do 114, 123
capítulo sobre o 31
cidades no 43
com torturas físicas 31, 43
como evitar o 12
crença no 49, 67
crença vulgar e o 18
cristão 32, 33, 48
cúmplices do 112, 122
das mães 250
de fogo 32
de gelo 32
de Santa Tereza 43

deixar o 288
demônios do 276
demônios e o 45, 103,
 .... 104, 114, 132
Deus e o 48, 122, 132, 250
divindades do 276
dores do 289
doutrina do 12, 55
e purgatório 50, 51, 54
Espiritismo e o 54
fogo do 190, 294, 301
geologia e o 29
habitantes do 42
ideias sobre o 46, 49
juízes do 37
localização do 34, 42,
 .... 43, 53, 74, 236, 280
material 49
montanhas no 44
não existe 307
pagão 32, 33, 34, 35, 59
penas do 287
penas eternas e o 62,
 .... 254, 282
pinturas fantásticas do 289
planices no 44
quadro do 301
quadro do cristão 42
quadro do pagão 35
rei do 32
teólogos e o 42, 43
torturas do 275, 307
verdugos do 48

INIMIGOS
amor aos 107, 157
Deus e os 61
do Espiritismo 341
Jeová e os 58
perdoar aos 206
vida do homem e os 105

ISAÍAS
cap. LVII, v.de 3 a 6 129
cap. VIII, v. 19 128
cap. XIV, v.11 e seg. 100
cap. XIX, v. 3 127
vermes de 43

J

JACQUES LATOUR
estudo sobre 292
história do Sr. 283
reparação de 291
JEAN REYNAUD
história do Sr. 184
mensagem de 300
JESUS
e as moradas dos
Espíritos 35
e os homens de seu
tempo 34, 35
missão de 125, 131
JOBARD
história do Sr. 151
JOSEPH BRÉ
entrevista com o Sr. 201
JOSEPH MAITRE
história do Sr. 346
JULIENNE MARIE
história da Sra. 317
JUSTIÇA DIVINA
justiça humana e 62, 300
lei da 82
punição dos maus e 340
pureza da 109

L

LAÇO FLUÍDICO
conhecimento do 135
na morte 136
LAMENNAIS
mensagem de 298
LAPOMMERAY
história do Sr. 296
LEI DE DEUS
cretinismo e 335
lei do progresso 67
lei dos homens e a 282
LEMAIRE
história do Sr. 272
LETIL
história do Sr. 329
LIBERDADE
das faculdades 91
das mulheres 306
de ação 81, 117, 132,
 .... 261, 264, 313
de escolha 229
Deus e a 104, 209, 225
humana 85
Jesus e a 124
justiça na 103
momentos de 324
moral 244
na reencarnação 52
uso da 113
valor da 106
verdadeira 25
LINGUAGEM
afetuosa 172
cinismo da 297
comparação de 292
Deus e a 111
dos anjos 101
dos Espíritos 102, 120,
 .... 148, 197, 226, 263,
 .... 318, 321, 343
dos Fariseus 124
familiaridade da 170
forma de 186
humana 26
poética 197
LISBETH
história do Sr. 222
LIVRE ARBÍTRIO
bem, mal e 78
consequências e 246
e as leis de Deus 215
evocação e 121, 278
progresso 22, 77, 92, 171
provas e 80
LOUIS G..
entrevista com o Sr. 256

M

MAGIA
comunicações e 116
época da 115
Espiritismo e 119
evocações e 115, 122, 129
fins e meios da 119
moderna 112, 115
o que era 115
objetivos e elementos 119
práticas da 122
prodígios da 128
MAGNETISMO
fenômenos e 112
lei do 118
MARAVILHOSO
a lei e o 118
amor ao 154
arrebatação do 155
atrativo do 111
MARCEL
entrevista com 311

história da criança 309
MATERIALISMO
anjos e 83
crença no futuro e 13
progresso e 300
propriamente dito 10
puro 10
racionalidade e 13
vazio e 237
MAURICE GONTRAN
história do jovem 197
MAX
castigo de 323
história do mendigo 321
MÉDIUNS
comunicação e 186, 188
ledores de sorte e os 132
Livro dos 115, 116,
.... 118, 120, 121
papel dos 117
MESSIAS
Cristo, o divino 124, 125, 189
esperado pelos Judeus 124
puros Espíritos e os 26
MILAGRES
com o Espiritismo 118
santos 120, 133
verdadeiros 105
MISSÃO
de Satã 32
divina 306
do Cristo 100
do Espírito 173
do homem 15, 22,
.... 162, 170, 246, 275,
.... 312, 319, 340, 343
do Homem-Deus 99
dos anjos 85
dos Espíritos 24, 28, 163,
.... 180, 182, 183, 195, 199,
.... 215, 307, 310, 311, 345
MOISÉS
doutrina de 100
e a Terra Prometida 171
legislação de 56
lei de 127, 130, 131, 133
missão de 128
proibição de 126, 128,
.... 129, 131
tempo de 56, 59
MONOD

esclarecimentos de 303
MORTE
acidental 244
agonia da 157, 213
alma e a 12, 90
angústias na 79
anjo guardião na 339
antes da 294
aparente 326
arrependimento 61, 65, 344
atividade depois da 168
causas do temor da 14
coabitação depois da 153
como prova 250
comoção com a 171
complemento das 146
contínua 284
corpo e a 118, 136
crença no futuro e a 14,
.... 15, 18, 227
da Sra. Foulton 170
da Srta. Emma 190
de Julienne Marie 317
decreto de 344
depois da 176, 195, 214,
.... 221, 223, 228, 229, 230,
.... 231, 251, 252, 272, 278,
.... 284, 287, 289, 292,
.... 314, 321, 333, 337,
.... 340, 345, 346
desgosto na 197
detalhes sobre a 161
digna 170
do Dr. Demeure 164
do ímpio 69
do jovem Maurice
Gontran 197
do Sr. Jean Reynaud 184
do Sr. Sanson 142
do justo 150
dolorosa 198
é a vida 189
edificante 184
egoísta e a 80
espíritas e a 18
Espiritismo e a 65, 72
Espírito desmaterializado
e 138, 146, 149
Espíritos maus na 216
evocação na 142, 203,
.... 212, 213, 219, 242,
.... 287, 317, 329
expiação 327, 330
expiação e 76, 231, 232

gênero de 138, 263
homem e a 8, 14, 18,
.... 29, 104
horrível 329
Igreja e a 47, 48, 64, 106
impune 278
influências terrestres e 154
justiça e 207
libertação 206
luta com a 212
medo da 14
não é mentirosa 208
natural 138, 244
nihilismo e a 10
no dia da 176, 178
no momento 142, 166, 181,
.... 217, 243, 311, 326, 342
o que é 296, 299
os espíritas e a 9, 18
para salvar semelhante 247
passagem da vida 146, 150
pena de 50
perispírito e 136, 139
perturbação à 137,
.... 139, 164, 296
pesadelo da 147
por suicídio 244, 246,
.... 249, 250, 251, 252, 254,
.... 255, 257, 262, 263
progresso e 65
real 138, 207, 208, 326
reconhecimento na 203,
.... 207, 208, 213, 231
reparação e 208
responsabilidade na 255
sede da 243
sensações depois da 161
separação dos laços e 22,
.... 138, 139, 140, 146,
.... 175, 208, 271
sobrevivência na 325
sofrimento e 137
Temor da - cap 14
temor da 14, 15, 19, 135,
.... 145, 176, 191, 206, 339
trágica 329
violenta 139
MUNDO DOS ESPÍRITOS
belezas do 348
claridade do 147
expiação no 52, 314
natureza do 263
serviço no 169, 305
situação no 156, 162,

............214, 254, 282, 345
sofrimento no 288
MUNDO ESPIRITUAL
corpo e 108
estado do 141
fuga no 259
materialismo e 258
morte e 15
mundo corporal e 19, 27
o que é 22
prova do 125
serviço e 168
situação no 19, 25
sofrimento no 75
volta ao 22
MUNDOS
atrasados 28
avançados 28
constituição dos 21
de expiação 52, 55, 77
e reencarnação 25, 52
especiais 26
Espíritos e os 28
felizes 28, 52, 77
formação dos 26
inferiores 25, 28, 77
inumeráveis 21
mais avançados 25, 77
paraísos 25
pluralidade dos 29
semelhantes 21
superiores 24, 28, 173

N

NATUREZA
atividade da 171
belezas da 94, 218
bizarrias da 343
forças da 118
forças vivas da 29
homem primitivo e a 94
lei da 24, 283
leis da 110, 214
mecanismos da 182
operações da 26
Panteísmo e 11
unidade da 88
NOVEL
história do Sr. Novel 217
mensagem de 218

O

O LIVRO DOS ESPÍRITOS
livro III, cap. 10 117
livro II, cap. 1 120
nºs 443 e 444 ....49, 73
O LIVRO DOS MÉDIUNS
cap. 17 115
cap. 25 ....115, 116, 121
cap. 24 120
cap. 26 118
OURAN
história do príncipe 224

P

PACIÊNCIA
aquisição da 236
de esperar 15
edificante 309
felicidade e 180
fruto da 332
provar a 157
recompensa à 331
suportar com 328, 331
PAIXÕES
agir pelas 300
brutalidade das 56, 276
conter as 7
contribuição de 313
da Terra 149
desordem das 114
despojar das 59
do homem 81
excitar as 36
humanas 221
idade das 194
más 271
próprias 213
que atormentam 280
satisfazer as 220
se livrar das más 63
terrestres 221
vencer as 140
PANTEÍSMO
materialismo e 13
o que é 11
objeções ao 11
PASCAL LAVIC
história do Sr. 227
mensagem de 228
PASSAGEM(A)
atravessar a 150
da Terra para o céu 17
descrever a 172
desta para a outra vida 135,

.... 137, 140, 146, 156, 272
fácil ou penosa 138
facilitar a 175
menos penosa 137
2ª parte, cap. 1 135
PAULA
história da condessa 180
mensagem da condessa 183
PAULIN
mens. de Saint- 224, 277
PECADO ORIGINAL
dogmas do 113
Ezequiel e o 68
PENA DE TALIÃO
como se cumpriu 327
e o Sr. Antoine B. 325
PENAS ETERNAS
a favor à doutrina das 60
Deus e as 62, 223
dogma das 50, 57, 282
doutrina das - cap. 55
época da doutrina 64, 66
freio das 77, 323
impossibilidade das 64
Jesus e as 57
progresso e 50, 65, 90
religião e 124
PENAS FUTURAS
inferno e 54
intuição das 31
segundo o Espiritismo 72
PERISPÍRITO
afinidade com o 137
afinidade com o corpo 137
contato entre o corpo
e o 136, 139
corpo e decomposição
...........................137, 315
desligamento do 136
e aderência com o
corpo 137
na morte violenta 139
na separação 136
natureza do 239
no suicídio 140
o que é 136
PIERRE JOUTY
mensagem de 335
PLUTÃO
governo de 32
PRECE

a Deus 144, 203, 209,
............253, 318, 337
abranda 331
ajuda da 260, 346
benefício da................... 288
boa 213
concurso da..................... 212
consolação na................. 209
do ofendido 322
dos filhos 290
efeitos da.................213, 280
eficácia da..........203, 280, 307
fervorosa 318
fortifica 175, 264, 288
ineficácia da 280
melhora pela 286
na evocação.................... 163
ouvidas............................ 321
para os suicidas 266
pelos Espíritos
sofredores 286
pelos mortos..................... 53
perturbação e 141, 219
sincera 141
socorro da 277
sofrimento e 307
utilidade da..................... 260

PROGRESSO
cadeia ininterrupta de...... 108
caminho do..................53, 155
começo de......................... 74
como Espírito 223
condição da Humanidade 335
da ciência.......................... 29
da doutrina 310
da inteligência 96
da razão humana 59
das ideias 30, 111
desejar o 304
detenção do 298
do Espírito 223, 233
dos semelhantes 202
durante a vida 65
elementos de.................... 27
encarnação e 23, 24
entre os Espíritos 23
Espírito em..............186, 187
espiritual........................... 79
etapa de 293
felicidade e 22
gêneros de 25
germes do 28
harmonia com o 29
ideia do............................. 17

inapreciável 304
intelectual...............23, 297, 300
lei do..................11, 65, 67, 74,
...............77, 78, 108, 109
livre arbítrio e 77, 108
marcha do 184
moral 23, 272, 297, 300
na vida corporal............... 215
na vida espiritual 215
o que é 236
penas eternas e 50, 64,
...............65, 90, 215
preço do 328
real 305
rebeldes ao 238
sorte definitiva e 34

PROTEÇÃO
celeste............................. 342
cercar de 176
cobrir com 170
das famílias...................... 26
de cada indivíduo............ 113
de Deus........................... 124
dos bons Espíritos............ 164
humilhante 180
merecer a 178

PROVA(S)
a recomeçar 332
acabadas 185
bendizer as................155, 191
brandas 332
cortejo de 148
cruéis 331
cumprir as 145
da vida...............28, 174, 328
de causa anterior 196
de devotamento 231
de elevação..................... 190
de identidade............168, 262
de justiça 257
de trabalho e de miséria..... 183
distância das 300
do suicídio 268
duras 209
e expiações 246, 331
em situação modesta 225
existência de 221
expiação.......................... 191
fieira das........................... 81
fim das......................187, 287
impostas.......................... 335
irrecusáveis 133
longa e penosa................ 323
materiais 155, 184

muitas 177
novas 80, 222,
..........268, 290, 345, 346
outras 195
paciência nas 222
palpáveis......................... 184
peso das.......................... 198
querer.............................. 247
rudes 90, 156, 169, 179
sem dúvidas..................... 133
sucessivas 298
suficientes 141, 318
suportar as 249, 254
terminar as 149
terrestres..................186, 196,
..........239, 289
terríveis 217, 332
vida de............................... 51

PTOLOMEU
onze céus de..................... 20

PURGATÓRIO
a Igreja e o 54
almas sofredoras.........16, 133
capítulo sobre................... 50
erraticidade e 186
Evangelho e o 50
expiação do..................... 190
o Cristo e o 52
o que é 50, 52, 53
posição intermediária 34
segundo a Igreja 50
segundo o Espiritismo....... 53

R

RAINHA DOUDE
entrevista com a............. 305,
.........................306, 307
história da....................... 305

REENCARNAÇÃO
doutrina da 336
época da 142, 166
expiação e...................... 217
justiça e 336
na Terra e outros
mundos 25
perpétua 89
temor da 176

RELIGIÃO
a passagem e a 135
amor à 37
cepticismo e 9
crenças e.......................... 67
cristã 306

desenvolvimento e 12
dignidade da 59, 68
dogmas da 88, 113
formas exteriores e 12
hindu 306
luzes da 35
muçulmana 306
negadores da 133
o Cristo e a 125
progresso 13, 56, 59, 110
reparação e 77
suicida 124
verdadeira 122
vida futura e 16

REMORSO
arrependimento e 104
castigo e 104
culpados e 48
efeitos do 281, 290,
.... 292, 299, 331, 335
o que é 106, 181, 222,
.... 259, 267, 268, 271,
.... 273, 292, 301
perversidade e 104

REPARAÇÃO
arrependimento e 277
como se cumpre 76, 80,
.... 343, 349
desejo de 79
Deus e a 295
efeitos da 76, 76, 80,
.... 104, 211, 221, 265,
.... 286, 314, 332
justiça de Deus e 209
necessidade da 77
o que é 76, 231, 287
progresso e 76
projetos de 294
reencarnação e 80, 221
vida corporal e 52

RESIGNAÇÃO
efeitos da 139, 140, 162,
.... 169, 187, 212, 249, 290,
.... 309, 310, 314, 318, 319,
.... 331, 332, 335, 341,
.... 346, 348
esperança e 233
Espiritismo e 156
felicidade e 180
na missão na Terra 15
prova da 250, 331
vontade de Deus e 159

REVELAÇÃO
atual 29, 34, 51, 53,
.... 67, 92, 170
da eternidade 218
divina 113
do futuro 115, 117,
.... 204, 294
efeitos da 73, 208
parcial 30
progresso e 29, 111

REVISTA ESPÍRITA
julho de 1864 301
março de 1860 194
março de 1869 72
outubro de 1863 188

S

SAMUEL PHILIPPE
entrevista com o Sr. 156
história do Sr. 156

SANSON
entrevista com o Sr. 148,
.... 149, 150
evocação do Sr. 143
história do Sr. 142
mensagem do Sr. 145
o justo 150

SANTA TEREZA
os fatos de 49
visão de 43

SANTO AGOSTINHO
referência a 43, 65
mensagem de 312

SÃO LUÍS
entrevista com 255, 278
esclarecimentos de 214,
.... 231, 235, 238, 239, 240,
.... 241, 243, 245, 246,
.... 278, 333, 334

SATÃ
doutrina dos demônios 110
identidade de 99
império de 49
legiões de 32
no inferno 46
os Hebreus e 96
poderes de 97
rei do inferno cristão 32, 97

SENSAÇÕES
a alma e as 136
cruas 225
de um Espírito 174
Espíritos inferiores e 23
fluido perispiritual e 136
gênero de morte e 138
grosseiras 238
morais 225
no momento da morte 136,
.... 137, 138, 143, 161, 185,
.... 192, 217, 218, 326
sutis 238

SIXDENIERS
história do Sr. 161

SOFRIMENTOS
abreviar 164
acalmar os 220, 286
agudos 305
arrependimento e 141, 222
atrozes 309
aumentar os 335
causa dos 212, 222,
.... 224, 307
corpóreos 328
cruéis 142, 190, 310
da alma 288
descrição dos 259
Deus e os 75
diminuição dos 289, 295
diversidade dos 279
dos condenados 59
dos culpados 35
duração dos 233
efeitos dos 191, 195,
.... 213, 215, 287, 311,
.... 316, 331, 339
Espiritismo e 213
eternizados 45
expiação e 76, 311, 314
felicidade e 90
fim dos 225, 245,
.... 253, 276, 287
fogo material e 32
fonte de 74, 225
horríveis 219, 275,
.... 288, 314, 329
imperfeição e 73
inferno e 53
intoleráveis 273, 331
leves 188
livre arbítrio e 75, 108,
.... 213, 314
morais 327
natureza dos 75
no momento da morte 140,
.... 202, 219, 318
o que são 301

Índice Remissivo

piedade e 230
pintar os 284
preces e 222, 229, 307
prolongar os 213, 220
quadro de 259
reencarnação e 24, 29
relato dos 287
resignação nos 194, 212
sem conta 210
suspensão dos 241
temor aos 191
terríveis 277
verdadeiros 289

SONHO
lembranças do passado 323
revelação em 321
visão em 232

SUICÍDIO
a prova do 264
consequências do 244,
.... 248, 251, 257
crime diante de Deus 250
desculpável 246, 256
desespero é 198
em que consiste 246
Espiritismo e 257
mais severamente
punido 246
momento do 243
obsessão e 267, 268
passagem penosa no 140
por amor 255
projeto de 267
reencarnação e 265, 269
responsabilidade no 255
tentação do 265

SZYMEL SLIZGOL
entrevista com o Sr. 314
história de 312

T

TELÊMACO
e o inferno pagão 35

TRABALHO
amor ao 202
ciência e 117
da inteligência 25, 117, 305
da separação 192
de iniciação espírita 171
e adiantamento 14
efeitos do 25, 92, 117, 308
excesso de 166

felicidade e 81
ganhar o pão 267, 323
imposto e pesado 179
isenção do 90
minucioso 169
negligenciar o 302
ocupações e 221
paz e 303
produto do 194
progressivo 17
progresso 17, 53, 65, 109
progresso intelectual e 22
provas de 183
sobre si mesmo 52, 157
vida de 165
vida futura e 14
vida lânguida e 41
viver do 181

TREVAS
como castigo 238, 239, 299
crença no nada e 238
da geena eterna 223
errar nas 236
espessas 79, 105
estar em 253
invasão das 217
luz perispitual e 239
medo e 170
mergulhar nas 147,
.... 239, 299, 300, 347
na separação 161
no espaço 279
o que entender como 239

U

UM BOÊMIO
lamentações de 220

UNIVERSO
astronomia e 29
criação do 88, 93
Espíritos no 111
governo do 26, 87,
.... 93, 105, 109, 113
infinito e 21
lei que rege o 121
leis do 11, 21
mundos no 182
organização do 101
os Espíritos e o 27
povoamento do 29
seres do 283
Terra no 21, 33

V

VAN DURST
história do Sr. 160
mensagem do Sr. 160

VERGER
evocação de 269
história do padre 269

VICTOR LEBUFLE
história do jovem 194

VIDA FUTURA
castigos da 32
certeza da 15
código penal da 73, 82
compreensão da 159,
.... 248, 258, 283
consolação e 168
Espiritismo e 18, 67, 140
estado na 55
fé na 156, 211
felicidade na 339
ideias sobre a 339
identificar-se com a 140
incredulidade e 9, 16
iniciação à 134
intuição da 31
mistérios da 72
pensar na 189, 228
progresso e 56
prova da 258
temor da morte e 14,
.... 15, 135

VIGNAL
história do doutor 191
mensagem do doutor 192

VIRGÍLIO
referência a 35

VISÃO
das almas libertas 27
das vítimas 79, 267, 268,
.... 271, 273, 284, 288,
.... 288, 290, 315, 322
de castigo 282
de Deus 26
do Espírito 146, 147, 186,
.... 199, 221, 273, 281, 330
dos Espíritos 150, 259
extática 73
iluminar a 137
na passagem 144, 146
premonitória 194

HIPPOLYTE LEON DENIZARD RIVAIL
— Allan Kardec —

Para melhor compreensão do espiritismo deve-se em primeiro lugar conhecer os acontecimentos anteriores ao espiritismo e os seus precursores e saber o porquê de Allan Kardec e da doutrina espírita ou dos espíritos.

Nascido a 3 de Outubro de 1804, na cidade de Lyon, aquele que se celebrizou sob o pseudônimo de Allan Kardec, de tradicional família francesa de magistrados e professores, filho de Jean Baptiste Antoine Rivail e de Jeanne Louise Duhamel, recebeu o nome de Hippolyte Leon Denizard Rivail na igreja de Saint Dennis de La Croix-Rousse. Em Lyon fez os seus primeiros estudos, seguindo depois para Yverdon, na Suíça, onde estudou no instituto do celebre professor Pestalozzi, que era um dos mais respeitados em toda a Europa, reputado como escola modelo, por onde passaram sábios escritores do velho continente.

Denizard (Allan Kardec) foi um dos mais eminentes discípulos de Pestalozzi, um colaborador inteligente e dedicado que exerceu mais tarde grande influência sobre o ensino na França. Regressa a Paris depois dos estudos tornando-se um conceituado mestre, não só em letras como também em ciências, distinguindo-se como notável pedagogo, divulgador do método pestalozziano e membro de várias sociedades científicas. Contrai matrimônio com Amelie-Gabrielle Boudet, culta, inteligente, autora de livros didáticos. Como pedagogo, edita numerosos livros didáticos e apresenta na época planos e métodos referentes à reforma do ensino francês. Formula cursos como o curso teórico e prático de aritmética, gramática francesa clássica, catecismo gramatical da língua francesa e cursos de física, astronomia e fisiologia.

Em 1854 ouve falar pela primeira vez nas mesas girantes através do seu amigo senhor Fortier, um pesquisador emérito do magnetismo. Allan Kardec mostra-se céptico, no início, apesar dos seus estudos sobre o magnetismo, mas não é intransigente em face da sua livre posição de pensador, de homem austero, sincero e observador. Exigindo provas, dedica-se à observação mais profunda dos ruidosos fatos amplamente divulgados pela imprensa francesa.

Assistindo aos propalados fenômenos, finalmente, na casa da família Baudin, recebe muitas mensagens através da mediunidade das jovens Caroline e Julie. Depois de inúmeras e exaustivas observações, conclui que se tratava de fenômenos inteligentes produzidos por espíritos. Tendo verificado que os fatos e os princípios observados pelo espiritismo se perdem na noite dos tempos, pois neles se encontram traços das crenças de todos os povos, de todas as religiões, na maioria dos escritores sagrados e profanos, tendo observado que a própria doutrina que os espíritos hoje ensinam nada tem de novo, pois se encontra fragmentada, na maioria dos filósofos da Índia, do Egito e da Grécia e inteira, nos ensinamentos de Cristo, chega à conclusão de que o espiritismo tem por base as verdades fundamentais de todas as religiões e que, como crença nos espíritos, ele é igualmente de todas as religiões.

Após muitas observações em todos os pontos da Europa, formula todos os conceitos observados e analisados e adota o método intuitivo racionalista Pestalozziano nos seus estudos desta nova ciência. Recomenda a utilização de uma memória racional, fazendo o uso complexo da razão, para reter as ideias, de modo a evitar o processo de repetição das palavras nas suas obras. Procura despertar no estudo a curiosidade do observador de modo a avivar a atenção e a percepção. Entende que todo bom método deve partir do conhecimento dos fatos adquiridos pela observação, pela experiência e analogia, para daí se extraírem, por indução, os resultados que cheguem a ser enunciados e que possam ser utilizados como base ao raciocínio, dispondo-se esses materiais com ordem e sem lacuna.

Resta acrescentar que a adoção do pseudônimo de Allan Kardec deve-se à revelação da médium que lhe disse ter sido ele um druida de nome Allan Kardec, o que ele aceitou com o objetivo de as pessoas adquirirem a sua obra não por ser conhecido em toda a França por Denizard, mas sim, pelo interesse da matéria divulgada.

AMÉLIE-GABRIELLE BOUDET

Madame Rivail nasceu em Thiais, Val-de-Marne, França, no dia 02 de novembro de 1795.

Desde cedo revelou grande vivacidade e forte interesse pelos estudos. Fez a Escola Normal em Paris, diplomando-se professora de 1ª classe. Foi professora de Belas Artes e de Letras, poetisa e pintora.

Culta e inteligente, escreveu três obras: Contos Primaveris (1825); Noções de Desenho (1826) e O Essencial em Belas-Artes (1828).

De estatura baixa, olhos serenos, gentil e graciosa, vivaz nos gestos e nas palavras e dona de um sorriso terno e bondoso, logo se fez notar pelo Professor Rivail, com quem se casou em 06 de fevereiro de 1832. Tinha 9 anos mais do que o marido, no entanto aparentava a mesma idade dele. Essa diferença jamais constituiu empecilho à felicidade de ambos. A testa larga e alta acusava sua capacidade intelectual.

Como professora e como esposa de Rivail, deu-lhe total apoio na Instituição fundada em 1826, revelando-se terna e solícita com as crianças, especialmente com os alunos mais jovens e necessitados de cuidados especiais. Juntos, introduziram na França o método educacional de Pestalozzi e lutaram pela educação feminina, pois discordavam das desigualdades de direitos então vigentes, que discriminavam as mulheres.

Na Revista Espírita de 1865, ao falar de seus sacrifícios em prol do Espiritismo, Kardec não se esqueceu do quanto devia à Amélie Boudet: "Minha mulher aderiu plenamente aos meus intentos e me secundou na minha laboriosa tarefa, como o faz ainda, através de um trabalho frequentemente acima de suas forças, sacrificando, sem pesar, os prazeres e as distrações do mundo aos quais sua posição de família havia habituado."

Ante a partida do querido companheiro para a Espiritualidade, portou-se como verdadeira espírita, cheia de fé e estoicismo. Pelo espaço de 40 anos foi a companheira amante e fiel do seu marido e, com seus atos e palavras, ajudou-o em tudo quanto ele empreendeu de digno e de bom.

Única proprietária legal das obras de Allan Kardec, Amélie doou à Caixa Geral do Espiritismo o excedente dos lucros da venda dos livros e das assinaturas da "Revue Spirite". Os artigos da "Revue" passaram a ser sancionados por ela e pela comissão de redação.

Desencarnou a 21 de janeiro de 1883, aos 87 anos de idade. Sua existência inteira foi um poema cheio de coragem, perseverança, caridade e sabedoria.

Sem herdeiros, legou seus bens à "Sociedade para a Continuação das Obras Espíritas de Allan Kardec".

Levamos o livro espírita cada vez mais longe!

📍 Av. Porto Ferreira, 1031 | Parque Iracema
CEP 15809-020 | Catanduva-SP

🌐 www.**boanova**.net

✉ boanova@boanova.net

📞 17 3531.4444

💬 17 99777.7413

Siga-nos em nossas redes sociais.

f ⓘ @boanovaed

♪ ▶ boanovaeditora

CURTA, COMENTE, COMPARTILHE E SALVE.
utilize #boanovaeditora

Acesse nossa loja

Fale pelo whatsapp